台州 统计年鉴 2023

TAIZHOU STATISTICAL YEARBOOK

台 州 市 统 计 局
国家统计局台州调查队 编

中国统计出版社
China Statistics Press

图书在版编目（CIP）数据

台州统计年鉴. 2023 / 台州市统计局，国家统计局台州调查队编. -- 北京 : 中国统计出版社，2023.10
ISBN 978-7-5230-0268-1

Ⅰ. ①台… Ⅱ. ①台… ②国… Ⅲ. ①统计资料—台州—2023—年鉴 Ⅳ. ①C832.553-54

中国国家版本馆 CIP 数据核字（2023）第 184679 号

台州统计年鉴 2023

作　　者 / 台州市统计局　国家统计局台州调查队
责任编辑 / 高媛媛
执行编辑 / 吕仁睿
封面设计 / 李雪燕
出版发行 / 中国统计出版社有限公司
通信地址 / 北京市丰台区西三环南路甲 6 号　邮政编码 /100073
电　　话 / 邮购（010）63376909　书店（010）68783171
网　　址 / http://www.zgtjcbs.com
印　　刷 / 三河市双峰印刷装订有限公司
经　　销 / 新华书店
开　　本 / 890mm×1240mm　1/16
字　　数 / 715 千字
印　　张 / 32.25　0.5 彩页
版　　别 / 2023 年 10 月第 1 版
版　　次 / 2023 年 10 月第 1 次印刷
定　　价 / 300.00 元

如有印装差错，由本社发行部调换。

《台州统计年鉴 2023》

编委会与编辑人员

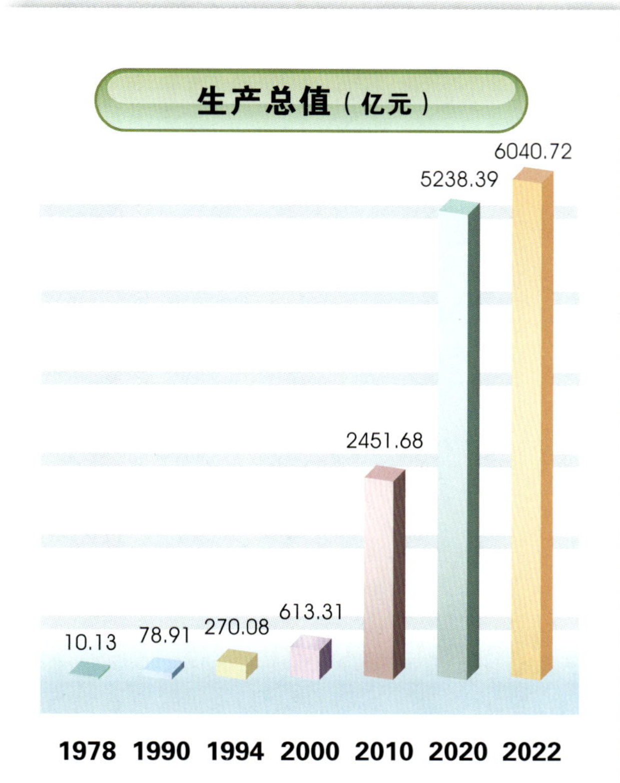

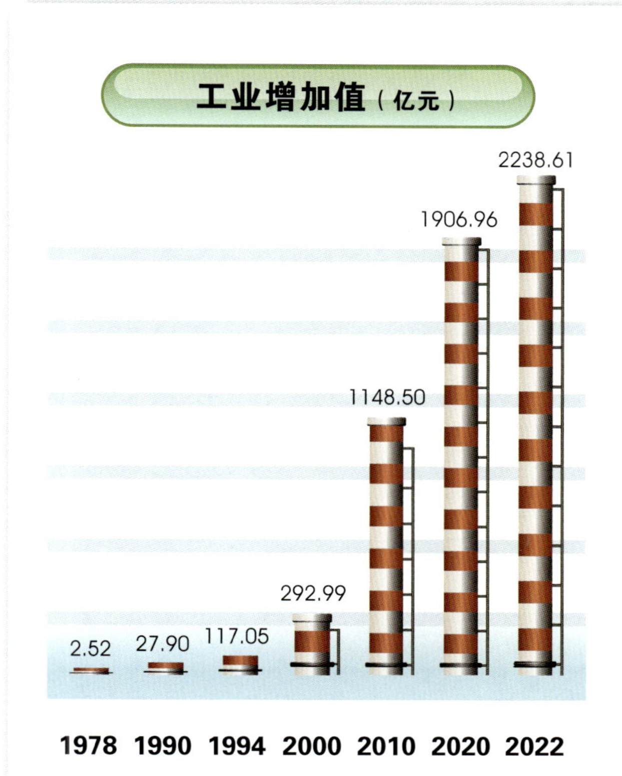

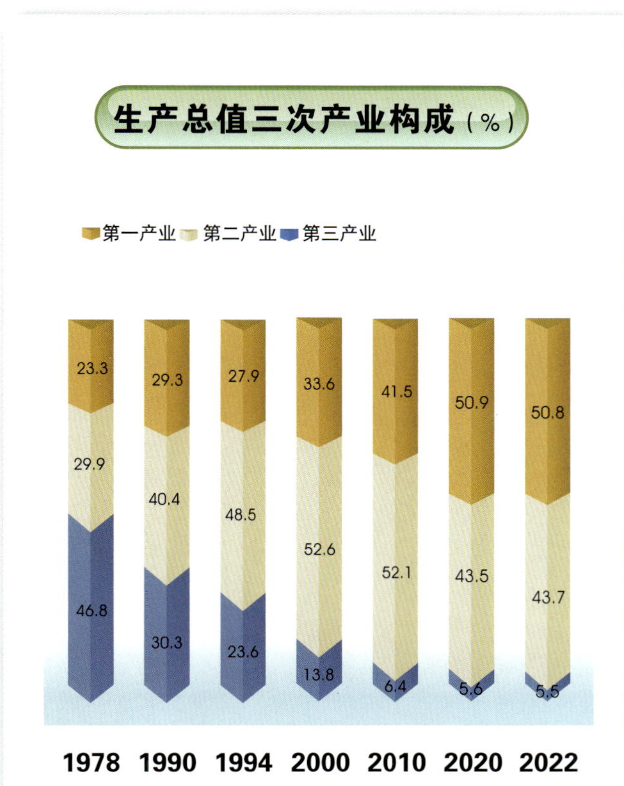

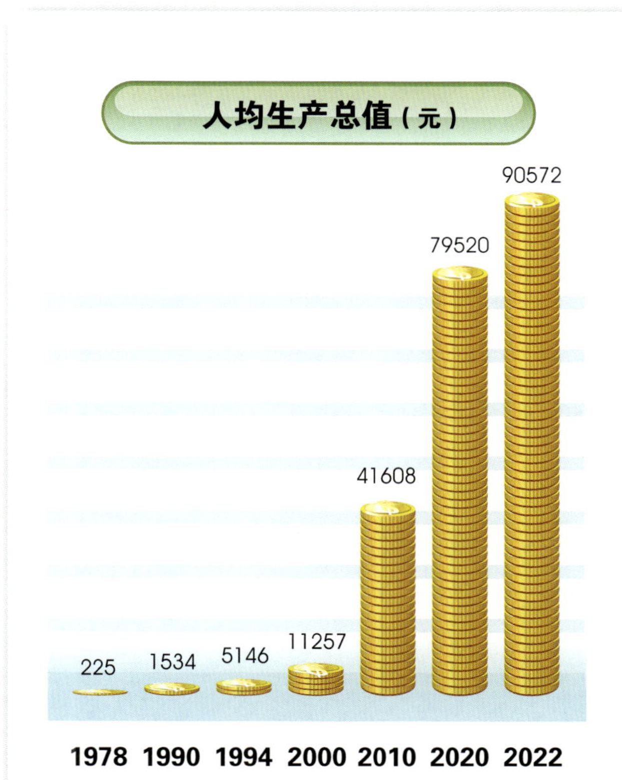

注：2010年起为常住人口口径。

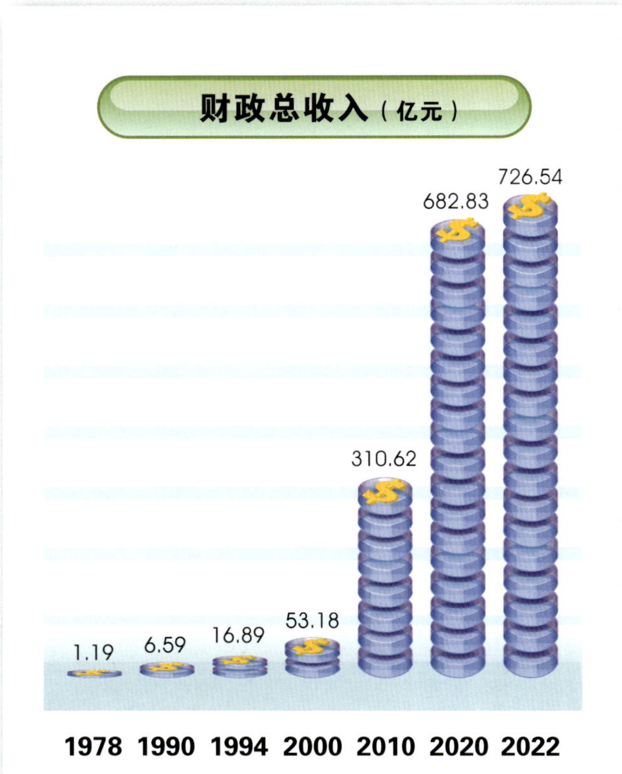
财政总收入（亿元）
1.19
6.59
16.89
53.18
310.62
682.83
726.54
1978 1990 1994 2000 2010 2020 2022

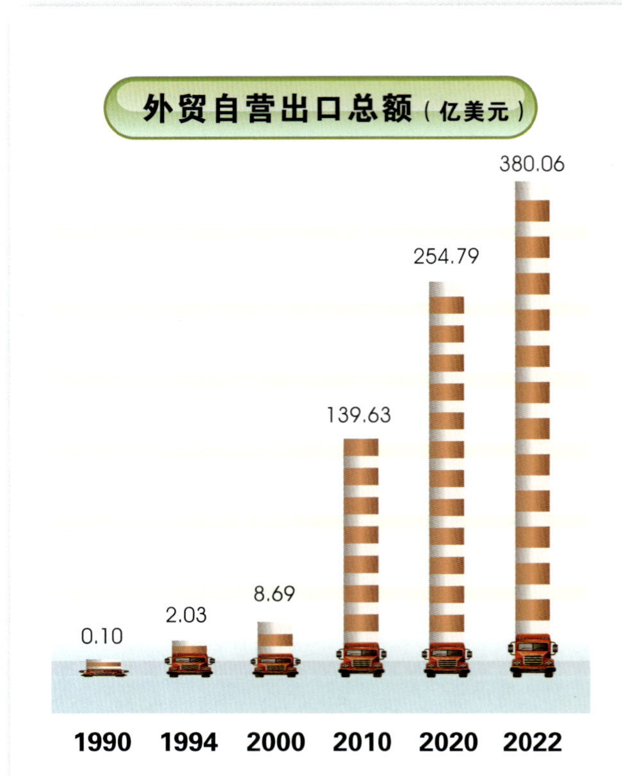
外贸自营出口总额（亿美元）
0.10
2.03
8.69
139.63
254.79
380.06
1990 1994 2000 2010 2020 2022

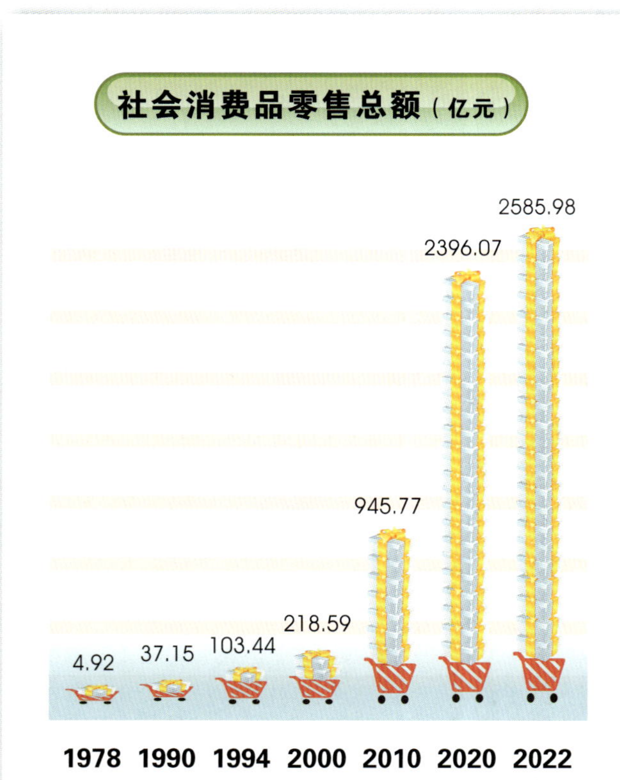
社会消费品零售总额（亿元）
4.92
37.15
103.44
218.59
945.77
2396.07
2585.98
1978 1990 1994 2000 2010 2020 2022

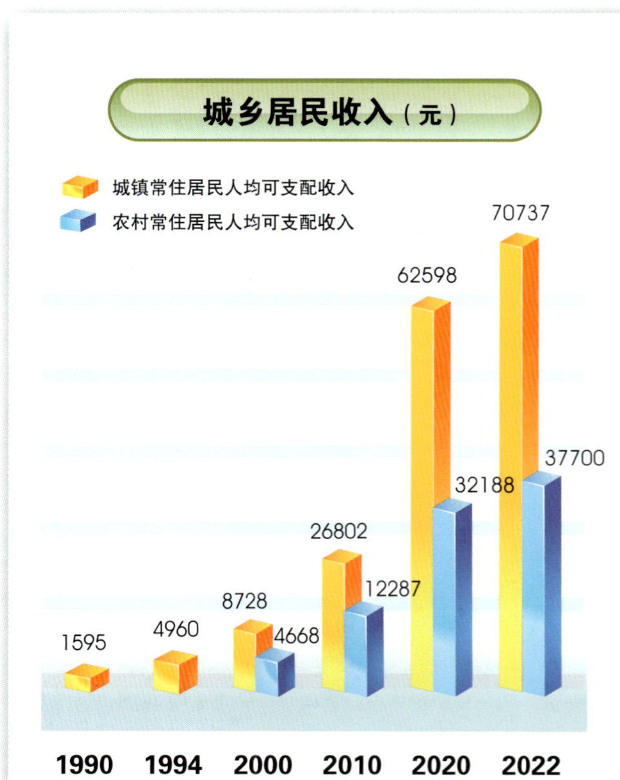
城乡居民收入（元）
城镇常住居民人均可支配收入
农村常住居民人均可支配收入
1595
4960
8728
4668
26802
12287
62598
32188
70737
37700
1990 1994 2000 2010 2020 2022

编辑说明

一、《台州统计年鉴2023》是一部反映台州国民经济和社会发展情况的资料性年刊，本年鉴不仅记载了台州市和各县、市、区、乡镇、全省各市及长江三角洲各城市2022年经济和社会各方面大量的统计数据，还整理收录了主要历史年份和撤地建市以来台州主要统计数据。

二、全书内容分21个篇章。即：（1）综合；（2）人口和从业人员；（3）农业；（4）工业；（5）固定资产投资和建筑业；（6）交通运输邮电通信和电力；（7）原材料和能源；（8）批发零售贸易业和住宿餐饮业；（9）对外经济贸易和旅游；（10）财政金融保险；（11）物价；（12）人民生活；（13）城市建设和环境保护；（14）教育科技和质量监督；（15）文化卫生体育和广播；（16）档案工会妇联优抚和社会保障；（17）各县市区国民经济主要指标；（18）乡镇经济社会基本情况；（19）各市国民经济主要指标；（20）长江三角洲各城市国民经济主要指标；（21）统计公报。

为了便于读者使用，每篇章后均附有主要统计指标解释，并在部分表下作了简要注释。

三、本年鉴对过去发表的统计资料重新予以核实，并按统计口径的变化对历史年份数据作了调整，凡以往统计资料与本年鉴不一致的，均以本年鉴为准。

四、本年鉴中部分数据合计数或相对数由于单位取舍不同而产生的计算误差，均未做机械调整。

五、本年鉴中使用的符号："#"表示其中的主要项；"…"表示数据不足本表最小单位数；"空格"表示无该项指标数据或数据不详。

《台州统计年鉴》自公开出版以来，受到社会各界和重视和好评，为进一步提高年鉴的编辑水平，欢迎读者提出宝贵意见。

目　　录

一、综　合

二、人口和从业人员

三、农　业

四、工　业

五、固定资产投资和建筑业

六、交通运输邮电通信和电力

七、原材料和能源

八、批发零售和住宿餐饮业

九、对外经济贸易和旅游

十、财政金融保险

十一、物 价

十二、人民生活

十三、城市建设和环境保护

十四、教育科技和质量监督

十五、文化卫生体育和广播

十六、档案工会妇联优抚和社会保障

十七、各县市区国民经济主要指标

十八、乡镇经济社会基本情况

十九、各市国民经济主要指标

二十、长江三角洲各城市国民经济主要指标

二十一、统计公报

1

综 合

General Survey

1-1　人口和自然资源

指　标	单位	2022年
一、人　口		
年末户籍总人口	(万人)	604.95
人口密度	(人/平方公里)	602
年末常住人口	(万人)	667.8
二、土　地		
土地面积	(平方公里)	10050.43
	(千公顷)	1005.04
山地、丘陵占总面积比重	(%)	73.0
平原占总面积比重	(%)	22.4
河流水面占总面积比重	(%)	4.6
三、森　林		
森林面积	(万公顷)	60.28
森林覆盖率	(%)	61.46
林木蓄积量	(万立方米)	3773.49
四、水文、水利		
淡水总面积	(千公顷)	51.16
滩涂围垦可利用资源	(千公顷)	66.62
年降水量	(毫米)	1456.4
水资源总量	(亿立方米)	71.48
水力资源蕴藏量	(万千瓦)	53.71
其中：可开发量	(万千瓦)	36.20
潮汐能已开发量	(千瓦)	4100
大陆岸线长度	(公里)	726
岛屿个数	(个)	921

注：人口资料取自公安户籍年报，下同。

1-2 行政区划土地面积和人口密度

(2022年)

地 区	行政区划(个)						土地面积(平方公里)	人口密度(人/平方公里)
	镇数	乡数	街道办事处数	城市社区	居民委员会	村民委员会		
全市	**61**	**24**	**45**	**290**	**86**	**3024**	**10050**	**602**
市区	10	6	23	128	28	676	1680	979
椒江区	1		9	61	1	203	364	1571
黄岩区	5	6	8	35	15	297	988	620
路桥区	4		6	32	12	176	328	1407
三门县	6	1	3	16	5	271	1105	401
天台县	7	5	3	21		374	1432	417
仙居县	7	10	3	21		311	2000	260
温岭市	11		5	34	49	579	1074	1129
临海市	14		5	34	3	628	2251	531
玉环市	6	2	3	36	1	185	510	858

1-3 部分县市区平均气温

(2022年) 单位：摄氏度

地 区	1月	2月	3月	4月	5月	6月	7月	8月	9月	10月	11月	12月	年平均
椒江区	8.9	7.4	14.7	18.1	19.9	25.6	31.3	30.9	25.9	20.9	17.9	8.6	19.2
三门县	7.5	6.3	14.2	17.5	19.4	25.5	30.7	30.1	24.7	19.3	16.7	7.0	18.2
天台县	7.0	5.8	14.3	17.9	19.6	25.5	31.0	30.1	24.5	18.5	16.4	6.3	18.1
仙居县	8.2	6.7	15.2	18.8	20.1	26.2	31.7	31.0	25.5	19.6	17.1	7.5	19.0
温岭市	8.9	7.3	14.9	18.0	19.7	25.3	31.1	30.5	25.8	20.7	17.7	8.6	19.0
临海市	8.0	6.9	14.8	18.1	19.7	25.8	30.9	30.4	25.3	19.6	17.2	7.6	18.7
玉环市	9.1	7.2	13.8	16.8	18.9	23.5	28.1	29.1	25.5	20.4	17.4	8.9	18.2

1-4　部分县市区日照时数

(2022年)　　单位：小时

地　区	1月	2月	3月	4月	5月	6月	7月	8月	9月	10月	11月	12月	全年
椒江区	97.0	76.5	112.3	144.4	103.2	112.7	281.0	265.5	180.3	133.8	43.1	118.3	1668.1
三门县	79.9	78.5	122.6	151.8	116.3	118.0	251.5	247.3	166.4	129.5	58.9	117.8	1638.5
天台县	86.3	89.2	131.3	181.2	147.4	158.3	296.3	294.9	208.4	163.7	82.9	120.3	1960.2
仙居县	88.6	78.7	129.8	179.5	129.9	143.6	279.5	274.5	201.5	170.8	78.3	118.1	1872.8
温岭市	106.7	84.3	125.7	171.7	123.5	141.4	289.9	280.1	205.3	179.5	63.4	122.7	1894.2
临海市	98.1	91.0	142.8	186.1	138.0	157.5	295.1	292.2	215.2	175.9	75.1	131.2	1998.2
玉环市	123.4	99.6	147.1	195.8	140.4	157.9	327.6	311.6	252.7	231.1	98.1	141.1	2226.4

1-5　部分县市区降水量

(2022年)　　单位：毫米

地　区	1月	2月	3月	4月	5月	6月	7月	8月	9月	10月	11月	12月	全年
椒江区	53.7	108.2	139.7	103.9	181.1	247.4	23.7	63.2	124.0	3.6	89.7	61.3	1199.5
三门县	60.6	130.2	141.2	85.9	197.1	131.6	83.4	134.4	205.3	24.6	79.0	68.6	1341.9
天台县	62.6	122.6	160.4	101.2	182.3	149.5	45.5	140.6	124.8	14.7	112.3	63.9	1280.4
仙居县	53.9	126.3	168.1	97.2	194.3	227.1	41.6	152.0	54.0	21.9	122.0	58.4	1316.8
温岭市	59.7	107.3	181.5	97.3	218.3	197.4	6.8	90.2	138.7	11.4	136.4	91.6	1336.6
临海市	44.0	117.7	188.1	128.2	187.5	210.7	33.9	113.7	101.3	9.0	100.3	52.6	1287.0
玉环市	58.0	104.2	169.7	90.4	172.8	215.9		15.6	86.8	0.7	156.1	79.0	1149.2

1-6 主要年份国民经济和社会发展主要指标

指标		1949年	1978年	1990年	1994年	2000年	2010年	2020年	2021年	2022年
年末户籍总人口	(万人)	240.57	452.71	515.49	526.31	546.62	583.14	606.98	605.94	604.95
年末常住人口	(万人)						597.4	662.7	666.1	667.8
年末从业人员数	(万人)		176.88	307.23	330.65	340.48	367.56	382.61	385.39	384.07
在岗职工人数	(万人)		22.90	33.49	33.64	32.56	64.81	115.71	113.36	121.44
生产总值(当年价)	(亿元)	1.32	10.13	78.91	270.08	613.31	2451.68	5238.39	5794.89	6040.72
第一产业增加值	(亿元)	1.00	4.74	23.89	63.82	84.60	157.66	294.87	311.83	330.06
第二产业增加值	(亿元)	0.08	3.03	31.90	130.91	322.38	1277.99	2276.43	2556.13	2369.10
第三产业增加值	(亿元)	0.24	2.36	23.12	75.36	206.33	1016.03	2667.09	2926.93	3071.56
在生产总值中：工业增加值	(亿元)		2.52	27.90	117.05	292.99	1148.50	1906.96	2172.04	2238.61
人均生产总值(当年价)	(元)						41608	79520	87220	90572
全社会客运周转量	(亿人公里)		4.38	24.82	33.99	60.92	97.71	30.64	32.04	27.14
公　路	(亿人公里)		3.20	23.67	33.06	60.52	90.58	17.86	12.20	6.29
水　运	(亿人公里)		1.18	1.15	0.93	0.40	0.23	0.14	0.13	0.17
全社会货运周转量	(亿吨公里)		5.26	27.75	59.20	126.51	1110.64	1797.05	1957.89	2034.91
公　路	(亿吨公里)		0.34	6.84	20.14	36.74	141.98	196.72	264.45	260.13
水　运	(亿吨公里)		4.92	20.91	39.06	89.78	968.66	1599.72	1692.74	1774.25
财政总收入	(亿元)		1.19	6.59	16.89	53.18	310.62	682.83	770.06	726.54
地方财政收入	(亿元)				8.65	26.15	164.88	401.24	455.43	440.75
地方财政支出	(亿元)		0.99	4.99	12.20	33.19	222.76	700.14	734.81	834.93
金融机构年末人民币存款余额	(亿元)		1.64	31.26	106.19	528.96	3562.80	10452.09	11836.52	13717.19
金融机构年末人民币贷款余额	(亿元)		3.46	30.79	83.81	330.43	2940.51	9832.45	11603.05	13708.91
社会消费品零售总额	(亿元)		4.92	37.15	103.44	218.59	945.77	2396.07	2505.62	2585.98
外贸进出口总额	(亿美元)			0.10	2.45	11.44	170.01	274.70	371.30	416.84
其中：外贸出口总额	(亿美元)			0.10	2.03	8.69	139.63	254.79	340.02	380.06
城镇常住居民人均可支配收入	(元)			1595	4960	8728	26802	62598	68053	70737
农村常住居民人均可支配收入	(元)					4668	12287	32188	35419	37700
普通高校在校学生数	(人)		413	962	1794	4125	29749	39955	42356	44744
成人高等学校在校学生数	(人)			1962	1546	4802	22323	36160	36489	33917
普通中学在校学生数	(万人)		22.58	20.01	22.21	33.41	28.68	31.34	31.30	31.38
小学在校学生数	(万人)		64.96	46.03	49.75	37.05	43.05	42.56	42.24	42.01
幼儿园在园儿童数	(万人)		0.85	7.19	8.48	9.79	25.98	19.25	19.36	19.11
卫生机构数	(个)		618	730	698	645	1380	3662	3805	3896
其中：医院、卫生院	(个)		417	351	393	340	220	235	234	238
卫生机构床位数	(张)		4788	7030	7861	9559	16528	31594	31482	33674
其中：医院、卫生院	(张)		4723	6902	7695	9459	16088	30533	30423	32616
卫生技术人员	(人)		6998	11011	12406	14841	26765	49445	50335	52455
其中：医　生	(人)		2743	4512	4950	6479	11521	20053	20491	21486

注：人均生产总值按按常住人口计算。

1-7　按登记注册类型分法人单位数

(2022年)　　单位：个

项　目	法　人 单位数	单产业 法　人	多产业 法　人
总　计	**212972**	**210631**	**2341**
按登记注册类型分组			
内　资	**212379**	**210071**	**2308**
国　有	3630	3593	37
集　体	3212	3187	25
股份合作	2682	2653	29
联　营	22	22	
国有联营	3	3	
集体联营	1	1	
国有与集体联营	5	5	
其他联营	13	13	
有限责任公司	4379	4148	231
国有独资公司	492	450	42
其他有限责任公司	3887	3698	189
股份有限公司	340	249	91
私　营	178990	177119	1871
私营独资	15994	15844	150
私营合伙	3804	3775	29
私营有限责任公司	157599	155982	1617
私营股份有限公司	1593	1518	75
其他内资	19124	19100	24
港澳台商投资	**247**	**236**	**11**
与港澳台商合资经营	110	107	3
与港澳台商合作经营	4	4	
港澳台商独资	120	112	8
港澳台商投资股份有限公司	13	13	
其他港、澳、台商投资			
外商投资	**346**	**324**	**22**
中外合资经营	163	157	6
中外合作经营	3	3	
外资企业	162	148	14
外商投资股份有限公司	13	11	2
其他外商投资	5	5	

1-8 按机构类型和行业分法人单位数

(2022年) 单位：个

项目	法人单位数	单产业法人	多产业法人
总计	**212972**	**210631**	**2341**
按机构类型分组			
企业	187376	185080	2296
事业单位	2362	2354	8
机关	795	781	14
社会团体	2701	2699	2
民办非企业单位	4854	4854	
基金会	63	63	
居委会	357	356	1
村委会	3009	2998	11
农民专业合作社	7553	7546	7
农村集体经济组织	2373	2373	
其他组织机构	1529	1527	2
按三次产业分组			
第一产业	8122	8103	19
第二产业	73465	72852	613
第三产业	131385	129676	1709
法人单位数中：工业	65682	65289	393
按国民经济行业分组			
农、林、牧、渔业	**8428**	**8409**	**19**
农业	6081	6071	10
林业	302	299	3
畜牧业	835	832	3
渔业	904	901	3
农、林、牧、渔专业及辅助性活动	306	306	

1-8　续表 1

(2022年)　　单位：个

项　目	法　人 单位数	单产业 法　人	多产业 法　人
采矿业	**78**	**76**	**2**
有色金属矿采选业	5	5	
非金属矿采选业	69	67	2
开采专业及辅助性活动	2	2	
其他采矿业	2	2	
制造业	**64782**	**64406**	**376**
农副食品加工业	589	581	8
食品制造业	280	274	6
酒、饮料和精制茶制造业	155	149	6
纺织业	1376	1363	13
纺织服装、服饰业	1549	1538	11
皮革、毛皮、羽毛及其制品和制鞋业	4614	4602	12
木材加工和木、竹、藤、棕、草制品业	630	626	4
家具制造业	921	918	3
造纸和纸制品业	1748	1746	2
印刷和记录媒介复制业	864	854	10
文教、工美、体育和娱乐用品制造业	3357	3341	16
石油、煤炭及其他燃料加工业	42	42	
化学原料和化学制品制造业	800	790	10
医药制造业	233	224	9
化学纤维制造业	53	53	
橡胶和塑料制品业	8385	8349	36
非金属矿物制品业	1721	1706	15
黑色金属冶炼和压延加工业	184	183	1
有色金属冶炼和压延加工业	361	360	1
金属制品业	4428	4396	32
通用设备制造业	10658	10606	52

1-8 续表 2

(2022年)　　单位：个

项　　目	法　人 单位数	单产业 法　人	多产业 法　人
专用设备制造业	8304	8274	30
汽车制造业	5401	5381	20
铁路、船舶、航空航天和其他运输设备制造业	1506	1492	14
电气机械和器材制造业	4577	4544	33
计算机、通信和其他电子设备制造业	539	519	20
仪器仪表制造业	693	688	5
其他制造业	356	352	4
废弃资源综合利用业	207	205	2
金属制品、机械和设备修理业	251	250	1
电力、热力、燃气及水生产和供应业	**822**	**807**	**15**
电力、热力生产和供应业	573	568	5
燃气生产和供应业	40	37	3
水的生产和供应业	209	202	7
建筑业	**8036**	**7815**	**221**
房屋建筑业	1249	1171	78
土木工程建筑业	1858	1768	90
建筑安装业	923	898	25
建筑装饰、装修和其他建筑业	4006	3978	28
批发和零售业	**67336**	**66769**	**567**
批发业	25825	25640	185
零售业	41511	41129	382
交通运输、仓储和邮政业	**3755**	**3630**	**125**
铁路运输业	6	6	
道路运输业	2404	2360	44
水上运输业	253	249	4
航空运输业	13	13	

1-8　续表 3

(2022年)　　单位：个

项　目	法　人单位数	单产业法　人	多产业法　人
多式联运和运输代理业	598	571	27
装卸搬运和仓储业	275	268	7
邮政业	206	163	43
住宿和餐饮业	**2882**	**2782**	**100**
住宿业	850	826	24
餐饮业	2032	1956	76
信息传输、软件和信息技术服务业	**3710**	**3668**	**42**
电信、广播电视和卫星传输服务	84	77	7
互联网和相关服务	703	694	9
软件和信息技术服务业	2923	2897	26
金融业	**541**	**456**	**85**
货币金融服务	160	110	50
资本市场服务	176	176	
保险业	68	35	33
其他金融业	137	135	2
房地产业	**4439**	**4323**	**116**
房地产业	4439	4323	116
租赁和商务服务业	**16020**	**15789**	**231**
租赁业	2250	2241	9
商务服务业	13770	13548	222
科学研究和技术服务业	**5709**	**5602**	**107**
研究和试验发展	664	662	2
专业技术服务业	2840	2750	90
科技推广和应用服务业	2205	2190	15
水利、环境和公共设施管理业	**1457**	**1442**	**15**
水利管理业	107	105	2

1-8　续表 4

(2022年)　　单位：个

项　　目	法　人 单位数	单产业 法　人	多产业 法　人
生态保护和环境治理业	257	254	3
公共设施管理业	910	901	9
土地管理业	183	182	1
居民服务、修理和其他服务业	**5224**	**5137**	**87**
居民服务业	3251	3192	59
机动车、电子产品和日用产品修理业	1253	1229	24
其他服务业	720	716	4
教　　育	**5300**	**5217**	**83**
教　育	5300	5217	83
卫生和社会工作	**1893**	**1812**	**81**
卫　生	984	908	76
社会工作	909	904	5
文化、体育和娱乐业	**3034**	**2992**	**42**
新闻和出版业	21	20	1
广播、电视、电影和录音制作业	432	421	11
文化艺术业	967	965	2
体　育	527	511	16
娱乐业	1087	1075	12
公共管理、社会保障和社会组织	**9526**	**9499**	**27**
中国共产党机关	97	97	
国家机构	1397	1384	13
人民政协、民主党派	28	28	
社会保障	21	21	
群众团体、社会团体和其他成员组织	4105	4103	2
基层群众自治组织及其他组织	3878	3866	12

1-9　主要年份生产总值

年　份	生产总值	第一产业	第二产业	第三产业	在生产总值中:工　业	人均生产总值	
						人民币(元)	美　元
1949	1.32	1.00	0.08	0.24	0.08	55	24
1952	1.89	1.35	0.18	0.36	0.17	75	29
1957	2.74	1.67	0.45	0.62	0.40	99	40
1962	3.50	1.98	0.61	0.91	0.53	116	47
1965	4.23	2.56	0.64	1.03	0.54	126	51
1970	5.45	3.22	0.97	1.26	0.81	141	57
1975	6.65	3.53	1.74	1.38	1.49	154	78
1978	10.13	4.74	3.03	2.36	2.52	225	143
1979	12.53	5.89	3.90	2.74	3.34	275	184
1980	14.28	6.18	4.88	3.22	4.19	311	203
1981	15.87	6.69	5.50	3.68	4.79	342	201
1982	18.25	8.62	5.66	3.97	4.87	388	205
1983	20.27	8.81	6.81	4.65	6.02	425	215
1984	25.26	10.60	9.01	5.64	8.02	523	225
1985	33.78	13.44	12.76	7.58	11.31	693	236
1986	38.32	14.56	14.49	9.27	12.88	777	225
1987	45.78	16.67	18.11	11.00	15.78	917	246
1988	62.08	20.33	25.59	16.16	22.48	1227	330
1989	72.92	22.33	30.79	19.80	27.43	1427	379
1990	78.91	23.89	31.90	23.12	27.90	1534	321
1991	100.53	29.99	38.46	32.08	33.30	1945	246
1992	126.19	33.38	52.10	40.72	45.42	2430	330
1993	177.84	41.51	85.01	51.32	74.81	3407	379
1994	270.08	63.82	130.91	75.36	117.05	5146	597
1995	380.84	83.09	187.49	110.26	164.80	7214	864
1996	445.79	90.80	222.63	132.36	200.15	8391	1009
1997	466.97	84.10	235.09	147.78	214.56	8737	1054
1998	505.42	87.45	256.44	161.53	233.06	9399	1135
1999	550.62	88.41	282.67	179.54	257.13	10173	1229
2000	613.31	84.60	322.38	206.33	292.99	11257	1360
2001	680.80	86.96	355.33	238.51	323.00	12433	1502
2002	782.85	89.17	403.27	290.42	367.47	14728	1779
2003	908.87	90.72	472.96	345.19	427.25	16908	2043
2004	1081.64	94.24	565.28	422.11	508.97	19861	2400
2005	1256.11	102.64	665.26	488.21	606.22	22800	2783
2006	1469.11	105.97	794.06	569.08	721.02	26338	3304
2007	1729.75	112.97	944.58	672.20	861.38	30582	4022
2008	1964.48	121.83	1059.90	782.74	967.47	34325	4943
2009	2056.51	130.48	1076.25	849.78	971.20	35576	5208
2010	2451.68	157.66	1277.99	1016.03	1148.50	41608	6147
2011	2788.35	185.13	1421.25	1181.97	1263.79	46453	7192
2012	2944.22	195.70	1457.21	1291.31	1283.33	48480	7680
2013	3192.67	205.21	1550.89	1436.57	1356.65	51943	8388
2014	3410.16	208.47	1648.97	1552.73	1409.04	54923	8941
2015	3571.47	221.34	1650.58	1699.55	1377.30	56880	9132
2016	3874.87	243.79	1748.84	1882.25	1470.43	61050	9191
2017	4386.04	255.90	2019.90	2110.23	1699.92	68510	10147
2018	4880.32	268.47	2267.74	2344.11	1895.85	75570	11420
2019	5102.17	283.06	2299.93	2519.18	1931.53	78278	11347
2020	5238.39	294.87	2276.43	2667.09	1906.96	79520	11529
2021	5794.89	311.83	2556.13	2926.93	2172.04	87220	13519
2022	6040.72	330.06	2639.10	3071.56	2238.61	90572	13466

注：本表按当年价格计算。人均生产总值从2002年开始均按常住人口计算。2004年起第一产业包括农林牧渔服务业,2013年起三次产业分类依据国家统计局2012年制定的《三次产业划分规定》。下同。

1-10 分行业增加值(一)

(1992-2022年)　　单位：亿元

年　份	农、林、牧、渔业	工业	建筑业	批发和零售业	交通运输、仓储及邮政业	住宿和餐饮业
1992	33.38	45.42	6.68	13.37	9.61	1.82
1993	41.51	74.81	10.20	18.22	10.97	2.24
1994	63.82	117.05	13.86	27.62	15.28	3.80
1995	83.09	164.80	22.69	40.11	20.63	6.69
1996	90.80	200.15	22.47	48.77	22.10	7.76
1997	84.10	214.56	20.53	52.04	24.30	8.33
1998	87.45	233.06	23.38	53.75	26.79	8.26
1999	88.41	257.13	25.54	57.95	28.89	8.83
2000	84.60	292.99	29.40	64.92	31.80	9.99
2001	86.96	323.00	32.33	71.72	33.76	11.02
2002	89.17	367.47	35.80	85.07	38.46	13.59
2003	90.72	427.25	45.72	98.48	43.03	16.18
2004	94.24	508.97	56.31	115.83	48.18	20.11
2005	102.64	606.22	59.04	127.99	54.25	23.76
2006	105.97	721.02	73.04	145.10	65.66	26.59
2007	112.97	861.38	83.21	169.14	73.79	31.57
2008	121.83	967.47	92.43	193.57	83.86	37.57
2009	130.48	971.20	105.06	219.92	77.95	39.60
2010	157.66	1148.50	129.49	258.57	86.90	45.71
2011	185.13	1263.79	157.46	313.91	93.24	52.87
2012	195.70	1283.33	173.88	365.44	97.93	61.65
2013	207.25	1356.65	196.92	412.26	101.83	66.90
2014	210.61	1409.04	242.15	448.35	105.79	80.99
2015	223.67	1377.30	274.91	479.06	111.81	89.97
2016	246.33	1470.43	279.72	520.05	116.06	93.42
2017	258.67	1699.92	321.37	564.27	123.08	99.24
2018	271.56	1895.85	373.18	605.03	123.16	104.30
2019	286.56	1931.53	369.77	646.81	125.50	113.65
2020	298.86	1906.96	370.72	657.80	121.19	107.73
2021	316.26	2172.04	385.49	738.36	133.20	130.48
2022	334.81	2238.61	401.98	786.15	132.09	134.96

1-11　分行业增加值(二)

(1992-2022年)　　单位：亿元

年　份	金融业	房地产业	其　他 服务业	营利性服务业	非营利性服务业
1992	3.26	3.74	8.91		
1993	4.44	5.18	10.28		
1994	5.94	7.07	15.64		
1995	10.18	9.40	23.25		
1996	11.16	11.21	31.36		
1997	8.87	14.08	40.16		
1998	10.75	13.62	48.36		
1999	11.10	16.90	55.88		
2000	11.97	20.47	67.18		
2001	15.97	25.15	80.89		
2002	22.84	30.80	99.67		
2003	28.55	40.82	118.13		
2004	32.77	52.97	152.25	59.18	93.07
2005	49.51	57.87	174.85	69.13	105.71
2006	65.74	67.77	198.22	80.52	117.70
2007	89.72	80.63	227.34	93.71	133.63
2008	117.71	99.74	250.29	102.18	148.11
2009	137.05	109.05	266.20	98.57	167.63
2010	177.56	150.98	296.30	108.15	188.16
2011	213.89	173.27	334.80	122.64	212.16
2012	198.52	186.41	381.36	128.82	252.54
2013	224.29	208.91	417.66	141.25	276.41
2014	243.06	213.97	456.21	150.67	305.54
2015	261.34	238.37	515.06	165.42	349.63
2016	275.52	280.77	592.57	185.20	407.37
2017	303.44	336.91	679.15	207.20	471.95
2018	332.83	388.44	785.98	243.44	542.54
2019	373.20	401.44	853.70	270.81	582.89
2020	418.38	470.71	886.04	324.31	561.73
2021	463.32	493.61	962.14	363.67	598.46
2022	520.05	495.89	996.18	389.47	606.71

注：2020年开始，科学研究和技术服务业由非营利性服务业划入营利性服务业。

1-12 主要年份生产总值构成

单位：%

年 份	生产总值	第一产业	第二产业	第三产业	在生产总值中:工 业
1949	100.00	75.69	6.12	18.19	5.88
1952	100.00	71.65	9.46	18.89	8.76
1957	100.00	61.03	16.32	22.65	14.40
1962	100.00	56.63	17.32	26.05	15.16
1965	100.00	60.63	15.11	24.26	12.72
1970	100.00	59.00	17.77	23.23	14.89
1975	100.00	53.08	26.22	20.70	22.42
1978	100.00	46.79	29.91	23.30	24.88
1979	100.00	47.01	31.16	21.83	26.66
1980	100.00	43.28	34.15	22.57	29.34
1981	100.00	42.15	34.65	23.20	30.18
1982	100.00	47.23	31.01	21.77	26.68
1983	100.00	43.46	33.60	22.93	29.70
1984	100.00	41.97	35.69	22.34	31.76
1985	100.00	39.79	37.78	22.43	33.48
1986	100.00	38.00	37.80	24.20	33.61
1987	100.00	36.42	39.55	24.03	34.47
1988	100.00	32.75	41.23	26.03	36.21
1989	100.00	30.62	42.22	27.16	37.62
1990	100.00	30.27	40.43	29.30	35.36
1991	100.00	29.83	38.26	31.91	33.12
1992	100.00	26.45	41.28	32.27	35.99
1993	100.00	23.34	47.80	28.86	42.07
1994	100.00	23.63	48.47	27.90	43.34
1995	100.00	21.82	49.23	28.95	43.27
1996	100.00	20.37	49.94	29.69	44.90
1997	100.00	18.01	50.34	31.65	45.95
1998	100.00	17.30	50.74	31.96	46.11
1999	100.00	16.06	51.34	32.61	46.70
2000	100.00	13.79	52.56	33.64	47.77
2001	100.00	12.77	52.19	35.03	47.44
2002	100.00	11.39	51.51	37.10	46.94
2003	100.00	9.98	52.04	37.98	47.01
2004	100.00	8.71	52.26	39.03	47.06
2005	100.00	8.17	52.96	38.87	48.26
2006	100.00	7.21	54.05	38.74	49.08
2007	100.00	6.53	54.61	38.86	49.80
2008	100.00	6.20	53.95	39.84	49.25
2009	100.00	6.34	52.33	41.32	47.23
2010	100.00	6.43	52.13	41.44	46.85
2011	100.00	6.64	50.97	42.39	45.32
2012	100.00	6.65	49.49	43.86	43.59
2013	100.00	6.43	48.58	45.00	42.49
2014	100.00	6.11	48.35	45.53	41.32
2015	100.00	6.20	46.22	47.59	38.56
2016	100.00	6.29	45.13	48.58	37.95
2017	100.00	5.83	46.05	48.11	38.76
2018	100.00	5.50	46.47	48.03	38.85
2019	100.00	5.55	45.08	49.37	37.86
2020	100.00	5.63	43.46	50.91	36.40
2021	100.00	5.38	44.11	50.51	37.48
2022	100.00	5.46	43.69	50.85	37.06

1-13　主要年份生产总值指数

(以1952年为100)

年 份	生产总值	第一产业	第二产业	第三产业	在生产总值中:工　业	人　均生产总值
1949	72.50	75.91	51.60	62.21	53.58	75.41
1952	100.00	100.00	100.00	100.00	100.00	100.00
1957	141.90	136.40	189.30	149.90	175.70	127.00
1962	137.40	121.80	235.10	184.00	220.90	113.10
1965	183.60	168.30	267.50	237.30	247.40	136.90
1970	223.60	196.30	405.70	297.40	395.10	144.30
1975	266.60	196.10	797.40	420.50	780.90	154.10
1978	385.00	251.30	1355.90	698.90	1201.80	213.10
1979	436.81	255.21	1749.94	795.80	1611.41	238.95
1980	485.74	250.83	2138.36	909.90	2131.84	263.13
1981	532.67	267.11	2395.09	1020.89	2428.03	285.75
1982	584.64	315.47	2441.67	1085.81	2445.32	309.40
1983	638.68	321.72	2860.87	1220.97	2939.98	333.19
1984	772.88	377.85	3655.90	1432.43	3795.42	398.77
1985	938.24	395.39	5196.46	1690.97	5423.19	479.24
1986	1039.11	422.09	5803.30	1951.71	6111.80	524.88
1987	1192.18	448.80	7117.57	2190.09	7421.21	594.54
1988	1445.86	389.81	9941.01	2887.93	10587.95	711.59
1989	1642.74	402.63	11834.00	3213.91	12825.48	800.30
1990	1734.03	388.25	12479.88	3655.80	13487.54	839.54
1991	2132.36	440.13	15278.82	4886.04	16381.73	1027.18
1992	2589.58	450.35	20590.11	5929.74	22222.17	1241.40
1993	3198.92	469.49	28848.22	6790.19	32247.29	1526.03
1994	4055.17	548.52	38234.75	8388.36	43204.29	1923.81
1995	5049.45	637.38	48982.03	10334.27	54366.52	2381.60
1996	5804.89	670.52	58633.16	11546.66	66430.67	2720.72
1997	6115.46	643.70	62764.87	12372.30	72029.13	2849.07
1998	6840.38	700.99	70987.98	13707.40	81266.57	3167.44
1999	7678.87	733.94	80762.04	15469.57	92663.22	3532.71
2000	8608.71	720.73	91978.84	17755.06	105565.50	3934.65
2001	9671.73	748.12	102340.98	20870.06	117732.41	4398.14
2002	11016.46	767.28	117107.66	24466.77	135306.91	4964.88
2003	12655.74	774.35	136435.49	28615.63	157158.42	5640.00
2004	14482.81	775.11	156998.96	33606.83	181109.16	6370.68
2005	16482.44	778.33	181824.25	38345.61	211499.23	7167.16
2006	18858.45	800.62	210598.08	44067.94	243549.47	8099.27
2007	21614.99	813.59	245265.16	50470.92	285808.25	9154.79
2008	23617.21	833.04	265931.77	56315.17	312398.02	9885.62
2009	25605.19	850.28	286548.56	62111.24	334462.26	10611.14
2010	28991.03	887.44	328044.24	70068.10	383527.47	11786.52
2011	31289.74	915.09	349247.94	77438.58	407304.07	12487.64
2012	33548.57	938.15	371068.48	84467.05	430104.71	13233.70
2013	36219.03	945.32	401959.29	91644.17	462999.52	14116.25
2014	38891.50	965.95	434287.88	98286.19	491261.35	15005.26
2015	41357.91	1000.60	449348.31	108177.03	498264.27	15778.97
2016	44499.84	1044.09	483529.52	116842.68	541107.22	16795.79
2017	48073.42	1074.22	530993.50	124963.43	600052.37	17988.70
2018	51695.40	1083.98	577403.62	133883.42	655844.76	19176.28
2019	54256.30	1094.25	594907.77	143722.30	683324.14	19940.97
2020	56022.38	1119.66	610240.38	149487.06	701186.42	20372.83
2021	60697.95	1181.11	670442.05	160496.93	784996.26	21885.42
2022	62352.64	1215.70	680168.29	166624.78	793447.35	22396.08

1-14 主要年份生产总值指数

(以上年为100)

年 份	生产总值	第一产业	第二产业	第三产业	在生产总值中:工 业	人 均生产总值
1978	117.99	115.81	125.78	114.61	122.00	116.58
1979	113.46	101.56	129.06	113.86	134.08	112.13
1980	111.20	98.28	122.20	114.34	132.30	110.12
1981	109.67	106.50	112.01	112.20	113.90	108.62
1982	109.76	118.11	101.95	106.36	100.71	108.28
1983	109.25	101.99	117.17	112.45	120.23	107.69
1984	121.01	117.45	127.79	117.32	129.10	119.69
1985	121.38	104.62	142.13	118.04	142.88	120.14
1986	110.77	106.79	111.68	115.43	112.71	109.57
1987	114.73	106.33	122.65	112.22	121.43	113.28
1988	121.28	86.86	139.58	131.70	142.67	119.69
1989	113.62	103.29	119.04	111.29	121.13	112.47
1990	105.53	96.39	105.52	113.88	105.15	104.85
1991	123.01	113.42	122.36	133.50	121.47	122.43
1992	121.44	102.33	134.76	121.36	135.65	120.87
1993	123.53	104.25	140.11	114.51	145.11	122.93
1994	126.72	116.77	132.62	123.68	133.96	125.98
1995	124.52	116.20	128.11	123.20	125.84	123.80
1996	114.96	105.20	119.70	111.73	122.19	114.24
1997	105.35	96.00	107.05	107.15	108.43	104.72
1998	111.85	108.90	113.10	110.79	112.82	111.17
1999	112.26	104.70	113.77	112.86	114.02	111.53
2000	112.11	98.20	113.89	114.77	113.92	111.38
2001	112.35	103.80	111.27	117.54	111.53	111.78
2002	113.90	102.56	114.43	117.23	114.93	112.89
2003	114.88	100.92	116.50	116.96	116.15	113.60
2004	114.44	100.10	115.07	117.44	115.24	112.96
2005	113.81	100.42	115.81	114.10	116.78	112.50
2006	114.42	102.86	115.83	114.92	115.15	113.01
2007	114.62	101.62	116.46	114.53	117.35	113.03
2008	109.26	102.39	108.43	111.58	109.30	107.98
2009	108.42	102.07	107.75	110.29	107.06	107.34
2010	113.22	104.37	114.48	112.81	114.67	111.08
2011	107.93	103.12	106.46	110.52	106.20	105.95
2012	107.22	102.52	106.25	109.08	105.60	105.97
2013	107.96	100.76	108.32	108.50	107.65	106.67
2014	107.38	102.18	108.04	107.25	106.10	106.30
2015	106.34	103.59	103.47	110.06	101.43	105.16
2016	107.60	104.35	107.61	108.01	108.60	106.44
2017	108.03	102.89	109.82	106.95	110.89	107.10
2018	107.53	100.91	108.74	107.14	109.30	106.60
2019	104.95	100.95	103.03	107.35	104.19	103.99
2020	103.26	102.32	102.58	104.01	102.61	102.17
2021	108.35	105.49	109.87	107.37	111.95	107.42
2022	102.73	102.93	101.45	103.82	101.08	102.33

1-15　分行业增加值指数

(1992-2022年，以2004年为100)

年　份	农、林、牧、渔业	工　业	建筑业	批发和零售业	交通运输仓储及邮政业	住宿和餐饮业	金融业	房地产业	其　他服务业
1992	58.10	12.27	24.55	18.83	37.36	21.11	17.54	16.63	10.43
1993	60.57	17.81	25.92	23.27	36.68	20.29	20.34	20.56	12.36
1994	70.77	23.86	30.82	28.12	47.48	26.47	22.95	23.93	15.84
1995	82.23	30.02	46.96	35.71	52.85	39.25	33.75	24.91	19.80
1996	86.51	36.68	45.92	40.94	54.36	41.91	34.97	25.84	24.06
1997	83.05	39.77	42.17	43.38	57.71	44.31	27.69	32.34	27.24
1998	90.44	44.87	49.22	45.46	61.57	45.88	34.10	32.32	33.55
1999	94.69	51.16	54.41	50.08	64.65	50.55	36.05	40.82	39.80
2000	92.98	58.29	61.72	56.55	68.60	57.27	39.27	49.18	48.04
2001	96.52	65.01	67.08	64.58	71.88	63.82	54.23	59.88	58.99
2002	98.99	74.71	73.34	75.29	81.19	77.01	73.47	68.86	68.48
2003	99.90	86.78	88.24	87.43	90.69	88.95	91.39	84.24	79.87
2004	100.00	100.00	100.00	100.00	100.00	100.00	100.00	100.00	100.00
2005	100.42	116.78	105.60	109.51	110.04	116.35	148.84	108.24	113.11
2006	103.29	134.48	129.59	123.17	127.69	129.22	195.10	125.83	126.55
2007	104.96	157.81	139.81	138.37	140.30	144.60	253.61	142.24	143.47
2008	107.47	172.49	138.74	148.96	152.06	158.36	310.67	159.22	159.88
2009	109.70	184.67	160.54	170.93	146.54	162.87	370.52	180.04	172.10
2010	114.49	211.77	180,56	190.04	161.66	183.07	447.73	211.01	188.36
2011	118.06	224.89	196.46	216.52	174.64	197.92	506.65	226.35	204.78
2012	121.03	237.48	219.79	249.84	185.23	221.01	509.57	245.46	224.04
2013	122.00	255.65	250.17	279.05	197.04	233.74	573.66	264.01	234.33
2014	124.68	271.25	306.74	301.10	204.53	262.32	623.09	280.21	250.00
2015	129.20	275.12	358.14	325.43	218.11	282.34	684.18	320.03	279.42
2016	134.86	298.77	366.98	366.98	220.48	283.54	721.54	358.44	312.56
2017	138.80	331.32	381.93	368.74	231.09	291.84	758.53	379.95	343.01
2018	140.18	362.13	401.70	387.50	234.61	297.22	808.05	403.82	382.25
2019	141.67	377.30	386.49	412.59	243.41	311.92	923.40	418.32	411.12
2020	145.12	387.16	395.36	413.93	236.77	295.86	1014.54	457.18	429.11
2021	153.18	433.44	392.01	452.62	254.75	348.85	1076.67	477.52	457.82
2022	157.72	438.10	406.35	476.23	252.61	354.08	1175.48	476.03	473.03

1-16 市区主要年份生产总值

单位：万元

年 份	市 区	椒江区	黄岩区	路桥区
1978	32548	11798	12199	8551
1979	41787	16112	14963	10712
1980	47228	19456	16261	11512
1981	50843	22082	16567	12194
1982	59039	25289	19328	14422
1983	70505	31523	22186	16796
1984	92014	41982	28500	21531
1985	123012	49694	41634	31685
1986	134558	52163	46940	35455
1987	158033	58958	56567	42508
1988	204461	72331	75302	56828
1989	233516	76817	86557	70142
1990	251971	85480	89308	77183
1991	320142	106932	117033	96178
1992	416662	135425	155082	126155
1993	566571	175524	215144	175903
1994	889076	277480	344506	267090
1995	1219390	420112	394322	404956
1996	1469187	512340	475342	481505
1997	1664627	589163	506782	568682
1998	1846313	665377	539014	641923
1999	2057792	750645	584676	722471
2000	2315012	852007	646569	816436
2001	2559125	946555	704134	908437
2002	2938955	1081028	805273	1052654
2003	3409949	1272132	907349	1230468
2004	4065795	1526749	1061387	1477659
2005	4707540	1745141	1244872	1717526
2006	5484770	2017976	1469676	1997118
2007	6357933	2312961	1729017	2315956
2008	7173101	2529499	2009079	2634523
2009	7374758	2642595	2026397	2705766
2010	8636827	3107249	2344930	3184647
2011	9968987	3581018	2701316	3686653
2012	10713864	3794565	2902145	4017155
2013	11635112	4115252	3124724	4395137
2014	12483792	4382630	3407917	4693245
2015	13109220	4663053	3599755	4846413
2016	14098276	4962509	3933155	5202611
2017	16178654	5596945	4560418	6021292
2018	18058001	6351877	5088046	6618077
2019	18684515	6744129	5394765	6545622
2020	18814881	6932715	5406081	6476085
2021	20557519	7542091	5814639	7200788
2022	21389006	7698204	6120754	7570047

1-17　各县市主要年份生产总值

单位：万元

年　份	三门县	天台县	仙居县	温岭市	临海市	玉环市
1978	7466	8526	8901	20355	18886	7910
1979	8347	9560	9579	26328	24162	9061
1980	9655	11307	10892	27552	27380	12849
1981	9795	12861	12833	32439	30403	15011
1982	11963	14452	14467	38050	35603	14439
1983	12577	15471	16195	42138	37204	15277
1984	15913	18594	18333	51657	45454	18665
1985	22798	25189	22548	69826	57830	27674
1986	26531	27417	26008	84676	74650	30742
1987	30993	31353	32580	107129	86161	39272
1988	40983	44292	44266	139991	112371	58652
1989	45282	53997	50121	152507	136167	59058
1990	46863	58527	53102	161212	137622	73143
1991	57381	69247	59045	216933	157599	98558
1992	66757	79406	70313	278919	194374	128821
1993	83114	109834	96943	421251	267318	173184
1994	116881	157202	129603	657951	411952	283692
1995	150638	196314	158030	933228	573323	393645
1996	172491	211334	177662	1160182	656810	479248
1997	139490	208921	187289	1245195	554209	525506
1998	173035	222958	203712	1353736	605975	577629
1999	194092	250604	227802	1482229	675992	656642
2000	222107	292820	255474	1656554	769872	745819
2001	244602	326569	273822	1782466	875558	828499
2002	291671	374218	322357	1996711	1017712	964328
2003	346115	437201	365210	2277769	1178192	1110045
2004	416916	534554	441062	2673278	1419827	1279815
2005	496453	622856	513219	3066839	1652692	1495957
2006	589337	724120	602060	3535320	1932379	1820590
2007	712064	840522	704491	4156486	2282498	2272493
2008	836622	964625	791830	4787823	2601800	2579373
2009	894321	1013556	844173	5039585	2797386	2476730
2010	1072333	1197196	1021343	5804450	3331043	3122502
2011	1248967	1394598	1189551	6619701	3766930	3633511
2012	1316530	1513259	1281737	6752300	3988793	3770240
2013	1422994	1635051	1415955	7389002	4356336	4083802
2014	1585315	1777728	1585141	7867032	4547683	4292244
2015	1733840	1948291	1727068	8042814	4848422	4415016
2016	1903886	2132811	1920166	8519401	5451238	4683683
2017	2148800	2395800	2172572	9213734	6304775	5279324
2018	2459161	2690999	2357343	10301945	6881693	5839124
2019	2627790	2900588	2512381	10951747	7149555	6198267
2020	2886661	3047159	2650486	11257036	7423651	6295730
2021	3232694	3400002	2828597	12531847	8344727	7025651
2022	3326307	3510780	3001228	13067614	8785207	7316014

1-18 市区主要年份生产总值指数

(以1978年为100)

年 份	市 区	椒江区	黄岩区	路桥区
1978	100.00	100.00	100.00	100.00
1979	116.82	124.11	110.67	115.91
1980	126.21	143.02	116.29	118.21
1981	135.25	162.98	117.26	123.70
1982	152.34	182.87	130.00	143.28
1983	181.75	227.21	151.64	163.30
1984	228.63	291.88	187.18	202.07
1985	287.40	337.88	252.91	269.27
1986	310.30	354.33	279.57	296.03
1987	365.33	393.90	353.94	345.40
1988	405.60	390.97	436.49	385.73
1989	447.88	401.04	490.74	456.25
1990	471.14	410.82	517.19	493.99
1991	572.50	488.30	639.98	602.05
1992	739.30	647.89	815.32	766.68
1993	863.17	673.45	1004.40	947.66
1994	1075.81	885.85	1164.70	1215.51
1995	1316.58	1128.57	1285.70	1582.65
1996	1560.33	1370.54	1533.45	1820.95
1997	1781.98	1571.90	1663.63	2167.63
1998	2067.27	1863.53	1869.91	2527.81
1999	2384.34	2152.12	2127.96	2943.60
2000	2679.39	2415.56	2379.06	3325.16
2001	3005.38	2713.77	2664.55	3727.94
2002	3432.96	3067.81	3066.89	4280.24
2003	3931.12	3523.53	3474.79	4924.69
2004	4533.58	4078.81	3955.35	5711.28
2005	5162.15	4584.62	4554.97	6535.85
2006	5885.04	5184.88	5267.20	7434.24
2007	6654.10	5780.50	6055.66	8420.30
2008	7220.44	6085.36	6774.83	9196.12
2009	7709.18	6547.89	7062.11	9923.41
2010	8638.49	7354.79	7836.23	11174.46
2011	9437.78	7953.58	8595.48	12293.63
2012	10195.86	8399.13	9329.98	13521.39
2013	11001.10	9016.55	10073.17	14650.71
2014	11867.70	9649.13	10949.11	15833.39
2015	12598.95	10260.71	11697.13	16706.71
2016	13466.13	10883.86	12576.95	17907.54
2017	14621.86	11618.34	13790.08	19615.36
2018	15781.06	12653.48	14964.37	20905.79
2019	16316.63	13367.01	15943.36	20670.35
2020	16581.68	13707.90	16327.64	20679.35
2021	17698.10	14584.92	17155.65	22432.63
2022	18161.67	14708.24	17760.46	23273.67

1-19 各县市主要年份生产总值指数

(以1978年为100)

年 份	三门县	天台县	仙居县	温岭市	临海市	玉环市
1978	100.00	100.00	100.00	100.00	100.00	100.00
1979	109.16	99.37	104.71	124.77	128.12	126.22
1980	112.08	114.88	130.29	129.65	145.32	156.70
1981	124.25	127.81	135.43	155.75	157.93	178.39
1982	139.95	138.66	139.54	175.85	172.82	162.03
1983	151.44	144.48	156.17	200.37	177.68	168.43
1984	185.21	167.38	182.28	246.82	201.17	201.79
1985	224.87	203.28	201.99	293.19	227.77	259.63
1986	240.62	211.51	225.66	372.32	285.39	278.31
1987	262.39	218.85	269.38	477.20	321.62	332.22
1988	311.39	275.47	335.51	559.87	374.73	457.68
1989	330.03	306.88	362.95	669.45	442.75	463.27
1990	327.33	322.07	377.83	731.81	403.49	497.55
1991	401.46	361.63	411.72	925.60	446.59	572.50
1992	454.79	394.30	431.41	1150.67	537.66	706.87
1993	492.65	460.92	547.64	1682.98	657.87	850.28
1994	557.09	543.24	626.95	2177.10	859.77	1130.88
1995	612.21	603.92	703.42	2670.24	969.79	1393.11
1996	610.68	621.85	766.81	3393.82	1087.64	1683.78
1997	498.36	614.14	819.32	3669.45	901.49	1906.02
1998	620.98	669.35	938.89	4162.68	1019.41	2141.09
1999	714.92	778.69	1078.83	4727.57	1169.65	2560.88
2000	803.27	908.08	1205.25	5301.42	1334.03	2957.20
2001	901.43	1018.70	1337.82	5787.66	1527.31	3344.60
2002	1044.76	1172.31	1530.08	6436.30	1755.55	3823.13
2003	1222.41	1343.35	1721.58	7270.97	2025.95	4373.48
2004	1417.93	1574.01	1973.47	8263.06	2360.12	5033.36
2005	1643.62	1787.93	2245.28	9275.54	2687.89	5741.33
2006	1917.77	2032.46	2585.47	10553.18	3077.73	6815.22
2007	2243.41	2289.10	2911.77	12073.97	3537.40	8303.99
2008	2510.88	2530.95	3154.04	13364.39	3894.97	9082.37
2009	2755.53	2738.07	3468.41	14621.95	4318.97	8955.98
2010	3130.84	3069.31	3968.52	16061.54	4926.06	10881.32
2011	3401.16	3413.85	4376.98	17339.45	5304.39	12136.11
2012	3584.72	3723.03	4782.12	18478.39	5701.35	12876.20
2013	3827.11	4004.98	5234.88	19866.89	6171.64	13893.79
2014	4241.84	4358.87	5845.94	21013.15	6480.12	14745.56
2015	4708.18	4814.67	6441.45	21927.62	7024.23	15514.02
2016	5114.73	5223.09	7207.43	23444.64	7675.77	16686.24
2017	5555.18	5650.34	7805.15	24949.95	8391.63	17967.44
2018	6124.80	6133.54	8188.61	26852.76	8972.05	19234.46
2019	6578.04	6565.99	8635.22	28159.21	9235.42	20222.87
2020	7203.44	6873.33	9071.04	29009.40	9584.20	20797.93
2021	7903.20	7554.84	9529.23	31576.67	10523.28	22737.39
2022	8107.49	7686.85	9940.27	32357.59	10898.01	23317.38

1-20 市区主要年份第一产业增加值

单位：万元

年 份	市 区	椒江区	黄岩区	路桥区
1978	12763	3051	5170	4542
1979	16518	4981	6457	5080
1980	17311	5578	6295	5438
1981	18352	6128	6615	5609
1982	21590	7166	7769	6655
1983	21903	6815	8282	6806
1984	28034	9022	10437	8575
1985	34876	10268	13508	11100
1986	35628	10716	13675	11237
1987	40455	12906	15123	12426
1988	47543	14666	18048	14829
1989	49622	13805	19662	16155
1990	52736	16412	19940	16384
1991	60743	17412	24218	19113
1992	71567	17951	30501	23115
1993	84136	23208	35266	25661
1994	121306	37497	49985	33824
1995	172467	56160	58221	58086
1996	190767	61694	65266	63807
1997	170736	52837	56381	61518
1998	185514	58055	64684	62775
1999	185907	57009	67150	61748
2000	180337	52036	68458	59843
2001	185606	53794	70107	61705
2002	194692	57853	73259	63580
2003	194801	55175	75641	63986
2004	203055	57532	78150	67373
2005	218671	61474	81718	75479
2006	224892	63608	87181	74103
2007	225594	68202	90424	66968
2008	241098	74597	95718	70784
2009	257953	82729	101482	73741
2010	322750	115821	119928	87001
2011	374915	138537	134115	102262
2012	393865	147228	142561	104076
2013	412297	159277	144292	108728
2014	421037	162558	147353	111126
2015	445960	175178	153475	117307
2016	491571	194519	167562	129490
2017	500642	201484	171422	127736
2018	523077	211447	179320	132310
2019	555979	223716	192871	139392
2020	569227	230955	196153	142119
2021	546994	181699	219501	145794
2022	531603	144216	230358	157029

1-21　各县市主要年份第一产业增加值

单位：万元

年　份	三门县	天台县	仙居县	温岭市	临海市	玉环市
1978	4123	4186	5459	8462	7578	3574
1979	4112	4830	6110	10182	11065	3675
1980	5086	5415	6361	9807	12224	3561
1981	3985	6250	7541	10199	13403	3860
1982	5921	7716	9285	14108	17520	5710
1983	5111	8260	9188	14354	18026	5698
1984	7283	9010	10267	14220	21336	6767
1985	10767	11833	12383	26138	23549	8300
1986	11221	11958	13125	29840	28022	8736
1987	13233	13113	14878	38716	27956	10859
1988	17456	16071	17768	47754	32001	16146
1989	20221	19057	19487	50792	36219	17617
1990	20412	17591	22630	53223	41691	20797
1991	23919	20269	22880	79171	48365	29177
1992	24094	20603	22615	94637	53015	32580
1993	32993	24889	30926	108432	58583	50920
1994	57979	36708	34974	180230	88069	83474
1995	73174	40348	38024	224680	118225	117290
1996	75830	45730	38789	236223	136829	134916
1997	43730	44881	38827	256253	122190	137597
1998	62386	46145	39751	259929	126369	137788
1999	66275	46735	40464	262839	131165	139536
2000	69227	47866	41425	255171	134870	136637
2001	75260	49731	41673	260372	141070	132488
2002	81151	51211	44133	261644	140131	129313
2003	87501	52517	47608	264787	144661	122686
2004	92727	54646	52542	265021	152358	122051
2005	103391	63186	60107	286396	164094	130510
2006	106801	66852	64195	290218	173500	133257
2007	114360	73287	77186	311449	191521	136253
2008	124750	76117	84414	331290	207887	152763
2009	132720	75972	85971	356481	231151	164538
2010	159696	100992	105803	414022	277316	195974
2011	190812	106084	118329	495933	325772	239444
2012	205772	114171	125964	522790	345167	249289
2013	219834	115882	126492	555950	361701	260043
2014	223342	117487	128131	565343	365270	264044
2015	240336	123339	133910	602859	379229	287757
2016	266035	131516	143863	669934	414792	320141
2017	286362	132239	145783	724120	436768	333118
2018	311816	136994	149130	764012	450221	349498
2019	334532	149882	159504	776339	483015	371339
2020	349155	165144	168290	804707	503441	389287
2021	383535	166792	170862	868429	546037	417253
2022	405736	178199	189896	942129	592420	452865

1-22 市区主要年份第一产业增加值指数

(以1978年为100)

年 份	市 区	椒江区	黄岩区	路桥区
1978	100.00	100.00	100.00	100.00
1979	119.89	145.90	110.80	112.80
1980	118.52	159.04	105.26	106.30
1981	124.22	176.17	106.10	109.84
1982	141.90	201.35	120.43	126.34
1983	145.61	193.52	127.77	133.69
1984	182.74	254.69	157.80	162.68
1985	205.69	286.69	185.73	173.59
1986	207.54	302.66	182.01	172.29
1987	235.08	365.24	207.86	177.79
1988	235.00	336.79	229.68	171.57
1989	237.55	308.47	248.75	175.97
1990	241.35	342.25	251.24	160.75
1991	267.95	344.40	309.27	171.58
1992	294.24	319.63	374.52	188.78
1993	290.46	324.33	377.90	175.82
1994	316.72	377.72	416.07	177.28
1995	371.97	493.10	378.20	270.94
1996	394.51	519.03	406.94	284.68
1997	369.21	466.26	365.44	287.58
1998	417.78	531.48	436.70	305.53
1999	437.11	540.51	466.83	319.28
2000	426.30	495.11	471.04	314.17
2001	438.94	508.97	487.52	322.02
2002	461.38	547.66	510.93	332.66
2003	459.31	519.18	523.19	334.42
2004	460.87	522.29	520.66	338.10
2005	455.73	532.81	494.46	340.87
2006	469.99	550.93	535.99	331.33
2007	478.90	552.03	560.65	331.66
2008	488.53	572.45	575.23	330.99
2009	494.96	598.18	580.72	327.43
2010	515.32	641.35	593.74	339.34
2011	530.14	660.27	611.90	347.90
2012	539.73	683.71	626.24	343.53
2013	540.03	697.05	627.12	340.91
2014	552.55	715.79	640.65	347.76
2015	575.68	749.27	669.81	358.00
2016	601.89	784.82	698.38	374.63
2017	606.79	787.78	729.19	362.54
2018	615.81	791.13	759.53	360.25
2019	629.01	805.65	779.71	367.01
2020	643.83	821.89	803.99	373.46
2021	592.43	626.83	844.76	371.95
2022	568.96	506.11	872.77	388.61

1-23　各县市主要年份第一产业增加值指数

(以1978年为100)

年　份	三门县	天台县	仙居县	温岭市	临海市	玉环市
1978	100.00	100.00	100.00	100.00	100.00	100.00
1979	102.16	89.12	112.15	106.36	146.01	138.85
1980	113.95	101.68	127.07	120.37	161.53	125.24
1981	122.16	114.98	131.87	133.52	176.97	133.25
1982	141.83	134.58	138.56	178.78	199.91	180.59
1983	137.29	138.58	133.87	199.91	212.76	178.45
1984	163.78	143.16	160.47	231.45	234.59	204.37
1985	186.39	161.45	166.97	274.75	228.85	206.48
1986	185.83	154.14	170.20	371.58	264.84	205.07
1987	188.43	146.06	169.42	452.25	256.13	243.51
1988	199.92	144.41	162.39	429.59	258.33	268.30
1989	207.12	159.25	168.75	603.71	274.17	292.18
1990	181.23	141.52	175.96	615.11	240.97	300.03
1991	238.59	159.57	194.40	693.23	291.93	315.87
1992	249.33	155.78	185.22	704.32	288.23	327.26
1993	270.73	171.05	212.63	743.06	288.04	395.24
1994	347.77	184.41	182.86	877.56	337.39	474.37
1995	386.72	184.41	187.43	965.31	329.35	592.94
1996	331.82	185.22	190.05	970.14	365.88	654.22
1997	198.90	188.81	197.66	1051.63	339.41	693.63
1998	295.57	201.54	210.70	1110.52	366.86	724.18
1999	323.67	210.24	224.78	1149.39	392.58	756.30
2000	335.41	213.31	233.10	1099.97	400.51	735.08
2001	368.32	223.79	234.90	1130.77	423.39	720.02
2002	397.16	230.56	250.15	1127.80	445.04	703.65
2003	428.23	233.86	268.24	1130.19	454.47	660.27
2004	427.88	234.38	283.40	1109.97	460.02	622.54
2005	439.10	241.67	300.05	1112.26	461.67	611.44
2006	453.15	249.40	321.65	1116.71	491.68	615.72
2007	458.59	253.39	338.06	1126.76	507.90	612.03
2008	469.59	259.30	351.24	1133.52	534.64	626.72
2009	480.23	266.44	358.31	1154.37	561.40	628.67
2010	508.95	277.68	379.78	1186.47	591.83	661.59
2011	524.27	284.24	392.92	1219.46	615.17	684.72
2012	547.99	290.07	400.54	1257.85	632.80	690.26
2013	549.10	295.23	401.83	1276.30	641.39	681.37
2014	561.22	302.17	411.13	1301.83	654.64	694.88
2015	583.36	313.96	427.02	1338.09	673.68	723.80
2016	606.26	327.49	444.94	1399.30	702.83	752.04
2017	634.15	340.67	462.79	1457.90	731.36	744.88
2018	653.57	354.42	478.99	1454.49	742.16	729.54
2019	670.07	362.28	479.09	1425.87	759.02	748.70
2020	684.34	377.68	488.25	1457.83	776.67	774.86
2021	730.35	409.28	521.78	1569.58	852.35	819.27
2022	762.09	427.39	544.50	1632.44	888.77	861.53

1-24 市区主要年份第二产业增加值

单位：万元

年 份	市 区	椒江区	黄岩区	路桥区
1978	12105	5876	3999	2230
1979	16193	7349	5287	3557
1980	18952	8600	6394	3958
1981	20713	9796	6584	4333
1982	23730	10793	7730	5206
1983	31643	15478	9352	6813
1984	42914	21290	12531	9092
1985	60756	26241	19772	14743
1986	65546	27450	21860	16236
1987	77119	29655	27293	20171
1988	104697	38987	37872	27839
1989	127816	45432	47575	34809
1990	128592	41626	50066	36899
1991	161295	52775	61762	46758
1992	219444	71945	84766	62733
1993	339288	105611	134799	98878
1994	529033	173928	207138	147966
1995	688456	258203	226954	203299
1996	838000	316848	279119	242033
1997	966312	378694	302684	284934
1998	1054524	410379	315510	328635
1999	1179197	464688	340909	373600
2000	1313821	515605	374926	423289
2001	1413010	558660	402198	452152
2002	1578265	610734	452162	515369
2003	1810217	706772	501383	602062
2004	2131715	838724	572609	720383
2005	2494834	956874	683642	854318
2006	2926172	1098848	820217	1007108
2007	3368140	1198062	969620	1200458
2008	3734788	1244112	1126557	1364119
2009	3650024	1225236	1089323	1335464
2010	4226894	1413861	1255646	1557387
2011	4809634	1557283	1458874	1793477
2012	5084573	1641335	1506731	1936507
2013	5451488	1769384	1607765	2074339
2014	5834780	1930564	1741965	2162250
2015	5811467	1949400	1761632	2100434
2016	6055110	2042056	1895125	2117929
2017	7182567	2416629	2211453	2554484
2018	8074240	2712553	2494447	2867240
2019	7989545	2806198	2541915	2641432
2020	7600902	2587026	2513715	2500160
2021	8362284	2823794	2737347	2801144
2022	8656445	2843520	2883122	2929803

1-25　各县市主要年份第二产业增加值

单位：万元

年　份	三门县	天台县	仙居县	温岭市	临海市	玉环市
1978	1676	2563	2029	5797	5700	2078
1979	2211	2653	1829	8879	7161	2847
1980	2438	3453	2792	9884	8293	5502
1981	3237	3778	3297	11675	9732	6408
1982	3238	3652	2961	11618	10063	5316
1983	4193	3797	4179	13204	10333	5767
1984	4676	5114	4847	19809	13143	7790
1985	6820	7376	6106	20608	17834	13659
1986	7948	8443	7676	23974	22430	14902
1987	9364	9684	11343	31088	28679	19789
1988	13319	16236	18054	39526	39588	30789
1989	14321	20983	21575	46165	54149	29681
1990	15737	23562	18925	50311	53073	32252
1991	19754	28333	22218	62931	59755	39694
1992	28860	33593	29559	94438	73998	59775
1993	33656	51057	40430	188319	121838	71050
1994	37992	68786	55277	280363	191025	126814
1995	44607	87516	69174	425266	274286	184924
1996	57545	86248	79887	574169	320133	238615
1997	48588	81583	83245	604343	247458	264373
1998	57988	87999	92413	663726	279073	294866
1999	66919	105251	106700	734779	317762	349993
2000	80041	127168	123397	845962	367305	411862
2001	84877	143378	129965	910492	425513	472867
2002	102628	168540	155632	1016922	508182	567736
2003	125912	197630	173794	1188978	597504	668028
2004	152583	241920	205901	1423293	728227	776101
2005	195761	286992	240511	1645846	866544	922028
2006	248114	343163	290024	1928252	1040473	1172643
2007	317137	385730	331734	2286226	1241922	1514320
2008	379201	447252	361863	2631565	1397294	1706844
2009	402285	455978	374443	2743029	1488625	1526913
2010	490760	534314	461068	3159114	1759247	1984448
2011	544007	636362	540225	3527073	1937045	2266439
2012	539971	665756	572749	3314415	1957322	2284261
2013	563162	716432	623294	3544876	2181222	2445472
2014	661337	791043	691624	3856694	2106316	2568042
2015	706936	862575	733284	3750168	2219754	2507968
2016	779949	918343	817457	3792748	2380347	2549719
2017	893533	1006964	947650	4221516	2906966	2935221
2018	1071574	1121051	1029668	4757082	3253220	3261005
2019	1131294	1184688	1096727	4956905	3231238	3414473
2020	1367820	1212918	1095982	4906145	3260301	3341250
2021	1538309	1371515	1164190	5590733	3751673	3787557
2022	1542209	1393961	1233100	5694700	3961610	3910306

1-26 市区主要年份第二产业增加值指数

(以1978年为100)

年 份	市 区	椒江区	黄岩区	路桥区
1978	100.00	100.00	100.00	100.00
1979	117.37	114.81	117.74	122.81
1980	133.57	125.37	138.89	144.30
1981	144.17	142.79	139.97	153.69
1982	161.76	154.41	159.59	182.69
1983	213.55	219.76	198.02	222.68
1984	277.68	287.61	256.04	287.35
1985	378.14	345.03	374.90	463.86
1986	402.33	357.73	401.42	512.73
1987	476.04	374.33	528.08	639.90
1988	551.76	400.44	673.25	722.61
1989	660.25	453.24	829.48	889.54
1990	661.09	373.76	905.11	965.77
1991	854.67	499.10	1143.84	1240.30
1992	1144.78	699.76	1466.70	1664.92
1993	1420.49	781.58	1851.52	2272.93
1994	1716.16	1097.54	1786.24	2951.69
1995	2083.13	1364.62	2123.42	3553.29
1996	2580.01	1685.43	2777.26	4201.20
1997	3060.62	2048.50	3175.38	5013.23
1998	3485.19	2286.08	3519.94	5983.36
1999	4065.65	2662.97	4079.37	7029.98
2000	4541.93	2924.06	4593.97	7948.65
2001	5068.43	3214.30	5197.54	8922.52
2002	5706.25	3504.92	6028.47	10185.40
2003	6548.35	4003.20	6920.53	11748.07
2004	7459.25	4533.06	7836.62	13534.08
2005	8615.52	5105.88	9222.93	15839.77
2006	9805.68	5693.83	10730.55	18114.80
2007	11049.36	6070.94	12430.34	21145.71
2008	11822.65	6056.27	13956.88	23250.45
2009	12347.73	6291.50	14256.35	24840.68
2010	13805.63	7029.27	15921.87	27815.59
2011	14964.43	7359.95	17675.16	30494.82
2012	16256.47	7800.53	19050.85	34039.71
2013	17603.12	8510.47	20547.27	36898.72
2014	19130.66	9258.81	22471.95	39865.67
2015	19768.37	9515.87	23664.40	40754.64
2016	21117.63	10153.68	25524.86	43228.47
2017	23357.06	11152.68	28384.08	47901.55
2018	25566.53	12167.87	31327.24	52218.11
2019	25654.27	12500.43	33024.08	48945.83
2020	25330.02	12056.26	33969.85	47495.74
2021	27231.29	12856.46	36204.18	51931.17
2022	27645.08	12716.05	37316.58	53298.60

1-27　各县市主要年份第二产业增加值指数

(以1978年为100)

年　份	三门县	天台县	仙居县	温岭市	临海市	玉环市
1978	100.00	100.00	100.00	100.00	100.00	100.00
1979	112.17	102.14	82.99	153.30	126.33	128.31
1980	97.39	124.65	136.94	141.99	147.04	201.50
1981	108.18	134.84	134.98	166.01	171.38	226.62
1982	119.23	131.31	126.40	147.64	173.16	177.48
1983	149.78	137.27	179.22	170.82	167.72	190.26
1984	196.21	183.03	206.10	230.56	188.35	258.01
1985	264.96	253.48	254.32	273.35	241.12	399.38
1986	263.30	284.11	310.18	271.56	295.80	431.97
1987	320.99	307.97	468.61	405.39	373.09	533.16
1988	462.47	481.81	734.36	499.82	497.16	860.35
1989	538.77	572.25	823.97	597.90	693.59	869.32
1990	577.02	623.20	835.44	677.17	674.72	947.37
1991	619.50	682.20	848.25	948.82	710.53	1000.71
1992	882.03	779.82	890.01	1479.29	936.51	1399.11
1993	977.30	969.01	1297.78	2809.76	1414.18	1670.38
1994	943.53	1115.54	1723.47	3662.23	1926.93	2470.38
1995	893.63	1280.65	2032.35	4684.41	2218.78	3220.35
1996	1085.52	1267.58	2372.66	6425.61	2605.62	4225.06
1997	963.65	1199.72	2505.32	6968.72	2025.21	4702.77
1998	1025.63	1333.49	2910.57	7910.26	2353.99	5384.16
1999	1225.86	1682.70	3485.91	9100.52	2767.65	6638.89
2000	1410.12	2044.90	4002.50	10379.82	3205.06	7789.15
2001	1548.49	2335.45	4485.37	11359.33	3714.06	9115.88
2002	1780.00	2762.87	5154.62	12776.96	4321.41	10692.54
2003	2151.30	3194.25	5681.67	14800.12	5103.00	12432.25
2004	2522.15	3763.42	6463.98	17079.67	6078.13	14671.63
2005	3200.03	4388.97	7412.70	19414.45	7109.41	17143.35
2006	3945.70	5095.39	8692.92	22457.75	8285.41	21144.77
2007	4918.10	5601.73	9704.11	26087.79	9678.92	26757.99
2008	5614.36	6280.53	10273.79	28999.69	10546.83	29229.54
2009	6280.72	6692.53	11216.98	32089.13	11856.67	27440.08
2010	7340.78	7586.73	13188.40	35394.13	13553.59	34675.58
2011	7684.14	8600.68	14557.43	37671.11	14274.63	38517.87
2012	7905.15	9428.36	16086.72	38998.34	15031.96	40687.70
2013	8341.22	10251.41	17653.73	41756.04	16141.98	44115.64
2014	9706.57	11409.39	19683.59	44982.53	15766.97	47182.23
2015	11027.18	12561.22	21485.21	46398.71	17244.09	48572.48
2016	12476.86	13532.49	24401.97	49495.69	18454.02	52231.55
2017	13790.14	14483.06	26986.94	53926.72	20635.41	57400.40
2018	16015.20	15629.15	28342.50	58764.80	22385.75	62263.02
2019	17479.04	16652.99	30205.99	60772.57	22431.28	65101.49
2020	20461.57	17637.85	31065.77	62002.25	23156.57	66166.31
2021	22624.70	19572.87	32245.41	68860.05	25825.84	73505.76
2022	22830.2	19556.69	33609.72	68776.94	26740.68	74616.10

1-28 市区主要年份第三产业增加值

单位：万元

年 份	市 区	椒江区	黄岩区	路桥区
1978	7680	2871	3030	1779
1979	9076	3782	3219	2075
1980	10965	5278	3572	2116
1981	11778	6158	3368	2252
1982	13719	7330	3829	2561
1983	16959	9231	4552	3177
1984	21066	11670	5532	3864
1985	27380	13185	8354	5841
1986	33384	13998	11405	7981
1987	40459	16397	14151	9911
1988	52221	18678	19382	14161
1989	56078	17581	19320	19178
1990	70643	27442	19302	23899
1991	98105	36745	31053	30307
1992	125652	45530	39816	40307
1993	143148	46705	45079	51364
1994	238737	66055	87382	85300
1995	358468	105750	109147	143571
1996	440420	133798	130957	175665
1997	527580	157633	147717	222230
1998	606276	196943	158820	250513
1999	692688	228948	176617	287123
2000	820855	284366	203185	333303
2001	960510	334101	231829	394580
2002	1165998	412441	279851	473705
2003	1404931	510186	330325	564420
2004	1731025	630493	410628	689904
2005	1994035	726793	479512	787730
2006	2333706	855521	562278	915907
2007	2764200	1046698	668973	1048529
2008	3197215	1210790	786804	1199620
2009	3466782	1334629	835592	1296560
2010	4087183	1577567	969356	1540259
2011	4784438	1885197	1108327	1790914
2012	5235427	2006001	1252853	1976572
2013	5771327	2186591	1372667	2212070
2014	6227975	2289508	1518599	2419868
2015	6851793	2538474	1684648	2628672
2016	7551594	2725934	1870467	2955193
2017	8495445	2978831	2177542	3339072
2018	9460685	3427878	2414280	3618527
2019	10138991	3714215	2659979	3764797
2020	10644753	4114734	2696213	3833806
2021	11648241	4536598	2857792	4253851
2022	12200957	4710468	3007274	4483215

1-29　各县市主要年份第三产业增加值

单位：万元

年　份	三门县	天台县	仙居县	温岭市	临海市	玉环市
1978	1667	1777	1413	6096	5608	2258
1979	2024	2077	1640	7267	5936	2539
1980	2131	2439	1739	7860	6863	3786
1981	2573	2834	1995	10565	7268	4743
1982	2804	3084	2221	12324	8021	3413
1983	3273	3413	2828	14580	8846	3812
1984	3954	4470	3219	17628	10975	4108
1985	5211	5980	4059	23080	16447	5715
1986	7362	7016	5207	30862	24199	7104
1987	8396	8556	6359	37325	29526	8624
1988	10208	11985	8444	52712	40782	11717
1989	10740	13957	9059	55549	45799	11760
1990	10714	17375	11547	57678	42858	20094
1991	13708	20645	13947	74831	49479	29687
1992	13803	25210	18139	89844	67361	36466
1993	16465	33889	25587	124501	86896	51215
1994	20910	51708	39352	197359	132857	73405
1995	32857	68450	50832	283281	180813	91431
1996	39116	79357	58986	349790	199848	105718
1997	47172	82456	65217	384599	184562	123536
1998	52661	88815	71548	430081	200533	144975
1999	60898	98618	80638	484611	227065	167114
2000	72839	117786	90652	555421	267697	197320
2001	84465	133460	102184	611601	308975	223143
2002	107892	154467	122592	718145	369400	267278
2003	132702	187054	143808	824004	436026	319331
2004	171606	237987	182619	984964	539242	381662
2005	197301	272678	212601	1134597	622054	443418
2006	234422	314105	247841	1316850	718406	514690
2007	280567	381505	295571	1558810	849054	621920
2008	332671	441255	345552	1824968	996619	719767
2009	359316	481606	383759	1940075	1077609	785279
2010	421877	561890	454471	2231313	1294480	942080
2011	514148	652151	530996	2596695	1504114	1127628
2012	570787	733332	583025	2915094	1686304	1236691
2013	639998	802736	666169	3288175	1813413	1378287
2014	700635	869198	765385	3444996	2076098	1460159
2015	786568	962377	859873	3689788	2249440	1619292
2016	857902	1082952	958846	4056720	2656100	1813823
2017	968905	1256597	1079138	4268098	2961041	2010985
2018	1075770	1432954	1178545	4780852	3178252	2228621
2019	1161963	1566018	1256150	5218503	3435302	2412455
2020	1169687	1669097	1386214	5546184	3659909	2565192
2021	1310850	1861695	1493545	6072684	4047016	2820841
2022	1378361	1938620	1578232	6430785	4231177	2952843

1-30 市区主要年份第三产业增加值指数

(以1978年为100)

年 份	市 区	椒江区	黄岩区	路桥区
1978	100.00	100.00	100.00	100.00
1979	111.25	118.96	101.38	114.56
1980	127.53	160.46	107.24	113.36
1981	139.73	188.40	108.28	118.48
1982	155.02	219.58	108.92	132.83
1983	191.29	275.05	133.47	158.35
1984	226.42	335.80	148.58	186.18
1985	277.45	372.14	210.07	247.50
1986	334.04	396.66	291.97	318.84
1987	405.11	458.98	382.72	374.49
1988	455.58	422.75	489.42	480.43
1989	456.25	384.47	466.99	591.00
1990	549.61	554.67	469.01	717.58
1991	633.20	596.29	551.45	876.48
1992	843.51	839.76	727.37	1109.07
1993	948.12	758.52	997.01	1300.25
1994	1340.82	888.79	1683.73	1773.68
1995	1693.30	1196.54	1811.25	2519.29
1996	1917.27	1466.88	1916.58	2851.89
1997	2155.24	1547.55	2007.70	3537.85
1998	2617.23	2176.03	2272.72	4059.72
1999	3025.20	2532.56	2545.42	4767.56
2000	3550.47	3096.77	2899.26	5519.36
2001	4088.96	3669.00	3276.17	6273.41
2002	4843.16	4426.59	3826.57	7371.80
2003	5654.60	5252.81	4358.46	8608.50
2004	6757.30	6364.69	5153.07	10220.08
2005	7673.46	7195.52	5949.99	11530.81
2006	8857.73	8346.10	6893.51	13221.40
2007	10154.25	9889.79	7953.38	14620.48
2008	11262.26	11042.59	8958.29	15945.27
2009	12380.38	12319.83	9645.80	17498.93
2010	13979.45	13942.55	10712.45	19924.03
2011	15467.49	15560.30	11654.68	22081.06
2012	16686.29	16403.34	12852.70	24054.30
2013	18029.07	17426.13	14003.01	26155.02
2014	19366.07	18428.90	15191.29	28342.93
2015	21149.33	20199.73	16559.28	30880.81
2016	22647.44	21347.38	17795.05	33411.28
2017	24315.51	22369.48	19303.17	36448.44
2018	26012.03	24451.69	20633.49	38241.37
2019	27620.90	26462.93	22307.87	39394.24
2020	28730.99	28389.54	22723.58	40278.04
2021	30732.86	30643.30	23556.85	43599.67
2022	31873.47	31515.54	24493.23	45543.97

1-31　各县市主要年份第三产业增加值指数

(以1978年为100)

年　份	三门县	天台县	仙居县	温岭市	临海市	玉环市
1978	100.00	100.00	100.00	100.00	100.00	100.00
1979	119.39	112.31	117.95	122.19	105.76	110.66
1980	119.25	123.75	130.81	130.49	121.66	160.32
1981	142.28	138.05	148.11	176.99	118.72	196.95
1982	153.38	144.19	161.88	207.91	135.89	139.95
1983	177.31	154.08	203.18	239.06	140.32	149.99
1984	208.87	191.75	225.89	291.21	168.86	156.26
1985	247.30	222.61	251.47	346.76	212.65	191.11
1986	326.93	240.38	302.47	497.05	302.15	219.99
1987	344.58	265.36	337.37	603.24	357.57	243.87
1988	353.89	308.23	372.13	816.39	407.95	271.36
1989	318.85	297.86	383.34	854.12	417.49	251.62
1990	316.94	350.04	432.16	967.06	349.78	270.97
1991	405.50	404.74	510.79	1231.11	374.79	380.26
1992	383.79	459.46	623.18	1385.55	488.47	453.08
1993	395.94	521.04	756.94	1638.09	516.72	549.31
1994	439.43	677.33	956.45	2206.14	679.86	664.34
1995	583.38	773.74	1074.79	2626.96	810.12	729.06
1996	604.99	847.31	1107.09	3123.56	838.26	786.74
1997	670.48	861.78	1234.27	3346.83	730.05	971.16
1998	817.69	930.13	1456.84	3910.30	808.48	1095.81
1999	960.38	1042.67	1637.42	4457.69	924.82	1321.94
2000	1146.78	1232.80	1824.36	5055.33	1090.40	1599.39
2001	1343.49	1392.42	2083.87	5646.60	1275.77	1849.55
2002	1666.87	1616.76	2434.24	6446.03	1499.06	2181.45
2003	2007.47	1905.49	2859.40	7314.05	1756.92	2631.80
2004	2528.34	2312.28	3394.32	8487.34	2079.65	3085.07
2005	2868.68	2610.01	3905.65	9630.14	2366.48	3497.24
2006	3361.31	2963.89	4491.59	11016.14	2692.47	3999.55
2007	3907.91	3492.78	5198.66	12650.11	3099.61	4684.17
2008	4425.58	3859.59	5827.88	14161.48	3497.40	5210.63
2009	4870.88	4274.46	6559.79	15422.08	3845.66	5706.68
2010	5477.91	4791.20	7405.70	17013.86	4437.70	6538.66
2011	6319.61	5307.84	8279.16	18897.85	4956.40	7464.09
2012	6847.50	5821.06	9072.39	21030.87	5511.30	8064.85
2013	7541.54	6248.44	10071.54	22924.32	6093.34	8745.04
2014	8152.70	6708.63	11434.20	23820.60	6952.64	9194.84
2015	8990.72	7495.97	12831.71	25274.88	7525.83	10109.84
2016	9531.88	8222.35	14327.01	27182.87	8454.44	10942.91
2017	10292.17	9020.24	15318.46	28330.85	9114.39	11570.80
2018	10967.98	9888.13	16086.51	30443.60	9680.62	12292.50
2019	11725.47	10679.50	16923.83	32702.75	10237.44	13086.09
2020	12105.25	11074.30	18186.85	34059.44	10697.28	13699.62
2021	13267.90	12104.37	19245.69	36466.03	11581.48	14736.54
2022	13805.35	12447.52	20087.18	38154.30	11984.36	15261.34

1-32 市区主要年份工业增加值

单位：万元

年份	市区	椒江区	黄岩区	路桥区
1978	10732	5022	3723	1987
1979	14534	6391	4920	3223
1980	17000	7554	5919	3527
1981	18331	8342	6088	3901
1982	21007	9176	7147	4684
1983	28492	13697	8640	6155
1984	38870	19082	11572	8216
1985	54825	23284	18240	13301
1986	58899	24124	20054	14721
1987	69174	25861	25024	18289
1988	93345	33402	34703	25240
1989	115459	40323	43571	31565
1990	115482	35586	46252	33644
1991	143251	44258	56336	42657
1992	194319	59771	77461	57087
1993	305645	94712	121311	89621
1994	475734	151088	187993	136653
1995	605992	226348	197183	182462
1996	749203	279027	253459	216717
1997	882086	347339	275365	259382
1998	963968	374267	290166	299535
1999	1074701	416711	315483	342507
2000	1202859	462828	348823	391208
2001	1295923	493489	371371	431063
2002	1443217	534170	417356	491690
2003	1615867	610878	459432	545557
2004	1882863	715508	521416	645939
2005	2264120	846373	638630	779117
2006	2656011	965571	765706	924734
2007	3061741	1056675	906595	1098471
2008	3381271	1092203	1049737	1239330
2009	3272065	1071335	1004673	1196058
2010	3817777	1225146	1167645	1424985
2011	4308547	1342524	1343723	1622300
2012	4535091	1409816	1380395	1744880
2013	4839862	1507285	1466823	1865755
2014	5108938	1655165	1579370	1874403
2015	5013959	1660099	1591799	1762061
2016	5237167	1749847	1719498	1767822
2017	6211191	2068494	2006762	2135935
2018	6996085	2324042	2276478	2395565
2019	6869827	2400910	2314436	2154481
2020	6450812	2182540	2285592	1982681
2021	7222989	2463309	2501109	2258571
2022	7517150	2506465	2631705	2378980

1-33 各县市主要年份工业增加值

单位：万元

年 份	三门县	天台县	仙居县	温岭市	临海市	玉环市
1978	1567	2116	1578	3790	4140	1733
1979	1969	2220	1415	6301	5399	2489
1980	2242	2938	2313	7602	6569	4383
1981	2940	3206	2505	9089	8186	5096
1982	2927	3095	2517	9329	7642	4209
1983	3870	3326	3624	10187	8171	4743
1984	4218	4473	4252	15327	11359	6555
1985	6126	6364	5595	17433	15235	12332
1986	7001	7223	6801	21571	20049	13360
1987	8369	7694	9603	27669	24755	17092
1988	12120	13815	15879	34560	34921	28066
1989	13113	16025	19570	41699	48482	28396
1990	14026	17718	17456	43874	46926	30710
1991	17507	22617	18488	52290	52430	36830
1992	25973	26716	24624	84260	65379	55218
1993	30628	43983	33519	166108	106391	67067
1994	34200	60549	46936	254137	171697	117616
1995	39455	72235	56969	390945	232991	167533
1996	50283	71781	69253	531209	278957	227989
1997	43709	73592	72848	567611	212616	246086
1998	51018	79827	81962	625464	240342	276500
1999	58531	91101	94964	698865	278070	330731
2000	70398	107378	109657	805413	324969	387470
2001	72836	125484	116233	867278	380080	443081
2002	86529	147643	140050	964829	465332	512157
2003	104439	169498	153906	1120323	543670	594469
2004	127187	209290	175367	1333371	648652	716543
2005	165146	246669	200597	1553447	770122	856126
2006	198878	302714	236543	1806031	933414	1091119
2007	253664	339367	277629	2125658	1128029	1425503
2008	301625	391157	312862	2441427	1271565	1624412
2009	297133	401076	327298	2516062	1305753	1466862
2010	353192	464676	388458	2900522	1542496	1898546
2011	396725	529620	416887	3217313	1675719	2160882
2012	395047	543362	436041	2952571	1678395	2176002
2013	411755	581360	469077	3137343	1824340	2333119
2014	460133	660428	540186	3208364	1697364	2416740
2015	496090	698171	573675	3000614	1805204	2285211
2016	575433	755301	653217	3028758	1972344	2336626
2017	656659	816518	758357	3330255	2453750	2734565
2018	805955	906163	804152	3699899	2712369	3030448
2019	919062	962231	861398	3852714	2669989	3174522
2020	1196825	999493	859681	3768739	2711789	3083855
2021	1362466	1132775	962566	4328520	3183792	3537243
2022	1351355	1146749	1011415	4382308	3340251	3626381

1-34 市区主要年份工业增加值指数

(以1978年为100)

年 份	市 区	椒江区	黄岩区	路桥区
1978	100.00	100.00	100.00	100.00
1979	118.45	115.32	119.00	125.44
1980	141.26	131.15	147.32	156.51
1981	150.66	145.52	148.50	167.89
1982	169.39	156.79	169.74	201.23
1983	229.66	232.58	214.04	250.39
1984	301.54	308.59	278.25	325.51
1985	412.60	368.73	409.03	531.75
1986	439.92	382.02	438.88	590.46
1987	520.94	399.14	576.69	733.71
1988	602.45	418.88	739.32	828.58
1989	736.46	492.66	919.72	1034.06
1990	733.65	393.90	1003.41	1122.27
1991	947.66	527.26	1265.69	1440.77
1992	1285.25	745.16	1665.57	1941.81
1993	1644.01	890.21	2108.74	2707.02
1994	1961.38	1216.35	2013.68	3536.71
1995	2360.94	1504.46	2390.99	4186.26
1996	2942.10	1869.36	3117.95	5020.31
1997	3554.73	2351.71	3573.34	6083.14
1998	4047.30	2614.58	3968.83	7269.18
1999	4702.33	3008.95	4589.14	8566.26
2000	5255.75	3307.85	5165.45	9685.20
2001	5846.08	3590.57	5852.51	10902.05
2002	6555.96	3883.23	6722.16	12488.66
2003	7500.04	4415.11	7704.70	14360.33
2004	8521.85	4968.32	8701.82	16561.39
2005	10046.16	5762.34	10449.87	19579.48
2006	11409.72	6364.56	12130.02	22498.98
2007	12919.86	6841.70	14107.81	26253.16
2008	13875.07	6859.86	15873.94	28883.71
2009	14432.14	7131.95	16107.46	30675.75
2010	16284.99	7940.11	18157.81	35037.69
2011	17626.95	8346.54	20070.69	38206.72
2012	19078.29	8790.55	21559.69	42533.83
2013	20585.64	9504.35	23160.07	45984.14
2014	22231.97	10394.18	25204.18	48866.20
2015	22804.59	10613.68	26423.43	49406.32
2016	24455.93	11385.02	28556.20	52601.31
2017	27160.16	12529.77	31892.12	58617.19
2018	30034.83	13807.15	35597.17	64478.63
2019	30217.42	14265.79	37738.64	59975.64
2020	29730.63	13689.13	38894.07	57552.04
2021	32668.01	15165.07	41756.64	64338.72
2022	33249.62	15119.48	42918.79	66230.45

1-35　各县市主要年份工业增加值指数

(以1978年为100)

年　份	三门县	天台县	仙居县	温岭市	临海市	玉环市
1978	100.00	100.00	100.00	100.00	100.00	100.00
1979	112.59	103.76	82.52	170.88	130.33	129.28
1980	99.30	138.09	145.84	191.30	158.78	192.70
1981	161.31	149.41	131.84	227.50	197.30	218.33
1982	177.73	145.65	138.14	203.01	179.58	184.19
1983	227.07	157.80	199.81	227.65	179.40	198.35
1984	299.32	211.60	232.40	304.07	218.62	279.14
1985	433.27	290.87	299.55	413.20	277.10	521.54
1986	429.76	326.14	353.27	429.60	359.40	667.78
1987	521.08	334.66	509.95	649.20	441.45	851.76
1988	760.84	559.16	830.25	800.80	610.31	1450.89
1989	894.06	621.19	960.70	987.65	872.81	1478.45
1990	956.20	677.23	990.59	1107.15	847.32	1598.50
1991	1001.61	766.90	907.34	1509.83	876.64	1623.92
1992	1446.33	864.29	912.62	2516.85	1174.65	2282.91
1993	1612.66	1213.66	1410.87	4880.98	1816.03	2753.27
1994	1511.06	1421.86	1938.57	6466.34	2526.01	4041.43
1995	1290.45	1522.30	2225.43	8295.69	2732.21	5157.41
1996	1655.64	1524.86	2703.92	11445.33	3288.13	7060.00
1997	1458.62	1563.29	2868.89	12548.14	2525.42	7713.47
1998	1601.57	1748.44	3365.21	14278.51	2943.57	8814.92
1999	1960.32	2118.64	4038.24	16537.59	3516.15	10960.68
2000	2289.65	2523.62	4619.73	18876.95	4116.18	12900.13
2001	2532.74	2997.83	5249.56	20697.53	4822.63	15144.32
2002	2948.03	3558.92	6051.44	23215.09	5743.36	17749.15
2003	3621.65	4060.76	6609.48	26791.63	6780.59	20589.03
2004	4291.66	4851.94	7314.70	30843.25	7970.51	24103.32
2005	5464.99	5607.58	8204.73	35240.68	9279.63	28238.78
2006	6371.21	6662.07	9366.14	40439.24	10888.76	34843.16
2007	7982.94	7336.90	10799.26	46749.71	12926.05	44716.81
2008	9212.30	8266.54	11953.27	52154.42	14219.53	49573.20
2009	9739.93	8881.54	13237.51	57315.12	15530.40	46985.98
2010	11213.63	10009.60	15183.59	63373.76	17815.05	59197.96
2011	12115.50	10985.40	15567.11	67394.86	18694.63	65683.44
2012	12552.07	11881.86	17073.53	68798.15	19579.94	69292.89
2013	13230.42	12855.14	18566.08	73025.48	20814.93	75065.14
2014	14998.14	14693.61	21426.66	75645.28	19762.44	79288.88
2015	17244.91	15924.98	23289.33	76889.22	21718.89	79278.43
2016	20512.51	17343.80	27111.42	82352.22	23331.05	85564.03
2017	23006.77	18568.33	30439.50	90347.24	26303.81	95602.34
2018	27694.75	20210.84	31657.25	98446.02	28517.28	103910.21
2019	31775.76	21877.88	34119.58	101791.73	28369.20	109039.96
2020	39992.48	23712.64	35512.73	104366.34	29411.93	110566.16
2021	44936.29	26480.23	39058.91	117575.57	33565.41	124527.82
2022	44928.68	26270.81	40276.13	116138.28	34421.77	125408.11

1-36 市区主要年份人均生产总值

单位：元

年份	市区		椒江区		黄岩区		路桥区	
	按户籍人口计算	按常住人口计算	按户籍人口计算	按常住人口计算	按户籍人口计算	按常住人口计算	按户籍人口计算	按常住人口计算
1978	282		340		248		259	
1979	354		459		302		321	
1980	397		547		326		343	
1981	424		614		330		361	
1982	486		692		380		422	
1983	572		849		431		484	
1984	738		1114		547		616	
1985	975		1299		790		900	
1986	1053		1345		880		995	
1987	1221		1498		1047		1179	
1988	1559		1806		1379		1557	
1989	1763		1889		1576		1902	
1990	1889		2077		1621		2080	
1991	2387		2572		2118		2580	
1992	3092		3232		2798		3369	
1993	4182		4156		3869		4672	
1994	6522		6525		6169		7038	
1995	8887		9805		7034		10571	
1996	10628		11856		8436		12449	
1997	11956		13524		8949		14571	
1998	13165		15131		9498		16243	
1999	14550		16868		10275		18048	
2000	16235		18915		11314		20206	
2001	17830		20749		12324		22280	
2002	20351		23384		14116		25592	
2003	23438		27159		15880		29646	
2004	27714		32162		18514		35261	
2005	31795		36297		21588		40588	
2006	36694		41475		25298		46744	
2007	42141		46988		29531		53736	
2008	47144		50849		34078		60627	
2009	48118		52652		34186		61779	
2010	55964		61335		39384		72166	
2011	64162		70010		45188		82955	
2012	68515		73495		48357		89813	
2013	73962		78980		51888		97697	
2014	78958		83447		56418		103877	
2015	82506		88232		59245		107037	
2016	88282	68789	93193	65555	64420	58486	114619	83913
2017	100638	78007	103849	72972	74492	66770	131913	96495
2018	111495	85970	116282	81434	82827	73421	144159	105467
2019	114696	87969	122038	84566	87624	77234	142065	104230
2020	114983	87531	124084	84908	87761	76736	140296	103040
2021	125268	94387	133615	90162	94547	81839	155989	114117
2022	130123	97179	135220	90355	99802	85905	164153	118932

1-37　各县市主要年份人均生产总值(一)

单位：元

年份	三门县		天台县		仙居县	
	按户籍人口计算	按常住人口计算	按户籍人口计算	按常住人口计算	按户籍人口计算	按常住人口计算
1978	228		189		231	
1979	250		209		247	
1980	286		245		279	
1981	286		275		327	
1982	344		304		365	
1983	355		320		404	
1984	443		381		455	
1985	626		511		559	
1986	719		552		641	
1987	825		624		796	
1988	1071		869		1069	
1989	1170		1048		1200	
1990	1209		1132		1265	
1991	1480		1334		1395	
1992	1715		1522		1656	
1993	2127		2098		2268	
1994	2981		2987		3004	
1995	3833		3707		3633	
1996	4377		3963		4054	
1997	3528		3891		4245	
1998	4358		4114		4587	
1999	4872		4571		5094	
2000	5560		5297		5655	
2001	6109		5889		5999	
2002	7276		6743		7013	
2003	8614		7875		7892	
2004	10317		9616		9460	
2005	12177		11168		10895	
2006	14306		12915		12622	
2007	17100		14908		14608	
2008	19889		17014		16286	
2009	21075		17722		17226	
2010	25078		20702		20688	
2011	28995		23884		23949	
2012	30349		25682		25609	
2013	32578		27534		28069	
2014	36075		29783		31244	
2015	39329		32688		34041	
2016	43040	53480	35780	48694	37787	48245
2017	48277	58791	39915	53778	42379	53843
2018	55009	66106	44683	59470	45667	57566
2019	58741	69981	48124	62783	48455	60105
2020	64604	76165	50601	64764	50929	62072
2021	72566	85183	56651	71958	54289	65629
2022	74953	87765	58720	74697	57668	69796

1-38 各县市主要年份人均生产总值(二)

单位：元

年 份	温岭市		临海市		玉环市	
	按户籍人口计算	按常住人口计算	按户籍人口计算	按常住人口计算	按户籍人口计算	按常住人口计算
1978	218		207		250	
1979	278		261		282	
1980	289		292		394	
1981	338		321		453	
1982	391		370		430	
1983	427		381		448	
1984	518		461		540	
1985	693		581		790	
1986	831		742		865	
1987	1039		846		1089	
1988	1340		1090		1604	
1989	1440		1312		1598	
1990	1505		1322		1964	
1991	2007		1510		2633	
1992	2565		1855		3431	
1993	3856		2537		4599	
1994	5993		3887		7503	
1995	8451		5381		10365	
1996	10435		6130		12562	
1997	11127		5146		13721	
1998	12030		5602		15017	
1999	13111		6219		16976	
2000	14590		7073		19200	
2001	15643		7960		21260	
2002	17487		9230		24689	
2003	19912		10665		28302	
2004	23315		12805		32491	
2005	26679		14816		37701	
2006	30637		17194		45464	
2007	35793		20139		56187	
2008	40898		22775		63096	
2009	42703		24311		59991	
2010	48830		28732		74853	
2011	55344		32266		86296	
2012	56145		33956		88921	
2013	61153		36871		95684	
2014	64788		38298		100017	
2015	66107		40639		102627	
2016	70061	61335	45512	50311	108670	73992
2017	75621	66262	52465	57948	121967	83139
2018	84391	73982	57145	62904	134356	91666
2019	89642	78395	59338	64907	142181	96848
2020	92165	79922	61655	66880	144114	97912
2021	102848	88190	69474	74774	160691	108756
2022	107635	91767	73378	78756	167308	112554

1-39　市区主要年份人均生产总值指数

年　份	市　区		椒江区		黄岩区		路桥区	
	按户籍人口计算	按常住人口计算	按户籍人口计算	按常住人口计算	按户籍人口计算	按常住人口计算	按户籍人口计算	按常住人口计算
1978	100.00		100.00		100.00		100.00	
1979	114.44		122.53		109.54		114.83	
1980	122.62		139.46		113.61		116.43	
1981	130.27		157.11		113.61		121.06	
1982	144.74		173.51		123.07		138.31	
1983	170.20		212.15		140.02		155.38	
1984	211.78		268.49		169.51		190.95	
1985	263.16		306.00		224.62		252.47	
1986	280.51		316.56		242.20		274.32	
1987	325.95		346.73		299.71		316.30	
1988	357.17		338.26		362.61		348.85	
1989	390.50		341.77		403.10		408.43	
1990	408.04		345.94		422.28		439.49	
1991	493.04		407.07		519.74		533.12	
1992	633.61		535.80		658.87		675.92	
1993	735.85		552.58		806.88		830.89	
1994	911.56		721.91		928.10		1057.45	
1995	1108.28		912.84		1016.94		1363.97	
1996	1303.70		1099.06		1201.59		1554.24	
1997	1478.38		1250.41		1290.98		1833.63	
1998	1702.58		1468.57		1445.37		2111.62	
1999	1947.29		1675.99		1636.71		2427.71	
2000	2170.33		1858.39		1814.86		2716.88	
2001	2418.62		2061.50		2033.30		3018.46	
2002	2745.89		2299.70		2347.17		3435.42	
2003	3121.15		2606.91		2651.50		3917.20	
2004	3569.52		2977.70		3008.19		4499.40	
2005	4027.25		3304.49		3444.10		5099.19	
2006	4547.78		3692.98		3953.16		5744.60	
2007	5094.38		4069.54		4509.60		6450.00	
2008	5481.46		4239.39		5010.50		6986.68	
2009	5810.17		4521.16		5194.77		7480.12	
2010	6465.57		5031.19		5738.54		8359.85	
2011	7016.41		5388.68		6269.28		9132.50	
2012	7531.46		5637.65		6778.36		9980.23	
2013	8077.76		5996.90		7293.38		10751.48	
2014	8670.33		6366.92		7903.31		11569.64	
2015	9159.27		6728.19		8393.92		12181.64	
2016	9740.18	100.00	7083.20	100.00	8981.68	100.00	13024.77	100.00
2017	10506.05	107.30	7470.71	105.36	9821.47	107.96	14187.12	108.83
2018	11254.80	114.35	8027.57	112.83	10621.39	115.46	15034.12	115.35
2019	11569.29	116.92	8382.00	116.58	11291.01	122.05	14810.97	113.96
2020	11705.03	117.41	8502.14	116.77	11557.04	123.93	14790.04	113.92
2021	12456.77	123.67	8953.88	121.27	12162.89	129.11	16043.32	123.09
2022	12762.30	125.59	8952.77	120.07	12626.80	133.29	16661.56	126.60

注：本表按户籍人口计算以1978年为100，按常住人口计算以2016年为100。

1-40 各县市主要年份人均生产总值指数(一)

年份	三门县		天台县		仙居县	
	按户籍人口计算	按常住人口计算	按户籍人口计算	按常住人口计算	按户籍人口计算	按常住人口计算
1978	100.00		100.00		100.00	
1979	107.10		98.09		104.08	
1980	108.60		112.08		129.00	
1981	118.92		123.17		133.25	
1982	131.88		131.59		135.85	
1983	140.19		135.02		150.47	
1984	168.78		154.64		174.62	
1985	202.20		186.18		193.11	
1986	213.73		192.03		214.68	
1987	228.90		196.43		253.97	
1988	266.67		243.69		312.75	
1989	279.47		268.67		335.32	
1990	276.96		281.07		347.38	
1991	339.55		314.26		375.57	
1992	383.01		340.91		392.14	
1993	413.27		397.18		494.41	
1994	465.76		465.69		560.95	
1995	510.47		514.46		624.06	
1996	507.92		526.15		675.37	
1997	412.94		516.04		716.74	
1998	512.46		557.13		815.93	
1999	587.79		640.82		931.07	
2000	658.32		741.09		1040.17	
2001	736.00		828.74		1142.11	
2002	852.29		953.04		1297.43	
2003	994.62		1091.62		1450.09	
2004	1147.14		1277.37		1649.78	
2005	1317.98		1446.32		1857.88	
2006	1521.95		1635.44		2112.70	
2007	1761.36		1831.73		2353.42	
2008	1951.44		2013.99		2528.52	
2009	2122.91		2159.82		2758.70	
2010	2393.72		2394.45		3133.14	
2011	2581.37		2637.62		3434.75	
2012	2701.56		2850.52		3724.19	
2013	2864.42		3042.62		4044.86	
2014	3155.69		3294.50		4491.19	
2015	3491.50		3644.28		4948.70	
2016	3780.12	100.00	3952.99	100.00	5528.45	100.00
2017	4080.28	105.79	4246.91	106.36	5934.38	106.82
2018	4479.04	114.60	4594.68	113.67	6183.11	110.42
2019	4807.24	121.93	4914.68	119.18	6491.07	114.08
2020	5270.47	132.29	5149.25	122.51	6793.40	117.31
2021	5799.91	144.95	5678.91	134.08	7128.44	122.09
2022	5972.59	148.89	5800.19	137.15	7444.40	127.65

注：本表按户籍人口计算以1978年为100，按常住人口计算以2016年为100。

1-41　各县市主要年份人均生产总值指数(二)

年　份	温岭市		临海市		玉环市	
	按户籍人口计算	按常住人口计算	按户籍人口计算	按常住人口计算	按户籍人口计算	按常住人口计算
1978	100.00		100.00		100.00	
1979	123.38		126.38		124.18	
1980	127.18		141.66		151.75	
1981	151.67		152.21		170.29	
1982	169.12		164.14		152.39	
1983	189.98		166.20		156.13	
1984	231.54		186.32		184.53	
1985	272.29		209.14		234.15	
1986	342.02		259.11		247.43	
1987	433.07		288.32		291.14	
1988	501.43		332.08		395.71	
1989	591.56		389.62		396.37	
1990	639.06		353.93		422.33	
1991	801.19		390.78		483.48	
1992	990.10		468.64		595.13	
1993	1441.36		570.19		713.69	
1994	1855.63		740.89		945.44	
1995	2262.66		831.30		1159.46	
1996	2856.14		927.20		1395.13	
1997	3068.23		764.56		1573.09	
1998	3461.31		860.79		1759.52	
1999	3912.78		982.90		2093.07	
2000	4368.98		1113.64		2406.72	
2001	4752.75		1268.28		2713.62	
2002	5274.29		1454.27		3092.35	
2003	5947.59		1675.05		3526.23	
2004	6743.39		1944.21		4039.21	
2005	7550.36		2200.93		4573.67	
2006	8557.60		2501.30		5379.67	
2007	9728.92		2850.78		6490.03	
2008	10682.13		3114.21		7022.84	
2009	11593.57		3428.47		6857.18	
2010	12643.42		3881.04		8245.44	
2011	13564.87		4150.11		9111.09	
2012	14377.03		4433.16		9599.45	
2013	15385.53		4771.22		10290.13	
2014	16192.77		4984.60		10861.17	
2015	16864.76		5377.78		11399.31	
2016	18040.97	100.00	5853.54	100.00	12237.87	100.00
2017	19161.25	106.31	6378.42	108.87	13121.19	107.34
2018	20583.31	114.25	6805.15	115.77	13989.90	114.55
2019	21567.26	119.42	7001.28	118.35	14662.82	119.87
2020	22224.41	122.02	7270.59	121.88	15048.16	122.70
2021	24249.13	131.65	8002.48	133.10	16438.00	133.52
2022	24939.12	134.62	8314.37	137.91	16854.82	136.09

注：本表按户籍人口计算以1978年为100，按常住人口计算以2016年为100。

主要统计指标解释

生产总值（GDP） 指一国（或地区）所有常住单位在一定时期内生产活动的最终成果。生产总值有三种表现形态，即价值形态、收入形态和产品形态。从价值形态看，它是所有常住单位在一定时期内生产的全部货物和服务的价值超过同期投入的全部非固定资产货物和服务价值的差额，即所有常住单位的增加值之和；从收入形态看，它是所有常住单位在一定时期内创造并分配给常住单位和非常住单位的初次收入分配之和；从产品形态看，它是所有常住单位在一定时期内最终使用的货物和服务价值与货物和服务净出口价值之和。在实际核算中，生产总值有三种计算方法，即生产法、收入法和支出法。三种方法分别从不同的方面反映生产总值及其构成，即从不同的角度反映国民经济生产活动成果。

1.生产法

生产总值=总产出-中间投入

2.收入法(也称分配法)

生产总值=劳动者报酬+固定资产折旧+生产税净额+营业盈余

3.支出法

生产总值=最终消费支出+资本形成总额+货物和服务净出口

根据国民经济核算范围的整体性与一致性原则，从三个角度测算的生产总值理论上是一致的。即:生产法计算的生产总值=收入法(分配法)计算的生产总值=支出法计算的生产总值。在我国的生产总值核算中，最常用的方法是分配法。

三次产业 是根据社会生产活动历史发展的顺序对产业结构的划分，产品直接取自自然界的部门称为第一产业，对初级产品进行再加工的部门称为第二产业，为生产和消费提供各种服务的部门称为第三产业。它是世界上较为通用的产业结构分类，但各国的划分不尽一致。我国的三次产业划分是:

第一产业：农、林、牧、渔业（不包括农、林、牧、渔专业及辅助性活动)。

第二产业：采矿业（不含开采专业及辅助性活动)，制造业（不含金属制品、机械和设备修理业)，电力、热力、燃气及水生产和供应业、建筑业。

第三产业：即服务业、除第一产业、第二产业以外的其他行业。

当年价格 指报告期的实际价格。

可比价格 指计算各种总量指标所采用的扣除了价格变动因素的价格，可进行不同时期总量指标的对比。按可比价格计算总量指标有两种方法：一种是直接用产品产量乘某一年的不变价格计算；另一种是用价格指数进行缩减。

不变价格 指以同类产品某年的平均价格作为固定价格，用于计算各年的产品价值。按不变价格计算的产品价值消除了价格变动因素，不同时期对比可以反映生产的发展速度。本《年鉴》所列的农业总产值指数是按不变价格计算的。计算有关年份产值增长速度，可用指数直接进行计算。

平均增长速度 在我国计算平均速度有两种方法，一种是“水平法”，又称几何平均法，是以间隔期最后一年的水平同基期水平对比来计算平均每年增长（或下降）速度；另一种是“累计法”，又称代数平均法或方程法，是以间隔期内各年水平的总和同基期对比来计算平均每年增长（或下降）速度。本《年鉴》内所列的平均增长速度，除固定资产投资用“累计法”计算外，其余都是用“水平法”计算的。

2

人口和从业人员

Population and Employment

2-1 主要年份年末总户数和人口数

年份	户籍总户数（万户）	户籍总人口数（万人）	按性别分（万人）		按户籍分（万人）		按城乡分（万人）		常住人口数（万人）
			男性	女性	农业人口	非农业人口	城镇人口	农村人口	
1949	60.43	240.57	123.10	117.47	222.36	18.21			
1952	67.32	251.74	128.75	122.99	229.63	22.11			
1957	72.16	282.99	145.03	137.96	256.58	26.41			
1962	77.94	306.74	156.57	150.17	278.87	27.87			
1965	79.52	339.84	174.44	165.40	315.60	24.24			
1970	87.58	391.75	201.04	190.71	366.17	25.58			
1975	97.41	434.56	223.58	210.98	408.47	26.09			
1978	105.70	452.71	233.41	219.30	426.73	25.98			
1980	109.92	461.61	237.98	223.63	430.09	31.52			
1985	126.03	490.08	253.72	236.36	448.94	41.14			
1990	149.29	515.49	267.27	248.22	468.42	47.07			
1994	157.40	526.31	272.83	253.48	472.42	53.89			
1995	159.04	529.56	274.51	255.05	471.88	57.68			
1996	161.42	532.98	276.21	256.77	471.61	61.37			
1997	164.61	535.98	277.63	258.35	469.72	66.26			
1998	168.15	539.51	279.53	259.98	463.88	75.63			
1999	173.26	542.98	281.13	261.85	461.41	81.57			
2000	175.56	546.62	282.77	263.85	455.83	90.79			
2001	177.49	548.52	283.63	264.89	456.43	92.09			
2002	179.71	550.46	284.42	266.04	456.65	93.81			
2003	182.03	552.61	285.38	267.23	457.26	95.35			
2004	183.89	555.92	286.87	269.05	459.23	96.69			
2005	186.83	559.85	288.71	271.14	461.54	98.31			
2006	189.12	564.66	291.01	273.65	464.86	99.80			
2007	191.99	569.39	293.25	276.15	467.51	101.88			
2008	193.69	574.06	295.38	278.68	470.71	103.35			
2009	193.34	578.47	297.54	280.93	474.08	104.39			
2010	192.68	583.14	299.68	283.46	477.48	105.67			597.4
2011	192.30	586.79	301.35	285.43	480.03	106.76			603.1
2012	191.70	590.95	303.26	287.69	483.07	107.87			611.5
2013	191.52	594.04	304.60	289.44	485.32	108.72			617.8
2014	190.85	597.10	305.88	291.23	482.97	114.13			624.0
2015	191.77	597.49	305.61	291.88			260.35	337.14	631.8
2016	191.57	600.17	306.79	293.38			250.35	349.82	637.6
2017	191.61	603.53	308.28	295.26			256.75	346.78	642.8
2018	191.83	605.40	309.06	296.34			262.67	342.73	648.8
2019	191.94	606.64	309.51	297.13			262.25	344.38	654.8
2020	194.24	606.98	309.51	297.47			279.93	327.05	662.7
2021	194.67	605.94	308.86	297.08			282.24	323.70	666.1
2022	194.95	604.95	308.22	296.73			296.24	308.72	667.8

2-2 市区主要年份年末人口数

单位：万人

年份	市区		椒江区		黄岩区		路桥区	
	户籍人口数	常住人口数	户籍人口数	常住人口数	户籍人口数	常住人口数	户籍人口数	常住人口数
1978	117.37		34.86		49.32		33.19	
1980	119.31		35.74		49.99		33.58	
1985	126.97		38.52		53.02		35.43	
1986	128.57		39.06		53.69		35.82	
1987	130.34		39.68		54.38		36.28	
1988	131.99		40.43		54.83		36.73	
1989	132.96		40.90		55.03		37.03	
1990	133.77		41.41		55.17		37.19	
1991	134.47		41.73		55.36		37.38	
1992	136.14		42.08		55.48		38.58	
1993	135.91		42.39		55.73		37.79	
1994	136.73		42.66		55.96		38.11	
1995	137.70		43.03		56.16		38.51	
1996	138.79		43.40		56.54		38.85	
1997	139.67		43.73		56.73		39.21	
1998	140.83		44.22		56.77		39.84	
1999	142.03		44.78		57.03		40.22	
2000	143.17		45.31		57.27		40.59	
2001	143.90		45.93		57.01		40.96	
2002	144.93		46.53		57.09		41.31	
2003	146.05		47.15		57.19		41.71	
2004	147.37		47.79		57.47		42.11	
2005	148.75		48.37		57.86		42.52	
2006	150.20		48.94		58.33		42.93	
2007	151.56		49.51		58.77		43.27	
2008	152.75		49.98		59.14		43.64	
2009	153.77		50.40		59.41		43.96	
2010	154.89	190.3	50.92	65.4	59.67	63.2	44.30	61.7
2011	155.85		51.38		59.89		44.58	
2012	156.90		51.88		60.14		44.87	
2013	157.76		52.33		60.33		45.10	
2014	158.47		52.71		60.51		45.26	
2015	159.29	203.9	52.99	75.1	61.01	66.9	45.30	61.9
2016	160.10	206.0	53.51	76.3	61.10	67.6	45.49	62.1
2017	161.42	208.8	54.28	77.1	61.34	69.0	45.81	62.7
2018	162.50	211.3	54.97	78.9	61.52	69.6	46.01	62.8
2019	163.31	213.5	55.56	80.6	61.61	70.1	46.14	62.8
2020	163.95	216.4	56.18	82.7	61.58	70.8	46.18	62.9
2021	164.27	219.2	56.71	84.6	61.41	71.3	46.14	63.3
2022	164.48	221.0	57.15	85.8	61.24	71.2	46.09	64.0

2-3 各县市主要年份年末人口数

单位：万人

年份	三门县		天台县		仙居县		温岭市		临海市		玉环市	
	户籍人口数	常住人口数	户籍人口数	常住人口数	户籍人口数	常住人口数	户籍人口数	常住人口数	户籍人口数	常住人口数	户籍人口数	常住人口数
1978	33.17		45.40		38.76		94.18		91.99		31.84	
1980	33.99		46.49		39.07		95.71		94.19		32.86	
1985	36.65		49.47		40.40		101.26		100.01		35.32	
1986	37.15		49.91		40.74		102.46		101.19		35.79	
1987	37.98		50.62		41.16		103.75		102.58		36.35	
1988	38.57		51.37		41.65		105.20		103.56		36.77	
1989	38.84		51.68		41.91		106.58		104.03		37.12	
1990	38.65		51.71		42.05		107.72		104.23		37.36	
1991	38.88		52.12		42.35		108.48		104.54		37.50	
1992	38.98		52.23		42.57		109.01		105.05		37.59	
1993	39.16		52.48		42.93		109.50		105.72		37.73	
1994	39.25		52.78		43.34		110.06		106.27		37.89	
1995	39.35		53.14		43.67		110.79		106.84		38.07	
1996	39.47		53.50		43.98		111.58		107.44		38.23	
1997	39.61		53.88		44.27		112.23		107.95		38.37	
1998	39.79		54.52		44.56		112.83		108.39		38.56	
1999	39.88		55.12		44.88		113.28		109.00		38.79	
2000	40.02		55.44		45.48		113.80		109.83		38.89	
2001	40.06		55.47		45.82		114.09		110.15		39.03	
2002	40.11		55.52		46.12		114.28		110.37		39.13	
2003	40.25		55.52		46.43		114.50		110.58		39.28	
2004	40.57		55.66		46.82		114.82		111.18		39.50	
2005	40.97		55.88		47.39		115.09		111.92		39.84	
2006	41.42		56.26		48.01		115.70		112.86		40.23	
2007	41.86		56.50		48.44		116.56		113.82		40.66	
2008	42.27		56.89		48.80		117.58		114.66		41.10	
2009	42.60		57.50		49.21		118.45		115.47		41.47	
2010	42.92	32.9	58.16	38.3	49.53	34.3	119.29	136.7	116.40	102.9	41.96	61.6
2011	43.23		58.62		49.81		119.93		117.09		42.25	
2012	43.53		59.22		50.29		120.60		117.85		42.55	
2013	43.83		59.54		50.60		121.05		118.45		42.81	
2014	44.06		59.84		50.87		121.80		119.04		43.02	
2015	44.11	35.2	59.37	43.2	50.60	39.4	121.53	138.8	119.57	108.1	43.02	63.2
2016	44.36	36.0	59.85	44.4	51.03	40.2	121.67	139.0	119.99	108.6	43.18	63.4
2017	44.66	37.1	60.20	44.7	51.50	40.5	122.01	139.1	120.36	109.0	43.39	63.6
2018	44.75	37.3	60.25	45.8	51.74	41.4	122.14	139.4	120.49	109.8	43.53	63.8
2019	44.72	37.8	60.29	46.6	51.96	42.2	122.21	140.0	120.48	110.5	43.66	64.2
2020	44.64	38.0	60.15	47.5	52.12	43.2	122.07	141.7	120.33	111.5	43.71	64.4
2021	44.45	37.9	59.89	47.0	52.08	43.0	121.62	142.5	119.90	111.7	43.73	64.8
2022	44.30	37.9	59.69	47.0	52.00	43.0	121.19	142.3	119.55	111.4	43.73	65.2

2-4 主要年份户籍人口自然变动情况

年份	出生		死亡		自然增长	
	人数（人）	出生率（‰）	人数（人）	死亡率（‰）	人数（人）	自然增长率（‰）
1949	61063	25.58	32794	13.74	28269	11.84
1952	70721	28.27	30600	12.23	40121	16.04
1957	105765	38.05	25120	9.04	80645	29.01
1962	103246	34.08	24548	8.10	78698	25.98
1965	135207	40.43	28458	8.51	106749	31.92
1970	119335	30.87	23123	5.98	96212	24.89
1975	96398	22.37	27793	6.45	68605	15.92
1978	77592	17.25	25928	5.76	51664	11.49
1980	61815	13.45	26211	5.70	35604	7.75
1985	70894	14.54	27879	5.72	43015	8.82
1990	58776	11.43	27818	5.41	30958	6.02
1994	66000	12.57	29922	5.70	36078	6.87
1995	67425	12.77	32057	6.07	35368	6.70
1996	68640	12.92	32010	6.03	36630	6.89
1997	63482	11.88	31319	5.86	32163	6.02
1998	68263	12.69	32162	5.98	36101	6.71
1999	68220	12.60	31945	5.90	36275	6.70
2000	72905	13.38	33565	6.16	39340	7.22
2001	61712	11.27	31417	5.74	30295	5.53
2002	64052	11.66	33072	6.02	30980	5.64
2003	66612	12.08	33478	6.07	33134	6.01
2004	75969	13.71	32927	5.94	43042	7.77
2005	74640	13.37	34823	6.24	39817	7.13
2006	73612	13.09	32502	5.78	41110	7.31
2007	67765	11.95	32665	5.76	35100	6.19
2008	65301	11.42	34478	6.03	30823	5.39
2009	66741	11.58	34660	6.01	32081	5.57
2010	72862	12.54	36699	6.32	36163	6.22
2011	65503	11.20	34785	5.95	30718	5.25
2012	75335	12.79	36209	6.15	39126	6.64
2013	63717	10.75	34568	5.83	29149	4.92
2014	65957	11.07	35651	5.98	30306	5.09
2015	71395	11.95	36560	6.12	34835	5.83
2016	62076	10.37	34119	5.70	27957	4.67
2017	76652	12.74	40294	6.70	36358	6.04
2018	64769	10.72	39193	6.48	25576	4.24
2019	55495	9.16	36848	6.08	18647	3.08
2020	47108	7.76	37936	6.25	9172	1.51
2021	36940	6.09	39043	6.44	-2103	-0.35
2022	32810	5.42	40949	6.76	-8139	-1.34

2-5 主要年份年末从业人员数

单位：万人

年 份	从业人员总数	第一产业	第二产业	第三产业
1952	100.74			
1957	114.39			
1962	122.02			
1965	129.82			
1970	145.58			
1975	157.86			
1978	176.88			
1980	185.19			
1985	268.79			
1990	307.23			
1994	330.65			
1995	341.04	161.18	102.10	77.76
1996	341.23	157.20	104.77	79.26
1997	340.75	152.99	111.38	76.38
1998	341.19	147.52	113.92	79.75
1999	340.70	143.48	114.87	82.35
2000	340.48	135.52	116.03	88.93
2001	343.24	130.21	119.15	93.88
2002	347.25	125.90	120.85	100.50
2003	358.87	122.31	127.40	109.16
2004	364.13	106.21	136.89	121.03
2005	368.67	103.83	140.06	124.78
2006	370.21	101.43	142.50	126.28
2007	344.98	98.28	135.59	111.11
2008	345.45	89.86	137.37	118.22
2009	346.40	84.88	138.45	123.07
2010	347.35	79.00	141.37	126.98
2011	348.29	73.55	144.01	130.73
2012	355.01	68.22	147.38	139.41
2013	363.51	62.87	149.88	150.76
2014	366.82	57.28	152.37	157.17
2015	368.93	51.72	154.63	162.58
2016	369.35	46.31	157.38	165.66
2017	372.42	41.01	160.21	171.20
2018	372.38	35.04	162.96	174.38
2019	374.81	30.21	166.28	178.32
2020	382.61	24.83	168.33	189.45
2021	385.39	24.88	171.00	189.51
2022	384.07	24.55	169.89	189.63

2-6 分行业在岗职工年末人数

单位：人

行　业	2020年	2021年	2022年
总　计	**1157090**	**1133624**	**1214359**
按国民经济行业分			
农、林、牧、渔业			
采矿业	494	393	604
制造业	689689	687427	737982
电力、热力、燃气及水生产和供应业	8743	5988	8097
建筑业	309844	300725	306517
批发和零售业	49358	45314	52616
交通运输、仓储和邮政业	19906	16128	17817
住宿和餐饮业	16463	15045	17585
信息传输、软件和信息技术服务业	5823	5449	5387
金融业			
房地产业	16675	15330	15818
租赁和商务服务业	23391	27676	33705
科学研究、技术服务业	4697	4336	5399
水利、环境和公共设施管理业	3956	3479	5464
居民服务、修理和其他服务业	4118	3313	3203
教　育	386	203	213
卫生和社会工作	2105	1904	2738
文化、体育和娱乐业	1442	914	1214
公共管理、社会保障和社会组织			

注：本表统计范围为辖区内规模以上工业、有资质的建筑业、限额以上批发和零售业、限额以上住宿和餐饮业、有开发经营活动的全部房地产开发经营业、规模以上服务业法人单位。

主要统计指标解释

人口数 指一定时点全市行政管辖范围内的有生命的个人的总和。年度统计的年末人口数是指12月31日24时常住户口和未落户口的人口数。

农业人口 指凡在农村从事农、林、牧、副、渔的劳动者，以及乡（不包括乡）以下，不直接从事农业生产的各种人员及其抚养的家属。

非农业人口 指从事农、林、牧、副、渔业以外各种行业的人员。包括国营的农、林、牧、渔、园艺场、拖拉机站、抽水机站等，在编的行政管理人员、文教卫生、财贸、邮电等人员，以及附属的独立核算的工业企业中常年不从事农业生产的国家职工。包括抚养的家属。

出生率 指一年内平均每千人所出生的人数比例，一般以千分率表示。计算公式:

出生率＝全年出生人数/年平均人数×1000‰

出生人数指活产婴儿，即胎儿脱离母体时（不管怀孕月数），有过呼吸或其他生命现象。

死亡率 指一年内平均每千人所死亡的人数比例，一般以千分率表示。计算公式:

死亡率＝全年死亡人数/年平均人数×1000‰

人口自然增长率 指一年内人口自然增长数（出生人数减死亡人数）与平均人数之比例，一般以千分率表示。计算公式:

人口自然增长率＝(年内出生人数-年内死亡人数)/年平均人数×1000‰

或 人口自然增长率＝人口出生率-人口死亡率

人口密度 指在一定时点一定地区的人口数与该地区的面积数之比，即一定时点的单位土地面积上的人口数，通常以每平方公里的居民人数来表示。计算公式:

人口密度＝该地区的人口数/该地区的土地面积数

从业人员 指从事一定社会劳动并取得劳动报酬或经营收入的全部劳动力。

在岗职工 指在本单位工作且与本单位签订劳动合同，并由单位支付各项工资和社会保险、住房公积金的人员，以及上述人员中由于学习、病伤、产假等原因暂未工作仍由单位支付工资的人员。

3

农　业
Agriculture

3-1　主要年份农林牧渔业总产值

单位：万元

年　份	农林牧渔业总产值	农业产值	林业产值	牧业产值	渔业产值	农林牧渔服务业产值
1949	14081	10479	1180	1215	1207	
1952	19267	14615	1346	1714	1592	
1957	24190	16789	1714	2693	2994	
1962	29111	20888	1672	2758	3793	
1965	37545	26121	1794	5287	4343	
1970	46703	32750	1520	7383	5050	
1975	50669	34762	1127	7395	7385	
1978	67698	51211	1062	8993	6432	
1980	90813	66341	1683	14321	8468	
1985	183311	111219	5506	39892	26694	
1990	336931	173445	9212	72854	81420	
1994	954595	357971	19578	158077	418969	
1995	1280014	433670	17573	173121	655650	
1996	1383990	472623	22424	183638	705305	
1997	1330376	392998	20096	180948	736334	
1998	1444665	460390	19445	154657	810173	
1999	1480847	465720	18585	142816	853726	
2000	1532112	478300	22084	144697	887031	
2001	1589394	524114	24193	150231	890856	
2002	1629779	551293	27798	154162	896526	
2003	1677748	583703	29265	158381	892933	13466
2004	1741193	610132	28694	174358	913443	14566
2005	1847928	658669	28443	182672	961644	16500
2006	1956767	710811	32408	173613	1023038	16897
2007	2161607	778134	36307	233165	1095979	18022
2008	2119570	803703	37606	245845	1008642	23774
2009	2303842	871347	40933	238196	1127846	25520
2010	2760166	1055423	53696	271418	1351987	27642
2011	3289011	1176929	56579	337450	1687831	30222
2012	3491510	1264092	59886	356463	1779332	31737
2013	3729627	1296656	58980	360182	1980197	33612
2014	3793382	1336177	63033	323795	2034581	35796
2015	4047708	1380456	61368	308730	2258581	38573
2016	4314001	1430001	63590	297850	2480372	42188
2017	4532008	1496762	67279	260554	2661741	45672
2018	4769554	1553968	67187	260659	2836819	50921
2019	5032840	1642302	71675	298837	2962161	57865
2020	5250344	1712898	67044	315663	3088728	66011
2021	5427136	1829968	64389	329258	3131681	71840
2022	5720565	1932259	63134	380598	3267940	76634

注：1.2009年农林牧渔业总产值、渔业产值数据有所调整，下同。2.2016年起产值数据已与三农普数据衔接，下同。

3-2 主要年份农林牧渔业总产值构成

单位：%

年 份	农林牧渔业总产值	农业产值	林业产值	牧业产值	渔业产值	农林牧渔服务业产值
1949	100.00	74.42	8.38	8.63	8.57	
1952	100.00	75.86	6.99	8.90	8.26	
1957	100.00	69.40	7.09	11.13	12.38	
1962	100.00	71.75	5.74	9.47	13.03	
1965	100.00	69.57	4.78	14.08	11.57	
1970	100.00	70.12	3.25	15.81	10.81	
1975	100.00	68.61	2.22	14.59	14.57	
1978	100.00	75.65	1.57	13.28	9.50	
1980	100.00	73.05	1.85	15.77	9.32	
1985	100.00	60.67	3.00	21.76	14.56	
1990	100.00	51.48	2.73	21.62	24.17	
1994	100.00	37.50	2.05	16.56	43.89	
1995	100.00	33.88	1.37	13.52	51.22	
1996	100.00	34.15	1.62	13.27	50.96	
1997	100.00	29.54	1.51	13.60	55.35	
1998	100.00	31.87	1.35	10.71	56.08	
1999	100.00	31.45	1.26	9.64	57.65	
2000	100.00	31.22	1.44	9.44	57.90	
2001	100.00	32.98	1.52	9.45	56.05	
2002	100.00	33.83	1.71	9.46	55.01	
2003	100.00	34.79	1.74	9.44	53.22	0.80
2004	100.00	35.04	1.65	10.01	52.46	0.84
2005	100.00	35.64	1.54	9.89	52.04	0.89
2006	100.00	36.33	1.66	8.87	52.28	0.86
2007	100.00	36.00	1.68	10.79	50.70	0.83
2008	100.00	37.92	1.77	11.60	47.59	1.12
2009	100.00	37.82	1.78	10.34	48.95	1.11
2010	100.00	38.24	1.95	9.83	48.98	1.00
2011	100.00	35.78	1.72	10.26	51.32	0.92
2012	100.00	36.20	1.72	10.21	50.96	0.91
2013	100.00	34.77	1.58	9.66	53.09	0.90
2014	100.00	35.22	1.66	8.54	53.64	0.94
2015	100.00	34.10	1.52	7.63	55.80	0.95
2016	100.00	33.15	1.47	6.90	57.50	0.98
2017	100.00	33.03	1.48	5.75	58.73	1.01
2018	100.00	32.58	1.41	5.47	59.48	1.07
2019	100.00	32.63	1.42	5.94	58.86	1.15
2020	100.00	32.62	1.28	6.01	58.83	1.26
2021	100.00	33.72	1.19	6.07	57.70	1.32
2022	100.00	33.78	1.10	6.65	57.13	1.34

3-3　主要年份农林牧渔业总产值指数

(1952年为100)

年　份	农林牧渔业总产值	农业产值	林业产值	牧业产值	渔业产值	农林牧渔服务业产值
1949	75.05	73.63	90.06	72.79	77.84	
1952	100.00	100.00	100.00	100.00	100.00	
1957	128.50	117.57	130.36	160.84	192.42	
1962	119.77	113.29	98.49	127.57	188.83	
1965	156.29	143.34	106.93	247.41	218.75	
1970	181.53	167.82	84.60	322.60	237.50	
1975	167.84	152.21	53.15	273.74	294.24	
1978	213.42	213.62	47.12	313.46	241.29	
1980	242.71	234.60	62.98	420.76	267.78	
1985	339.22	290.97	99.32	743.12	473.70	
1990	361.74	296.81	99.89	758.92	594.84	
1994	605.48	362.83	144.00	957.84	1563.68	
1995	726.87	380.87	114.97	919.57	2184.06	
1996	763.20	411.19	134.53	919.72	2275.29	
1997	737.46	382.03	128.87	857.03	2260.69	
1998	786.06	385.57	128.53	802.28	2534.14	
1999	862.35	432.57	115.55	898.56	2754.61	
2000	861.27	384.58	138.70	925.68	2867.88	
2001	890.85	441.17	149.40	976.94	2823.74	
2002	900.60	432.00	159.56	1023.83	2874.57	
2003	922.21	466.56	166.10	1041.24	2837.20	100.00
2004	923.13	470.76	149.16	1036.08	2837.20	102.24
2005	932.36	465.11	137.38	1142.80	2857.06	113.88
2006	960.33	492.09	147.96	1098.23	2919.92	113.55
2007	984.34	504.88	152.84	1135.57	2984.16	119.67
2008	1007.96	519.52	151.62	1203.70	3025.94	154.77
2009	1027.11	534.59	154.65	1238.61	3047.12	167.48
2010	1074.36	547.42	150.47	1311.69	3239.09	173.68
2011	1108.74	566.03	145.35	1366.78	3342.74	178.72
2012	1138.68	581.31	144.77	1447.42	3412.94	183.37
2013	1146.65	585.38	144.77	1408.34	3460.72	190.70
2014	1170.73	598.26	152.44	1335.11	3571.46	198.14
2015	1212.88	620.99	151.22	1268.35	3739.32	213.00
2016	1266.82	644.04	153.34	1301.59	3932.87	229.06
2017	1298.26	679.75	163.97	1274.35	3975.80	242.86
2018	1307.26	706.76	170.13	1319.55	3910.36	263.92
2019	1320.08	723.92	176.74	1170.77	3952.36	291.74
2020	1351.60	757.13	175.48	1014.41	4057.27	325.02
2021	1385.94	769.24	173.05	1401.37	4033.54	347.72
2022	1430.53	786.41	167.57	1713.63	4109.30	365.08

注：本表按可比价格计算。农林牧渔服务业产值指数以2003年为100。

3-4　农林牧渔业分项产值(一)

(1990-2022年)　　单位：万元

年　份	农林牧渔业总产值	农业产值	#粮食作物	#油 料	#甘 蔗
1990	336931	173445	94301	607	764
1991	424828	212210	121014	849	73
1992	479188	220023	117090	1037	1022
1993	610251	255060	128552	435	2033
1994	954595	357971	199308	599	2507
1995	1280014	433670	241657	934	2487
1996	1383990	472623	266108	948	2750
1997	1330376	392998	223484	969	2221
1998	1444665	460390	252813	1240	3479
1999	1480847	465720	243693	1180	5792
2000	1532112	478300	197896	1508	19482
2001	1589394	524114	158515	1761	18644
2002	1629779	551293	126422	1679	22190
2003	1677748	583703	104380	1872	30179
2004	1741193	610132	137506	2051	27122
2005	1847928	658669	135755	2222	23762
2006	1956767	710811	152677	2398	19759
2007	2161607	778134	151196	3401	23558
2008	2119570	803703	189066	6460	22234
2009	2303842	871347	178975	6122	20464
2010	2760166	1055423	195511	7197	23146
2011	3289011	1176929	207199	6939	29468
2012	3491510	1264092	213880	7879	20814
2013	3729627	1296656	221394	7782	20146
2014	3793382	1336177	180217	6419	29526
2015	4047708	1380456	185101	6660	29768
2016	4314001	1430001	146862	6453	22395
2017	4532008	1496762	148659	6721	19313
2018	4769554	1553968	149443	6296	18645
2019	5032840	1642302	152072	6899	18048
2020	5250344	1712898	172110	6835	20537
2021	5427136	1829968	183072	7560	17995
2022	5720565	1932259	198229	8359	16732

3-5 农林牧渔业分项产值(二)

(1990-2022年)

单位：万元

年 份	农业产值			
	#药 材	#蔬 菜	#花 卉 园 艺	#茶桑果 及坚果
1990	262	25100		33495
1991	240	26422		41363
1992	251	26419		52926
1993	435	45873		54243
1994	684	53691		75515
1995	888	64200		93303
1996	861	65280		108664
1997	747	64748		76571
1998	1288	72520		95958
1999	4095	85135		92962
2000	5428	120093		98054
2001	7993	162047	8195	140936
2002	9220	187697	15427	164566
2003	13150	196251	24227	194029
2004	13168	189322	24676	196935
2005	13638	205584	26497	228925
2006	16991	215893	28505	253450
2007	18453	230164	30018	296673
2008	20600	221960	24742	294198
2009	21827	240836	26026	352843
2010	47090	296131	30653	442467
2011	41517	329141	38579	512909
2012	29188	364596	44864	570609
2013	27766	364308	51227	592325
2014	34228	383560	57210	624879
2015	42761	401198	56089	639701
2016	47514	444038	62572	680914
2017	49161	444632	70064	738760
2018	56370	470663	74663	758459
2019	56965	513997	69764	806697
2020	60498	503163	69529	863579
2021	53140	561719	67420	929736
2022	66525	602811	63182	964784

注：2010年开始，坚果产值列入农业统计，不再作为林业统计，下同。

3-6 农林牧渔业分项产值(三)

(1990-2022年)

单位：万元

年 份	林 业 产 值	#人造林生长	#林产品	#竹木采运	牧 业 产 值	牲 畜	家禽饲养
1990	9212	2992	1135	5085	72854	53604	4620
1991	13875	2434	1423	10018	78837	54084	6419
1992	9990	3016	1649	5325	90663	60560	6942
1993	13857	2937	1535	9385	109180	73495	8658
1994	19578	3008	2597	13973	158077	111139	10516
1995	17573	3922	3706	9945	173121	123796	13019
1996	22424	5377	5878	11169	183638	125791	20325
1997	20096	4937	3773	11386	180948	126306	15402
1998	19445	4480	4348	10617	154657	114090	13695
1999	18585	3970	4411	10204	142816	93259	16788
2000	22084	5242	6355	10487	144697	95779	16259
2001	24193	5452	6914	11827	150231	98318	14632
2002	27798	6915	6453	14430	154162	100757	14533
2003	29265	7229	6995	15041	158381	101567	17483
2004	28694	6247	6194	16253	174358	118427	17574
2005	28443	6683	9050	12710	182672	116313	20787
2006	32408	6524	9680	16204	173613	105097	20207
2007	36307	6280	11636	18391	233165	155562	22852
2008	37606	5480	12004	20122	245845	164734	25549
2009	40933	6599	13076	21258	238196	153691	26804
2010	53696	6152	11645	23105	271418	176878	32541
2011	56579	6791	13865	22962	337450	223327	42780
2012	59886	8599	13504	25387	356463	228687	54872
2013	58980	8145	13932	24364	360182	232874	49875
2014	63033	8288	16018	26542	323795	212430	43208
2015	61368	8536	17336	23529	308730	205663	36152
2016	63590	7957	20018	22777	297850	200171	35581
2017	67279	7261	24760	22974	260554	172312	32797
2018	67187	7526	24629	22808	260659	165837	39602
2019	71675	7185	29205	23590	298837	197945	44209
2020	67044	12067	32305	20517	315663	183443	64064
2021	64389	9634	37222	17533	329258	203999	69262
2022	63134	5791	37490	19853	380598	255057	72110

3-7　农林牧渔业分项产值(四)

(1990-2022年)　　单位：万元

年　份	牧业产值		渔业产值			农林牧渔服务业产值
	活的畜产品	其他动物		海水产品	淡水产品	
1990	10148	4482	81420	76940	4480	
1991	12840	5494	119906	114791	5115	
1992	18184	4977	158512	152093	6419	
1993	22303	4724	232154	221276	10878	
1994	28534	7888	418969	403534	15435	
1995	29866	6440	655650	622675	32975	
1996	32811	4711	705305	648900	56405	
1997	23389	15851	736334	697949	38385	
1998	19910	6962	810173	768293	41880	
1999	19096	13673	853726	805164	48562	
2000	18343	14316	887031	841151	45880	
2001	21433	15848	890856	841461	49395	
2002	23018	15854	896526	838559	57967	
2003	23700	15631	892933	832365	60568	13466
2004	23696	14661	913443	858067	55376	14566
2005	24749	20823	961644	914495	47149	16500
2006	25707	22602	1023038	975657	47381	16897
2007	32069	22682	1095979	1051285	44694	18022
2008	33219	22343	1008642	969421	39221	23774
2009	33754	23947	1127846	1085872	41974	25520
2010	39850	22149	1351987	1305542	46445	27642
2011	45949	25394	1687831	1631838	55993	30222
2012	46306	26598	1779332	1715347	63985	31737
2013	49305	27302	1980197	1910409	69788	33612
2014	45410	22747	2034581	1954937	79644	35796
2015	41755	25160	2258581	2182291	76290	38573
2016	37166	24932	2480372	2404359	76013	42188
2017	31039	24406	2661741	2558128	103613	45672
2018	30721	24499	2836819	2734503	102316	50921
2019	33358	23325	2962161	2855871	106290	57865
2020	41784	26372	3088728	2975019	113709	66011
2021	34748	21250	3131681	3025193	106488	71840
2022	38222	15209	3267940	3191279	76661	76634

3-8 主要农作物播种面积

(1990-2022年) 单位：千公顷

年份	农作物播种面积	粮食作物	油料	#油菜籽	甘蔗	药材类	蔬菜	瓜果类	花卉苗木
1990	436.09	347.14	2.56	2.09	0.53	0.20	19.47		
1991	439.67	351.12	3.32	2.93	0.58	0.23	21.03		
1992	433.49	345.89	4.93	4.54	0.67	0.25	20.49		
1993	412.70	316.19	1.89	1.53	0.80	0.23	27.23		
1994	401.30	304.58	1.64	1.27	0.90	0.16	26.87		
1995	401.00	307.06	2.46	2.09	0.67	0.22	25.94		
1996	404.34	312.20	2.42	2.07	0.70	0.22	29.79		
1997	407.50	315.23	2.30	1.90	0.68	0.22	31.92		
1998	408.21	313.01	2.51	2.09	0.70	0.44	35.29		
1999	407.45	310.53	2.63	2.15	0.80	0.36	38.67		
2000	377.45	270.63	3.35	2.78	3.26	1.01	49.29		
2001	339.72	219.05	3.68	2.91	4.19	1.23	61.08	10.89	0.33
2002	308.55	179.56	3.94	3.22	4.67	1.71	73.62	11.74	0.97
2003	276.82	144.62	4.12	3.29	6.41	3.17	76.49	14.31	2.19
2004	284.02	162.45	4.37	3.45	5.92	3.53	71.95	16.24	2.66
2005	286.01	165.86	4.83	3.89	4.57	2.57	72.22	16.90	2.65
2006	282.87	165.86	4.94	3.94	3.41	2.47	72.33	15.93	2.73
2007	280.16	163.08	5.00	3.97	3.09	2.46	73.63	15.40	2.92
2008	283.69	173.87	9.10	8.05	3.13	2.52	65.08	14.31	2.74
2009	271.54	158.65	11.28	10.25	2.93	2.48	66.77	14.49	2.59
2010	265.43	152.37	11.65	10.58	2.86	2.76	67.08	14.32	2.57
2011	254.59	141.13	10.38	9.28	2.83	2.92	69.64	14.32	2.83
2012	251.37	137.44	11.30	10.18	2.96	3.11	70.29	12.67	3.40
2013	252.86	140.06	10.69	9.56	2.60	3.14	69.76	13.05	3.65
2014	203.60	96.10	8.10	7.17	2.41	3.53	67.82	12.84	3.78
2015	206.81	96.35	8.27	7.19	2.40	4.04	69.70	13.76	3.88
2016	191.51	79.78	6.52	4.94	1.87	4.27	72.47	15.56	4.28
2017	197.10	82.50	6.29	4.70	1.55	4.86	74.60	16.15	4.56
2018	199.18	82.03	6.27	5.16	1.46	5.24	76.46	16.32	4.75
2019	201.42	82.58	6.94	5.83	1.69	5.19	77.44	16.71	4.52
2020	200.34	85.50	6.70	5.59	1.73	5.17	78.98	16.19	
2021	203.71	87.72	7.10	6.06	1.50	4.72	82.39	14.74	
2022	203.53	88.96	7.32	6.23	1.47	4.60	82.26	13.62	

注：1.2008年起马铃薯归入薯类(粮食)统计，不再作蔬菜统计。2.2014年起粮食播种面积采用粮食生产监测抽样推算数据。3.2016年起粮食、油料、甘蔗播种面积已与三农普数据衔接。4.2020年起不再开展花卉苗木播种面积统计。

3-9　主要农作物总产量

(1990-2022年)　　单位：吨

年　份	粮食作物	油　料		甘　蔗	药材类	蔬　菜	瓜果类
			#油菜籽				
1990	1506974	3585	3003	23294		687561	
1991	1904769	5192	4629	32433		705533	
1992	1727967	6440	6029	31107		632200	
1993	1606793	2372	1873	51967		847477	
1994	1607359	2276	1725	57157		768258	
1995	1648568	3369	2835	46732		734429	
1996	1758021	3373	2849	48554		762027	
1997	1521940	3331	2763	35904		750727	
1998	1643871	3863	3165	53220		820784	
1999	1664773	4022	3224	60055		915949	
2000	1386973	5571	4439	252639		1197250	
2001	1161195	6332	4678	330094		1590930	
2002	925879	6437	5031	361341	6617	1885196	439210
2003	756978	7229	5562	513605	9336	1969596	533784
2004	851126	7820	5966	424731	30502	1831261	597649
2005	824828	8303	6461	312315	20133	1793418	572043
2006	895013	8625	6628	254215	20120	1838069	541441
2007	841768	8994	6956	245934	21577	1883959	533346
2008	934734	15352	13239	251533	20445	1681210	492715
2009	846018	18348	16269	223115	20242	1708827	502677
2010	827542	18115	15935	214234	23704	1722747	506983
2011	789250	17415	15180	215658	26364	1828818	516290
2012	791920	19317	16990	227770	27533	1871956	417181
2013	799124	19184	16909	195241	27126	1824063	434153
2014	602159	15470	13506	181226	28784	1884396	431822
2015	607539	15701	13485	184161	32977	1961609	425827
2016	487564	11893	8674	151420	34719	2045772	501961
2017	498467	11997	8742	129290	37073	2141735	525726
2018	510838	11763	9488	120455	39202	2192193	531865
2019	502482	13145	10866	130437	37918	2189514	533725
2020	520867	13201	10888	134719	37910	2250222	521410
2021	559969	13387	11011	117523	32164	2316595	471818
2022	566699	14875	12429	116615	31998	2389089	438592

注：1.2014年起粮食产量采用粮食生产监测抽样推算数据。2.2016年起粮食、油料、甘蔗产量已与三农普数据衔接。

3-10 主要果园面积

(1990-2022年)

单位：公顷

年 份	果园面积	柑 桔	梨	桃 子	葡 萄	柿 子	枇 杷	杨 梅	其 他
1990	50837	32300	443	3211	309	381	4970	7833	1390
1991	51335	33723	464	2616	332	413	4674	8067	1046
1992	49489	33146	394	2100	325	296	4428	7872	928
1993	50440	34091	392	1702	497	491	4391	7848	1028
1994	50002	33666	350	1907	404	563	4770	6851	1491
1995	53925	36163	413	2071	392	653	4574	8004	1655
1996	55168	36757	376	2193	435	668	4478	8808	1453
1997	49903	35581	421	1113	331	617	3735	6938	1167
1998	49891	34738	497	1203	332	683	3462	7389	1587
1999	49790	34619	571	1224	356	648	3402	7723	1247
2000	49696	33491	741	1331	414	662	3277	8514	1266
2001	49599	32729	1106	1534	435	739	3040	8912	1104
2002	51162	31588	1443	1674	638	816	3400	10243	1360
2003	55381	31256	1851	1649	1003	786	3155	12371	3310
2004	57827	31510	2289	1790	1495	772	3318	14718	1935
2005	58950	31405	2305	1807	1614	791	3351	15892	1785
2006	58888	30664	2338	1839	1710	817	3219	16311	1990
2007	62111	29580	2620	2085	1811	895	3207	19371	2542
2008	61644	28537	2644	2099	2070	906	3220	20006	2162
2009	61092	26192	2567	2212	2631	975	3191	21118	2206
2010	63474	26244	2492	2406	3166	986	3294	22816	2070
2011	63917	26128	2444	2447	3470	1011	3324	23309	1784
2012	64985	25828	2409	2654	3994	1010	3388	24039	1663
2013	65275	25555	2426	2854	4260	998	3424	24277	1481
2014	65801	25013	2306	3226	4475	937	3519	24386	1939
2015	67434	25123	2308	3692	4889	957	3573	24693	2199
2016	67377	24503	2328	3830	5533	915	3517	24508	2243
2017	67719	24651	2311	3998	5538	886	3626	24430	2279
2018	67790	24578	2245	4111	5684	875	3631	24355	2311
2019	68569	25327	2145	4059	5870	841	3563	24449	2315
2020	67896	25474	1971	4046	5706	768	3501	24120	2310
2021	66777	24973	1856	3909	5537	687	3395	24283	2137
2022	65712	24803	1809	3882	5209	674	3505	23777	2054

3-11　主要水果产量

(1990-2022年)　　　　单位：吨

年　份	水果产量	柑桔	梨头	桃子	葡萄	柿子	枇杷	杨梅	其他
1990	262977	217088	2507	9858	901	1944	16723	13070	886
1991	340302	286415	2547	6677	915	2080	25302	15555	811
1992	395740	336354	1919	8172	1508	1874	25676	18985	1252
1993	372777	320378	2237	8337	1781	1986	20197	14952	2909
1994	489773	423938	3327	9072	2573	2786	28253	17129	2695
1995	560100	484772	2781	10424	3549	3242	19135	33154	3043
1996	638498	531798	2802	11269	3311	4045	45285	35873	4115
1997	628851	524360	2881	12135	4258	5806	32103	42165	5143
1998	515846	413770	4324	12896	4607	6526	25422	40860	7441
1999	632272	520035	3894	13338	5077	6138	30640	46254	6896
2000	387418	274920	5268	15535	7247	6532	26615	43677	7624
2001	910550	441419	7226	13898	7919	8435	30690	49186	351777
2002	896860	323397	8610	16839	12035	8172	31332	55336	441139
2003	1081139	386998	13356	15279	18989	4812	28559	73548	539598
2004	1158327	370147	19554	17430	22569	4419	30581	90019	603608
2005	1069970	314849	22442	18920	28270	4433	18013	84509	578534
2006	1106719	365314	25197	21702	32452	4783	23073	85345	548853
2007	1156927	390875	27520	22219	36028	5233	23665	108204	543183
2008	1205779	462443	30476	24646	41897	5443	24567	113467	502840
2009	1165807	372652	27792	27079	55754	5821	24834	136643	515232
2010	1245474	435342	27767	29686	60678	6369	21802	144445	519385
2011	1287820	447372	26722	33038	70426	7439	21979	152763	528081
2012	1215825	443978	28072	35174	87419	7886	21397	162473	429426
2013	1223521	426759	27006	37616	89991	7553	21422	169903	443271
2014	1264754	441096	26833	41734	94425	7651	23639	186544	442832
2015	1312864	476975	27265	50337	105164	7706	23864	181766	439787
2016	1360520	429208	28085	51468	111824	7352	16915	197990	517678
2017	1447804	475007	28370	54263	117406	7007	22189	201643	541919
2018	1472699	489347	28767	56175	112916	6938	23866	205830	548860
2019	1482039	496472	28143	54425	108198	6825	23035	214190	550751
2020	1499253	504278	27540	55923	108522	6503	26439	227318	542730
2021	1456948	499867	30803	57347	113297	6634	24367	230789	493844
2022	1421693	495299	30939	57049	113828	6379	37021	221251	459929

3-12 林业生产情况

(1990-2022年)　　单位：公顷

年 份	造林面积	#用材林	#经济林	#防护林	零星(四旁)植树(万株)	中幼林抚育实际面积	育苗面积	更新造林面积	主要林产品产量(吨)	
									竹笋干	板栗
1990	9380	8240	155	606	489.6	7015	99	546	967	753
1991	11772	9412	210	306	377.0	8906	110	624	781	399
1992	7847	6533	510	291	424.0	13229	91	293	894	415
1993	6638	3336	2055	267	337.1	10653	73	540	786	291
1994	8173	3951	3535	333	271.0	12863	385	542	803	410
1995	6058	1521	3912	457	256.0	9567	32	784	41221	1184
1996	4090	1461	1888	418	246.9	9340	32	1213	5543	2465
1997	5269	1538	3076	508	287.0	7354	34	1375	812	535
1998	4942	2055	2212	675	321.0	9828	102	1070	940	667
1999	2688	730	1210	748	310.5	6063	53	1296	920	2273
2000	3537	394	1580	1505	164.0	2188	71	1522	1894	1059
2001	3160	275	1213	1669	174.0	6994	92	1541	2615	1160
2002	2664	36	547	1978	181.0	4402	218	411	3740	1200
2003	2867	19	409	2160	146.0	4595	763	513	3980	1320
2004	3207	45	670	2392	141.0	5792	210	375	2908	1301
2005	3804	495	541	2765	117.0	7556	849	234	2566	1338
2006	2213	508	214	1491	129.5	3810	777	655	2788	1361
2007	2002	94	154	1401	103.8	2726	591	1189	2880	1515
2008	1521	17	69	1435	121.7	1940	1700	1113	2717	1639
2009	6352	9		6343	110.0	1395	1556	317	3358	1745
2010	1728		45	1683	115.5	1209	1521	934	3514	1598
2011	3884	125	750	2958	129.0	1837	2969	865	3643	1599
2012	4162	415	575	3172	376.5	9014	2585	1257	3388	2049
2013	4183	731	694	2758	539.0	20664	2944	1026	3577	2135
2014	3466	112	813	2541	211.8	22687	3502	1397	4164	2268
2015	1944	48	357	1539	187.2	23631	3187	796	4156	2286
2016	901		222	544	133.5	11790	3024	686	4491	2334
2017	440		140	300	127.2	9557	2939	513	4291	2240
2018	464	11	40	405	149.6	8247	3210	481	4394	2140
2019	287	7	40	235	102.8	7117		328	4611	2115
2020	5596	87	3024	2185	105.5	7543	190	127	4573	1947
2021	889	116	220	546	72.4	705	235	591	4648	1899
2022	164				121.4	2180	222	455	5484	1297

注：1.2002年起育苗面积中包含绿化苗木。2.2007年起造林面积中包含无林地和疏林地新封面积。
3.2011年及以前中幼林抚育实际面积不包括中林抚育实际面积。

3-13 畜牧业生产情况(一)

(1990-2022年)

年 份	生猪年末存栏头数(万头)	#能繁殖的母猪	年内肥猪出栏头数(万头)	生 猪饲养量(万头)	牛 年 末存栏头数(头)	羊 年 末存栏只数(万只)
1990	116.83	6.39	100.69	217.52	80518	4.47
1991	113.44	6.89	97.87	211.31	76176	4.28
1992	114.10	8.18	99.78	213.88	69543	4.33
1993	108.86	7.01	93.64	202.50	64827	4.65
1994	105.81	6.53	91.59	197.40	60487	5.20
1995	99.44	6.05	88.10	187.54	58713	5.27
1996	86.70	5.83	80.74	167.44	57384	5.23
1997	92.65	5.82	82.86	175.51	51900	4.90
1998	105.65	6.51	97.72	203.37	48828	5.24
1999	109.52	6.36	106.07	215.59	48487	5.48
2000	112.04	6.51	113.29	225.33	47179	5.92
2001	112.91	7.04	118.83	231.74	44254	6.13
2002	109.25	6.16	121.52	230.77	44018	6.34
2003	104.08	5.36	118.12	222.20	39654	6.29
2004	100.96	5.49	112.27	213.23	39122	6.33
2005	100.10	5.33	117.79	217.89	38723	6.47
2006	58.25	3.64	71.46	129.71	27197	3.72
2007	65.54	4.48	79.06	144.60	27621	4.46
2008	75.61	6.22	85.21	160.82	28447	5.41
2009	78.32	6.55	87.62	165.94	29741	5.67
2010	77.80	6.69	91.51	169.31	31426	5.82
2011	81.53	6.86	94.66	176.19	31613	5.71
2012	80.76	6.86	97.64	178.40	30249	6.23
2013	79.16	6.86	97.83	176.99	29758	6.46
2014	65.36	5.80	92.15	157.51	27138	6.40
2015	65.43	5.59	87.58	153.02	26971	6.77
2016	43.49	4.10	71.60	115.09	15759	5.46
2017	40.46	3.73	69.74	110.20	14540	5.37
2018	36.48	2.82	67.32	103.80	19601	4.72
2019	16.87	1.86	31.88	48.75	17168	3.77
2020	47.39	4.38	25.49	72.88	18299	4.55
2021	46.00	6.10	51.19	97.19	21446	4.50
2022	53.16	6.15	66.47	119.63	19301	4.76

注：1.2016年起畜牧业数据已与三农普数据衔接，下同。
2.由于数据归口管理及统计调查方法变化，2018、2019年畜牧业生产数据有所调整，下同。

3-14 畜牧业生产情况(二)

(1990-2022年)

年份	兔年末存栏只数(万只)	家禽年末存栏只数(万只)	家禽饲养量(万只)	肉类总产量(吨)	#猪肉产量	禽蛋产量(吨)
1990	21.74	608.23	1125.50	92729	86200	22208
1991	20.66	741.55	1358.36	92230	85015	32043
1992	24.67	837.18	1526.10	98750	90327	41988
1993	21.56	909.94	1737.68	94515	83692	46203
1994	29.66	948.54	1871.23	98140	85891	45511
1995	29.45	904.93	1880.60	97280	84041	40336
1996	26.54	1015.34	2217.71	92501	76808	40373
1997	23.75	939.23	2045.68	92721	79257	34961
1998	26.63	842.89	1658.91	104986	91653	30205
1999	28.64	896.07	2127.84	114037	99577	29774
2000	29.41	891.45	2045.63	120868	106562	30356
2001	42.75	888.02	2050.53	123988	108222	33139
2002	38.38	822.28	1997.05	128457	111492	35882
2003	33.49	895.61	2348.17	128890	109031	37479
2004	41.35	883.98	2361.61	125433	104561	36239
2005	51.04	866.60	2468.17	132300	108590	37919
2006	55.78	890.62	2443.33	90367	67723	38307
2007	66.63	905.25	2501.61	98414	75249	41643
2008	59.05	925.82	2529.52	105776	82590	42971
2009	52.48	981.18	2723.69	109039	84080	43758
2010	54.69	1052.69	3154.10	117952	87999	46574
2011	55.50	1107.99	3268.74	124070	91458	48494
2012	53.86	1164.32	4309.06	139118	93673	48771
2013	56.36	985.68	3756.38	134840	94110	48450
2014	58.17	687.28	2949.45	123414	89231	39150
2015	59.54	641.43	2112.32	110344	85991	38529
2016	39.11	577.86	1969.67	94948	71333	34795
2017	38.31	654.41	2170.05	95507	70428	29227
2018	50.19	728.58	2581.85	84744	57275	20821
2019	40.04	742.69	2788.31	58892	25841	24480
2020	25.85	1003.92	3598.90	62689	22006	25859
2021	21.14	880.41	3612.65	84451	41184	22129
2022	18.71	1021.23	3812.35	98543	54937	23200

3-15 渔业生产情况(一)

(1990-2022年)

单位：吨

年 份	水产品总产量	海水产品产量	#海洋捕捞	#海水养殖	鱼 类	甲壳类	贝 类	藻 类	头足类	其 他
1990	280670	269772	197530	72242	104735	89337	74380	593		727
1991	318813	306838	226674	80164	106947	120560	78652	679		
1992	368344	355654	267232	88422	138469	127016	89300	869		
1993	459446	443460	346112	97348	161630	150439	108127	1090		22174
1994	753547	735327	588107	147220	287361	201912	186947	1142		57965
1995	987950	964316	763355	200961	458969	227436	260650	1694		15567
1996	1034042	1005520	767800	237720	497964	217711	267955	1890		20000
1997	1114878	1089952	869334	220618	544447	252652	290715	1779		359
1998	1309819	1278913	1024760	254153	695577	281718	299110	2342		166
1999	1329413	1294720	988026	306694	618321	301192	370434	3312		1461
2000	1392848	1352453	990625	361828	610270	324945	410620	6030		588
2001	1384249	1340823	961501	379322	588381	321029	416274	8596		6543
2002	1411019	1363574	972447	391127	631214	300063	418487	12898		912
2003	1382628	1334501	927268	407233	632995	256115	355496	16085	64640	9170
2004	1383814	1339435	945247	394188	519902	280777	349350	11750	75791	101865
2005	1350028	1308430	941075	367355	620817	280631	326126	9242	63827	7787
2006	1355067	1317234	952716	364518	610345	307456	321037	10192	62129	6075
2007	1375594	1335572	986118	349454	647173	300884	304129	9271	67727	6388
2008	1387283	1349301	1004437	344864	672002	301122	299050	9310	63106	4699
2009	1340491	1302200	968103	334097	633754	300232	288583	10530	60777	7151
2010	1403826	1360501	1005827	354674	650532	311887	303743	10893	67679	9778
2011	1413087	1368787	1368787	359288	655909	314810	305489	10317	67964	7053
2012	1417871	1373297	1001181	361683	642339	330462	306260	10457	66521	6825
2013	1437533	1392796	1012436	368975	635608	346459	312081	11851	69474	5938
2014	1483914	1435832	1031334	384613	644727	358485	326171	12700	69911	3953
2015	1568978	1519900	1102633	408337	707375	363527	345547	14123	74398	6000
2016	1601270	1550921	1089540	441285	719657	339412	372911	16602	76826	5417
2017	1578724	1508117	991986	499288	655803	315082	421470	19906	71686	7327
2018	1525191	1458049	935934	492572	609841	303186	420160	23100	62738	9481
2019	1459016	1392458	876925	490273	576140	285191	413747	21584	59604	10932
2020	1490372	1422836	839847	524914	562200	273954	440695	23133	56287	8492
2021	1451933	1392439	807651	527158	525594	280955	442821	21833	56095	7511
2022	1456835	1415074	811495	550065	526717	288136	458063	24249	57947	6448

注：1.2003年起按类别分产品产量口径有所调整，与以前年份不可比。
2.2016年起渔业生产情况数据已与三农普数据衔接，下同。

3-16 渔业生产情况(二)

(1990-2022年) 单位：吨

年 份	淡水产品产量	淡水捕捞	淡水养殖	鱼 类	甲壳类	贝 类	其他类
1990	10898	2673	8225	9922	233	265	478
1991	11975	2603	9372	11403	165	290	117
1992	12690	2672	10018	11999	207	382	102
1993	15986	2287	13699	13135	226	575	2050
1994	18220	3099	15121	15697	362	820	1341
1995	23631	4141	19493	21002	542	1279	811
1996	28522	4890	23632	24496	667	1970	1389
1997	24926	4556	20370	20203	1132	1821	1770
1998	30906	5163	25743	25699	1155	2207	1845
1999	34693	6369	28324	28250	1737	2479	2227
2000	40395	5472	34923	31115	2084	3658	3538
2001	43426	6012	37414	33980	2597	3215	3634
2002	47445	6840	40605	37000	3196	3392	3857
2003	48127	5351	42776	38413	3885	2814	3015
2004	44379	4672	39707	34642	3917	2648	3172
2005	41598	5217	36381	32984	3554	2727	2333
2006	37833	5007	32826	30141	3388	2557	1747
2007	40022	5520	34502	30289	5790	2357	1586
2008	37982	4761	33221	29177	4954	2168	1683
2009	38291	4942	33349	28606	5446	2339	1900
2010	43325	4746	38579	28081	6230	3287	5727
2011	44300	4882	39418	29362	6072	3236	5630
2012	44574	4989	39585	32557	5843	2929	3245
2013	44737	4132	40605	31961	6759	2853	3164
2014	48082	3468	44614	34573	6997	1511	5001
2015	49078	3719	45359	38765	6818	2171	1324
2016	50349	3923	46426	41072	6015	2224	1038
2017	70607	17989	52618	57884	7271	3436	2016
2018	67142	15943	51199	55345	7278	3262	1257
2019	66558	15623	50935	54595	7503	3454	1006
2020	67536	17173	50363	55837	6920	4092	687
2021	59494	14453	45041	49945	6136	2842	571
2022	41761	11980	29781	33738	5594	1851	578

3-17　渔业生产情况(三)

年　份	海水养殖面积(公顷)	淡水养殖面积(公顷)	机动渔船动力(千瓦)	机动渔船艘数(艘)	机动渔船吨位(吨位)
1990	12450	3874	455745	8901	225589
1991	12826	12892	562980	10764	300597
1992	13266	12954	607882	9847	324028
1993	14792	13718	598424	9066	320380
1994	18416	13228	725243	10396	393464
1995	21897	13735	948304	12362	509135
1996	24297	13862	1005606	11456	532786
1997	26002	14606	1018842	11369	545739
1998	27872	14156	1134504	10534	574089
1999	32671	14639	1178865	10397	614507
2000	38648	14754	1269083	10839	652992
2001	38834	15345	1299104	10749	681527
2002	40386	14992	1300746	9945	707028
2003	39973	15404	1290879	9622	686871
2004	38734	13780	1229010	8868	648426
2005	36637	13234	1227233	8716	647240
2006	35882	12549	1351774	8884	701970
2007	34206	12611	1403511	9001	718315
2008	31493	12083	1397377	8467	703378
2009	29316	11719	1358856	7948	711084
2010	28422	12044	1301595	6802	687962
2011	27809	11275	1380774	7073	759257
2012	27307	11124	1438014	7089	853176
2013	27034	11209	1438496	6857	905218
2014	26879	11211	1447375	6648	924370
2015	28143	11203	1447923	6503	942556
2016	30823	10494	1384957	6364	911532
2017	27511	11217	1328438	6061	899285
2018	24287	7971	1253983	5675	857483
2019	24378	6958	1236551	5507	854522
2020	24479	6927	1217697	5367	850822
2021	24193	5579	1183065	5172	859395
2022	24618	3712	1136685	4894	842379

3-18 农田水利建设情况

(1990-2022年)　　单位：千公顷

年 份	耕地灌溉面积	林地灌溉面积	园地灌溉面积	水土流失治理面积	堤 防 总长度 (公里)	已建成 水 库 (座)	总 库 容 (万立方米)
1990	127.40	0.78	7.94	148.21	631	293	86969
1991	128.63	0.83	8.35	147.31	645	300	87078
1992	127.79	0.69	6.42	144.27	645	305	130079
1993	126.28	0.72	7.28	349.21	638	306	160329
1994	124.54	0.74	7.16	349.21	638	307	160343
1995	123.25	0.74	7.18	348.71	641	311	162176
1996	121.76	0.72	7.12	348.71	642	314	162544
1997	121.69	0.73	7.10	348.71	629	314	162543
1998	121.67	0.73	8.37	348.71	629	314	162637
1999	122.45	0.73	7.91	392.60	629	317	163714
2000	124.03	0.73	7.96	224.88	633	316	163605
2001	125.03	0.75	8.09	293.11	681	322	164098
2002	126.03	3.37	5.48	238.56	707	327	164144
2003	126.26	3.35	13.23	238.88	710	328	177602
2004	127.95	3.44	13.52	249.40	739	328	177587
2005	126.86	3.50	13.21	253.55	758	326	181664
2006	127.14	4.16	13.47	264.48	1189	323	182769
2007	125.88	4.85	13.37	269.08	1266	327	188027
2008	127.67	4.85	13.57	267.81	1343	324	182716
2009	127.67	4.95	13.87	272.61	1390	325	185361
2010	127.35	4.95	13.97	275.29	1412	326	185373
2011	125.48	5.02	13.78	281.79	1425	326	188147
2012	128.54	4.99	14.06	283.18	1487	345	193643
2013	135.36	5.24	11.39	215.51	2342	345	186813
2014	130.30	3.57	10.70	243.38	2382	346	187434
2015	125.96	4.15	10.67	249.79	2347	346	186813
2016	124.74	4.15	10.67	252.07	2355	346	186613
2017	125.05	4.15	10.67	254.07	2376	346	186611
2018	125.13	4.15	10.67	257.91	2386	347	189772
2019	123.31	4.15	10.40	261.84	2422	346	185938
2020	123.31	4.24	12.82	265.80	2434	348	188215
2021	124.69	3.30	13.10	269.31	2217	348	188765
2022	122.44	10.54	6.90	272.51	2248	347	188768

3-19　农业物资消耗情况

(1990-2022年)　　单位：吨

年　份	农用化肥施用量（折纯量）	农用塑料薄膜使用量	农用柴油使用量	农药使用量
1990	78955	835		4682
1991	87255	1025		5066
1992	88439	1030		4315
1993	91072	1226	103884	4212
1994	89957	1491	134547	4749
1995	106371	3200	230696	5742
1996	107856	3249	252132	5710
1997	109638	3445	328071	6334
1998	110055	3742	337194	6499
1999	109314	3978	331624	6457
2000	105913	4558	351640	6414
2001	96388	5726	499103	6007
2002	90613	6318	498723	5862
2003	87727	6656	501040	5574
2004	88932	7020	517635	5597
2005	89625	7405	532714	5610
2006	88848	7471	544063	5561
2007	87047	7541	547733	5415
2008	88334	7775	521620	5340
2009	91545	7898	541420	5093
2010	90977	8152	593300	4850
2011	89670	8363	605851	4727
2012	90370	8545	611604	4605
2013	92561	8946	636934	4515
2014	89528	9210	648731	4336
2015	88296	9387	668007	4189
2016	87777	9584	667600	3106
2017	90159	10162	658892	3053
2018	88791	10313	636557	2788
2019	86176	10404	591902	2727
2020	80435	11895	607964	2623
2021	77443	10815	479475	2600
2022	76847	11786	451336	2552

主要统计指标解释

农、林、牧、渔业的统计范围是：

1.农业：包括种植业和其他农业。

种植业包括谷物、豆类、油料、棉花、麻类、糖料、烟叶、药材、薯类、蔬菜、瓜类、饲料作物等种植业，茶、桑、果种植业。

其他农业包括野生植物的果实、纤维、油料和野生药物、菌类、柴草等的采集等。

2.林业：包括人工植树造林、森林抚育、迹地更新，村及村以下竹、木材采伐。油桐籽、油茶籽、核桃等林产品的采集。

3.牧业：包括猪、牛、羊等的饲养和放牧业，鸡、鸭、鹅等有家畜养殖业以及兔、蚕、蜂等小动物饲养，野生动物的狩猎、诱捕、猎物饲养，野生动物产品的采集。

4.渔业：包括利用海水进行鱼、虾、贝、藻类等水生动、植物的养殖和对海洋水生动、植物的捕捞；还包括在内陆水域进行鱼、虾、蟹、贝类、珍珠等水生动物的养殖和捕捞。

农林牧渔业总产值　指以货币表现的农林牧渔业全部产品总量。它用价值量形式综合反映一定时期内农林牧渔业生产的总成果和总规模。农林牧渔业总产值的计算方法，一般采用“产品法”进行计算，即凡是有产品产量的，都按产品产量乘以其产品单价求得每一种农产品的产值，然后将四业产品的产值及农林牧渔服务业产值相加求得。

农作物播种面积　指实际播种或移植有农作物的面积。凡是实际种植有农作物的面积，不论种植在耕地上还是非耕地上的，也不论面积大小，均应包括在内。统计播种面积，按种植一次算一次，但移植作物的，按移植后的面积计算。

粮食产量　指全社会的产量，包括国营农场等全民所有制经营、集体统一经营的和农民家庭经营的产量，还包括工矿企业家属办的农场和其他生产单位的产量。粮食在统计上分为谷物、豆类、薯类。从浙江的实际种植结构看，谷物包括稻谷、小麦、玉米和其他谷物，按脱粒后的原粮计算；豆类包括大豆、蚕（豌）豆、杂豆，按去豆荚后的干豆计算；蕃薯按 5 千克鲜薯折 1 千克粮食计算。粮食产量统计方法主要有两种：全面统计和抽样调查。

水果产量　指本年度内收获的全部水果产量。不论出售或自食的都应计算在内。水果产量按鲜果计算，不按加工后的产量计算。2001 年起，水果产量包括果用瓜（西瓜、甜瓜、草莓等），但不包括作蔬菜食用的藕、西红柿等，也不包括采集的野生水果。

造林面积　指本年度内在荒山、荒地、沙丘等一切可以造林的土地上，采取人工播种、植苗、飞机播种等方法，新植的成片乔木林和灌木林，经过检查验收，符合“造林技术规程”要求的株数，成活率达 85%以上（1986 年以前成活率按 40%以上计算）的面积。四旁植树在四行以上，连续面积在一亩以上，应统计在造林面积内，但不包括补植面积、重造面积、迹地更新面积、低产林改造面积和零星植树折算面积。

肥猪出栏头数　指年内农村合作经济组织、农民、国营农场、机关、团体、工矿企业、部队等单位以及城镇居民饲养的，供屠宰并已出栏的全部肉猪头数，包括交售给国家、集市上出售和农民自食部分。

肉类总产量　指当年出栏并已屠宰的猪、牛、羊、兔、家禽和其他畜禽的肉产量，按屠宰后除去头蹄下水后带骨肉的重量，即按胴体重计算。

水产品产量　指本年度内捕捞的水产品产量（包括人工养殖和天然生长）。海水生长的藻类计入海水产品产量。淡水生长的各种水生植物，不计算为水产品产量。除海蜇按三矾后，海藻按干品计量外，其余均按捕捞起水时的鲜活实重计量。

农用化肥施用量（折纯）　指本年内实际用于种植业、林业生产的化肥数量，包括氮肥、磷肥、钾肥和复合肥。化肥施用量要求按折纯量计算数量。折纯量是指把氮肥、磷肥、钾肥分别按含氮、含五氧化二磷、含氧化钾的百分之百成份进行折算后的数量。复合肥指含有两种或两种以上营养元素的化肥，按其所含主要成分折算。具体公式为：某种化肥折纯量=该种化肥实际施用量×折纯率（某种化肥有效成份含量的百分比），具体折纯率以化肥包装标识为准，也可参考农业农村部官网发布的《化肥折纯量参考计算表》。

农药使用量 指在农业生产过程中为防止病虫害使用的化学药物数量，包括购买的和自产自用的杀虫剂、杀菌剂、除草剂、杀螨剂以及其他化学农药，但不包括兽药、渔业用药以及土农药。化学农药的使用量按实物量计算。

农用塑料薄膜使用量 指在农业生产过程中为防寒、保温、保湿等使用的塑料薄膜，包括温室塑料大棚和地膜使用量。

4

工 业

Industry

4-1　主要年份工业法人单位数

单位：个

年　份	全部工业法人单位数	#国　有	#集　体	#有限责任公司	#股份有限公司	#外商及港澳台	#私　营
2009	30103	55	217	4858	207	735	21797
2010	32800	52	207	4963	199	725	24758
2011	35050	50	204	4840	206	704	27263
2012	36235	48	193	4956	214	676	28401
2013	50216	40	249	1950	98	644	43186
2014	49961	37	227	1860	107	564	43243
2015	49539	32	194	1867	99	502	43425
2016	50879	28	172	2077	121	458	44864
2017	56731	31	168	2176	192	441	50912
2018	47832	13	125	1953	417	275	43208
2019	50046	10	119	759	212	151	46217
2020	56552	11	120	720	183	341	52839
2021	61305	10	119	802	181	335	57482
2022	65682	9	113	909	184	328	61818

4-2 规模以上工业单位数

(2016-2022年)　　单位：个

项　目	2016年	2017年	2018年	2019年	2020年	2021年	2022年
总　计	**3618**	**3760**	**3972**	**4309**	**4610**	**5281**	**5545**
一、按登记注册类型分							
国有企业	14	13	4	4	3	1	1
集体企业	4	3	3	3	3	3	3
股份合作企业	132	123	117	112	109	110	105
联营企业	1	1	1	1	1		1
有限责任公司	1063	1012	953	371	186	222	253
股份有限公司	92	149	201	178	152	152	151
私营企业	2134	2303	2556	3500	4010	4648	4893
其他企业	3	4					
港、澳、台商投资公司	87	77	68	67	70	67	60
外商投资企业公司	88	75	69	73	76	78	78
二、按隶属关系分							
国有控股企业	52	52	57	64	60	63	73
集体控股企业	29	32	37	25	23	44	43
私人控股企业	3388	3526	3722	4095	4394	5078	5341
港澳台控股企业	49	42	43	43	48	47	41
外商控股企业	52	48	46	52	52	49	47
其他控股企业	48	60	67	30	33		
三、按轻重工业分							
轻工业	1375	1468	1535	1655	1755	1956	2084
重工业	2243	2292	2437	2654	2855	3325	3461
四、按企业规模分							
大型企业	45	51	55	47	53	65	65
中型企业	373	395	385	365	380	382	357
小型企业	3126	3247	3407	3787	4056	4655	4927
微型企业	74	67	125	110	121	179	196

注：规模以上工业统计范围是：年主营业务收入2000万元及以上工业(2015年起不包括台州电业局，2012-2014年不包括台州电业局和台州电业局直属供电局)，下同。

4-3 分行业规模以上工业单位数

(2016-2022年) 单位：个

行 业	2016年	2017年	2018年	2019年	2020年	2021年	2022年
总 计	**3618**	**3760**	**3972**	**4309**	**4610**	**5281**	**5545**
有色金属矿采选业	1	1		1	1	1	1
非金属矿采选业	2	3	4	7	12	13	12
农副食品加工业	76	71	74	79	87	91	100
食品制造业	16	16	15	14	14	15	18
酒、饮料和精制茶制造业	10	9	8	7	7	7	7
纺织业	78	89	96	108	123	119	129
纺织服装、服饰业	21	17	16	20	19	19	19
皮革、毛皮、羽毛及其制品和制鞋业	208	164	178	217	218	238	244
木材加工和木、竹、藤、棕、草制品业	17	18	21	20	23	24	24
家具制造业	98	94	89	84	79	87	88
造纸和纸制品业	60	52	59	69	70	74	74
印刷和记录媒介复制业	37	51	50	51	58	66	71
文教、工美、体育和娱乐用品制造业	123	106	119	129	136	155	165
石油、煤炭及其他燃料加工业	1	1	1	2	4	3	3
化学原料和化学制品制造业	68	79	83	85	88	87	90
医药制造业	73	66	65	65	67	72	74
化学纤维制造业	2	2	3	5	5	9	14
橡胶和塑料制品业	460	472	487	510	551	628	659
非金属矿物制品业	93	104	114	131	136	137	144
黑色金属冶炼和压延加工业	47	22	20	24	25	22	25
有色金属冶炼和压延加工业	78	69	77	79	78	85	88
金属制品业	192	251	258	280	314	368	390
通用设备制造业	620	685	737	833	921	1121	1137
专用设备制造业	206	246	275	322	359	427	449
汽车制造业	330	374	386	390	395	459	473
铁路、船舶、航空航天和其他运输设备制造业	138	139	144	155	181	224	257
电气机械和器材制造业	321	332	361	387	409	463	496
计算机、通信和其他电子设备制造业	35	39	44	44	46	53	61
仪器仪表制造业	69	51	52	55	57	69	82
其他制造业	35	36	36	38	40	51	56
废弃资源综合利用业	48	44	38	30	25	26	25
金属制品、机械和设备修理业	1	2	2	2	2	3	2
电力、热力生产和供应业	33	34	36	39	31	34	36
燃气生产和供应业	6	6	8	10	12	12	12
水的生产和供应业	15	15	16	17	17	19	20

4-4　规模以上工业增加值

(2016-2022年)　　单位：万元

项　　目	2016年	2017年	2018年	2019年	2020年	2021年	2022年
总　　计	**9064389**	**10011288**	**11131292**	**11344295**	**11948045**	**14053503**	**14497630**
一、按登记注册类型分							
国有企业	327962	283529	98270	57632	7083	1229	1513
集体企业	7261	7136	9275	7889	8239	8202	2294
股份合作企业	137126	129852	112691	116614	113168	129351	120880
联营企业	285	295	306	276	279		882
有限责任公司	2549371	2455132	2768545	1667472	1531315	1823639	1670633
股份有限公司	1655595	2004113	2340796	2093326	1956400	1927609	2047040
私营企业	3283354	3815703	4447114	6296066	7365856	9161885	9646982
其他企业	3070	2569					
港、澳、台商投资公司	328866	363305	329317	258559	228443	310762	313157
外商投资企业公司	771499	949654	1024980	846461	737263	690827	694249
二、按隶属关系分							
国有控股企业	1012412	966796	1123912	1322576	1167453	1239686	1068879
集体控股企业	165653	106255	64404	38314	41018	190687	121207
私人控股企业	7204465	7941439	8845323	9238470	9700116	11928461	12619958
港澳台控股企业	184176	207794	181342	103963	134120	177027	189843
外商控股企业	361687	619838	704176	475229	637488	517643	497744
其他控股企业	135996	169167	212136	165743	267851		
三、按轻重工业分							
轻工业	3410898	3537237	3717249	4088586	4254625	4820225	5299616
重工业	5653491	6474051	7414043	7255709	7693420	9233278	9198014
四、按企业规模分							
大型企业	1936373	2408422	2848093	2394969	2898025	3318524	3577645
中型企业	2751271	2941399	3388226	3722053	3810406	4020370	3757070
小型企业	3950184	4357560	4791444	5145523	5272653	6518073	7057967
微型企业	426560	303907	103529	81750	-33039	196537	104948

4-5　分行业规模以上工业增加值

(2016-2022年)　　单位：万元

行　业	2016年	2017年	2018年	2019年	2020年	2021年	2022年
总　计	**9064389**	**10011288**	**11131292**	**11344295**	**11948045**	**14053503**	**14497630**
有色金属矿采选业	1878	2671		1860	1765	2061	2055
非金属矿采选业	2103	3451	8018	12326	16328	22556	21119
农副食品加工业	93727	93830	78589	83457	88750	98921	107176
食品制造业	38015	34651	37041	42527	42217	44209	49802
酒、饮料和精制茶制造业	53792	54015	43950	37750	37995	36451	35485
纺织业	143497	166863	152888	158353	189310	195729	199073
纺织服装、服饰业	14877	14961	12218	14374	15372	15798	17726
皮革、毛皮、羽毛及其制品和制鞋业	252523	233585	186803	230822	176939	216058	238000
木材加工和木、竹、藤、棕、草制品业	20859	22776	26483	23153	23595	35904	36488
家具制造业	265863	251953	227479	216462	230990	268611	291750
造纸和纸制品业	84734	109398	138295	136767	122012	131459	110076
印刷和记录媒介复制业	48185	64674	66848	63980	72165	91461	91298
文教、工美、体育和娱乐用品制造业	156718	153644	192836	207103	212311	250569	233828
石油、煤炭及其他燃料加工业	212	357	452	963	3235	2410	2849
化学原料和化学制品制造业	273004	275372	380682	434259	418401	431042	382084
医药制造业	963469	929984	1061145	1260692	1371160	1386576	1663161
化学纤维制造业	2955	1464	1770	6064	4496	18953	31611
橡胶和塑料制品业	892449	915814	964978	1048611	1119857	1297991	1394243
非金属矿物制品业	153996	164573	235638	280558	338525	355460	327025
黑色金属冶炼和压延加工业	55580	39164	33973	58622	66745	64435	45428
有色金属冶炼和压延加工业	112453	95872	252803	64759	62214	84428	69991
金属制品业	323601	404735	428911	453541	444876	602856	634551
通用设备制造业	1148152	1359147	1517883	1622112	1774661	2298256	2349757
专用设备制造业	426461	536803	670166	711143	824782	1085042	1097567
汽车制造业	1008363	1466955	1723512	1403018	1369138	1596604	1660952
铁路、船舶、航空航天和其他运输设备制造业	340403	324413	301441	333010	404906	587173	708140
电气机械和器材制造业	664366	620893	691506	733365	741765	876199	922924
计算机、通信和其他电子设备制造业	142751	209293	246151	229626	151525	344506	433111
仪器仪表制造业	172772	154095	185591	195379	197487	271690	270203
其他制造业	131045	140580	138812	131079	126365	180629	175573
废弃资源综合利用业	202368	288451	120312	43538	62641	102627	37767
金属制品、机械和设备修理业	1316	2279	2734	1988	1790	2831	3786
电力、热力生产和供应业	801768	790367	906270	1003154	1119844	932312	737756
燃气生产和供应业	14577	16123	22676	25499	40281	39184	30111
水的生产和供应业	55560	68084	72439	74382	73603	82515	85166

4-6 规模以上工业主要产品产量

(2022年)

产品名称		产 量	产品名称		产 量
精制食用植物油	(万吨)	2.67	其中：木质家具	(万件)	243.56
鲜、冷藏肉	(万吨)	13.04	金属家具	(万件)	3548.57
冷冻水产品	(万吨)	29.53	软体家具	(万件)	5.18
糖果	(万吨)	0.02	箱纸板	(万吨)	0.98
罐头	(万吨)	9.59	纸制品	(万吨)	58.74
食品添加剂	(万吨)	0.10	合成橡胶	(万吨)	10.45
饮料酒	(万千升)	31.94	化学农药原药(折有效成分100%)	(万吨)	1.56
其中：啤酒	(万千升)	30.86	其中：杀虫剂原药	(万吨)	1.56
饮料	(万吨)	3.41	涂料	(万吨)	12.70
其中：果汁和蔬菜汁饮料类	(万吨)	3.36	初级形态塑料	(万吨)	12.60
精制茶	(万吨)	0.02	化学试剂	(万吨)	1.38
纱	(万吨)	3.79	化学药品原药	(万吨)	8.06
其中：化学纤维纱	(万吨)	3.79	中成药	(万吨)	0.08
布	(万米)	9208.50	橡胶轮胎外胎	(万条)	86.98
印染布	(万米)	9118.60	塑料制品	(万吨)	232.48
绒线(俗称毛线)	(万吨)	0.85	其中：塑料薄膜	(万吨)	7.24
化纤长丝机织物	(万米)	34458.00	泡沫塑料	(万吨)	3.51
非织造布(无纺布)	(万吨)	2.93	塑料人造革、合成革	(万吨)	6.66
服装	(万件)	104.20	日用塑料制品	(万吨)	55.89
其中：梭织服装	(万件)	82.60	水泥	(万吨)	432.13
针织服装	(万件)	21.60	商品混凝土	(万立方米)	2345.53
皮革鞋靴	(万双)	20824.40	预应力混凝土桩	(万米)	634.99
人造板	(万立方米)	9.99	砖	(万块)	11166.70
其中：纤维板	(万立方米)	8.07	钢化玻璃	(万平方米)	210.31
人造板表面装饰板	(万平方米)	280.43	日用玻璃制品	(万吨)	1.81
家具	(万件)	4505.87	玻璃保温容器	(万个)	124.10

4-6　续表

产品名称		产　量	产品名称		产　量
卫生陶瓷制品	(万件)	29.36	铜材	(万吨)	15.77
服装、鞋帽加工机械	(万台)	266.18	铝材	(万吨)	26.93
金属集装箱	(万立方米)	23.22	钢结构	(万吨)	9.32
金属切削工具	(万件)	12760.20	白银(银锭)	(千克)	19524.30
发动机	(万千瓦)	4926.98	电动自行车	(万辆)	442.51
金属切削机床	(万台)	7.70	民用钢质船舶	(万载重吨)	117.34
其中：数控金属切削机床	(万台)	2.65	电动机	(万千瓦)	3520.07
电焊机	(万台)	362.88	其中：交流电动机	(万千瓦)	2239.60
泵	(万台)	4757.47	变压器	(万千伏安)	2808.92
其中：真空泵	(万台)	102.17	电力电缆	(万千米)	41.09
气体压缩机	(万台)	298.73	绝缘制品	(万吨)	0.61
其中：非制冷设备用压缩机	(万台)	294.00	锂离子电池	(万只)	37.88
阀门	(万吨)	26.81	太阳能电池	(万千瓦)	70.49
齿轮	(万吨)	22.37	家用电冰箱	(万台)	69.82
电动手提式工具	(万台)	693.97	家用冷柜(家用冷冻箱)	(万台)	104.68
金属紧固件	(万吨)	3.24	灯具及照明装置	万套(台、个)	7184.16
铸铁件	(万吨)	20.27	家用电风扇	(万台)	371.62
铸钢件	(万吨)	1.55	电子元件	(万只)	733955.10
锻件	(万吨)	39.33	移动通信手持机(手机)	(万台)	21.82
减速机	(万台)	214.39	其中：智能手机	(万台)	21.82
模具	(万套)	6.39	收获机械	(万台)	0.19
汽车	(万辆)	20.05	其中：谷物收获机械	(万台)	0.19
其中：基本型乘用车(轿车)	(万辆)	11.39	眼镜成镜	(万副)	16713.03
运动型多用途乘用车	(万辆)	7.97	自来水生产量	(万立方米)	54050.80
摩托车整车	(万辆)	112.44	灭火器	(万台)	43.98

4-7 规模以上工业主要财务指标(一)

(2022年) 单位：万元

项 目	企业单位数(个)	亏损企业	新产品产值	新产品销售收入	新产品销售收入中出口	资产总计
总 计	**5545**	**726**	**25745462**	**24673279**	**8383966**	**93734139**
其中：国有控股企业	73	23	577410	546996	39382	16057193
按登记注册类型分						
国有企业	1		22554	16969		73846
集体企业	3	3	439	543		43413
股份合作企业	105	6	176844	152483	24668	532541
联营企业	1					4546
有限责任公司	253	66	2212344	2206062	235784	18604472
股份有限公司	151	27	3726933	3976582	1510434	16039549
私营企业	4893	603	15757589	14497236	4370981	49608087
港、澳、台商投资公司	60	7	473438	362053	188157	1891044
外商投资企业公司	78	14	3375321	3461352	2053941	6936642
按轻重工业分						
轻工业	2084	312	7955236	7357785	2513632	31274753
重工业	3461	414	17790227	17315494	5870333	62459386
按大中小微型分						
大型企业	65	5	8003575	8287558	4185568	29136387
中型企业	357	37	7331109	6836391	1927194	22266792
小型企业	4927	634	10352998	9508508	2266869	40658347
微型企业	196	50	57780	40823	4334	1672613
按工业行业分						
有色金属矿采选业	**1**					**3298**
常用有色金属矿采选	1					3298
非金属矿采选业	**12**	**4**	**11353**	**10619**		**1585327**
土砂石开采	12	4	11353	10619		1585327
农副食品加工业	**100**	**14**	**173853**	**119203**	**7518**	**739823**
谷物磨制	3	1				9138
饲料加工	9		27381	27381	4808	136487
植物油加工	1		48779	27023		101063
制糖业	1		2276	1934		3696
屠宰及肉类加工	9	2	27383			70816
水产品加工	75	11	68035	62865	2710	408709
蔬菜、菌类、水果和坚果加工	1					5744
其他农副食品加工	1					4171

4-7 续表 1

单位：万元

项　目	企业单位数(个)	亏损企业	新产品产值	新产品销售收入	新产品销售收入中出口	资产总计
食品制造业	**18**	**1**	**42183**	**42044**	**14977**	**267172**
焙烤食品制造	1		2209	2252		997
方便食品制造	1					24989
罐头食品制造	9	1				126861
调味品、发酵制品制造	1					6101
其他食品制造	6		39974	39792	14977	108225
酒、饮料和精制茶制造业	**7**	**3**	**3378**	**2252**		**172476**
酒的制造	4	3	1157	48		118308
饮料制造	2		213	201		46161
精制茶加工	1		2009	2003		8008
纺织业	**129**	**25**	**295412**	**333520**	**125394**	**1060624**
棉纺织及印染精加工	12	4	70376	69092		155460
毛纺织及染整精加工	4		15273	15264	93	23435
化纤织造及印染精加工	27	4	8155	34464	748	152740
针织或钩针编织物及其制品制造	3	1	6970	8094	357	36440
家用纺织制成品制造	23	8	9662	3367	396	58456
产业用纺织制成品制造	60	8	184977	203239	123800	634093
纺织服装、服饰业	**19**	**3**	**13206**	**12146**	**5880**	**92751**
机织服装制造	9	2	9668	8818	3327	51471
针织或钩针编织服装制造	6	1	210			24176
服饰制造	4		3328	3328	2553	17103
皮革、毛皮、羽毛及其制品和制鞋业	**244**	**16**	**377228**	**351726**	**167802**	**749588**
皮革制品制造	11	3	6175	837	30	66272
制鞋业	233	13	371053	350889	167772	683316
木材加工和木、竹、藤、棕、草制品业	**24**	**5**	**79480**	**71342**	**56260**	**184018**
人造板制造	5	1	9851	6100	5657	55007
木质制品制造	12	3	8071	2899	1095	33566
竹、藤、棕、草等制品制造	7	1	61558	62343	49508	95445
家具制造业	**88**	**29**	**431457**	**432109**	**311681**	**1574100**
木质家具制造	20	13	17757	15159	6756	142642
竹、藤家具制造	11	4	15635	9361	1038	43657

4-7 续表 2

单位：万元

项　　目	企业单位数(个)	亏损企业	新产品产值	新产品销售收入	新产品销售收入中出口	资产总计
金属家具制造	39	6	364290	383193	292369	1198649
塑料家具制造	11	2	22134	14951	11518	133766
其他家具制造	7	4	11641	9445		55387
造纸和纸制品业	**74**	**18**	**321439**	**260898**	**5758**	**678794**
造纸	9	4	218366	182122	152	183993
纸制品制造	65	14	103073	78776	5606	494801
印刷和记录媒介复制业	**71**	**8**	**122798**	**114819**	**14822**	**536787**
印刷	71	8	122798	114819	14822	536787
文教、工美、体育和娱乐用品制造业	**165**	**30**	**202706**	**160189**	**119493**	**826748**
文教办公用品制造	5	2	7724			43054
工艺美术及礼仪用品制造	137	24	177792	143436	108663	646679
体育用品制造	6	2	13394	13543	10498	81189
玩具制造	15	2	705	107	40	47853
游艺器材及娱乐用品制造	2		3092	3103	292	7973
石油、煤炭及其他燃料加工业	**3**		**198**	**6231**		**9811**
精炼石油产品制造	3		198	6231		9811
化学原料和化学制品制造业	**90**	**16**	**617071**	**592021**	**104488**	**2558664**
基础化学原料制造	8	3	41548	41048	9856	140527
肥料制造	1					3859
农药制造	4	1	67202	65387	37855	292370
涂料、油墨、颜料及类似产品制造	32	6	134177	135317	20991	661441
合成材料制造	16	2	92224	94644	19505	402804
专用化学产品制造	18	2	260620	233136	10395	895578
炸药、火工及焰火产品制造	1					7055
日用化学产品制造	10	2	21301	22489	5887	155032
医药制造业	**74**	**11**	**2546870**	**2298975**	**857766**	**13132100**
化学药品原料药制造	57	9	2201038	1996092	845590	11694522
化学药品制剂制造	6	1	224746	209999	9760	1020207
中药饮片加工	1					7481
中成药生产	4		94855	88534		274806
兽用药品制造	1		15162			30335
生物药品制品制造	4	1	11069	4350	2416	102970
药用辅料及包装材料	1					1779
化学纤维制造业	**14**	**8**	**64724**	**18092**	**3002**	**450863**

4-7　续表 3

单位：万元

项　　目	企　业单位数(个)	亏损企业	新产品产　值	新 产 品销售收入	新产品销售收入中出口	资产总计
合成纤维制造	10	6	2538			215355
生物基材料制造	4	2	62186	18092	3002	235508
橡胶和塑料制品业	**659**	**86**	**1940288**	**1838060**	**443617**	**6897574**
橡胶制品业	116	15	390645	371584	68548	1812894
塑料制品业	543	71	1549643	1466477	375069	5084680
非金属矿物制品业	**144**	**34**	**279654**	**359443**	**17927**	**2011559**
水泥、石灰和石膏制造	8	3	241	241		113321
石膏、水泥制品及类似制品制造	81	12	217685	292665		1346669
砖瓦、石材等建筑材料制造	26	13	15339	8713		343876
玻璃制造	7	2	4147	4143	93	25645
玻璃制品制造	9	2	7445	12573	3795	26683
玻璃纤维和玻璃纤维增强塑料制品制造	2		82	82		6602
陶瓷制品制造	4		14602	20513	5049	46250
石墨及其他非金属矿物制品制造	7	2	20114	20514	8990	102514
黑色金属冶炼和压延加工业	**25**	**7**	**64568**	**59195**		**283420**
炼铁	1		6			5218
钢压延加工	24	7	64562	59195		278202
有色金属冶炼和压延加工业	**88**	**27**	**462124**	**94659**	**6032**	**1061190**
常用有色金属冶炼	2	2				23753
有色金属合金制造	6	3	11736	85		147235
有色金属压延加工	80	22	450388	94573	6032	890202
金属制品业	**390**	**43**	**738210**	**652130**	**279210**	**3751542**
结构性金属制品制造	33	8	60161	50646	8144	223035
金属工具制造	26	1	84871	80297	12852	268003
集装箱及金属包装容器制造	18	3	19498	24159	6386	113047
金属丝绳及其制品制造	17	3	1298	1586		85145
建筑、安全用金属制品制造	87	7	154838	127485	61825	572956
金属表面处理及热处理加工	63	8	59198	47870	31710	382244
搪瓷制品制造	2	1	4089	4089	83	6257
金属制日用品制造	29	2	248272	206880	151968	1371334
铸造及其他金属制品制造	115	10	105985	109118	6241	729522
通用设备制造业	**1137**	**78**	**4037245**	**4010142**	**1682262**	**11589206**
锅炉及原动设备制造	10	1	27175	25406	16485	77883
金属加工机械制造	125	10	446559	448548	101584	1041023

4-7 续表 4

单位：万元

项　　目	企业单位数(个)	亏损企业	新产品产值	新产品销售收入	新产品销售收入中出口	资产总计
物料搬运设备制造	24	3	67557	64203	5339	263180
泵、阀门、压缩机及类似机械制造	669	41	2465382	2348763	1308023	5779319
轴承、齿轮和传动部件制造	135	7	492466	439024	59187	2593386
烘炉、风机、包装等设备制造	103	10	453102	541234	174285	1426264
文化、办公用机械制造	2	1	2253	2195		5912
通用零部件制造	53	4	58139	125292	14180	293315
其他通用设备制造业	16	1	24613	15477	3181	108925
专用设备制造业	**449**	**59**	**1821078**	**1879682**	**615806**	**5551040**
采矿、冶金、建筑专用设备制造	18	2	84381	69967	11580	358111
化工、木材、非金属加工专用设备制造	176	23	694476	621944	144106	1863383
食品、饮料、烟草及饲料生产专用设备制造	9	1	5602	7685	1572	36410
印刷、制药、日化及日用品生产专用设备制造	7		14342	14100		37773
纺织、服装和皮革加工专用设备制造	73	12	375033	567855	226161	1628163
电子和电工机械专用设备制造	4		9690	9657	259	20205
农、林、牧、渔专用机械制造	62	5	286547	297957	186566	675734
医疗仪器设备及器械制造	77	15	252360	210903	44010	703195
环保、邮政、社会公共服务及其他专用设备制造	23	1	98647	79615	1552	228067
汽车制造业	**473**	**53**	**5590013**	**5438983**	**2238402**	**11030342**
汽车整车制造	5	2	2799312	2755443	1698714	2750614
汽车用发动机制造	3		90044	70187	9093	277073
汽车车身、挂车制造	1		10923	12048	9	27066
汽车零部件及配件制造	464	51	2689734	2601306	530586	7975589
铁路、船舶、航空航天和其他运输设备制造业	**257**	**39**	**1515911**	**1409718**	**244740**	**3647840**
铁路运输设备制造	13	3	127606	98825	690	752473
船舶及相关装置制造	29	7	147297	96263		830216
航空、航天器及设备制造	4		30547	26892		118981
摩托车制造	121	18	699219	680962	221353	1152198
自行车和残疾人座车制造	2	1	1022	1220	303	13950
助动车制造	81	10	487954	484431	15003	745982
非公路休闲车及零配件制造	6		22266	21125	7391	30923
潜水救捞及其他未列明运输设备制造	1					3117
电气机械和器材制造业	**496**	**44**	**2389055**	**2517581**	**557078**	**5846080**
电机制造	202	12	1213027	1273371	326769	2658030
输配电及控制设备制造	79	9	539943	520578	108927	1003801
电线、电缆、光缆及电工器材制造	75	8	365016	408755	769	1084344
电池制造	2	1	531	421	125	5696
家用电力器具制造	27	3	80353	98317	10416	321364

4-7　续表 5

单位：万元

项　　目	企　业单位数（个）	亏损企业	新产品产　值	新产品销售收入	新产品销售收入中出口	资产总计
非电力家用器具制造	8		84597	97360	46826	179268
照明器具制造	98	11	92225	107633	56459	550137
其他电气机械及器材制造	5		13363	11147	6787	43440
计算机、通信和其他电子设备制造业	**61**	**12**	**847920**	**856151**	**282123**	**2883740**
计算机制造	1	1	652	6418	5096	19967
通信设备制造	3		40264	35420	6027	199294
雷达及配套设备制造	1					1919
非专业视听设备制造	2	1	1388	8775		13499
智能消费设备制造	8	3	80256	76078	7648	186355
电子器件制造	19	5	351967	356458	252437	1205821
电子元件及电子专用材料制造	23	2	373393	372721	10914	1228324
其他电子设备制造	4			281		28563
仪器仪表制造业	**82**	**7**	**532047**	**505019**	**178541**	**1018494**
通用仪器仪表制造	75	7	508484	485360	177139	972739
专用仪器仪表制造	4		5492	5312	1402	20913
光学仪器制造	1		14348	14348		17231
其他仪器仪表制造业	2		3723			7611
其他制造业	**56**	**14**	**199541**	**204522**	**43390**	**756073**
日用杂品制造	55	14	193077	198058	36926	743834
其他未列明制造业	1		6464	6464	6464	12239
废弃资源综合利用业	**25**	**9**	**24455**	**21807**		**703934**
金属废料和碎屑加工处理	14	7	2648			602465
非金属废料和碎屑加工处理	11	2	21807	21807		101469
金属制品、机械和设备修理业	**2**					**7809**
专用设备修理	1					2447
铁路、船舶、航空航天等运输设备修理	1					5362
电力、热力生产和供应业	**36**	**7**				**9966069**
电力生产	29	6				9858910
电力供应	2					
热力生产和供应	5	1				107159
燃气生产和供应业	**12**	**3**				**243762**
燃气生产和供应业	12	3				243762
水的生产和供应业	**20**	**13**				**1861522**
自来水生产和供应	14	10				1597367
污水处理及其再生利用	6	3				264155

4-8　规模以上工业主要财务指标(二)

(2022年)　　单位：万元

项　目	流动资产合计	存　货	固定资产原价	固定资产净额	年末负债合计	流动负债合计
总　计	**48900283**	**11606594**	**38673349**	**22844478**	**53482299**	**42253340**
其中：国有控股企业	2727106	630696	11794493	7457955	10144261	3243056
按登记注册类型分						
国有企业	53341	27364	21489	14894	65149	45880
集体企业	12663	5708	42369	26300	24269	12134
股份合作企业	400400	73888	203814	80103	254502	237874
联营企业	3571	20	1342	698	2985	2985
有限责任公司	5640585	1077001	11950373	7935567	12595195	6182270
股份有限公司	7766070	1746043	4665997	2379512	6348030	5120106
私营企业	30778733	7837163	18983972	10935301	29514634	27003165
港、澳、台商投资公司	1013392	194700	631067	322802	978137	786691
外商投资企业公司	3231530	644707	2172927	1149303	3699400	2862235
按轻重工业分						
轻工业	16124493	4176731	10620188	5979483	15352255	13413299
重工业	32775791	7429863	28053161	16864995	38130044	28840041
按大中小微型分						
大型企业	11581709	2979954	11560959	7943319	15200754	9523604
中型企业	11995774	3214816	10417614	5275163	10842715	9079794
小型企业	24374099	5324988	16064121	9229543	26511884	23122932
微型企业	948702	86836	630655	396454	926947	527010
按工业行业分						
有色金属矿采选业	**1731**	**754**	**1391**	**629**	**1698**	**1698**
常用有色金属矿采选	1731	754	1391	629	1698	1698
非金属矿采选业	**163293**	**21048**	**31855**	**19443**	**951078**	**415149**
土砂石开采	163293	21048	31855	19443	951078	415149
农副食品加工业	**465123**	**142761**	**252236**	**160616**	**473592**	**440173**
谷物磨制	8343	6493	2528	1154	7446	6806
饲料加工	101190	21596	35957	25087	100674	95194
植物油加工	40425	23667	25612	16678	39671	34128
制糖业	3541	480	181	155	2627	2627
屠宰及肉类加工	25711	1668	43786	32640	25961	21701
水产品加工	280775	86404	136361	81021	290565	274175
蔬菜、菌类、水果和坚果加工	2979	1936	4053	2122	3179	3078
其他农副食品加工	2159	518	3759	1758	3470	2465

4-8　续表 1

单位：万元

项　　目	流动资产合计	存　货	固定资产原价	固定资产净值	年末负债合计	流动负债合计
食品制造业	**157199**	**76022**	**115134**	**73724**	**162484**	**160417**
焙烤食品制造	436	330	804	560	128	128
方便食品制造	2846	1641	16446	14249	13624	13624
罐头食品制造	92649	53687	42046	21744	102528	101083
调味品、发酵制品制造	3536	1875	2596	1870	3777	3777
其他食品制造	57733	18490	53242	35302	42429	41806
酒、饮料和精制茶制造业	**110070**	**26203**	**114571**	**36783**	**73910**	**73880**
酒的制造	78762	18105	102704	32406	41546	41516
饮料制造	26392	7378	9576	3448	30499	30499
精制茶加工	4916	720	2291	929	1864	1864
纺织业	**687650**	**194415**	**390591**	**213811**	**618738**	**572674**
棉纺织及印染精加工	88424	30919	66682	42274	132148	101486
毛纺织及染整精加工	13795	4577	19619	2327	15732	15732
化纤织造及印染精加工	115857	40696	65102	30597	88546	87609
针织或钩针编织物及其制品制造	19486	9771	22673	13002	17665	15625
家用纺织制成品制造	40973	9454	17579	9637	47206	47206
产业用纺织制成品制造	409117	98997	198936	115973	317441	305016
纺织服装、服饰业	**58506**	**18623**	**35187**	**20983**	**70088**	**70088**
机织服装制造	35610	10338	16118	10376	39932	39932
针织或钩针编织服装制造	16050	6438	13634	6467	17158	17158
服饰制造	6846	1847	5436	4139	12999	12999
皮革、毛皮、羽毛及其制品和制鞋业	**527839**	**110004**	**244488**	**143306**	**565834**	**553887**
皮革制品制造	38939	12631	32668	21679	52191	52186
制鞋业	488901	97373	211820	121628	513643	501701
木材加工和木、竹、藤、棕、草制品业	**105825**	**24196**	**78732**	**48477**	**112354**	**109345**
人造板制造	42920	3661	8883	3560	36664	36654
木质制品制造	18602	6137	17147	10516	24376	24376
竹、藤、棕、草等制品制造	44303	14398	52702	34401	51314	48315
家具制造业	**977140**	**256702**	**402636**	**204973**	**1019084**	**996258**
木质家具制造	75125	31593	62155	33617	108018	98254
竹、藤家具制造	34153	13645	11359	5881	37652	37652

4-8 续表 2

单位：万元

项　　目	流动资产合计	存　货	固定资产原价	固定资产净值	年末负债合计	流动负债合计
金属家具制造	802650	184932	230503	112470	778638	768503
塑料家具制造	39841	18094	85314	47023	70097	67670
其他家具制造	25370	8438	13306	5982	24679	24179
造纸和纸制品业	**477063**	**123725**	**259731**	**123536**	**408842**	**394259**
造纸	119893	27744	106418	43542	59382	53747
纸制品制造	357169	95981	153313	79994	349460	340513
印刷和记录媒介复制业	**267771**	**56261**	**260079**	**137051**	**232413**	**227237**
印刷	267771	56261	260079	137051	232413	227237
文教、工美、体育和娱乐用品制造业	**502454**	**129096**	**378309**	**219816**	**527668**	**516508**
文教办公用品制造	21700	6395	20551	9074	24770	24770
工艺美术及礼仪用品制造	413664	100160	277408	155480	415643	407216
体育用品制造	36360	13648	48947	36540	48404	45809
玩具制造	24934	7367	28252	16880	34980	34843
游艺器材及娱乐用品制造	5797	1526	3151	1842	3871	3871
石油、煤炭及其他燃料加工业	**8077**	**1803**	**2895**	**1260**	**3950**	**3620**
精炼石油产品制造	8077	1803	2895	1260	3950	3620
化学原料和化学制品制造业	**1463996**	**251177**	**749718**	**435103**	**995310**	**821105**
基础化学原料制造	73655	15684	66665	35885	49277	45820
肥料制造	3481	13	853	258	1455	1255
农药制造	182612	15444	47132	24616	89640	74270
涂料、油墨、颜料及类似产品制造	382398	89980	239305	146799	284729	274278
合成材料制造	235579	37479	153024	80902	262900	181297
专用化学产品制造	494899	75818	206707	126963	239698	195430
炸药、火工及焰火产品制造	3284	454	6022	2378	1420	1396
日用化学产品制造	88087	16305	30010	17303	66192	47358
医药制造业	**5455069**	**1530837**	**3764799**	**2089609**	**5064757**	**3794532**
化学药品原料药制造	4664200	1431020	3366316	1868865	4716477	3512202
化学药品制剂制造	508174	73197	290146	164268	182394	122960
中药饮片加工	7339	1273	418	129	5451	5451
中成药生产	186368	18924	60871	31333	100116	94352
兽用药品制造	15546	1107	12616	8281	9547	9547
生物药品制品制造	72132	5294	33806	16264	49387	48635
药用辅料及包装材料	1310	21	626	469	1385	1385
化学纤维制造业	**115566**	**35774**	**202508**	**159465**	**220938**	**138253**

4-8　续表 3

单位：万元

项　　目	流动资产合计	存　货	固定资产原价	固定资产净值	年末负债合计	流动负债合计
合成纤维制造	72986	21272	146921	115827	171446	101993
生物基材料制造	42580	14503	55586	43638	49492	36260
橡胶和塑料制品业	**3786993**	**893522**	**2869209**	**1594379**	**3502367**	**3221596**
橡胶制品业	978517	182477	608121	345605	887914	786744
塑料制品业	2808477	711045	2261088	1248774	2614453	2434852
非金属矿物制品业	**1232146**	**171626**	**710336**	**413002**	**1432335**	**1293936**
水泥、石灰和石膏制造	66664	9152	60778	28821	62936	59611
石膏、水泥制品及类似制品制造	940866	113349	479613	265721	922579	826107
砖瓦、石材等建筑材料制造	123068	21672	61842	45516	297255	284086
玻璃制造	17456	3522	14456	5008	18950	18465
玻璃制品制造	18082	4717	12244	6132	19837	19837
玻璃纤维和玻璃纤维增强塑料制品制造	4539	1732	1682	1012	4782	4782
陶瓷制品制造	23565	8242	23863	14247	31212	31212
石墨及其他非金属矿物制品制造	37906	9239	55859	46545	74783	49836
黑色金属冶炼和压延加工业	**208125**	**71105**	**96144**	**53221**	**184424**	**178230**
炼铁	4621	772	989	506	5397	2917
钢压延加工	203504	70333	95155	52715	179027	175314
有色金属冶炼和压延加工业	**769667**	**144146**	**213752**	**124795**	**790042**	**772465**
常用有色金属冶炼	18416	7958	5078	3190	24196	24196
有色金属合金制造	91088	16315	47547	34506	116176	115259
有色金属压延加工	660163	119874	161127	87099	649671	633010
金属制品业	**2207145**	**454718**	**1243786**	**736220**	**2094091**	**1932363**
结构性金属制品制造	151151	35069	65103	43324	167466	147113
金属工具制造	133561	34986	164980	111669	162042	153743
集装箱及金属包装容器制造	77203	19430	43634	27139	82466	81854
金属丝绳及其制品制造	67061	23829	29193	14863	60661	57526
建筑、安全用金属制品制造	368135	95227	196520	116977	373351	358465
金属表面处理及热处理加工	222881	27881	197099	118758	277903	257393
搪瓷制品制造	4293	571	1673	1385	4714	4714
金属制日用品制造	664793	87930	248934	156978	505724	426114
铸造及其他金属制品制造	518067	129795	296653	145127	459766	445441
通用设备制造业	**7030289**	**1788949**	**4395333**	**2609317**	**6031247**	**5554191**
锅炉及原动设备制造	45111	13855	41248	20703	39624	33896
金属加工机械制造	701257	218181	417146	240869	600484	553793

4-8 续表 4

单位：万元

项　目	流动资产合计	存　货	固定资产原价	固定资产净值	年末负债合计	流动负债合计
物料搬运设备制造	164026	43040	87008	56295	159757	158045
泵、阀门、压缩机及类似机械制造	3731338	968726	1939476	1155150	3060137	2868092
轴承、齿轮和传动部件制造	1414766	311973	1211678	704875	1139029	941211
烘炉、风机、包装等设备制造	712752	164591	514863	323715	762242	733668
文化、办公用机械制造	3518	861	4578	2112	2005	1866
通用零部件制造	196946	46066	139421	77738	185536	181384
其他通用设备制造业	60576	21657	39916	27860	82433	82237
专用设备制造业	**3532838**	**975372**	**1954796**	**1118223**	**3270116**	**3081272**
采矿、冶金、建筑专用设备制造	238321	67898	112357	74032	154473	153191
化工、木材、非金属加工专用设备制造	1266604	365501	724740	360093	1251901	1154904
食品、饮料、烟草及饲料生产专用设备制造	19886	5921	17724	9234	16940	16482
印刷、制药、日化及日用品生产专用设备制造	27716	3222	7712	3558	25859	22592
纺织、服装和皮革加工专用设备制造	962769	262707	494341	317773	945347	904797
电子和电工机械专用设备制造	16215	8143	5582	2385	9651	9651
农、林、牧、渔专用机械制造	423929	113992	234118	132921	372785	358982
医疗仪器设备及器械制造	399396	99392	310440	192130	329189	315391
环保、邮政、社会公共服务及其他专用设备制造	178003	48596	47783	26099	163972	145283
汽车制造业	**6810334**	**1234238**	**3926559**	**2049693**	**7535234**	**6679713**
汽车整车制造	2190392	273207	343713	90565	2385125	2278464
汽车用发动机制造	81843	15841	166480	124385	140255	139151
汽车车身、挂车制造	16754	5651	7728	3025	18279	18279
汽车零部件及配件制造	4521345	939539	3408639	1831718	4991576	4243819
铁路、船舶、航空航天和其他运输设备制造业	**2523854**	**785949**	**1068929**	**590654**	**2451295**	**2280653**
铁路运输设备制造	407866	47711	176305	130516	287901	193699
船舶及相关装置制造	680355	357308	228160	97009	695363	667767
航空、航天器及设备制造	51400	6002	67139	45779	64750	62067
摩托车制造	819387	224367	397149	194515	779772	745635
自行车和残疾人座车制造	9730	852	5279	3661	12152	12152
助动车制造	528883	143247	185863	114542	590466	580020
非公路休闲车及零配件制造	23308	5124	8589	4439	18149	16571
潜水救捞及其他未列明运输设备制造	2925	1337	444	192	2743	2743
电气机械和器材制造业	**4163047**	**917250**	**1735524**	**1036415**	**3645423**	**3405362**
电机制造	1789021	410426	852702	552311	1611575	1511697
输配电及控制设备制造	769356	164081	278087	139300	614432	597438
电线、电缆、光缆及电工器材制造	884403	182140	179891	102207	721213	675793
电池制造	4364	1116	1412	638	1257	1257
家用电力器具制造	158160	40158	140428	92358	164727	120403

4-8 续表 5

单位：万元

项 目	流动资产合计	存 货	固定资产原价	固定资产净值	年末负债合计	流动负债合计
非电力家用器具制造	139211	20017	56235	26443	76389	71314
照明器具制造	392477	94575	214994	114428	426075	402030
其他电气机械及器材制造	26058	4738	11776	8730	29755	25430
计算机、通信和其他电子设备制造业	**1721538**	**330321**	**842701**	**549776**	**1205895**	**1041724**
计算机制造	10303	2289	7587	7213	17702	12173
通信设备制造	145548	13836	37939	32261	162691	112381
雷达及配套设备制造	1097	631	1067	782	953	953
非专业视听设备制造	11591	3827	3292	1885	10396	8787
智能消费设备制造	118594	24610	62374	41478	82033	61175
电子器件制造	590982	109783	426076	284256	348565	314009
电子元件及电子专用材料制造	823912	170967	293222	175183	567929	516969
其他电子设备制造	19513	4377	11143	6719	15626	15276
仪器仪表制造业	**683708**	**169144**	**378752**	**222348**	**445973**	**429076**
通用仪器仪表制造	651281	163903	354489	209478	416871	400537
专用仪器仪表制造	16207	2166	10516	3859	13727	13577
光学仪器制造	10835	2954	9672	5759	9874	9461
其他仪器仪表制造业	5385	122	4075	3252	5501	5501
其他制造业	**473923**	**102665**	**284114**	**138946**	**441052**	**408273**
日用杂品制造	467071	99697	276513	134632	432192	399413
其他未列明制造业	6852	2968	7602	4314	8860	8860
废弃资源综合利用业	**492423**	**165747**	**154505**	**98256**	**450780**	**425847**
金属废料和碎屑加工处理	433062	154365	122148	78200	394134	378862
非金属废料和碎屑加工处理	59361	11382	32357	20056	56646	46985
金属制品、机械和设备修理业	**5796**	**1063**	**6459**	**2012**	**4305**	**4305**
专用设备修理	2427	734	114	20	2047	2047
铁路、船舶、航空航天等运输设备修理	3369	329	6345	1992	2258	2258
电力、热力生产和供应业	**1202764**	**369843**	**10395882**	**6700044**	**7033138**	**1765123**
电力生产	1168992	368230	10302756	6651788	6964228	1712996
电力供应						
热力生产和供应	33772	1614	93125	48256	68910	52126
燃气生产和供应业	**68514**	**20626**	**163209**	**116497**	**111990**	**95501**
燃气生产和供应业	68514	20626	163209	116497	111990	95501
水的生产和供应业	**442805**	**10910**	**948500**	**602098**	**1349855**	**394632**
自来水生产和供应	392755	10448	776921	500277	1147720	349815
污水处理及其再生利用	50050	462	171579	101821	202135	44818

4-9 规模以上工业主要财务指标(三)

(2022年) 单位：万元

项目	年末所有者权益合计	实收资本	营业收入	营业成本	税金及附加
总计	**40251820**	**14635776**	**69084491**	**57550244**	**390945**
其中：国有控股企业	5912932	3339313	4700748	3881627	33740
按登记注册类型分					
国有企业	8697	6080	37592	34561	146
集体企业	19145	1637	38284	38288	124
股份合作企业	278039	42303	565155	475194	2619
联营企业	1561	328	2715	2216	3
有限责任公司	6009277	4148000	8021135	6736439	62581
股份有限公司	9691518	2304919	8582985	6940076	45571
私营企业	20093435	6920025	45222393	37627045	246951
港、澳、台商投资公司	912907	445839	1464451	1197971	7747
外商投资企业公司	3237242	766647	5149782	4498455	25204
按轻重工业分					
轻工业	15922489	4719933	21945903	17505265	124794
重工业	24329331	9915843	47138588	40044979	266151
按大中小微型分					
大型企业	13935633	4267084	14358499	11317292	102120
中型企业	11424076	3448750	17097416	14296462	91891
小型企业	14146446	6652253	36719370	31127810	192108
微型企业	745665	267689	909207	808681	4826
按工业行业分					
有色金属矿采选业	**1600**	**800**	**3125**	**1691**	**137**
常用有色金属矿采选	1600	800	3125	1691	137
非金属矿采选业	**634249**	**123280**	**127776**	**92895**	**4696**
土砂石开采	634249	123280	127776	92895	4696
农副食品加工业	**266231**	**119632**	**1085607**	**1002138**	**2270**
谷物磨制	1692	1401	22333	21196	6
饲料加工	35813	11132	180946	165023	169
植物油加工	61392	5520	49262	34652	56
制糖业	1069	1000	6013	5533	6
屠宰及肉类加工	44855	26509	369852	361154	611
水产品加工	118144	69970	449606	408189	1352
蔬菜、菌类、水果和坚果加工	2564	2450	4551	3848	57
其他农副食品加工	701	1650	3043	2543	13

4-9 续表 1

单位：万元

项　目	年末所有者权益合计	实收资本	营业收入	营业成本	税金及附加
食品制造业	**104688**	**35461**	**200651**	**166610**	**901**
焙烤食品制造	869	500	5037	3965	21
方便食品制造	11366	6800	15870	12925	5
罐头食品制造	24334	7081	99553	88106	505
调味品、发酵制品制造	2324	2000	4348	3053	13
其他食品制造	65796	19080	75844	58562	357
酒、饮料和精制茶制造业	**98567**	**37338**	**124210**	**95403**	**9436**
酒的制造	76761	29395	80814	58635	9194
饮料制造	15662	2783	37587	31793	224
精制茶加工	6144	5160	5810	4975	18
纺织业	**441887**	**134917**	**998154**	**848958**	**5172**
棉纺织及印染精加工	23312	7172	160129	144076	1285
毛纺织及染整精加工	7703	5982	26279	22147	147
化纤织造及印染精加工	64194	29441	177624	161153	474
针织或钩针编织物及其制品制造	18775	2010	46994	39936	137
家用纺织制成品制造	11250	7623	67796	56146	307
产业用纺织制成品制造	316652	82689	519332	425500	2822
纺织服装、服饰业	**22663**	**15278**	**75397**	**61440**	**356**
机织服装制造	11539	9437	37428	29921	165
针织或钩针编织服装制造	7018	4805	24625	20736	154
服饰制造	4105	1036	13344	10783	36
皮革、毛皮、羽毛及其制品和制鞋业	**183753**	**72571**	**893905**	**762330**	**3634**
皮革制品制造	14081	13224	55153	45792	320
制鞋业	169671	59348	838752	716538	3313
木材加工和木、竹、藤、棕、草制品业	**71663**	**26335**	**153857**	**132348**	**742**
人造板制造	18343	11294	43741	38750	131
木质制品制造	9190	3041	36274	30153	190
竹、藤、棕、草等制品制造	44130	12000	73843	63445	422
家具制造业	**555016**	**314909**	**1369906**	**1163406**	**7467**
木质家具制造	34624	23811	91977	72419	819
竹、藤家具制造	6005	1759	53948	47743	337

4-9 续表 2

单位：万元

项　目	年末所有者权益合计	实收资本	营业收入	营业成本	税金及附加
金属家具制造	420011	260768	1094347	944429	4919
塑料家具制造	63669	17021	74628	55239	895
其他家具制造	30707	11550	55007	43577	497
造纸和纸制品业	**269951**	**97735**	**777206**	**700137**	**4257**
造纸	124611	23933	286177	262282	2825
纸制品制造	145340	73802	491030	437855	1432
印刷和记录媒介复制业	**304374**	**127601**	**387418**	**332770**	**1915**
印刷	304374	127601	387418	332770	1915
文教、工美、体育和娱乐用品制造业	**299079**	**111605**	**794472**	**632848**	**5922**
文教办公用品制造	18284	10637	21786	18588	189
工艺美术及礼仪用品制造	231035	89488	637336	506991	4916
体育用品制造	32785	5099	72047	54820	528
玩具制造	12873	5430	48761	40328	231
游艺器材及娱乐用品制造	4102	950	14542	12122	58
石油、煤炭及其他燃料加工业	**5861**	**2500**	**17480**	**14570**	**56**
精炼石油产品制造	5861	2500	17480	14570	56
化学原料和化学制品制造业	**1563353**	**369603**	**1808674**	**1442315**	**8424**
基础化学原料制造	91250	14988	129572	91959	647
肥料制造	2404	52	3826	2790	5
农药制造	202729	46906	156146	127340	560
涂料、油墨、颜料及类似产品制造	376712	112969	421515	342938	2449
合成材料制造	139904	60979	366487	317211	1399
专用化学产品制造	655880	94918	639481	488435	2976
炸药、火工及焰火产品制造	5634	1000	7508	4652	89
日用化学产品制造	88840	37792	84140	66989	299
医药制造业	**8067343**	**1762069**	**5087638**	**3398364**	**31287**
化学药品原料药制造	6978045	1458259	4462177	3117139	24923
化学药品制剂制造	837812	246407	377583	187250	4089
中药饮片加工	2031	1000	4232	3528	6
中成药生产	174691	39706	132210	37522	1590
兽用药品制造	20788	5370	16451	6841	248
生物药品制品制造	53583	11227	92196	43952	423
药用辅料及包装材料	394	100	2790	2134	8
化学纤维制造业	**229925**	**113691**	**330185**	**318884**	**621**

4-9 续表 3

单位：万元

项 目	年末所有者权益合计	实收资本	营业收入	营业成本	税金及附加
合成纤维制造	43909	77316	240890	238433	332
生物基材料制造	186016	36375	89295	80452	288
橡胶和塑料制品业	**3395204**	**1208237**	**5968211**	**4842822**	**31524**
橡胶制品业	924980	277714	1167620	941208	6195
塑料制品业	2470224	930523	4800591	3901614	25329
非金属矿物制品业	**579223**	**332194**	**1975507**	**1659987**	**11185**
水泥、石灰和石膏制造	50385	22674	182623	153031	860
石膏、水泥制品及类似制品制造	424089	237935	1487737	1250838	8270
砖瓦、石材等建筑材料制造	46620	39332	146212	129875	902
玻璃制造	6695	5540	32993	28167	223
玻璃制品制造	6846	4022	31790	26429	132
玻璃纤维和玻璃纤维增强塑料制品制造	1820	418	6763	5435	58
陶瓷制品制造	15038	10284	32819	24087	348
石墨及其他非金属矿物制品制造	27730	11990	54572	42127	394
黑色金属冶炼和压延加工业	**98997**	**30478**	**659747**	**622922**	**2193**
炼铁	-179	574	2330	1873	7
钢压延加工	99176	29904	657417	621049	2187
有色金属冶炼和压延加工业	**271147**	**134333**	**1831550**	**1780442**	**3327**
常用有色金属冶炼	-443	1520	54921	55740	3
有色金属合金制造	31059	29851	156134	149895	993
有色金属压延加工	240531	102962	1620494	1574807	2331
金属制品业	**1657450**	**523122**	**3053796**	**2573349**	**14782**
结构性金属制品制造	55569	41228	207105	179677	684
金属工具制造	105961	49647	163483	126914	668
集装箱及金属包装容器制造	30581	11993	87804	70683	267
金属丝绳及其制品制造	24484	12126	145004	137608	254
建筑、安全用金属制品制造	199605	94078	625669	514629	3469
金属表面处理及热处理加工	104342	45667	303412	258609	1483
搪瓷制品制造	1543	1366	12874	11481	23
金属制日用品制造	865611	146689	630964	505035	4449
铸造及其他金属制品制造	269756	120329	877481	768712	3486
通用设备制造业	**5557957**	**1492371**	**9620834**	**7763313**	**50572**
锅炉及原动设备制造	38259	14581	58452	42696	501
金属加工机械制造	440539	106258	902091	721398	4635

4-9 续表 4

单位：万元

项　　目	年末所有者权益合计	实收资本	营业收入	营业成本	税金及附加
物料搬运设备制造	103424	43472	184539	147522	1125
泵、阀门、压缩机及类似机械制造	2719181	734389	5488434	4428957	26905
轴承、齿轮和传动部件制造	1454356	278196	1459761	1158712	8385
烘炉、风机、包装等设备制造	664021	240055	1129931	934986	7340
文化、办公用机械制造	3907	1118	7835	6278	42
通用零部件制造	107779	51966	310599	261972	1426
其他通用设备制造业	26492	22336	79194	60791	214
专用设备制造业	**2280923**	**720516**	**4089722**	**3250497**	**21420**
采矿、冶金、建筑专用设备制造	203639	33775	284733	222776	1410
化工、木材、非金属加工专用设备制造	611481	182610	1245506	973160	8261
食品、饮料、烟草及饲料生产专用设备制造	19470	7585	23545	17096	196
印刷、制药、日化及日用品生产专用设备制造	11914	2746	29803	21174	151
纺织、服装和皮革加工专用设备制造	682816	259274	1186126	1008185	4248
电子和电工机械专用设备制造	10554	3201	16359	11099	91
农、林、牧、渔专用机械制造	302949	104389	601616	496298	1844
医疗仪器设备及器械制造	374006	101622	530723	370632	4288
环保、邮政、社会公共服务及其他专用设备制造	64095	25315	171310	130077	932
汽车制造业	**3495107**	**1463185**	**9783044**	**8561926**	**55240**
汽车整车制造	365489	435358	2913454	2781792	20131
汽车用发动机制造	136819	82090	405073	339398	1064
汽车车身、挂车制造	8787	3855	16253	12120	114
汽车零部件及配件制造	2984013	941882	6448265	5428617	33932
铁路、船舶、航空航天和其他运输设备制造业	**1196545**	**599024**	**3761954**	**3200322**	**48179**
铁路运输设备制造	464572	186552	224071	135803	2120
船舶及相关装置制造	134854	155456	617107	572692	2277
航空、航天器及设备制造	54231	8116	37461	18578	264
摩托车制造	372426	145760	1618975	1354374	39700
自行车和残疾人座车制造	1798	547	17384	14215	104
助动车制造	155516	97112	1200776	1068299	3530
非公路休闲车及零配件制造	12773	4882	42142	33009	175
潜水救捞及其他未列明运输设备制造	374	600	4039	3352	10
电气机械和器材制造业	**2200653**	**806404**	**6081225**	**5294615**	**20281**
电机制造	1046454	262967	2503583	2150887	9449
输配电及控制设备制造	389368	204331	1032830	906351	3241
电线、电缆、光缆及电工器材制造	363130	207091	1538542	1395351	2900
电池制造	4439	1250	5909	4949	29
家用电力器具制造	156637	52481	212080	168978	1239

4-9　续表 5

单位：万元

项　　目	年末所有者权益合计	实收资本	营业收入	营业成本	税金及附加
非电力家用器具制造	102878	16926	131887	101944	911
照明器具制造	124061	57210	601065	523404	2321
其他电气机械及器材制造	13685	4150	55330	42752	192
计算机、通信和其他电子设备制造业	**1677846**	**379405**	**1617496**	**1294578**	**7939**
计算机制造	2264	5080	8384	8629	6
通信设备制造	36602	6288	73519	54544	556
雷达及配套设备制造	966	554	3203	2457	3
非专业视听设备制造	3103	3200	15953	13148	29
智能消费设备制造	104322	32222	131149	99983	832
电子器件制造	857256	199904	575722	451842	3150
电子元件及电子专用材料制造	660395	125555	774114	633510	3204
其他电子设备制造	12937	6601	35453	30465	159
仪器仪表制造业	**572521**	**180406**	**946247**	**708982**	**6043**
通用仪器仪表制造	555867	176246	896740	669038	5887
专用仪器仪表制造	7186	1380	23323	19216	62
光学仪器制造	7357	2580	16490	12674	80
其他仪器仪表制造业	2110	200	9695	8054	14
其他制造业	**315021**	**135459**	**596299**	**474232**	**3892**
日用杂品制造	311642	134459	585587	465090	3760
其他未列明制造业	3379	1000	10712	9142	132
废弃资源综合利用业	**253155**	**155923**	**1094371**	**1067538**	**3883**
金属废料和碎屑加工处理	208331	127929	979026	970872	3070
非金属废料和碎屑加工处理	44824	27994	115345	96667	813
金属制品、机械和设备修理业	**3504**	**3243**	**7362**	**5658**	**38**
专用设备修理	400	243	4537	3378	15
铁路、船舶、航空航天等运输设备修理	3104	3000	2826	2280	24
电力、热力生产和供应业	**2932930**	**2701106**	**3219821**	**2816632**	**20430**
电力生产	2894682	2686609	3105137	2710843	19807
电力供应					
热力生产和供应	38249	14497	114684	105789	623
燃气生产和供应业	**131771**	**44023**	**301144**	**271876**	**581**
燃气生产和供应业	131771	44023	301144	271876	581
水的生产和供应业	**511666**	**261020**	**240499**	**193448**	**2146**
自来水生产和供应	449646	207360	200513	158106	1967
污水处理及其再生利用	62020	53660	39986	35342	179

4-10 规模以上工业主要财务指标(四)

(2022年)

单位：万元

项目	销售费用	财务费用	#利息费用	利润总额	利税总额	本年应交增值税	平均用工人数(人)
总计	**1774677**	**614829**	**888913**	**4037535**	**5849944**	**1421464**	**770481**
其中：国有控股企业	157927	265908	235384	216122	366951	117088	15071
按登记注册类型分							
国有企业		47	7	81	226	-1	115
集体企业	356	654	0	-3383	-2824	435	271
股份合作企业	10362	3965	3385	31962	51267	16686	8534
联营企业	12	19	20	278	384	103	60
有限责任公司	166560	275492	258321	408617	638527	167329	42572
股份有限公司	209871	-29456	91578	678990	883001	158441	84549
私营企业	1178596	341130	469783	2393277	3640982	1000754	597740
港、澳、台商投资公司	31511	1444	11966	129338	159877	22792	13345
外商投资企业公司	177410	21534	53852	398374	478504	54926	23295
按轻重工业分							
轻工业	780973	99010	260740	1811212	2435416	499411	297044
重工业	993704	515818	628173	2226323	3414528	922054	473437
按大中小微型分							
大型企业	424746	152334	279043	1338960	1643794	202714	124209
中型企业	413176	59940	171464	1201078	1649765	356796	175916
小型企业	928264	385193	426317	1478281	2514372	843982	465352
微型企业	8492	17362	12089	19215	42014	17973	5004
按工业行业分							
有色金属矿采选业		**62**	**62**	**850**	**1308**	**321**	**95**
常用有色金属矿采选		62	62	850	1308	321	95
非金属矿采选业	**3074**	**20344**	**14853**	**1176**	**9430**	**3559**	**581**
土砂石开采	3074	20344	14853	1176	9430	3559	581
农副食品加工业	**17154**	**11230**	**8468**	**27448**	**36739**	**7021**	**8759**
谷物磨制	437	275	168	123	215	87	69
饲料加工	2639	1871	1840	6624	7771	979	513
植物油加工	1844	481	655	8494	9299	749	378
制糖业	0	48	47	88	215	121	52
屠宰及肉类加工	2710	289	479	2228	3153	314	1063
水产品加工	9117	8095	5108	9852	15797	4594	6508
蔬菜、菌类、水果和坚果加工	328	93	95	5	62		75
其他农副食品加工	78	77	77	36	226	178	101

4-10 续表 1

单位：万元

项 目	销售费用	财务费用	#利息费用	利润总额	利税总额	本年应交增值税	平均用工人数(人)
食品制造业	**6515**	**477**	**2775**	**13573**	**16829**	**2355**	**3702**
焙烤食品制造	91	7	7	519	813	273	85
方便食品制造	801	428	428	654	668	10	175
罐头食品制造	3450	818	1941	1283	3168	1380	2615
调味品、发酵制品制造	42	73	75	1008	1217	196	35
其他食品制造	2130	-848	325	10109	10962	497	792
酒、饮料和精制茶制造业	**1989**	**9**	**326**	**-7224**	**7398**	**5186**	**794**
酒的制造	595	-902	205	-9626	3147	3579	462
饮料制造	1234	783	0	2268	3918	1425	256
精制茶加工	161	128	120	133	333	182	76
纺织业	**28436**	**5065**	**9995**	**37796**	**62601**	**19634**	**13893**
棉纺织及印染精加工	2172	4510	4352	-915	4948	4578	1673
毛纺织及染整精加工	421	252	258	607	1801	1047	466
化纤织造及印染精加工	2027	2154	2439	2949	6893	3471	2107
针织或钩针编织物及其制品制造	1769	158	191	1731	3144	1276	377
家用纺织制成品制造	3532	501	607	453	1801	1041	1591
产业用纺织制成品制造	18516	-2510	2148	32971	44014	8221	7679
纺织服装、服饰业	**3003**	**1591**	**1485**	**1974**	**4471**	**2141**	**1859**
机织服装制造	1538	805	761	672	1749	912	931
针织或钩针编织服装制造	1032	453	452	521	1442	767	646
服饰制造	433	334	272	780	1279	463	282
皮革、毛皮、羽毛及其制品和制鞋业	**19662**	**8439**	**8991**	**31442**	**59082**	**24006**	**26154**
皮革制品制造	1906	869	949	1462	2757	974	1406
制鞋业	17756	7569	8042	29980	56325	23031	24748
木材加工和木、竹、藤、棕、草制品业	**3355**	**-476**	**2251**	**3845**	**7839**	**3252**	**3621**
人造板制造	1091	405	645	664	2133	1338	522
木质制品制造	1400	5	399	487	2219	1542	1340
竹、藤、棕、草等制品制造	864	-886	1208	2694	3487	371	1759
家具制造业	**37244**	**5454**	**12473**	**74865**	**107726**	**25393**	**24094**
木质家具制造	7252	1170	1802	-2351	1034	2565	3253
竹、藤家具制造	950	435	782	332	3243	2574	1194

4-10 续表 2

单位：万元

项 目	销售费用	财务费用	#利息费用	利润总额	利税总额	本年应交增值税	平均用工人数（人）
金属家具制造	22185	3610	8596	60876	82897	17103	16746
塑料家具制造	4773	330	660	3669	5361	797	1665
其他家具制造	2085	-90	633	12339	15190	2354	1236
造纸和纸制品业	**15611**	**6953**	**6911**	**18059**	**53307**	**30992**	**6915**
造纸	2801	1810	1696	13728	40121	23568	1526
纸制品制造	12810	5143	5215	4331	13187	7424	5389
印刷和记录媒介复制业	**9907**	**3083**	**3286**	**15694**	**26027**	**8418**	**7623**
印刷	9907	3083	3286	15694	26027	8418	7623
文教、工美、体育和娱乐用品制造业	**29467**	**2139**	**11252**	**49449**	**80389**	**25018**	**21624**
文教办公用品制造	957	434	717	149	721	382	514
工艺美术及礼仪用品制造	24957	1211	8709	39450	67395	23029	17673
体育用品制造	1342	50	1270	7344	8323	451	1825
玩具制造	1722	461	536	1573	2753	949	1425
游艺器材及娱乐用品制造	490	-18	21	933	1199	207	187
石油、煤炭及其他燃料加工业	**792**	**80**	**20**	**916**	**1478**	**505**	**129**
精炼石油产品制造	792	80	20	916	1478	505	129
化学原料和化学制品制造业	**39056**	**-2970**	**16354**	**173091**	**214304**	**32789**	**10364**
基础化学原料制造	1433	286	1424	24936	29634	4052	789
肥料制造	366	13	13	293	339	41	26
农药制造	2550	-734	435	11588	13430	1282	928
涂料、油墨、颜料及类似产品制造	9970	1229	5851	20206	31467	8812	3170
合成材料制造	10077	4962	5798	7793	13067	3875	1662
专用化学产品制造	10460	-8705	1232	99553	115642	13113	2578
炸药、火工及焰火产品制造	189	-18		1436	2010	485	79
日用化学产品制造	4013	-4	1602	7287	8716	1130	1132
医药制造业	**273637**	**-458**	**90889**	**807850**	**959289**	**120151**	**41117**
化学药品原料药制造	155007	-1774	85954	632582	739047	81542	36143
化学药品制剂制造	50119	-115	3080	116273	144822	24460	3209
中药饮片加工	2	50	41	190	242	47	56
中成药生产	38497	1875	1793	42386	55750	11774	970
兽用药品制造	196	-310		5880	6128		181
生物药品制品制造	29763	-188	22	10257	12855	2175	505
药用辅料及包装材料	53	4		281	444	155	53
化学纤维制造业	**1696**	**5500**	**7277**	**-7661**	**-93**	**6948**	**1338**

4-10 续表 3

单位：万元

项 目	销售费用	财务费用	#利息费用	利润总额	利税总额	本年应交增值税	平均用工人数（人）
合成纤维制造	959	5731	6097	-10821	-4110	6379	887
生物基材料制造	737	-230	1181	3160	4017	569	451
橡胶和塑料制品业	**192851**	**48660**	**61016**	**381940**	**541157**	**127692**	**80755**
橡胶制品业	31978	12744	15890	82506	115175	26473	17026
塑料制品业	160873	35915	45126	299434	425982	101219	63729
非金属矿物制品业	**78673**	**24349**	**24935**	**84493**	**159460**	**63782**	**12266**
水泥、石灰和石膏制造	4324	525	435	18504	24183	4818	445
石膏、水泥制品及类似制品制造	64524	16497	17099	62827	119166	48070	7811
砖瓦、石材等建筑材料制造	5967	3415	3780	-4767	2129	5994	1282
玻璃制造	675	400	422	1109	2498	1166	651
玻璃制品制造	776	443	559	922	1819	765	645
玻璃纤维和玻璃纤维增强塑料制品制造	443	-3	52	283	570	229	148
陶瓷制品制造	518	1039	1059	2946	5008	1714	762
石墨及其他非金属矿物制品制造	1446	2033	1529	2669	4088	1026	522
黑色金属冶炼和压延加工业	**3110**	**3356**	**3416**	**10899**	**20007**	**6916**	**1893**
炼铁	20	20	8	84	191	101	77
钢压延加工	3090	3336	3408	10815	19816	6815	1816
有色金属冶炼和压延加工业	**6156**	**7803**	**12366**	**-2010**	**15719**	**14402**	**4860**
常用有色金属冶炼	78	313	320	-1798	-762	1034	63
有色金属合金制造	661	784	910	-210	4164	3381	283
有色金属压延加工	5418	6706	11136	-2	12317	9988	4514
金属制品业	**88942**	**17822**	**35179**	**306126**	**385785**	**64877**	**41441**
结构性金属制品制造	5182	2388	2388	2530	6514	3300	2526
金属工具制造	3914	1929	1642	16486	20677	3523	3202
集装箱及金属包装容器制造	2687	1486	1699	4390	6462	1805	1268
金属丝绳及其制品制造	940	1340	1369	696	2605	1656	785
建筑、安全用金属制品制造	22511	6540	7586	28030	46115	14615	10601
金属表面处理及热处理加工	3778	3441	4114	9901	20413	9029	7062
搪瓷制品制造	435	-95	85	60	576	494	198
金属制日用品制造	37676	-8206	8398	211918	225485	9117	6010
铸造及其他金属制品制造	11821	8999	7898	32116	56939	21338	9789
通用设备制造业	**281144**	**43946**	**87148**	**658744**	**897073**	**187757**	**144753**
锅炉及原动设备制造	2127	-30	421	6784	9040	1755	1123
金属加工机械制造	27276	5503	8683	56043	83806	23128	14790

4-10 续表 4

单位：万元

项目	销售费用	财务费用	#利息费用	利润总额	利税总额	本年应交增值税	平均用工人数（人）
物料搬运设备制造	8926	2127	2499	4757	10197	4315	2816
泵、阀门、压缩机及类似机械制造	164321	14957	40390	386030	509438	96503	80197
轴承、齿轮和传动部件制造	31624	15042	20076	124695	161570	28490	22526
烘炉、风机、包装等设备制造	37212	1176	9758	61398	88193	19455	17222
文化、办公用机械制造	257	71	71	393	550	115	213
通用零部件制造	5914	4200	4245	14172	27446	11849	4578
其他通用设备制造业	3487	901	1005	4471	6834	2149	1288
专用设备制造业	**143826**	**18804**	**40785**	**298106**	**429613**	**110088**	**63229**
采矿、冶金、建筑专用设备制造	7746	530	1710	30952	40520	8158	3375
化工、木材、非金属加工专用设备制造	37159	19316	16267	84452	136601	43888	20411
食品、饮料、烟草及饲料生产专用设备制造	429	426	377	1395	2643	1052	559
印刷、制药、日化及日用品生产专用设备制造	510	950	943	3614	5344	1579	579
纺织、服装和皮革加工专用设备制造	39264	-7227	10855	71890	97596	21458	15872
电子和电工机械专用设备制造	325	68	69	2729	3736	917	384
农、林、牧、渔专用机械制造	22040	729	3567	31463	39673	6366	8041
医疗仪器设备及器械制造	30582	1284	5050	61414	86127	20426	11998
环保、邮政、社会公共服务及其他专用设备制造	5772	2728	1948	10198	17374	6243	2010
汽车制造业	**184825**	**80430**	**104104**	**327005**	**547520**	**165275**	**89627**
汽车整车制造	10453	27512	32204	50176	72168	1861	4019
汽车用发动机制造	661	640	1281	32168	49658	16427	1173
汽车车身、挂车制造	902	487	482	228	816	474	208
汽车零部件及配件制造	172810	51792	70136	244434	424878	146513	84227
铁路、船舶、航空航天和其他运输设备制造业	**64007**	**18879**	**25098**	**152352**	**277380**	**76849**	**42819**
铁路运输设备制造	8318	3119	4852	31539	44335	10676	2588
船舶及相关装置制造	934	1191	1472	5299	23160	15584	8272
航空、航天器及设备制造	1157	1739	1023	9810	11167	1093	744
摩托车制造	24098	6705	10169	77411	145247	28136	19851
自行车和残疾人座车制造	445	237	254	967	1635	564	195
助动车制造	26942	6041	7127	24456	47161	19176	10501
非公路休闲车及零配件制造	1772	-169	180	2816	4432	1442	612
潜水救捞及其他未列明运输设备制造	342	17	23	54	242	179	56
电气机械和器材制造业	**129514**	**31071**	**53652**	**229484**	**354292**	**104527**	**57805**
电机制造	42551	3322	22248	124323	172429	38657	28770
输配电及控制设备制造	23233	5431	8065	27283	49121	18598	8913
电线、电缆、光缆及电工器材制造	33144	15260	13283	36846	57848	18101	4511
电池制造	84	-63	0	70	396	296	78
家用电力器具制造	5671	3004	1067	15209	22038	5590	4001

4-10　续表 5

单位：万元

项　　目	销售费用	财务费用	#利息费用	利润总额	利税总额	本年应交增值税	平均用工人数(人)
非电力家用器具制造	9008	404	1555	7252	13028	4866	2245
照明器具制造	13976	3144	6787	14634	33883	16929	8361
其他电气机械及器材制造	1848	568	647	3868	5550	1490	926
计算机、通信和其他电子设备制造业	**36098**	**-5218**	**9595**	**138156**	**179395**	**33301**	**20563**
计算机制造	16	649	472	-2129	-2087	36	134
通信设备制造	1901	-968	197	12560	15713	2598	584
雷达及配套设备制造		52	52	326	375	46	16
非专业视听设备制造	801	313	312	-73	236	280	227
智能消费设备制造	10791	222	190	9537	13577	3208	1817
电子器件制造	9074	-9708	2502	43558	48703	1995	8942
电子元件及电子专用材料制造	13303	3065	5325	72774	99539	23561	8545
其他电子设备制造	213	1156	545	1604	3339	1577	298
仪器仪表制造业	**36785**	**3973**	**8041**	**97044**	**127282**	**24196**	**14468**
通用仪器仪表制造	35358	3789	7654	94806	123610	22917	13496
专用仪器仪表制造	677	-214		1075	1346	209	321
光学仪器制造	408	318	308	612	1398	707	449
其他仪器仪表制造业	342	80	80	551	928	364	202
其他制造业	**15169**	**-952**	**7358**	**50329**	**73865**	**19645**	**12823**
日用杂品制造	14850	-812	7144	50123	73044	19161	12555
其他未列明制造业	319	-140	215	206	822	484	268
废弃资源综合利用业	**6499**	**8514**	**6811**	**-10203**	**14127**	**20447**	**2108**
金属废料和碎屑加工处理	4126	7181	5840	-19310	-3785	12455	1254
非金属废料和碎屑加工处理	2373	1333	971	9107	17912	7992	854
金属制品、机械和设备修理业	**54**	**167**	**183**	**136**	**621**	**447**	**267**
专用设备修理	54	72	67	110	382	257	192
铁路、船舶、航空航天等运输设备修理		96	117	26	239	189	75
电力、热力生产和供应业	**466**	**229055**	**196618**	**58512**	**152032**	**73090**	**5013**
电力生产	429	228090	195385	54050	146269	72412	4664
电力供应							
热力生产和供应	38	964	1233	4462	5764	678	349
燃气生产和供应业	**9710**	**860**	**241**	**9761**	**12574**	**2232**	**869**
燃气生产和供应业	9710	860	241	9761	12574	2232	869
水的生产和供应业	**6251**	**16790**	**14699**	**3520**	**13920**	**8255**	**2260**
自来水生产和供应	6185	10556	8832	6349	16039	7724	1889
污水处理及其再生利用	66	6234	5867	-2829	-2119	531	371

4-11 规模以上工业主要经济效益指标(一)

(2022年)

项 目	企业亏损面(%)	资产负债率(%)	流动比率	产成品存货周转天数(天)	新产品产值率(%)
总 计	**13.09**	**57.06**	**1.16**	**28.67**	**39.16**
其中：国有控股企业	31.51	63.18	0.84	11.77	12.68
按轻重工业分					
轻工业	14.97	49.09	1.20	40.61	37.67
重工业	11.96	61.05	1.14	23.45	39.87
按工业行业分					
有色金属矿采选业		51.49	1.02	158.57	
非金属矿采选业	33.33	59.99	0.39	33.24	8.89
农副食品加工业	14.00	64.01	1.06	38.28	16.12
食品制造业	5.56	60.82	0.98	109.62	22.23
酒、饮料和精制茶制造业	42.86	42.85	1.49	34.03	2.78
纺织业	19.38	58.34	1.20	29.71	29.78
纺织服装、服饰业	15.79	75.57	0.83	59.70	17.75
皮革、毛皮、羽毛及其制品和制鞋业	6.56	75.49	0.95	21.31	41.93
木材加工和木、竹、藤、棕、草制品业	20.83	61.06	0.97	41.96	52.71
家具制造业	32.95	64.74	0.98	32.33	43.43
造纸和纸制品业	24.32	60.23	1.21	16.11	41.68
印刷和记录媒介复制业	11.27	43.30	1.18	10.78	31.83
文教、工美、体育和娱乐用品制造业	18.18	63.82	0.97	21.61	25.47
石油、煤炭及其他燃料加工业		40.26	2.23	9.57	1.14
化学原料和化学制品制造业	17.78	38.90	1.78	31.94	35.58
医药制造业	14.86	38.57	1.44	91.87	51.15
化学纤维制造业	57.14	49.00	0.84	25.00	20.15
橡胶和塑料制品业	13.05	50.78	1.18	27.38	33.72
非金属矿物制品业	23.61	71.21	0.95	15.46	14.60
黑色金属冶炼和压延加工业	28.00	65.07	1.17	12.88	12.23
有色金属冶炼和压延加工业	30.68	74.45	1.00	9.12	29.96
金属制品业	11.03	55.82	1.14	24.66	25.16
通用设备制造业	6.86	52.04	1.27	29.41	43.03
专用设备制造业	13.14	58.91	1.15	38.32	48.18
汽车制造业	11.21	68.31	1.02	25.18	61.15
铁路船舶航空航天和其他运输设备制造业	15.18	67.20	1.11	21.66	40.39
电气机械和器材制造业	8.87	62.36	1.22	22.59	41.20
计算机、通信和其他电子设备制造业	19.67	41.82	1.65	41.91	58.01
仪器仪表制造业	8.54	43.79	1.59	22.60	56.19
其他制造业	25.00	58.33	1.16	30.46	34.41
废弃资源综合利用业	36.00	64.04	1.16	13.27	2.79
金属制品、机械和设备修理业		55.13	1.35	14.67	
电力、热力生产和供应业	19.44	70.57	0.68	0.04	
燃气生产和供应业	25.00	45.94	0.72	3.48	
水的生产和供应业	65.00	72.51	1.12	0.39	

4-12　规模以上工业主要经济效益指标(二)

(2022年)

项　　目	企　业 亏损率 (%)	成本费用 利润率 (%)	百元营业收 入实现利税 (元)	百元固定 资产原值 实现利税 (元)	营业收入 利润率 (%)
总　　计	**12.91**	**6.17**	**8.47**	**15.13**	**5.84**
其中：国有控股企业	45.34	4.72	7.81	3.11	4.60
按轻重工业分					
轻工业	6.74	8.87	11.10	22.93	8.25
重工业	17.36	4.95	7.24	12.17	4.72
按工业行业分					
有色金属矿采选业		39.33	41.84	94.01	27.19
非金属矿采选业	89.38	0.97	7.38	29.60	0.92
农副食品加工业	6.47	2.59	3.38	14.57	2.53
食品制造业	0.43	7.15	8.39	14.62	6.76
酒、饮料和精制茶制造业	359.17	-6.92	5.96	6.46	-5.82
纺织业	14.27	3.95	6.27	16.03	3.79
纺织服装、服饰业	10.60	2.69	5.93	12.71	2.62
皮革、毛皮、羽毛及其制品和制鞋业	5.44	3.64	6.61	24.17	3.52
木材加工和木、竹、藤、棕、草制品业	12.62	2.57	5.09	9.96	2.50
家具制造业	8.14	5.73	7.86	26.76	5.46
造纸和纸制品业	27.67	2.35	6.86	20.52	2.32
印刷和记录媒介复制业	14.98	4.14	6.72	10.01	4.05
文教、工美、体育和娱乐用品制造业	9.04	6.63	10.12	21.25	6.22
石油、煤炭及其他燃料加工业		5.52	8.45	51.04	5.24
化学原料和化学制品制造业	6.27	10.61	11.85	28.58	9.57
医药制造业	3.33	18.38	18.86	25.48	15.88
化学纤维制造业	270.23	-2.27	-0.03	-0.05	-2.32
橡胶和塑料制品业	4.53	6.87	9.07	18.86	6.40
非金属矿物制品业	20.30	4.48	8.07	22.45	4.28
黑色金属冶炼和压延加工业	43.70	1.68	3.03	20.81	1.65
有色金属冶炼和压延加工业	115.05	-0.11	0.86	7.35	-0.11
金属制品业	5.14	10.52	12.63	31.02	10.02
通用设备制造业	3.37	7.32	9.32	20.41	6.85
专用设备制造业	6.42	7.80	10.50	21.98	7.29
汽车制造业	24.71	3.45	5.60	13.94	3.34
铁路船舶航空航天和其他运输设备制造业	15.05	4.27	7.37	25.95	4.05
电气机械和器材制造业	5.34	3.92	5.83	20.41	3.77
计算机、通信和其他电子设备制造业	13.44	9.17	11.09	21.29	8.54
仪器仪表制造业	2.29	11.29	13.45	33.61	10.26
其他制造业	2.74	9.00	12.39	26.00	8.44
废弃资源综合利用业	182.91	-0.92	1.29	9.14	-0.93
金属制品、机械和设备修理业		1.89	8.44	9.62	1.85
电力、热力生产和供应业	72.66	1.84	4.72	1.46	1.82
燃气生产和供应业	32.68	3.32	4.18	7.70	3.24
水的生产和供应业	82.31	1.45	5.79	1.47	1.46

4-13 国有及国有控股工业主要财务指标(一)

(2022年) 单位：万元

项　　目	企　业 单位数 (个)	亏　损 企　业	新产品 产　值	新 产 品 销售收入	新 产 品 销售收入 中 出 口	资　产 总　计
总　　计	**73**	**23**	**577410**	**546996**	**39382**	**16057193**
按轻重工业分						
轻工业	10	1	351818	302399	29449	2642544
重工业	63	22	225592	244597	9933	13414649
按大中小微型分						
大型企业	3		289436	284307	26447	8736227
中型企业	7	2	170064	174406	9933	2081504
小型企业	48	19	117910	88283	3002	4765403
微型企业	15	2				474059
按工业行业分						
非金属矿采选业	**5**	**2**	**6144**	**5410**		**1452890**
土砂石开采	5	2	6144	5410		1452890
农副食品加工业	**2**	**1**				**25119**
屠宰及肉类加工	2	1				25119
食品制造业	**1**		**197**			**4239**
其他食品制造	1		197			4239
酒、饮料和精制茶制造业	**1**					**5891**
酒的制造	1					5891
印刷和记录媒介复制业	**1**					**3822**
印刷	1					3822
化学原料和化学制品制造业	**1**					**7055**
炸药、火工及焰火产品制造	1					7055
医药制造业	**3**		**289436**	**284307**	**26447**	**2375323**
化学药品原料药制造	2		172850	171295	16734	1821512
化学药品制剂制造	1		116586	113012	9713	553811
化学纤维制造业	**2**		**62186**	**18092**	**3002**	**228151**
生物基材料制造	2		62186	18092	3002	228151
非金属矿物制品业	**6**	**2**	**26780**	**46712**		**199178**
水泥、石灰和石膏制造	2					44475
石膏、水泥制品及类似制品制造	1	1	26780	46712		96213
砖瓦、石材等建筑材料制造	2					41442
石墨及其他非金属矿物制品制造	1	1				17048
通用设备制造业	**3**		**78548**	**78999**	**8870**	**249303**
泵、阀门、压缩机及类似机械制造	1		6171	6171		19744
烘炉、风机、包装等设备制造	2		72377	72828	8870	229559
汽车制造业	**2**	**2**	**5**	**1095**		**45187**
汽车零部件及配件制造	2	2	5	1095		45187
铁路船舶航空航天和其他运输设备制造业	**3**		**22599**	**16973**		**90307**
铁路运输设备制造	1					8700
船舶及相关装置制造	2		22599	16973		81607
电气机械和器材制造业	**1**		**91516**	**95408**	**1063**	**159778**
输配电及控制设备制造	1		91516	95408	1063	159778
废弃资源综合利用业	**1**					**43031**
金属废料和碎屑加工处理	1					43031
电力、热力生产和供应业	**24**	**5**				**9349506**
电力生产	20	4				9317997
电力供应	2					
热力生产和供应	2	1				31509
燃气生产和供应业	**2**					**39826**
燃气生产和供应业	2					39826
水的生产和供应业	**15**	**11**				**1778588**
自来水生产和供应	13	9				1596424
污水处理及其再生利用	2	2				182164

4-14 国有及国有控股工业主要财务指标(二)

(2022年)

单位：万元

项 目	流动资产合计	存 货	固定资产原价	固定资产净额	年末负债合计	流动负债合计
总 计	**2727106**	**630696**	**11794493**	**7457955**	**10144261**	**3243056**
按轻重工业分						
轻工业	603904	141485	740232	378745	850688	509067
重工业	2123202	489211	11054261	7079210	9293573	2733989
按大中小微型分						
大型企业	931026	374182	5694411	4620261	5536960	1336664
中型企业	649674	158715	3380468	1152244	1325577	626658
小型企业	949704	90417	2393206	1458280	2975776	1178196
微型企业	196703	7383	326408	227170	305948	101538
按工业行业分						
非金属矿采选业	**131687**	**14177**	**3420**	**1834**	**838739**	**316255**
土砂石开采	131687	14177	3420	1834	838739	316255
农副食品加工业	**11384**	**84**	**14446**	**12824**	**9006**	**7161**
屠宰及肉类加工	11384	84	14446	12824	9006	7161
食品制造业	**774**	**375**	**3859**	**1574**	**1624**	**1624**
其他食品制造	774	375	3859	1574	1624	1624
酒、饮料和精制茶制造业	**5308**	**1405**	**1585**	**495**	**1299**	**1269**
酒的制造	5308	1405	1585	495	1299	1269
印刷和记录媒介复制业	**2819**	**493**	**1526**	**1004**	**1879**	**1879**
印刷	2819	493	1526	1004	1879	1879
化学原料和化学制品制造业	**3284**	**454**	**6022**	**2378**	**1420**	**1396**
炸药、火工及焰火产品制造	3284	454	6022	2378	1420	1396
医药制造业	**547207**	**125534**	**664552**	**320203**	**793059**	**466545**
化学药品原料药制造	282550	80059	502051	216974	731768	431259
化学药品制剂制造	264657	45475	162501	103230	61291	35285
化学纤维制造业	**36413**	**13594**	**54264**	**42645**	**43822**	**30590**
生物基材料制造	36413	13594	54264	42645	43822	30590
非金属矿物制品业	**127156**	**5774**	**85355**	**58500**	**147464**	**117042**
水泥、石灰和石膏制造	30700	3244	30700	12510	17211	16733
石膏、水泥制品及类似制品制造	52235	1787	44648	37589	89093	59385
砖瓦、石材等建筑材料制造	39486	556	2255	1531	25282	25045
石墨及其他非金属矿物制品制造	4735	188	7752	6870	15878	15878
通用设备制造业	**98932**	**14053**	**27215**	**16652**	**71538**	**58602**
泵、阀门、压缩机及类似机械制造	9804	4568	11899	9783	10621	8237
烘炉、风机、包装等设备制造	89129	9485	15316	6869	60917	50366
汽车制造业	**21068**	**3938**	**38080**	**17198**	**43347**	**41569**
汽车零部件及配件制造	21068	3938	38080	17198	43347	41569
铁路船舶航空航天和其他运输设备制造业	**64242**	**30036**	**28548**	**18681**	**72686**	**53417**
铁路运输设备制造	6202	777	1285	756	3909	3909
船舶及相关装置制造	58040	29260	27264	17925	68776	49508
电气机械和器材制造业	**121663**	**39774**	**41214**	**18917**	**114438**	**107727**
输配电及控制设备制造	121663	39774	41214	18917	114438	107727
废弃资源综合利用业	**11605**	**2068**	**2278**	**773**	**41660**	**41334**
金属废料和碎屑加工处理	11605	2068	2278	773	41660	41334
电力、热力生产和供应业	**1110829**	**364776**	**9903376**	**6350797**	**6637910**	**1605461**
电力生产	1094148	364767	9864894	6336216	6619464	1587782
电力供应						
热力生产和供应	16682	10	38482	14581	18446	17679
燃气生产和供应业	**13665**	**3477**	**19259**	**13998**	**15228**	**15091**
燃气生产和供应业	13665	3477	19259	13998	15228	15091
水的生产和供应业	**419070**	**10684**	**899495**	**579482**	**1309145**	**376096**
自来水生产和供应	392128	10448	775812	500147	1147069	349163
污水处理及其再生利用	26942	236	123683	79335	162077	26933

4-15 国有及国有控股工业主要财务指标(三)

(2022年) 单位：万元

项目	年末所有者权益合计	实收资本	营业收入	营业成本	税金及附加
总计	**5912932**	**3339313**	**4700748**	**3881627**	**33740**
按轻重工业分					
轻工业	1791856	267399	769461	455904	7115
重工业	4121075	3071915	3931287	3425722	26625
按大中小微型分					
大型企业	3199267	1740218	1244509	625643	14362
中型企业	755927	707430	2228174	2251526	8948
小型企业	1789627	768390	1138284	948317	8894
微型企业	168111	123275	89781	56142	1536
按工业行业分					
非金属矿采选业	**614151**	**103200**	**61147**	**45882**	**2367**
土砂石开采	614151	103200	61147	45882	2367
农副食品加工业	**16113**	**8086**	**94568**	**93808**	**163**
屠宰及肉类加工	16113	8086	94568	93808	163
食品制造业	**2615**	**1000**	**2054**	**1879**	**81**
其他食品制造	2615	1000	2054	1879	81
酒、饮料和精制茶制造业	**4592**	**545**	**1843**	**998**	**155**
酒的制造	4592	545	1843	998	155
印刷和记录媒介复制业	**1943**	**500**	**3049**	**2440**	**9**
印刷	1943	500	3049	2440	9
化学原料和化学制品制造业	**5634**	**1000**	**7508**	**4652**	**89**
炸药、火工及焰火产品制造	5634	1000	7508	4652	89
医药制造业	**1582264**	**223000**	**590135**	**287060**	**6434**
化学药品原料药制造	1089744	124079	358587	169689	4023
化学药品制剂制造	492519	98921	231548	117371	2411
化学纤维制造业	**184329**	**34268**	**77812**	**69719**	**272**
生物基材料制造	184329	34268	77812	69719	272
非金属矿物制品业	**51715**	**33700**	**186197**	**154358**	**1673**
水泥、石灰和石膏制造	27264	7600	105369	79654	642
石膏、水泥制品及类似制品制造	7120	12000	47280	42734	678
砖瓦、石材等建筑材料制造	16160	11600	30591	28846	257
石墨及其他非金属矿物制品制造	1170	2500	2957	3124	96
通用设备制造业	**177765**	**61656**	**101426**	**81855**	**363**
泵、阀门、压缩机及类似机械制造	9123	3670	10004	6850	60
烘炉、风机、包装等设备制造	168642	57986	91422	75006	303
汽车制造业	**1840**	**11750**	**12986**	**13375**	**159**
汽车零部件及配件制造	1840	11750	12986	13375	159
铁路船舶航空航天和其他运输设备制造业	**17621**	**10500**	**53591**	**45771**	**385**
铁路运输设备制造	4790	3000	10083	6088	171
船舶及相关装置制造	12831	7500	43508	39684	215
电气机械和器材制造业	**45340**	**26208**	**130695**	**108173**	**445**
输配电及控制设备制造	45340	26208	130695	108173	445
废弃资源综合利用业	**1371**	**8000**	**80609**	**78286**	**326**
金属废料和碎屑加工处理	1371	8000	80609	78286	326
电力、热力生产和供应业	**2711596**	**2571085**	**3045880**	**2685681**	**18745**
电力生产	2698533	2559088	2975299	2618920	18537
电力供应					
热力生产和供应	13063	11997	70581	66761	208
燃气生产和供应业	**24598**	**5000**	**37863**	**35123**	**86**
燃气生产和供应业	24598	5000	37863	35123	86
水的生产和供应业	**469442**	**239815**	**213385**	**172565**	**1986**
自来水生产和供应	449355	207273	197431	155035	1962
污水处理及其再生利用	20087	32542	15954	17530	24

4-16 国有及国有控股工业主要财务指标(四)

(2022年)

单位：万元

项目	销售费用	财务费用	#利息费用	利润总额	利税总额	本年应交增值税	平均用工人数(人)
总　计	**157927**	**265908**	**235384**	**216122**	**366951**	**117088**	**15071**
按轻重工业分							
轻工业	135804	14496	21153	140947	172948	24886	5713
重工业	22123	251413	214231	75176	194003	92202	9358
按大中小微型分							
大型企业	135062	185175	156493	247211	322487	60914	5591
中型企业	10373	26869	28999	-134519	-104655	20916	3900
小型企业	12129	42248	44385	84725	126427	32809	5464
微型企业	364	11616	5508	18706	22692	2449	116
按工业行业分							
非金属矿采选业	**190**	**11909**	**6921**	**-1107**	**2820**	**1560**	**286**
土砂石开采	190	11909	6921	-1107	2820	1560	286
农副食品加工业	**4**	**-20**	**51**	**-365**	**-161**	**41**	**363**
屠宰及肉类加工	4	-20	51	-365	-161	41	363
食品制造业	**86**	**0**		**546**	**654**	**27**	**24**
其他食品制造	86	0		546	654	27	24
酒、饮料和精制茶制造业	**9**	**-189**		**386**	**677**	**136**	**91**
酒的制造	9	-189		386	677	136	91
印刷和记录媒介复制业		**-2**	**1**	**340**	**429**	**80**	**72**
印刷		-2	1	340	429	80	72
化学原料和化学制品制造业	**189**	**-18**		**1436**	**2010**	**485**	**79**
炸药、火工及焰火产品制造	189	-18		1436	2010	485	79
医药制造业	**135249**	**15184**	**20184**	**136006**	**166767**	**24327**	**4796**
化学药品原料药制造	107794	17828	19834	53845	67916	10048	3451
化学药品制剂制造	27455	-2644	350	82161	98851	14279	1345
化学纤维制造业	**456**	**-479**	**917**	**4035**	**4582**	**275**	**367**
生物基材料制造	456	-479	917	4035	4582	275	367
非金属矿物制品业	**3043**	**3502**	**4207**	**16943**	**24776**	**6160**	**384**
水泥、石灰和石膏制造	2821	-71	0	19365	23644	3637	211
石膏、水泥制品及类似制品制造	221	2983	2989	-2190	272	1784	109
砖瓦、石材等建筑材料制造	2	1	1217	1039	1885	589	51
石墨及其他非金属矿物制品制造		588		-1271	-1024	151	13
通用设备制造业	**3826**	**970**	**1596**	**7159**	**8949**	**1427**	**895**
泵、阀门、压缩机及类似机械制造	159	277	267	11	572	501	313
烘炉、风机、包装等设备制造	3667	694	1328	7148	8377	927	582
汽车制造业	**150**	**126**	**138**	**-238**	**397**	**475**	**466**
汽车零部件及配件制造	150	126	138	-238	397	475	466
铁路船舶航空航天和其他运输设备制造业	**0**	**12**	**7**	**3136**	**5030**	**1509**	**246**
铁路运输设备制造		-20		3033	4503	1300	10
船舶及相关装置制造	0	32	7	103	527	209	236
电气机械和器材制造业	**6518**	**2380**	**2740**	**4632**	**8901**	**3824**	**662**
输配电及控制设备制造	6518	2380	2740	4632	8901	3824	662
废弃资源综合利用业	**153**	**1659**	**1499**	**192**	**789**	**271**	**42**
金属废料和碎屑加工处理	153	1659	1499	192	789	271	42
电力、热力生产和供应业	**429**	**216055**	**183987**	**39703**	**126643**	**68195**	**4089**
电力生产	429	215987	183797	36721	122912	67655	3986
电力供应							
热力生产和供应		68	190	2983	3731	540	103
燃气生产和供应业	**1408**	**34**	**31**	**2161**	**2533**	**287**	**166**
燃气生产和供应业	1408	34	31	2161	2533	287	166
水的生产和供应业	**6217**	**14783**	**13107**	**1160**	**11155**	**8009**	**2043**
自来水生产和供应	6151	10558	8834	6550	16191	7679	1876
污水处理及其再生利用	66	4226	4273	-5390	-5036	330	167

4-17 国有及国有控股工业主要经济效益指标(一)

(2022年)

项　目	企业亏损面(%)	资产负债率(%)	流动比率	产成品存货周转天数(天)	新产品产值率(%)
总　计	**31.51**	**63.18**	**0.84**	**11.77**	**12.68**
按轻重工业分					
轻工业	10.00	32.19	1.19	74.86	47.89
重工业	34.92	69.28	0.78	3.37	5.91
按工业行业分					
非金属矿采选业	**40.00**	**57.73**	**0.42**	**37.50**	**10.68**
土砂石开采	40.00	57.73	0.42	37.50	10.68
农副食品加工业	**50.00**	**35.85**	**1.59**	**0.02**	
屠宰及肉类加工	50.00	35.85	1.59	0.02	
食品制造业		**38.30**	**0.48**	**45.50**	**10.54**
其他食品制造		38.30	0.48	45.50	10.54
酒、饮料和精制茶制造业		**22.04**	**4.18**	**301.52**	
酒的制造		22.04	4.18	301.52	
印刷和记录媒介复制业		**49.16**	**1.50**	**19.11**	
印刷		49.16	1.50	19.11	
化学原料和化学制品制造业		**20.13**	**2.35**	**10.14**	
炸药、火工及焰火产品制造		20.13	2.35	10.14	
医药制造业		**33.39**	**1.17**	**106.26**	**50.24**
化学药品原料药制造		40.17	0.66	102.92	52.37
化学药品制剂制造		11.07	7.50	111.08	47.37
化学纤维制造业		**19.21**	**1.19**	**45.79**	**100.00**
生物基材料制造		19.21	1.19	45.79	100.00
非金属矿物制品业	**33.33**	**74.04**	**1.09**	**2.83**	**16.60**
水泥、石灰和石膏制造		38.70	1.83	2.60	
石膏、水泥制品及类似制品制造	100.00	92.60	0.88	5.16	60.00
砖瓦、石材等建筑材料制造		61.01	1.58	0.33	
石墨及其他非金属矿物制品制造	100.00	93.14	0.30		
通用设备制造业		**28.70**	**1.69**	**33.16**	**81.03**
泵、阀门、压缩机及类似机械制造		53.79	1.19	130.60	63.74
烘炉、风机、包装等设备制造		26.54	1.77	24.26	82.94
汽车制造业	**100.00**	**95.93**	**0.51**	**88.99**	**0.04**
汽车零部件及配件制造	100.00	95.93	0.51	88.99	0.04
铁路船舶航空航天和其他运输设备制造业		**80.49**	**1.20**	**0.23**	**37.13**
铁路运输设备制造		44.94	1.59	1.50	
船舶及相关装置制造		84.28	1.17	0.04	37.13
电气机械和器材制造业		**71.62**	**1.13**	**45.01**	**72.23**
输配电及控制设备制造		71.62	1.13	45.01	72.23
废弃资源综合利用业		**96.81**	**0.28**	**6.02**	
金属废料和碎屑加工处理		96.81	0.28	6.02	
电力、热力生产和供应业	**20.83**	**71.00**	**0.69**	**0.04**	
电力生产	20.00	71.04	0.69	0.04	
电力供应					
热力生产和供应	50.00	58.54	0.94		
燃气生产和供应业		**38.24**	**0.91**		
燃气生产和供应业		38.24	0.91		
水的生产和供应业	**73.33**	**73.61**	**1.11**		
自来水生产和供应	69.23	71.85	1.12		
污水处理及其再生利用	100.00	88.97	1.00		

4-18 国有及国有控股工业主要经济效益指标(二)

(2022年)

项 目	企 业亏损率(%)	成本费用利 润 率(%)	百元营业收入实现利税(元)	百元固定资产原值实现利税(元)	营业收入利 润 率(%)
总 计	**45.34**	**4.72**	**7.81**	**3.11**	**4.60**
按轻重工业分					
轻工业	0.27	20.22	22.48	23.36	18.32
重工业	70.41	1.94	4.93	1.76	1.91
按工业行业分					
非金属矿采选业	**113.32**	**-1.85**	**4.61**	**82.46**	**-1.81**
土砂石开采	113.32	-1.85	4.61	82.46	-1.81
农副食品加工业	**2235.67**	**-0.38**	**-0.17**	**-1.11**	**-0.39**
屠宰及肉类加工	2235.67	-0.38	-0.17	-1.11	-0.39
食品制造业		**24.47**	**31.83**	**16.94**	**26.57**
其他食品制造		24.47	31.83	16.94	26.57
酒、饮料和精制茶制造业		**28.05**	**36.73**	**42.72**	**20.94**
酒的制造		28.05	36.73	42.72	20.94
印刷和记录媒介复制业		**12.56**	**14.06**	**28.09**	**11.14**
印刷		12.56	14.06	28.09	11.14
化学原料和化学制品制造业		**23.92**	**26.77**	**33.37**	**19.12**
炸药、火工及焰火产品制造		23.92	26.77	33.37	19.12
医药制造业		**26.08**	**28.26**	**25.09**	**23.05**
化学药品原料药制造		15.38	18.94	13.53	15.02
化学药品制剂制造		47.98	42.69	60.83	35.48
化学纤维制造业		**5.45**	**5.89**	**8.44**	**5.19**
生物基材料制造		5.45	5.89	8.44	5.19
非金属矿物制品业	**16.96**	**10.04**	**13.31**	**29.03**	**9.10**
水泥、石灰和石膏制造		22.35	22.44	77.02	18.38
石膏、水泥制品及类似制品制造		-4.49	0.57	0.61	-4.63
砖瓦、石材等建筑材料制造		3.55	6.16	83.59	3.40
石墨及其他非金属矿物制品制造		-30.86	-34.62	-13.21	-42.97
通用设备制造业		**7.31**	**8.82**	**32.88**	**7.06**
泵、阀门、压缩机及类似机械制造		0.11	5.72	4.81	0.11
烘炉、风机、包装等设备制造		8.13	9.16	54.70	7.82
汽车制造业		**-1.55**	**3.06**	**1.04**	**-1.83**
汽车零部件及配件制造		-1.55	3.06	1.04	-1.83
铁路船舶航空航天和其他运输设备制造业		**6.15**	**9.39**	**17.62**	**5.85**
铁路运输设备制造		44.20	44.66	350.56	30.08
船舶及相关装置制造		0.23	1.21	1.93	0.24
电气机械和器材制造业		**3.70**	**6.81**	**21.60**	**3.54**
输配电及控制设备制造		3.70	6.81	21.60	3.54
废弃资源综合利用业		**0.24**	**0.98**	**34.63**	**0.24**
金属废料和碎屑加工处理		0.24	0.98	34.63	0.24
电力、热力生产和供应业	**79.27**	**1.32**	**4.16**	**1.28**	**1.30**
电力生产	80.45	1.24	4.13	1.25	1.23
电力供应					
热力生产和供应	19.29	4.43	5.29	9.69	4.23
燃气生产和供应业		**5.75**	**6.69**	**13.15**	**5.71**
燃气生产和供应业		5.75	6.69	13.15	5.71
水的生产和供应业	**92.32**	**0.53**	**5.23**	**1.24**	**0.54**
自来水生产和供应	56.66	3.37	8.20	2.09	3.32
污水处理及其再生利用		-22.96	-31.56	-4.07	-33.78

4-19 大中型工业主要财务指标(一)

(2022年) 单位：万元

项目	企业单位数(个)	亏损企业	新产品产值	新产品销售收入	新产品销售收入中出口	年末资产总计
总计	**422**	**42**	**15334684**	**15123948**	**6112762**	**51403179**
按轻重工业分						
轻工业	164	16	5297346	5055262	1831842	20194399
重工业	258	26	10037339	10068687	4280920	31208779
按大中型分						
大型企业	65	5	8003575	8287558	4185568	29136387
中型企业	357	37	7331109	6836391	1927194	22266792
按工业行业分						
农副食品加工业	**4**		**58079**	**36263**		**177264**
植物油加工	1		48779	27023		101063
水产品加工	3		9301	9240		76202
食品制造业	**4**					**84960**
罐头食品制造	4					84960
纺织业	**5**	**1**	**193029**	**233899**	**111099**	**404247**
棉纺织及印染精加工	1	1	55850	53059		65828
化纤织造及印染精加工	1			25378	185	27534
产业用纺织制成品制造	3		137179	155462	110915	310885
皮革、毛皮、羽毛及其制品和制鞋业	**9**	**1**	**38092**	**37907**	**34423**	**87270**
皮革制品制造	1					15205
制鞋业	8	1	38092	37907	34423	72065
木材加工和木、竹、藤、棕、草制品业	**2**		**52070**	**53541**	**49508**	**74421**
竹、藤、棕、草等制品制造	2		52070	53541	49508	74421
家具制造业	**15**	**1**	**391037**	**379350**	**290554**	**1181788**
木质家具制造	2	1	8902	8688	3671	51413
竹、藤家具制造	1		6710	6710	987	8106
金属家具制造	10		354015	349396	282312	1054946
塑料家具制造	1		11965	5112	3584	55000
其他家具制造	1		9445	9445		12322
造纸和纸制品业	**2**		**163983**	**158973**		**158584**
造纸	1		158973	158973		124804
纸制品制造	1		5010			33780
印刷和记录媒介复制业	**3**	**1**	**58289**	**61094**		**238144**
印刷	3	1	58289	61094		238144
文教、工美、体育和娱乐用品制造业	**7**	**1**	**63067**	**62321**	**51029**	**206693**
工艺美术及礼仪用品制造	6	1	52569	51823	40531	137586
体育用品制造	1		10498	10498	10498	69107

4-19　续表 1

单位：万元

项　目	企　业单位数(个)	亏 损企 业	新产品产　值	新 产 品销售收入	新 产 品销售收入中 出 口	年末资产总计
化学原料和化学制品制造业	**6**	**1**	**310368**	**317745**	**48105**	**1074293**
基础化学原料制造	1		22540	23159		44891
农药制造	1		48757	46942	19410	149781
涂料、油墨、颜料及类似产品制造	1		37290	53906	17840	186933
合成材料制造	1	1	7424	7424		125488
专用化学产品制造	1		174636	166584	5176	469443
日用化学产品制造	1		19722	19730	5680	97757
医药制造业	**42**	**3**	**2278685**	**2094433**	**812522**	**12036277**
化学药品原料药制造	38	3	2034596	1868174	802761	10963490
化学药品制剂制造	3		149558	137852	9760	823474
中成药生产	1		94531	88407		249313
化学纤维制造业	**1**	**1**				**164216**
合成纤维制造	1	1				164216
橡胶和塑料制品业	**41**	**3**	**975527**	**979755**	**245504**	**3328647**
橡胶制品业	8		159660	161284	23731	1120410
塑料制品业	33	3	815866	818471	221773	2208237
非金属矿物制品业	**2**		**18837**	**24748**		**44719**
石膏、水泥制品及类似制品制造	1		10361	10361		23818
陶瓷制品制造	1		8476	14387		20901
黑色金属冶炼和压延加工业	**1**		**48702**	**43411**		**105263**
钢压延加工	1		48702	43411		105263
有色金属冶炼和压延加工业	**1**	**1**	**216953**			**299073**
有色金属压延加工	1	1	216953			299073
金属制品业	**15**	**2**	**357724**	**301348**	**168270**	**1609084**
结构性金属制品制造	1	1	9583	6513		32068
金属工具制造	3		43452	40063	7818	110077
建筑、安全用金属制品制造	5	1	61067	41725	14302	217817
金属表面处理及热处理加工	1		2023	2023		14658
金属制日用品制造	3		228937	198529	146150	1207621
铸造及其他金属制品制造	2		12662	12496		26844
通用设备制造业	**71**	**4**	**1873066**	**1986543**	**996223**	**5737830**
金属加工机械制造	10	1	199362	218256	60273	446707
物料搬运设备制造	2	1	25467	24965	2056	141646
泵、阀门、压缩机及类似机械制造	32	1	1067908	1089068	752992	2422847
轴承、齿轮和传动部件制造	15		259132	242694	28068	1847477
烘炉、风机、包装等设备制造	12	1	321197	411560	152834	879153
专用设备制造业	**37**	**7**	**1049941**	**1143606**	**383527**	**2889696**
采矿、冶金、建筑专用设备制造	2		39642	36102	7325	215502

4-19 续表 2

单位：万元

项　　目	企业单位数(个)	亏损企业	新产品产值	新产品销售收入	新产品销售收入中出口	年末资产总计
化工、木材、非金属加工专用设备制造	12	3	330487	279036	48156	726264
纺织、服装和皮革加工专用设备制造	8	2	321524	499227	209282	1289507
农、林、牧、渔专用机械制造	5		147809	150642	77336	234772
医疗仪器设备及器械制造	10	2	210479	178599	41428	423651
汽车制造业	**63**	**7**	**3934783**	**3976537**	**2091484**	**6019957**
汽车整车制造	2	1	2016137	1999844	1698714	1449917
汽车用发动机制造	2		90044	70187	9093	274175
汽车零部件及配件制造	59	6	1828602	1906507	383677	4295865
铁路、船舶、航空航天和其他运输设备制造业	**24**	**1**	**949070**	**872167**	**140078**	**1551498**
铁路运输设备制造	3		92177	80196	690	579864
船舶及相关装置制造	3		47425	36119		164924
航空、航天器及设备制造	1		20969	18436		81821
摩托车制造	12		444571	386425	139309	450551
助动车制造	5	1	343928	350990	79	274339
电气机械和器材制造业	**30**	**2**	**1169217**	**1225019**	**335042**	**2291010**
电机制造	20	2	897975	943526	261331	1676878
输配电及控制设备制造	4		144835	148165	39223	277765
家用电力器具制造	1		52990	58055	949	149323
非电力家用器具制造	3		69076	70937	33539	123087
照明器具制造	1					40106
其他电气机械及器材制造	1		4341	4336		23850
计算机、通信和其他电子设备制造业	**15**	**2**	**661796**	**673441**	**265057**	**2266620**
通信设备制造	1		12767	14730	5964	57069
智能消费设备制造	2		54162	55038	4994	116276
电子器件制造	5	2	320104	323192	245658	1086123
电子元件及电子专用材料制造	7		274763	280481	8442	1007152
仪器仪表制造业	**12**		**314226**	**301464**	**79348**	**559293**
通用仪器仪表制造	11		299878	287116	79348	542062
光学仪器制造	1		14348	14348		17231
其他制造业	**5**		**155496**	**160384**	**10988**	**528520**
日用杂品制造	5		155496	160384	10988	528520
废弃资源综合利用业	**1**	**1**	**2648**			**247858**
金属废料和碎屑加工处理	1	1	2648			247858
电力、热力生产和供应业	**4**	**2**				**8035954**
电力生产	4	2				8035954

4-20　大中型工业主要财务指标(二)

(2022年)　　单位：万元

项　目	流动资产合计	存　货	固定资产原价	固定资产净额	年末负债合计	流动负债合计
总　计	**23577483**	**6194770**	**21978573**	**13218482**	**26043469**	**18603398**
按轻重工业分						
轻工业	9423570	2512566	5910643	3290668	8272938	6738482
重工业	14153913	3682205	16067930	9927814	17770531	11864917
按大中型分						
大型企业	11581709	2979954	11560959	7943319	15200754	9523604
中型企业	11995774	3214816	10417614	5275163	10842715	9079794
按工业行业分						
农副食品加工业	**78643**	**44542**	**52470**	**34167**	**97582**	**81200**
植物油加工	40425	23667	25612	16678	39671	34128
水产品加工	38219	20875	26858	17489	57911	47072
食品制造业	**67827**	**31763**	**19342**	**7667**	**64576**	**64576**
罐头食品制造	67827	31763	19342	7667	64576	64576
纺织业	**253590**	**81912**	**133689**	**85055**	**158561**	**134769**
棉纺织及印染精加工	38121	19787	23641	17630	58095	38121
化纤织造及印染精加工	14915	10971	19598	11382	13868	13868
产业用纺织制成品制造	200554	51155	90450	56042	86599	82780
皮革、毛皮、羽毛及其制品和制鞋业	**56240**	**12188**	**31169**	**19057**	**68135**	**67446**
皮革制品制造	7163	2006	8303	6456	11754	11754
制鞋业	49077	10182	22866	12601	56381	55691
木材加工和木、竹、藤、棕、草制品业	**30963**	**9977**	**41147**	**27722**	**36190**	**33535**
竹、藤、棕、草等制品制造	30963	9977	41147	27722	36190	33535
家具制造业	**749809**	**185224**	**232314**	**108912**	**739629**	**725573**
木质家具制造	23246	10596	21073	12491	31135	21589
竹、藤家具制造	6163	2409	3869	1570	6707	6707
金属家具制造	699476	162422	180364	82886	661212	656701
塑料家具制造	11286	5473	22565	9871	32580	32580
其他家具制造	9639	4324	4443	2094	7996	7996
造纸和纸制品业	**111297**	**28379**	**86139**	**35503**	**40096**	**37225**
造　纸	82848	16388	79321	32575	16319	13447
纸制品制造	28449	11991	6819	2928	23778	23778
印刷和记录媒介复制业	**81525**	**11251**	**77556**	**49191**	**51001**	**50549**
印　刷	81525	11251	77556	49191	51001	50549
文教、工美、体育和娱乐用品制造业	**115643**	**35690**	**101545**	**69715**	**102190**	**99073**
工艺美术及礼仪用品制造	86382	24250	60737	37361	61496	60974
体育用品制造	29262	11441	40808	32354	40694	38098

4-20 续表 1

单位：万元

项 目	流动资产合计	存 货	固定资产原价	固定资产净额	年末负债合计	流动负债合计
化学原料和化学制品制造业	**479898**	**79429**	**323847**	**207401**	**301376**	**158590**
基础化学原料制造	13967	246	43369	24500	7538	5141
农药制造	90862	6389	26009	15844	35685	33715
涂料、油墨、颜料及类似产品制造	65789	29384	124247	79051	31622	26473
合成材料制造	28235	7588	36533	26664	92104	18761
专用化学产品制造	232037	25684	78459	53000	97415	56123
日用化学产品制造	49009	10138	15229	8342	37011	18378
医药制造业	**4881020**	**1422813**	**3320020**	**1793046**	**4542112**	**3364228**
化学药品原料药制造	4342063	1347365	2998605	1616385	4330173	3193407
化学药品制剂制造	374651	64986	267097	147831	139568	103802
中成药生产	164306	10463	54318	28830	72371	67019
化学纤维制造业	**51893**	**17095**	**122758**	**100478**	**134531**	**68660**
合成纤维制造	51893	17095	122758	100478	134531	68660
橡胶和塑料制品业	**1707998**	**392237**	**1088634**	**599588**	**1292341**	**1137970**
橡胶制品业	521284	98126	298607	191658	484853	396590
塑料制品业	1186714	294111	790027	407930	807488	741380
非金属矿物制品业	**29458**	**6214**	**17462**	**9754**	**32292**	**32250**
石膏、水泥制品及类似制品制造	14928	1371	11975	7295	18191	18149
陶瓷制品制造	14530	4844	5487	2459	14101	14101
黑色金属冶炼和压延加工业	**85037**	**42138**	**29794**	**13146**	**58503**	**57978**
钢压延加工	85037	42138	29794	13146	58503	57978
有色金属冶炼和压延加工业	**225982**	**23866**	**54157**	**28637**	**287131**	**281468**
有色金属压延加工	225982	23866	54157	28637	287131	281468
金属制品业	**833716**	**106774**	**342371**	**229887**	**672282**	**587185**
结构性金属制品制造	10549	3982	19030	17657	27145	15725
金属工具制造	51191	12846	71084	50744	69151	69151
建筑、安全用金属制品制造	166622	32039	39204	21807	155641	150732
金属表面处理及热处理加工	7694	933	3575	1787	13095	13095
金属制日用品制造	581881	54680	190872	128241	386909	318141
铸造及其他金属制品制造	15780	2295	18604	9650	20341	20341
通用设备制造业	**3192834**	**781649**	**2038324**	**1229597**	**2385043**	**2041818**
金属加工机械制造	281969	117546	213548	119614	218627	195497
物料搬运设备制造	87608	24852	32259	22450	87452	87302
泵、阀门、压缩机及类似机械制造	1461168	353099	688342	425807	1018870	891666
轴承、齿轮和传动部件制造	944094	205488	839445	509518	649975	475405
烘炉、风机、包装等设备制造	417995	80664	264729	152208	410119	391948
专用设备制造业	**1812585**	**530150**	**924472**	**557519**	**1553080**	**1462741**
采矿、冶金、建筑专用设备制造	145259	29128	64733	41391	73479	72921

4-20 续表 2

单位：万元

项 目	流动资产合计	存 货	固定资产原价	固定资产净额	年末负债合计	流动负债合计
化工、木材、非金属加工专用设备制造	562305	203994	229187	113741	502408	454302
纺织、服装和皮革加工专用设备制造	737789	191698	355480	235686	703684	673662
农、林、牧、渔专用机械制造	134595	34242	86593	45631	118422	115283
医疗仪器设备及器械制造	232638	71089	188480	121070	155086	146573
汽车制造业	**3287160**	**819046**	**2351123**	**1199935**	**3928121**	**3522697**
汽车整车制造	1037241	273036	310626	79952	1269332	1250606
汽车用发动机制造	80170	15594	163947	123179	138233	137874
汽车零部件及配件制造	2169750	530416	1876550	996803	2520556	2134217
铁路、船舶、航空航天和其他运输设备制造业	**967003**	**291649**	**463832**	**267193**	**861294**	**761937**
铁路运输设备制造	299924	28998	116956	85430	205519	113487
船舶及相关装置制造	145352	84035	33148	12551	132589	132589
航空、航天器及设备制造	33340	2660	45282	31325	41094	41094
摩托车制造	295513	117190	204347	97345	252585	247283
助动车制造	192876	58766	64098	40542	229507	227484
电气机械和器材制造业	**1498332**	**372537**	**694079**	**439147**	**1320342**	**1188535**
电机制造	1108197	260889	489994	320926	961708	872335
输配电及控制设备制造	213809	66745	70393	31778	195383	188561
家用电力器具制造	43801	17202	72461	52303	67400	38892
非电力家用器具制造	95648	11727	41389	16372	40414	37634
照明器具制造	22198	13949	13813	13142	38057	38057
其他电气机械及器材制造	14680	2025	6030	4627	17381	13056
计算机、通信和其他电子设备制造业	**1280183**	**261136**	**647610**	**430404**	**820099**	**736636**
通信设备制造	43520	6798	12816	8868	24576	24402
智能消费设备制造	74509	13343	33762	22760	44552	38416
电子器件制造	506684	90415	375581	255227	296318	270123
电子元件及电子专用材料制造	655471	150579	225451	143549	454654	403695
仪器仪表制造业	**357982**	**85138**	**195874**	**134874**	**193903**	**185149**
通用仪器仪表制造	347147	82184	186203	129115	184029	175688
光学仪器制造	10835	2954	9672	5759	9874	9461
其他制造业	**322545**	**55186**	**205839**	**99662**	**251670**	**225228**
日用杂品制造	322545	55186	205839	99662	251670	225228
废弃资源综合利用业	**202906**	**113047**	**40889**	**24483**	**167405**	**165459**
金属废料和碎屑加工处理	202906	113047	40889	24483	167405	165459
电力、热力生产和供应业	**815413**	**353741**	**8342119**	**5416744**	**5883984**	**1330926**
电力生产	815413	353741	8342119	5416744	5883984	1330926

4-21 大中型工业主要财务指标(三)

(2022年) 单位：万元

项　　目	年末所有者权益合计	实收资本	营业收入	营业成本	税金及附加
总　　计	**25359709**	**7715834**	**31455915**	**25613754**	**194011**
按轻重工业分					
轻工业	11921461	2826139	10870247	8151258	65092
重工业	13438248	4889695	20585667	17462495	128919
按大中型分					
大型企业	13935633	4267084	14358499	11317292	102120
中型企业	11424076	3448750	17097416	14296462	91891
按工业行业分					
农副食品加工业	**79682**	**19759**	**109389**	**88318**	**467**
植物油加工	61392	5520	49262	34652	56
水产品加工	18290	14239	60127	53666	411
食品制造业	**20384**	**4517**	**72564**	**64373**	**354**
罐头食品制造	20384	4517	72564	64373	354
纺织业	**245686**	**38290**	**302755**	**244474**	**2019**
棉纺织及印染精加工	7734	550	53059	47742	742
化纤织造及印染精加工	13666	9373	29992	25967	119
产业用纺织制成品制造	224286	28367	219704	170764	1158
皮革、毛皮、羽毛及其制品和制鞋业	**19135**	**13567**	**88268**	**73092**	**453**
皮革制品制造	3451	5000	13105	10487	95
制鞋业	15685	8567	75162	62605	358
木材加工和木、竹、藤、棕、草制品业	**38231**	**10300**	**54318**	**46271**	**383**
竹、藤、棕、草等制品制造	38231	10300	54318	46271	383
家具制造业	**442159**	**260114**	**1019252**	**872916**	**5109**
木质家具制造	20278	5500	38481	28253	367
竹、藤家具制造	1399	508	12255	10653	107
金属家具制造	393734	245518	926023	800390	4135
塑料家具制造	22421	5588	17274	12316	358
其他家具制造	4327	3000	25220	21305	142
造纸和纸制品业	**118488**	**17780**	**219096**	**197750**	**2189**
造　纸	108486	12600	197119	180439	2155
纸制品制造	10003	5180	21976	17312	35
印刷和记录媒介复制业	**187144**	**77450**	**86790**	**78284**	**752**
印　刷	187144	77450	86790	78284	752
文教、工美、体育和娱乐用品制造业	**104503**	**26224**	**166723**	**116722**	**1741**
工艺美术及礼仪用品制造	76090	22474	110471	74607	1283
体育用品制造	28413	3750	56252	42115	458

4-21　续表 1

单位：万元

项　　目	年末所有者权益合计	实收资本	营业收入	营业成本	税金及附加
化学原料和化学制品制造业	**772917**	**169460**	**569292**	**441923**	**3503**
基础化学原料制造	37353	2635	34871	22499	329
农药制造	114096	15600	88969	71274	334
涂料、油墨、颜料及类似产品制造	155311	30400	82432	65432	695
合成材料制造	33384	30000	85471	73628	502
专用化学产品制造	372028	58958	231497	171296	1534
日用化学产品制造	60746	31867	46053	37794	110
医药制造业	**7494165**	**1538834**	**4509931**	**3015035**	**26525**
化学药品原料药制造	6633317	1334877	4113169	2842807	21803
化学药品制剂制造	683906	167957	287237	150492	3286
中成药生产	176942	36000	109525	21736	1437
化学纤维制造业	**29685**	**65000**	**189316**	**189905**	**211**
合成纤维制造	29685	65000	189316	189905	211
橡胶和塑料制品业	**2036306**	**480138**	**2456453**	**1909166**	**14920**
橡胶制品业	635558	138592	564643	447908	3288
塑料制品业	1400748	341547	1891810	1461257	11632
非金属矿物制品业	**12427**	**9139**	**60380**	**50146**	**394**
石膏、水泥制品及类似制品制造	5627	6139	42938	37320	289
陶瓷制品制造	6800	3000	17441	12826	105
黑色金属冶炼和压延加工业	**46760**	**5398**	**163482**	**140455**	**447**
钢压延加工	46760	5398	163482	140455	447
有色金属冶炼和压延加工业	**11942**	**29500**	**454349**	**451087**	**417**
有色金属压延加工	11942	29500	454349	451087	417
金属制品业	**936803**	**191166**	**795983**	**626471**	**5572**
结构性金属制品制造	4923	7700	7286	6927	150
金属工具制造	40925	21101	67120	52504	213
建筑、安全用金属制品制造	62177	34148	192632	149649	1212
金属表面处理及热处理加工	1563	100	9113	7918	29
金属制日用品制造	820712	124929	489428	383284	3760
铸造及其他金属制品制造	6503	3188	30404	26189	208
通用设备制造业	**3352787**	**684202**	**3684526**	**2919807**	**23236**
金属加工机械制造	228080	37487	342164	277750	2180
物料搬运设备制造	54193	15746	75928	59156	507
泵、阀门、压缩机及类似机械制造	1403977	291379	1774194	1380730	11260
轴承、齿轮和传动部件制造	1197502	179981	828170	648580	4767
烘炉、风机、包装等设备制造	469034	159609	664070	553592	4522
专用设备制造业	**1336617**	**345089**	**1952311**	**1555125**	**10372**
采矿、冶金、建筑专用设备制造	142023	11000	163909	125367	868

4-21 续表 2

单位：万元

项　　目	年末所有者权益合计	实收资本	营业收入	营业成本	税金及附加
化工、木材、非金属加工专用设备制造	223856	41806	394919	306734	2931
纺织、服装和皮革加工专用设备制造	585822	219160	875664	750414	2961
农、林、牧、渔专用机械制造	116351	30869	221575	184202	677
医疗仪器设备及器械制造	268565	42255	296245	188409	2935
汽车制造业	**2091835**	**661491**	**5760167**	**5077649**	**19363**
汽车整车制造	180586	82258	2085928	1976713	1501
汽车用发动机制造	135942	82000	401777	336507	980
汽车零部件及配件制造	1775308	497233	3272461	2764429	16882
铁路、船舶、航空航天和其他运输设备制造业	**690204**	**229843**	**1678281**	**1374646**	**39421**
铁路运输设备制造	374344	138240	150554	82882	1322
船舶及相关装置制造	32336	28000	112485	103434	437
航空、航天器及设备制造	40726	2888	20641	7763	23
摩托车制造	197966	47947	810823	654048	36197
助动车制造	44832	12768	583779	526520	1442
电气机械和器材制造业	**970667**	**208442**	**1902032**	**1630788**	**7411**
电机制造	715170	130966	1422131	1229824	5488
输配电及控制设备制造	82382	44903	273591	239499	769
家用电力器具制造	81923	17817	64215	50292	294
非电力家用器具制造	82673	11767	91361	71255	664
照明器具制造	2050	1988	13468	10942	70
其他电气机械及器材制造	6469	1000	37267	28976	126
计算机、通信和其他电子设备制造业	**1446521**	**261706**	**1184841**	**941987**	**5092**
通信设备制造	32493	5000	50102	35517	309
智能消费设备制造	71724	10000	77027	58417	464
电子器件制造	789805	159956	496980	388060	2838
电子元件及电子专用材料制造	552498	86750	560732	459994	1481
仪器仪表制造业	**365390**	**95161**	**446325**	**311741**	**3439**
通用仪器仪表制造	358033	92581	429835	299067	3360
光学仪器制造	7357	2580	16490	12674	80
其他制造业	**276850**	**114119**	**315736**	**232212**	**2557**
日用杂品制造	276850	114119	315736	232212	2557
废弃资源综合利用业	**80453**	**21000**	**560762**	**561575**	**1595**
金属废料和碎屑加工处理	80453	21000	560762	561575	1595
电力、热力生产和供应业	**2151970**	**2138146**	**2652594**	**2401838**	**16069**
电力生产	2151970	2138146	2652594	2401838	16069

4-22　大中型工业主要财务指标(四)

(2022年)　　单位：万元

项　　目	销售费用	财务费用	#利息费用	利润总额	利税总额	本年应交增值税	平均用工人数(人)
总　计	**837922**	**212274**	**450507**	**2540039**	**3293559**	**559509**	**300125**
按轻重工业分							
轻工业	431409	-6050	138059	1431848	1729862	232922	121123
重工业	406513	218324	312448	1108190	1563697	326588	179002
按大中型分							
大型企业	424746	152334	279043	1338960	1643794	202714	124209
中型企业	413176	59940	171464	1201078	1649765	356796	175916
按工业行业分							
农副食品加工业	**3640**	**2220**	**1477**	**9431**	**11065**	**1167**	**1519**
植物油加工	1844	481	655	8494	9299	749	378
水产品加工	1796	1739	822	937	1766	418	1141
食品制造业	**2617**	**111**	**1185**	**797**	**1946**	**796**	**1755**
罐头食品制造	2617	111	1185	797	1946	796	1755
纺织业	**10949**	**-1745**	**3393**	**18468**	**22790**	**2303**	**4431**
棉纺织及印染精加工	1311	1857	1881	-2175	420	1853	542
化纤织造及印染精加工	479	688	683	127	782	537	464
产业用纺织制成品制造	9159	-4291	830	20517	21588	-87	3425
皮革、毛皮、羽毛及其制品和制鞋业	**2587**	**550**	**1267**	**3192**	**4524**	**879**	**3245**
皮革制品制造	427	-54	164	1088	1081	-103	325
制鞋业	2161	604	1103	2104	3443	981	2920
木材加工和木、竹、藤、棕、草制品业	**687**	**-1212**	**874**	**2405**	**2660**	**-128**	**1372**
竹、藤、棕、草等制品制造	687	-1212	874	2405	2660	-128	1372
家具制造业	**23856**	**2327**	**6832**	**59953**	**80251**	**15189**	**15895**
木质家具制造	4687	-171	124	114	1065	584	1266
竹、藤家具制造	94	154	170	196	1003	700	325
金属家具制造	17585	2018	6178	57370	74350	12844	13335
塑料家具制造	1462	62	67	671	1169	140	506
其他家具制造	29	264	294	1603	2665	920	463
造纸和纸制品业	**1960**	**540**	**966**	**16100**	**36203**	**17913**	**1055**
造　纸	1033	127	486	14823	34600	17622	706
纸制品制造	927	414	480	1277	1603	291	349
印刷和记录媒介复制业	**1846**	**-210**	**95**	**6648**	**8348**	**948**	**1409**
印　刷	1846	-210	95	6648	8348	948	1409
文教、工美、体育和娱乐用品制造业	**5921**	**-3341**	**2407**	**28940**	**36918**	**6237**	**4359**
工艺美术及礼仪用品制造	5171	-3373	1288	22079	29629	6268	2945
体育用品制造	750	32	1119	6862	7289	-31	1414

4-22 续表 1

单位：万元

项目	销售费用	财务费用	#利息费用	利润总额	利税总额	本年应交增值税	平均用工人数（人）
化学原料和化学制品制造业	**8935**	**-9346**	**3873**	**64180**	**82720**	**15037**	**3223**
基础化学原料制造	384	14	15	7788	9800	1683	328
农药制造	1351	-495	215	8698	9937	906	546
涂料、油墨、颜料及类似产品制造	836	-3951	565	5078	7278	1505	766
合成材料制造	3184	1212	1269	-811	961	1271	376
专用化学产品制造	1550	-5281	1014	38478	49656	9645	810
日用化学产品制造	1630	-845	796	4950	5088	28	397
医药制造业	**225030**	**904**	**84443**	**737945**	**867897**	**103427**	**36540**
化学药品原料药制造	152006	-636	79830	611922	709173	75448	33018
化学药品制剂制造	36537	-239	2927	85625	106476	17565	2834
中成药生产	36488	1779	1687	40398	52248	10414	688
化学纤维制造业	**657**	**4521**	**4928**	**-9134**	**-3295**	**5629**	**461**
合成纤维制造	657	4521	4928	-9134	-3295	5629	461
橡胶和塑料制品业	**79310**	**3430**	**18530**	**249997**	**308280**	**43363**	**28261**
橡胶制品业	15419	4897	8534	57025	71810	11497	7053
塑料制品业	63891	-1467	9996	192972	236471	31867	21208
非金属矿物制品业	**2912**	**833**	**841**	**2397**	**4872**	**2082**	**699**
石膏、水泥制品及类似制品制造	2912	373	379	304	1844	1251	389
陶瓷制品制造		460	462	2092	3028	831	310
黑色金属冶炼和压延加工业	**763**	**1468**	**1573**	**10005**	**13215**	**2762**	**481**
钢压延加工	763	1468	1573	10005	13215	2762	481
有色金属冶炼和压延加工业	**1239**	**116**	**5637**	**-2283**	**-1866**		**555**
有色金属压延加工	1239	116	5637	-2283	-1866		555
金属制品业	**45762**	**-6293**	**11055**	**228377**	**245041**	**11093**	**9176**
结构性金属制品制造	274	667	673	-2252	-2408	-305	269
金属工具制造	1874	309	65	8012	8559	334	1231
建筑、安全用金属制品制造	11137	2062	3305	13066	18185	3907	3159
金属表面处理及热处理加工	133	33		387	797	381	325
金属制日用品制造	32155	-9849	6642	208301	217900	5839	3597
铸造及其他金属制品制造	189	485	369	863	2009	938	595
通用设备制造业	**122139**	**-6289**	**31262**	**343703**	**413482**	**46543**	**49633**
金属加工机械制造	11039	499	3557	22051	31568	7337	6054
物料搬运设备制造	5463	911	1206	1991	3569	1070	940
泵、阀门、压缩机及类似机械制造	63057	-11811	8770	194646	224425	18518	23213
轴承、齿轮和传动部件制造	15609	6513	11794	90758	106557	11032	10469
烘炉、风机、包装等设备制造	26972	-2400	5934	34256	47363	8586	8957
专用设备制造业	**72638**	**-9679**	**15098**	**187985**	**243537**	**45181**	**25698**
采矿、冶金、建筑专用设备制造	4610	-329	589	21539	27365	4958	1788

4-22　续表 2

单位：万元

项　目	销售费用	财务费用	#利息费用	利润总额	利税总额	本年应交增值税	平均用工人数（人）
化工、木材、非金属加工专用设备制造	12305	4214	4914	38359	56323	15034	5815
纺织、服装和皮革加工专用设备制造	31184	-10008	7104	61939	77376	12476	9088
农、林、牧、渔专用机械制造	9305	-1425	210	11467	14564	2420	2812
医疗仪器设备及器械制造	15234	-2131	2280	54682	67909	10293	6195
汽车制造业	**102242**	**41174**	**52593**	**195260**	**295276**	**80654**	**43084**
汽车整车制造	10376	23410	21129	53510	55588	578	3620
汽车用发动机制造	601	639	1281	32044	49278	16254	1095
汽车零部件及配件制造	91265	17125	30184	109705	190410	63822	38369
铁路、船舶、航空航天和其他运输设备制造业	**25279**	**7199**	**11652**	**108203**	**173300**	**25676**	**15918**
铁路运输设备制造	5718	2435	4164	25769	33745	6654	1505
船舶及相关装置制造	3	62	69	2596	6363	3330	1822
航空、航天器及设备制造	411	948	917	8528	8681	129	438
摩托车制造	8067	2135	3892	53079	97169	7893	9126
助动车制造	11081	1619	2610	18231	27342	7669	3027
电气机械和器材制造业	**41559**	**-4152**	**14526**	**94152**	**128517**	**26955**	**19322**
电机制造	25666	-8271	10053	70656	91610	15467	13744
输配电及控制设备制造	8257	1016	2851	8672	13869	4428	1888
家用电力器具制造	290	2216		6991	9272	1988	1174
非电力家用器具制造	5230	147	886	5311	9879	3904	1604
照明器具制造	789	150	118	95	175	10	291
其他电气机械及器材制造	1327	592	617	2428	3713	1159	621
计算机、通信和其他电子设备制造业	**25231**	**-7642**	**5929**	**115540**	**136572**	**15941**	**14757**
通信设备制造	1736	-704	77	10496	11085	280	449
智能消费设备制造	5463	-138	68	7560	9648	1624	912
电子器件制造	7820	-9643	1826	40795	44244	611	7662
电子元件及电子专用材料制造	10213	2844	3959	56689	71595	13426	5734
仪器仪表制造业	**20354**	**180**	**3942**	**69545**	**88254**	**15271**	**6576**
通用仪器仪表制造	19946	-139	3635	68933	86856	14564	6127
光学仪器制造	408	318	308	612	1398	707	449
其他制造业	**8351**	**-2925**	**3494**	**44493**	**59775**	**12725**	**7199**
日用杂品制造	8351	-2925	3494	44493	59775	12725	7199
废弃资源综合利用业	**1334**	**6024**	**1664**	**-11185**	**2**	**9592**	**353**
金属废料和碎屑加工处理	1334	6024	1664	-11185	2	9592	353
电力、热力生产和供应业	**127**	**193509**	**160973**	**-35074**	**33272**	**52277**	**3149**
电力生产	127	193509	160973	-35074	33272	52277	3149

4-23 大中型工业主要经济效益指标(一)

(2022年)

项目	企业亏损面(%)	资产负债率(%)	流动比率	产成品存货周转天数(天)	新产品产值率(%)
总计	**9.95**	**50.67**	**1.27**	**38.39**	**52.03**
按轻重工业分					
轻工业	9.76	40.97	1.40	58.12	52.03
重工业	10.08	56.94	1.19	29.18	52.03
按大中型分					
大型企业	7.69	52.17	1.22	46.43	62.01
中型企业	10.36	48.69	1.32	32.02	44.25
按工业行业分					
农副食品加工业		55.05	0.97	123.32	47.56
食品制造业		76.01	1.05	142.13	
纺织业	20.00	39.22	1.88	36.77	63.72
皮革、毛皮、羽毛及其制品和制鞋业	11.11	78.07	0.83	42.44	42.83
木材加工和木、竹、藤、棕、草制品业		48.63	0.92	63.74	99.95
家具制造业	6.67	62.59	1.03	31.31	60.53
造纸和纸制品业		25.28	2.99	22.42	74.79
印刷和记录媒介复制业	33.33	21.42	1.61	10.85	71.65
文教、工美、体育和娱乐用品制造业	14.29	49.44	1.17	35.77	38.93
化学原料和化学制品制造业	16.67	28.05	3.03	42.07	55.71
医药制造业	7.14	37.74	1.45	97.80	51.56
化学纤维制造业	100.00	81.92	0.76	20.53	
橡胶和塑料制品业	7.32	38.82	1.50	31.65	43.05
非金属矿物制品业		72.21	0.91	35.65	33.25
黑色金属冶炼和压延加工业		55.58	1.47	14.00	31.32
有色金属冶炼和压延加工业	100.00	96.01	0.80	6.80	76.57
金属制品业	13.33	41.78	1.42	34.03	46.15
通用设备制造业	5.63	41.57	1.56	40.40	55.42
专用设备制造业	18.92	53.75	1.24	53.67	63.54
汽车制造业	11.11	65.25	0.93	29.60	71.40
铁路、船舶、航空航天和其他运输设备制造业	4.17	55.51	1.27	23.89	57.68
电气机械和器材制造业	6.67	57.63	1.26	31.92	66.41
计算机、通信和其他电子设备制造业	13.33	36.18	1.74	48.84	59.40
仪器仪表制造业		34.67	1.93	22.16	70.11
其他制造业		47.62	1.43	38.80	51.82
废弃资源综合利用业	100.00	67.54	1.23	12.46	0.46
电力、热力生产和供应业	50.00	73.22	0.61		

4-24　大中型工业主要经济效益指标(二)

(2022年)

项　　目	企业亏损率(%)	成本费用利润率(%)	百元营业收入实现利税(元)	百元固定资产原值实现利税(元)	营业收入利润率(%)
总　　计	**10.44**	**8.68**	**10.47**	**14.99**	**8.07**
按轻重工业分					
轻工业	2.19	14.73	15.91	29.27	13.17
重工业	19.23	5.67	7.60	9.73	5.38
按大中型分					
大型企业	4.60	10.20	11.45	14.22	9.33
中型企业	16.15	7.44	9.65	15.84	7.02
按工业行业分					
农副食品加工业		9.38	10.12	21.09	8.62
食品制造业		1.10	2.68	10.06	1.10
纺织业	10.54	6.56	7.53	17.05	6.10
皮革、毛皮、羽毛及其制品和制鞋业	0.76	3.77	5.12	14.51	3.62
木材加工和木、竹、藤、棕、草制品业		4.65	4.90	6.47	4.43
家具制造业	2.50	6.23	7.87	34.54	5.88
造纸和纸制品业		7.65	16.52	42.03	7.35
印刷和记录媒介复制业	26.49	7.56	9.62	10.76	7.66
文教、工美、体育和娱乐用品制造业	2.80	20.89	22.14	36.36	17.36
化学原料和化学制品制造业	1.25	12.89	14.53	25.54	11.27
医药制造业	0.69	18.98	19.24	26.14	16.36
化学纤维制造业		-4.62	-1.74	-2.68	-4.82
橡胶和塑料制品业	0.93	11.50	12.55	28.32	10.18
非金属矿物制品业		4.12	8.07	27.90	3.97
黑色金属冶炼和压延加工业		6.56	8.08	44.35	6.12
有色金属冶炼和压延加工业		-0.50	-0.41	-3.45	-0.50
金属制品业	2.35	31.12	30.78	71.57	28.69
通用设备制造业	0.98	10.22	11.22	20.29	9.33
专用设备制造业	4.20	10.46	12.47	26.34	9.63
汽车制造业	27.82	3.50	5.13	12.56	3.39
铁路、船舶、航空航天和其他运输设备制造业	3.14	7.06	10.33	37.36	6.45
电气机械和器材制造业	1.11	5.22	6.76	18.52	4.95
计算机、通信和其他电子设备制造业	9.11	10.56	11.53	21.09	9.75
仪器仪表制造业		18.07	19.77	45.06	15.58
其他制造业		15.64	18.93	29.04	14.09
废弃资源综合利用业		-1.95		0.01	-1.99
电力、热力生产和供应业	130.65	-1.30	1.25	0.40	-1.32

4-25 规模以上非国有工业主要财务指标(一)

(2022年)　　单位：万元

项目	企业单位数(个)	亏损企业	新产品产值	新产品销售收入	新产品销售收入中出口	资产总计
总　计	**5472**	**703**	**25168053**	**24126283**	**8344584**	**77676946**
按轻重工业分						
轻工业	2074	311	7603418	7055386	2484184	28632209
重工业	3398	392	17564635	17070897	5860400	49044737
按大中小微型分						
大型企业	62	5	7714140	8003251	4159121	20400160
中型企业	350	35	7161045	6661985	1917261	20185288
小型企业	4879	615	10235088	9420225	2263867	35892944
微型企业	181	48	57780	40823	4334	1198554
按工业行业分						
有色金属矿采选业	**1**					**3298**
常用有色金属矿采选	1					3298
非金属矿采选业	**7**	**2**	**5209**	**5209**		**132437**
土砂石开采	7	2	5209	5209		132437
农副食品加工业	**98**	**13**	**173853**	**119203**	**7518**	**714704**
谷物磨制	3	1				9138
饲料加工	9		27381	27381	4808	136487
植物油加工	1		48779	27023		101063
制糖业	1		2276	1934		3696
屠宰及肉类加工	7	1	27383			45697
水产品加工	75	11	68035	62865	2710	408709
蔬菜、菌类、水果和坚果加工	1					5744
其他农副食品加工	1					4171
食品制造业	**17**	**1**	**41986**	**42044**	**14977**	**262934**
焙烤食品制造	1		2209	2252		997
方便食品制造	1					24989
罐头食品制造	9	1				126861
调味品、发酵制品制造	1					6101
其他食品制造	5		39777	39792	14977	103986
酒、饮料和精制茶制造业	**6**	**3**	**3378**	**2252**		**166585**
酒的制造	3	3	1157	48		112417
饮料制造	2		213	201		46161
精制茶加工	1		2009	2003		8008

4-25　续表 1

单位：万元

项　　目	企业单位数(个)	亏损企业	新产品产值	新产品销售收入	新产品销售收入中出口	资产总计
纺织业	**129**	**25**	**295412**	**333520**	**125394**	**1060624**
棉纺织及印染精加工	12	4	70376	69092		155460
毛纺织及染整精加工	4		15273	15264	93	23435
化纤织造及印染精加工	27	4	8155	34464	748	152740
针织或钩针编织物及其制品制造	3	1	6970	8094	357	36440
家用纺织制成品制造	23	8	9662	3367	396	58456
产业用纺织制成品制造	60	8	184977	203239	123800	634093
纺织服装、服饰业	**19**	**3**	**13206**	**12146**	**5880**	**92751**
机织服装制造	9	2	9668	8818	3327	51471
针织或钩针编织服装制造	6	1	210			24176
服饰制造	4		3328	3328	2553	17103
皮革、毛皮、羽毛及其制品和制鞋业	**244**	**16**	**377228**	**351726**	**167802**	**749588**
皮革制品制造	11	3	6175	837	30	66272
制鞋业	233	13	371053	350889	167772	683316
木材加工和木、竹、藤、棕、草制品业	**24**	**5**	**79480**	**71342**	**56260**	**184018**
人造板制造	5	1	9851	6100	5657	55007
木质制品制造	12	3	8071	2899	1095	33566
竹、藤、棕、草等制品制造	7	1	61558	62343	49508	95445
家具制造业	**88**	**29**	**431457**	**432109**	**311681**	**1574100**
木质家具制造	20	13	17757	15159	6756	142642
竹、藤家具制造	11	4	15635	9361	1038	43657
金属家具制造	39	6	364290	383193	292369	1198649
塑料家具制造	11	2	22134	14951	11518	133766
其他家具制造	7	4	11641	9445		55387
造纸和纸制品业	**74**	**18**	**321439**	**260898**	**5758**	**678794**
造纸	9	4	218366	182122	152	183993
纸制品制造	65	14	103073	78776	5606	494801
印刷和记录媒介复制业	**70**	**8**	**122798**	**114819**	**14822**	**532965**
印刷	70	8	122798	114819	14822	532965
文教、工美、体育和娱乐用品制造业	**165**	**30**	**202706**	**160189**	**119493**	**826748**
文教办公用品制造	5	2	7724			43054

4-25 续表 2

单位：万元

项目	企业单位数（个）	亏损企业	新产品产值	新产品销售收入	新产品销售收入中出口	资产总计
工艺美术及礼仪用品制造	137	24	177792	143436	108663	646679
体育用品制造	6	2	13394	13543	10498	81189
玩具制造	15	2	705	107	40	47853
游艺器材及娱乐用品制造	2		3092	3103	292	7973
石油、煤炭及其他燃料加工业	**3**		**198**	**6231**		**9811**
精炼石油产品制造	3		198	6231		9811
化学原料和化学制品制造业	**89**	**16**	**617071**	**592021**	**104488**	**2551610**
基础化学原料制造	8	3	41548	41048	9856	140527
肥料制造	1					3859
农药制造	4	1	67202	65387	37855	292370
涂料、油墨、颜料及类似产品制造	32	6	134177	135317	20991	661441
合成材料制造	16	2	92224	94644	19505	402804
专用化学产品制造	18	2	260620	233136	10395	895578
日用化学产品制造	10	2	21301	22489	5887	155032
医药制造业	**71**	**11**	**2257434**	**2014668**	**831319**	**10756777**
化学药品原料药制造	55	9	2028188	1824797	828856	9873010
化学药品制剂制造	5	1	108161	96987	47	466396
中药饮片加工	1					7481
中成药生产	4		94855	88534		274806
兽用药品制造	1		15162			30335
生物药品制品制造	4	1	11069	4350	2416	102970
药用辅料及包装材料	1					1779
化学纤维制造业	**12**	**8**	**2538**			**222713**
合成纤维制造	10	6	2538			215355
生物基材料制造	2	2				7357
橡胶和塑料制品业	**659**	**86**	**1940288**	**1838060**	**443617**	**6897574**
橡胶制品业	116	15	390645	371584	68548	1812894
塑料制品业	543	71	1549643	1466477	375069	5084680
非金属矿物制品业	**138**	**32**	**252874**	**312730**	**17927**	**1812381**
水泥、石灰和石膏制造	6	3	241	241		68846
石膏、水泥制品及类似制品制造	80	11	190905	245952		1250456

4-25 续表 3

单位：万元

项 目	企业单位数(个)	亏损企业	新产品产值	新产品销售收入	新产品销售收入中出口	资产总计
砖瓦、石材等建筑材料制造	24	13	15339	8713		302434
玻璃制造	7	2	4147	4143	93	25645
玻璃制品制造	9	2	7445	12573	3795	26683
玻璃纤维和玻璃纤维增强塑料制品制造	2		82	82		6602
陶瓷制品制造	4		14602	20513	5049	46250
石墨及其他非金属矿物制品制造	6	1	20114	20514	8990	85466
黑色金属冶炼和压延加工业	**25**	**7**	**64568**	**59195**		**283420**
炼铁	1		6			5218
钢压延加工	24	7	64562	59195		278202
有色金属冶炼和压延加工业	**88**	**27**	**462124**	**94659**	**6032**	**1061190**
常用有色金属冶炼	2	2				23753
有色金属合金制造	6	3	11736	85		147235
有色金属压延加工	80	22	450388	94573	6032	890202
金属制品业	**390**	**43**	**738210**	**652130**	**279210**	**3751542**
结构性金属制品制造	33	8	60161	50646	8144	223035
金属工具制造	26	1	84871	80297	12852	268003
集装箱及金属包装容器制造	18	3	19498	24159	6386	113047
金属丝绳及其制品制造	17	3	1298	1586		85145
建筑、安全用金属制品制造	87	7	154838	127485	61825	572956
金属表面处理及热处理加工	63	8	59198	47870	31710	382244
搪瓷制品制造	2	1	4089	4089	83	6257
金属制日用品制造	29	2	248272	206880	151968	1371334
铸造及其他金属制品制造	115	10	105985	109118	6241	729522
通用设备制造业	**1134**	**78**	**3958697**	**3931143**	**1673392**	**11339903**
锅炉及原动设备制造	10	1	27175	25406	16485	77883
金属加工机械制造	125	10	446559	448548	101584	1041023
物料搬运设备制造	24	3	67557	64203	5339	263180
泵、阀门、压缩机及类似机械制造	668	41	2459211	2342592	1308023	5759575
轴承、齿轮和传动部件制造	135	7	492466	439024	59187	2593386
烘炉、风机、包装等设备制造	101	10	380725	468406	165415	1196704
文化、办公用机械制造	2	1	2253	2195		5912

4-25 续表 4

单位：万元

项目	企业单位数(个)	亏损企业	新产品产值	新产品销售收入	新产品销售收入中出口	资产总计
通用零部件制造	53	4	58139	125292	14180	293315
其他通用设备制造业	16	1	24613	15477	3181	108925
专用设备制造业	**449**	**59**	**1821078**	**1879682**	**615806**	**5551040**
采矿、冶金、建筑专用设备制造	18	2	84381	69967	11580	358111
化工、木材、非金属加工专用设备制造	176	23	694476	621944	144106	1863383
食品、饮料、烟草及饲料生产专用设备制造	9	1	5602	7685	1572	36410
印刷、制药、日化及日用品生产专用设备制造	7		14342	14100		37773
纺织、服装和皮革加工专用设备制造	73	12	375033	567855	226161	1628163
电子和电工机械专用设备制造	4		9690	9657	259	20205
农、林、牧、渔专用机械制造	62	5	286547	297957	186566	675734
医疗仪器设备及器械制造	77	15	252360	210903	44010	703195
环保、邮政、社会公共服务及其他专用设备制造	23	1	98647	79615	1552	228067
汽车制造业	**471**	**51**	**5590008**	**5437888**	**2238402**	**10985155**
汽车整车制造	5	2	2799312	2755443	1698714	2750614
汽车用发动机制造	3		90044	70187	9093	277073
汽车车身、挂车制造	1		10923	12048	9	27066
汽车零部件及配件制造	462	49	2689729	2600210	530586	7930402
铁路、船舶、航空航天和其他运输设备制造业	**254**	**39**	**1493312**	**1392745**	**244740**	**3557533**
铁路运输设备制造	12	3	127606	98825	690	743774
船舶及相关装置制造	27	7	124698	79290		748609
航空、航天器及设备制造	4		30547	26892		118981
摩托车制造	121	18	699219	680962	221353	1152198
自行车和残疾人座车制造	2	1	1022	1220	303	13950
助动车制造	81	10	487954	484431	15003	745982
非公路休闲车及零配件制造	6		22266	21125	7391	30923
潜水救捞及其他未列明运输设备制造	1					3117
电气机械和器材制造业	**495**	**44**	**2297539**	**2422174**	**556015**	**5686302**
电机制造	202	12	1213027	1273371	326769	2658030
输配电及控制设备制造	78	9	448427	425170	107864	844023
电线、电缆、光缆及电工器材制造	75	8	365016	408755	769	1084344
电池制造	2	1	531	421	125	5696
家用电力器具制造	27	3	80353	98317	10416	321364

4-25　续表 5

单位：万元

项　　目	企业单位数(个)	亏损企业	新产品产值	新产品销售收入	新产品销售收入中出口	资产总计
非电力家用器具制造	8		84597	97360	46826	179268
照明器具制造	98	11	92225	107633	56459	550137
其他电气机械及器材制造	5		13363	11147	6787	43440
计算机、通信和其他电子设备制造业	**61**	**12**	**847920**	**856151**	**282123**	**2883740**
计算机制造	1	1	652	6418	5096	19967
通信设备制造	3		40264	35420	6027	199294
雷达及配套设备制造	1					1919
非专业视听设备制造	2	1	1388	8775		13499
智能消费设备制造	8	3	80256	76078	7648	186355
电子器件制造	19	5	351967	356458	252437	1205821
电子元件及电子专用材料制造	23	2	373393	372721	10914	1228324
其他电子设备制造	4			281		28563
仪器仪表制造业	**82**	**7**	**532047**	**505019**	**178541**	**1018494**
通用仪器仪表制造	75	7	508484	485360	177139	972739
专用仪器仪表制造	4		5492	5312	1402	20913
光学仪器制造	1		14348	14348		17231
其他仪器仪表制造业	2		3723			7611
其他制造业	**56**	**14**	**199541**	**204522**	**43390**	**756073**
日用杂品制造	55	14	193077	198058	36926	743834
其他未列明制造业	1		6464	6464	6464	12239
废弃资源综合利用业	**24**	**9**	**24455**	**21807**		**660903**
金属废料和碎屑加工处理	13	7	2648			559434
非金属废料和碎屑加工处理	11	2	21807	21807		101469
金属制品、机械和设备修理业	**2**					**7809**
专用设备修理	1					2447
铁路、船舶、航空航天等运输设备修理	1					5362
电力、热力生产和供应业	**12**	**2**				**616563**
电力生产	9	2				540913
热力生产和供应	3					75650
燃气生产和供应业	**10**	**3**				**203935**
燃气生产和供应业	10	3				203935
水的生产和供应业	**5**	**2**				**82934**
自来水生产和供应	1	1				943
污水处理及其再生利用	4	1				81991

4-26 规模以上非国有工业主要财务指标(二)

(2022年)　　单位：万元

项　　目	流动资产合计	存　货	固定资产原价	固定资产净额	年末负债合计	流动负债合计
总　　计	**46173177**	**10975898**	**26878856**	**15386523**	**43338038**	**39010284**
按轻重工业分						
轻工业	15520589	4035246	9879956	5600738	14501567	12904232
重工业	30652589	6940653	16998900	9785786	28836471	26106052
按大中小微型分						
大型企业	10650683	2605772	5866548	3323058	9663794	8186940
中型企业	11346100	3056101	7037146	4122919	9517138	8453136
小型企业	23424395	5234571	13670915	7771263	23536108	21944735
微型企业	751999	79454	304247	169283	620999	425473
按工业行业分						
有色金属矿采选业	**1731**	**754**	**1391**	**629**	**1698**	**1698**
常用有色金属矿采选	1731	754	1391	629	1698	1698
非金属矿采选业	**31606**	**6871**	**28435**	**17609**	**112340**	**98895**
土砂石开采	31606	6871	28435	17609	112340	98895
农副食品加工业	**453739**	**142677**	**237790**	**147792**	**464586**	**433012**
谷物磨制	8343	6493	2528	1154	7446	6806
饲料加工	101190	21596	35957	25087	100674	95194
植物油加工	40425	23667	25612	16678	39671	34128
制糖业	3541	480	181	155	2627	2627
屠宰及肉类加工	14327	1584	29340	19817	16955	14539
水产品加工	280775	86404	136361	81021	290565	274175
蔬菜、菌类、水果和坚果加工	2979	1936	4053	2122	3179	3078
其他农副食品加工	2159	518	3759	1758	3470	2465
食品制造业	**156426**	**75647**	**111276**	**72150**	**160861**	**158794**
焙烤食品制造	436	330	804	560	128	128
方便食品制造	2846	1641	16446	14249	13624	13624
罐头食品制造	92649	53687	42046	21744	102528	101083
调味品、发酵制品制造	3536	1875	2596	1870	3777	3777
其他食品制造	56960	18115	49384	33728	40805	40183
酒、饮料和精制茶制造业	**104762**	**24798**	**112986**	**36287**	**72611**	**72611**
酒的制造	73454	16700	101119	31911	40248	40248
饮料制造	26392	7378	9576	3448	30499	30499
精制茶加工	4916	720	2291	929	1864	1864

4-26　续表 1

单位：万元

项　　目	流动资产合计	存　货	固定资产原价	固定资产净额	年末负债合计	流动负债合计
纺织业	**687650**	**194415**	**390591**	**213811**	**618738**	**572674**
棉纺织及印染精加工	88424	30919	66682	42274	132148	101486
毛纺织及染整精加工	13795	4577	19619	2327	15732	15732
化纤织造及印染精加工	115857	40696	65102	30597	88546	87609
针织或钩针编织物及其制品制造	19486	9771	22673	13002	17665	15625
家用纺织制成品制造	40973	9454	17579	9637	47206	47206
产业用纺织制成品制造	409117	98997	198936	115973	317441	305016
纺织服装、服饰业	**58506**	**18623**	**35187**	**20983**	**70088**	**70088**
机织服装制造	35610	10338	16118	10376	39932	39932
针织或钩针编织服装制造	16050	6438	13634	6467	17158	17158
服饰制造	6846	1847	5436	4139	12999	12999
皮革、毛皮、羽毛及其制品和制鞋业	**527839**	**110004**	**244488**	**143306**	**565834**	**553887**
皮革制品制造	38939	12631	32668	21679	52191	52186
制鞋业	488901	97373	211820	121628	513643	501701
木材加工和木、竹、藤、棕、草制品业	**105825**	**24196**	**78732**	**48477**	**112354**	**109345**
人造板制造	42920	3661	8883	3560	36664	36654
木质制品制造	18602	6137	17147	10516	24376	24376
竹、藤、棕、草等制品制造	44303	14398	52702	34401	51314	48315
家具制造业	**977140**	**256702**	**402636**	**204973**	**1019084**	**996258**
木质家具制造	75125	31593	62155	33617	108018	98254
竹、藤家具制造	34153	13645	11359	5881	37652	37652
金属家具制造	802650	184932	230503	112470	778638	768503
塑料家具制造	39841	18094	85314	47023	70097	67670
其他家具制造	25370	8438	13306	5982	24679	24179
造纸和纸制品业	**477063**	**123725**	**259731**	**123536**	**408842**	**394259**
造纸	119893	27744	106418	43542	59382	53747
纸制品制造	357169	95981	153313	79994	349460	340513
印刷和记录媒介复制业	**264952**	**55768**	**258553**	**136047**	**230534**	**225358**
印刷	264952	55768	258553	136047	230534	225358
文教、工美、体育和娱乐用品制造业	**502454**	**129096**	**378309**	**219816**	**527668**	**516508**
文教办公用品制造	21700	6395	20551	9074	24770	24770

4-26 续表 2

单位：万元

项　　目	流动资产合计	存　货	固定资产合计	固定资产原价	固定资产净额	年末负债合计
工艺美术及礼仪用品制造	413664	100160	277408	155480	415643	407216
体育用品制造	36360	13648	48947	36540	48404	45809
玩具制造	24934	7367	28252	16880	34980	34843
游艺器材及娱乐用品制造	5797	1526	3151	1842	3871	3871
石油、煤炭及其他燃料加工业	**8077**	**1803**	**2895**	**1260**	**3950**	**3620**
精炼石油产品制造	8077	1803	2895	1260	3950	3620
化学原料和化学制品制造业	**1460712**	**250723**	**743696**	**432725**	**993890**	**819709**
基础化学原料制造	73655	15684	66665	35885	49277	45820
肥料制造	3481	13	853	258	1455	1255
农药制造	182612	15444	47132	24616	89640	74270
涂料、油墨、颜料及类似产品制造	382398	89980	239305	146799	284729	274278
合成材料制造	235579	37479	153024	80902	262900	181297
专用化学产品制造	494899	75818	206707	126963	239698	195430
日用化学产品制造	88087	16305	30010	17303	66192	47358
医药制造业	**4907862**	**1405303**	**3100247**	**1769405**	**4271698**	**3327987**
化学药品原料药制造	4381650	1350961	2864264	1651891	3984709	3080943
化学药品制剂制造	243517	27722	127645	61038	121103	87675
中药饮片加工	7339	1273	418	129	5451	5451
中成药生产	186368	18924	60871	31333	100116	94352
兽用药品制造	15546	1107	12616	8281	9547	9547
生物药品制品制造	72132	5294	33806	16264	49387	48635
药用辅料及包装材料	1310	21	626	469	1385	1385
化学纤维制造业	**79154**	**22180**	**148244**	**116820**	**177116**	**107663**
合成纤维制造	72986	21272	146921	115827	171446	101993
生物基材料制造	6167	908	1323	993	5670	5670
橡胶和塑料制品业	**3786993**	**893522**	**2869209**	**1594379**	**3502367**	**3221596**
橡胶制品业	978517	182477	608121	345605	887914	786744
塑料制品业	2808477	711045	2261088	1248774	2614453	2434852
非金属矿物制品业	**1104990**	**165852**	**624981**	**354502**	**1284871**	**1176894**
水泥、石灰和石膏制造	35964	5909	30078	16311	45726	42878
石膏、水泥制品及类似制品制造	888631	111563	434965	228132	833487	766721

4-26 续表 3

单位：万元

项 目	流动资产合计	存 货	非流动资产合计	固定资产原价	固定资产净额	年末负债合计
砖瓦、石材等建筑材料制造	83582	21116	59587	43985	271973	259040
玻璃制造	17456	3522	14456	5008	18950	18465
玻璃制品制造	18082	4717	12244	6132	19837	19837
玻璃纤维和玻璃纤维增强塑料制品制造	4539	1732	1682	1012	4782	4782
陶瓷制品制造	23565	8242	23863	14247	31212	31212
石墨及其他非金属矿物制品制造	33171	9051	48107	39676	58906	33959
黑色金属冶炼和压延加工业	**208125**	**71105**	**96144**	**53221**	**184424**	**178230**
炼铁	4621	772	989	506	5397	2917
钢压延加工	203504	70333	95155	52715	179027	175314
有色金属冶炼和压延加工业	**769667**	**144146**	**213752**	**124795**	**790042**	**772465**
常用有色金属冶炼	18416	7958	5078	3190	24196	24196
有色金属合金制造	91088	16315	47547	34506	116176	115259
有色金属压延加工	660163	119874	161127	87099	649671	633010
金属制品业	**2207145**	**454718**	**1243786**	**736220**	**2094091**	**1932363**
结构性金属制品制造	151151	35069	65103	43324	167466	147113
金属工具制造	133561	34986	164980	111669	162042	153743
集装箱及金属包装容器制造	77203	19430	43634	27139	82466	81854
金属丝绳及其制品制造	67061	23829	29193	14863	60661	57526
建筑、安全用金属制品制造	368135	95227	196520	116977	373351	358465
金属表面处理及热处理加工	222881	27881	197099	118758	277903	257393
搪瓷制品制造	4293	571	1673	1385	4714	4714
金属制日用品制造	664793	87930	248934	156978	505724	426114
铸造及其他金属制品制造	518067	129795	296653	145127	459766	445441
通用设备制造业	**6931357**	**1774897**	**4368119**	**2592665**	**5959709**	**5495589**
锅炉及原动设备制造	45111	13855	41248	20703	39624	33896
金属加工机械制造	701257	218181	417146	240869	600484	553793
物料搬运设备制造	164026	43040	87008	56295	159757	158045
泵、阀门、压缩机及类似机械制造	3721534	964158	1927577	1145367	3049516	2859855
轴承、齿轮和传动部件制造	1414766	311973	1211678	704875	1139029	941211
烘炉、风机、包装等设备制造	623624	155106	499548	316846	701325	683302
文化、办公用机械制造	3518	861	4578	2112	2005	1866

4-26 续表 4

单位：万元

项　　目	流动资产合计	存　货	非流动资产合计	固定资产原价	固定资产净额	年末负债合计
通用零部件制造	196946	46066	139421	77738	185536	181384
其他通用设备制造业	60576	21657	39916	27860	82433	82237
专用设备制造业	**3532838**	**975372**	**1954796**	**1118223**	**3270116**	**3081272**
采矿、冶金、建筑专用设备制造	238321	67898	112357	74032	154473	153191
化工、木材、非金属加工专用设备制造	1266604	365501	724740	360093	1251901	1154904
食品、饮料、烟草及饲料生产专用设备制造	19886	5921	17724	9234	16940	16482
印刷、制药、日化及日用品生产专用设备制造	27716	3222	7712	3558	25859	22592
纺织、服装和皮革加工专用设备制造	962769	262707	494341	317773	945347	904797
电子和电工机械专用设备制造	16215	8143	5582	2385	9651	9651
农、林、牧、渔专用机械制造	423929	113992	234118	132921	372785	358982
医疗仪器设备及器械制造	399396	99392	310440	192130	329189	315391
环保、邮政、社会公共服务及其他专用设备制造	178003	48596	47783	26099	163972	145283
汽车制造业	**6789267**	**1230300**	**3888480**	**2032494**	**7491887**	**6638144**
汽车整车制造	2190392	273207	343713	90565	2385125	2278464
汽车用发动机制造	81843	15841	166480	124385	140255	139151
汽车车身、挂车制造	16754	5651	7728	3025	18279	18279
汽车零部件及配件制造	4500278	935601	3370559	1814519	4948229	4202250
铁路、船舶、航空航天和其他运输设备制造业	**2459612**	**755913**	**1040381**	**571973**	**2378610**	**2227236**
铁路运输设备制造	401664	46935	175021	129760	283991	189790
船舶及相关装置制造	622314	328048	200896	79085	626587	618259
航空、航天器及设备制造	51400	6002	67139	45779	64750	62067
摩托车制造	819387	224367	397149	194515	779772	745635
自行车和残疾人座车制造	9730	852	5279	3661	12152	12152
助动车制造	528883	143247	185863	114542	590466	580020
非公路休闲车及零配件制造	23308	5124	8589	4439	18149	16571
潜水救捞及其他未列明运输设备制造	2925	1337	444	192	2743	2743
电气机械和器材制造业	**4041385**	**877476**	**1694310**	**1017498**	**3530986**	**3297635**
电机制造	1789021	410426	852702	552311	1611575	1511697
输配电及控制设备制造	647693	124307	236873	120383	499995	489712
电线、电缆、光缆及电工器材制造	884403	182140	179891	102207	721213	675793
电池制造	4364	1116	1412	638	1257	1257
家用电力器具制造	158160	40158	140428	92358	164727	120403

4-26 续表 5

单位：万元

项 目	流动资产合计	存 货	非流动资产合计	固定资产原价	固定资产净额	年末负债合计
非电力家用器具制造	139211	20017	56235	26443	76389	71314
照明器具制造	392477	94575	214994	114428	426075	402030
其他电气机械及器材制造	26058	4738	11776	8730	29755	25430
计算机、通信和其他电子设备制造业	**1721538**	**330321**	**842701**	**549776**	**1205895**	**1041724**
计算机制造	10303	2289	7587	7213	17702	12173
通信设备制造	145548	13836	37939	32261	162691	112381
雷达及配套设备制造	1097	631	1067	782	953	953
非专业视听设备制造	11591	3827	3292	1885	10396	8787
智能消费设备制造	118594	24610	62374	41478	82033	61175
电子器件制造	590982	109783	426076	284256	348565	314009
电子元件及电子专用材料制造	823912	170967	293222	175183	567929	516969
其他电子设备制造	19513	4377	11143	6719	15626	15276
仪器仪表制造业	**683708**	**169144**	**378752**	**222348**	**445973**	**429076**
通用仪器仪表制造	651281	163903	354489	209478	416871	400537
专用仪器仪表制造	16207	2166	10516	3859	13727	13577
光学仪器制造	10835	2954	9672	5759	9874	9461
其他仪器仪表制造业	5385	122	4075	3252	5501	5501
其他制造业	**473923**	**102665**	**284114**	**138946**	**441052**	**408273**
日用杂品制造	467071	99697	276513	134632	432192	399413
其他未列明制造业	6852	2968	7602	4314	8860	8860
废弃资源综合利用业	**480818**	**163679**	**152227**	**97483**	**409120**	**384513**
金属废料和碎屑加工处理	421457	152297	119871	77427	352474	337528
非金属废料和碎屑加工处理	59361	11382	32357	20056	56646	46985
金属制品、机械和设备修理业	**5796**	**1063**	**6459**	**2012**	**4305**	**4305**
专用设备修理	2427	734	114	20	2047	2047
铁路、船舶、航空航天等运输设备修理	3369	329	6345	1992	2258	2258
电力、热力生产和供应业	**91935**	**5067**	**492506**	**349246**	**395229**	**159662**
电力生产	74844	3463	437863	315571	344765	125214
热力生产和供应	17090	1604	54643	33675	50464	34448
燃气生产和供应业	**54849**	**17149**	**143950**	**102499**	**96762**	**80410**
燃气生产和供应业	54849	17149	143950	102499	96762	80410
水的生产和供应业	**23735**	**226**	**49005**	**22616**	**40710**	**18537**
自来水生产和供应	627		1109	130	652	652
污水处理及其再生利用	23108	226	47896	22486	40058	17885

4-27 规模以上非国有工业主要财务指标(三)

(2022年) 单位：万元

项目	所有者权益合计	实收资本	营业收入	营业成本	税金及附加
总　计	**34338888**	**11296463**	**64383743**	**53668617**	**357205**
按轻重工业分					
轻工业	14130633	4452534	21176442	17049361	117679
重工业	20208256	6843928	43207301	36619257	239526
按大中小微型分					
大型企业	10736366	2526866	13113990	10691649	87758
中型企业	10668149	2741320	14869242	12044936	82943
小型企业	12356819	5883863	35581085	30179493	183215
微型企业	577555	144414	819426	752539	3290
按工业行业分					
有色金属矿采选业	**1600**	**800**	**3125**	**1691**	**137**
常用有色金属矿采选	1600	800	3125	1691	137
非金属矿采选业	**20098**	**20080**	**66630**	**47013**	**2329**
土砂石开采	20098	20080	66630	47013	2329
农副食品加工业	**250117**	**111546**	**991039**	**908330**	**2106**
谷物磨制	1692	1401	22333	21196	6
饲料加工	35813	11132	180946	165023	169
植物油加工	61392	5520	49262	34652	56
制糖业	1069	1000	6013	5533	6
屠宰及肉类加工	28742	18423	275285	267346	448
水产品加工	118144	69970	449606	408189	1352
蔬菜、菌类、水果和坚果加工	2564	2450	4551	3848	57
其他农副食品加工	701	1650	3043	2543	13
食品制造业	**102073**	**34461**	**198597**	**164731**	**820**
焙烤食品制造	869	500	5037	3965	21
方便食品制造	11366	6800	15870	12925	5
罐头食品制造	24334	7081	99553	88106	505
调味品、发酵制品制造	2324	2000	4348	3053	13
其他食品制造	63181	18080	73790	56683	276
酒、饮料和精制茶制造业	**93974**	**36793**	**122367**	**94405**	**9281**
酒的制造	72169	28850	78971	57637	9039
饮料制造	15662	2783	37587	31793	224
精制茶加工	6144	5160	5810	4975	18

4-27　续表 1

单位：万元

项　　目	所有者权益合计	实收资本	营业收入	营业成本	税金及附加
纺织业	**441887**	**134917**	**998154**	**848958**	**5172**
棉纺织及印染精加工	23312	7172	160129	144076	1285
毛纺织及染整精加工	7703	5982	26279	22147	147
化纤织造及印染精加工	64194	29441	177624	161153	474
针织或钩针编织物及其制品制造	18775	2010	46994	39936	137
家用纺织制成品制造	11250	7623	67796	56146	307
产业用纺织制成品制造	316652	82689	519332	425500	2822
纺织服装、服饰业	**22663**	**15278**	**75397**	**61440**	**356**
机织服装制造	11539	9437	37428	29921	165
针织或钩针编织服装制造	7018	4805	24625	20736	154
服饰制造	4105	1036	13344	10783	36
皮革、毛皮、羽毛及其制品和制鞋业	**183753**	**72571**	**893905**	**762330**	**3634**
皮革制品制造	14081	13224	55153	45792	320
制鞋业	169671	59348	838752	716538	3313
木材加工和木、竹、藤、棕、草制品业	**71663**	**26335**	**153857**	**132348**	**742**
人造板制造	18343	11294	43741	38750	131
木质制品制造	9190	3041	36274	30153	190
竹、藤、棕、草等制品制造	44130	12000	73843	63445	422
家具制造业	**555016**	**314909**	**1369906**	**1163406**	**7467**
木质家具制造	34624	23811	91977	72419	819
竹、藤家具制造	6005	1759	53948	47743	337
金属家具制造	420011	260768	1094347	944429	4919
塑料家具制造	63669	17021	74628	55239	895
其他家具制造	30707	11550	55007	43577	497
造纸和纸制品业	**269951**	**97735**	**777206**	**700137**	**4257**
造纸	124611	23933	286177	262282	2825
纸制品制造	145340	73802	491030	437855	1432
印刷和记录媒介复制业	**302431**	**127101**	**384369**	**330330**	**1906**
印刷	302431	127101	384369	330330	1906
文教、工美、体育和娱乐用品制造业	**299079**	**111605**	**794472**	**632848**	**5922**
文教办公用品制造	18284	10637	21786	18588	189

4-27 续表 2

单位：万元

项　　目	所有者权益合计	实收资本	营业收入	营业成本	税金及附加
工艺美术及礼仪用品制造	231035	89488	637336	506991	4916
体育用品制造	32785	5099	72047	54820	528
玩具制造	12873	5430	48761	40328	231
游艺器材及娱乐用品制造	4102	950	14542	12122	58
石油、煤炭及其他燃料加工业	**5861**	**2500**	**17480**	**14570**	**56**
精炼石油产品制造	5861	2500	17480	14570	56
化学原料和化学制品制造业	**1557719**	**368603**	**1801167**	**1437663**	**8335**
基础化学原料制造	91250	14988	129572	91959	647
肥料制造	2404	52	3826	2790	5
农药制造	202729	46906	156146	127340	560
涂料、油墨、颜料及类似产品制造	376712	112969	421515	342938	2449
合成材料制造	139904	60979	366487	317211	1399
专用化学产品制造	655880	94918	639481	488435	2976
日用化学产品制造	88840	37792	84140	66989	299
医药制造业	**6485079**	**1539069**	**4497503**	**3111304**	**24853**
化学药品原料药制造	5888301	1334180	4103590	2947450	20900
化学药品制剂制造	345293	147486	146035	69879	1678
中药饮片加工	2031	1000	4232	3528	6
中成药生产	174691	39706	132210	37522	1590
兽用药品制造	20788	5370	16451	6841	248
生物药品制品制造	53583	11227	92196	43952	423
药用辅料及包装材料	394	100	2790	2134	8
化学纤维制造业	**45596**	**79423**	**252372**	**249165**	**348**
合成纤维制造	43909	77316	240890	238433	332
生物基材料制造	1687	2108	11483	10733	16
橡胶和塑料制品业	**3395204**	**1208237**	**5968211**	**4842822**	**31524**
橡胶制品业	924980	277714	1167620	941208	6195
塑料制品业	2470224	930523	4800591	3901614	25329
非金属矿物制品业	**527508**	**298494**	**1789311**	**1505628**	**9512**
水泥、石灰和石膏制造	23121	15074	77254	73377	218
石膏、水泥制品及类似制品制造	416969	225935	1440457	1208104	7592

4-27　续表 3

单位：万元

项　　目	所有者权益合计	实收资本	营业收入	营业成本	税金及附加
砖瓦、石材等建筑材料制造	30460	27732	115621	101028	645
玻璃制造	6695	5540	32993	28167	223
玻璃制品制造	6846	4022	31790	26429	132
玻璃纤维和玻璃纤维增强塑料制品制造	1820	418	6763	5435	58
陶瓷制品制造	15038	10284	32819	24087	348
石墨及其他非金属矿物制品制造	26560	9490	51615	39002	298
黑色金属冶炼和压延加工业	**98997**	**30478**	**659747**	**622922**	**2193**
炼铁	-179	574	2330	1873	7
钢压延加工	99176	29904	657417	621049	2187
有色金属冶炼和压延加工业	**271147**	**134333**	**1831550**	**1780442**	**3327**
常用有色金属冶炼	-443	1520	54921	55740	3
有色金属合金制造	31059	29851	156134	149895	993
有色金属压延加工	240531	102962	1620494	1574807	2331
金属制品业	**1657450**	**523122**	**3053796**	**2573349**	**14782**
结构性金属制品制造	55569	41228	207105	179677	684
金属工具制造	105961	49647	163483	126914	668
集装箱及金属包装容器制造	30581	11993	87804	70683	267
金属丝绳及其制品制造	24484	12126	145004	137608	254
建筑、安全用金属制品制造	199605	94078	625669	514629	3469
金属表面处理及热处理加工	104342	45667	303412	258609	1483
搪瓷制品制造	1543	1366	12874	11481	23
金属制日用品制造	865611	146689	630964	505035	4449
铸造及其他金属制品制造	269756	120329	877481	768712	3486
通用设备制造业	**5380192**	**1430715**	**9519408**	**7681458**	**50209**
锅炉及原动设备制造	38259	14581	58452	42696	501
金属加工机械制造	440539	106258	902091	721398	4635
物料搬运设备制造	103424	43472	184539	147522	1125
泵、阀门、压缩机及类似机械制造	2710058	730719	5478430	4422107	26844
轴承、齿轮和传动部件制造	1454356	278196	1459761	1158712	8385
烘炉、风机、包装等设备制造	495378	182069	1038509	859981	7037
文化、办公用机械制造	3907	1118	7835	6278	42

4-27 续表 4

单位：万元

项目	所有者权益合计	实收资本	营业收入	营业成本	税金及附加
通用零部件制造	107779	51966	310599	261972	1426
其他通用设备制造业	26492	22336	79194	60791	214
专用设备制造业	**2280923**	**720516**	**4089722**	**3250497**	**21420**
采矿、冶金、建筑专用设备制造	203639	33775	284733	222776	1410
化工、木材、非金属加工专用设备制造	611481	182610	1245506	973160	8261
食品、饮料、烟草及饲料生产专用设备制造	19470	7585	23545	17096	196
印刷、制药、日化及日用品生产专用设备制造	11914	2746	29803	21174	151
纺织、服装和皮革加工专用设备制造	682816	259274	1186126	1008185	4248
电子和电工机械专用设备制造	10554	3201	16359	11099	91
农、林、牧、渔专用机械制造	302949	104389	601616	496298	1844
医疗仪器设备及器械制造	374006	101622	530723	370632	4288
环保、邮政、社会公共服务及其他专用设备制造	64095	25315	171310	130077	932
汽车制造业	**3493267**	**1451435**	**9770058**	**8548551**	**55081**
汽车整车制造	365489	435358	2913454	2781792	20131
汽车用发动机制造	136819	82090	405073	339398	1064
汽车车身、挂车制造	8787	3855	16253	12120	114
汽车零部件及配件制造	2982173	930132	6435279	5415241	33772
铁路、船舶、航空航天和其他运输设备制造业	**1178923**	**588524**	**3708363**	**3154551**	**47794**
铁路运输设备制造	459782	183552	213987	129716	1949
船舶及相关装置制造	122023	147956	573600	533008	2062
航空、航天器及设备制造	54231	8116	37461	18578	264
摩托车制造	372426	145760	1618975	1354374	39700
自行车和残疾人座车制造	1798	547	17384	14215	104
助动车制造	155516	97112	1200776	1068299	3530
非公路休闲车及零配件制造	12773	4882	42142	33009	175
潜水救捞及其他未列明运输设备制造	374	600	4039	3352	10
电气机械和器材制造业	**2155313**	**780196**	**5950530**	**5186442**	**19835**
电机制造	1046454	262967	2503583	2150887	9449
输配电及控制设备制造	344028	178123	902135	798178	2796
电线、电缆、光缆及电工器材制造	363130	207091	1538542	1395351	2900
电池制造	4439	1250	5909	4949	29
家用电力器具制造	156637	52481	212080	168978	1239

4-27 续表 5

单位：万元

项 目	所有者权益合计	实收资本	营业收入	营业成本	税金及附加
非电力家用器具制造	102878	16926	131887	101944	911
照明器具制造	124061	57210	601065	523404	2321
其他电气机械及器材制造	13685	4150	55330	42752	192
计算机、通信和其他电子设备制造业	**1677846**	**379405**	**1617496**	**1294578**	**7939**
计算机制造	2264	5080	8384	8629	6
通信设备制造	36602	6288	73519	54544	556
雷达及配套设备制造	966	554	3203	2457	3
非专业视听设备制造	3103	3200	15953	13148	29
智能消费设备制造	104322	32222	131149	99983	832
电子器件制造	857256	199904	575722	451842	3150
电子元件及电子专用材料制造	660395	125555	774114	633510	3204
其他电子设备制造	12937	6601	35453	30465	159
仪器仪表制造业	**572521**	**180406**	**946247**	**708982**	**6043**
通用仪器仪表制造	555867	176246	896740	669038	5887
专用仪器仪表制造	7186	1380	23323	19216	62
光学仪器制造	7357	2580	16490	12674	80
其他仪器仪表制造业	2110	200	9695	8054	14
其他制造业	**315021**	**135459**	**596299**	**474232**	**3892**
日用杂品制造	311642	134459	585587	465090	3760
其他未列明制造业	3379	1000	10712	9142	132
废弃资源综合利用业	**251784**	**147923**	**1013762**	**989252**	**3557**
金属废料和碎屑加工处理	206960	119929	898416	892586	2744
非金属废料和碎屑加工处理	44824	27994	115345	96667	813
金属制品、机械和设备修理业	**3504**	**3243**	**7362**	**5658**	**38**
专用设备修理	400	243	4537	3378	15
铁路、船舶、航空航天等运输设备修理	3104	3000	2826	2280	24
电力、热力生产和供应业	**221334**	**130021**	**173941**	**130951**	**1685**
电力生产	196148	127521	129838	91923	1270
热力生产和供应	25186	2500	44103	39028	415
燃气生产和供应业	**107173**	**39023**	**263281**	**236753**	**495**
燃气生产和供应业	107173	39023	263281	236753	495
水的生产和供应业	**42224**	**21205**	**27113**	**20883**	**159**
自来水生产和供应	291	87	3081	3071	5
污水处理及其再生利用	41933	21118	24032	17812	154

4-28 规模以上非国有工业主要财务指标(四)

(2022年)

单位：万元

项目	销售费用	财务费用	#利息费用	利润总额	利税总额	本年应交增值税	平均用工人数(人)
总计	**1616751**	**348920**	**653529**	**3821412**	**5482993**	**1304376**	**755410**
按轻重工业分							
轻工业	645169	84515	239587	1670265	2262468	474524	291331
重工业	971582	264406	413942	2151147	3220525	829852	464079
按大中小微型分							
大型企业	289685	-32841	122550	1091750	1321307	141799	118618
中型企业	402803	33072	142465	1335597	1754419	335880	172016
小型企业	916135	342945	381933	1393557	2387945	811173	459888
微型企业	8128	5745	6581	509	19322	15524	4888
按工业行业分							
有色金属矿采选业		**62**	**62**	**850**	**1308**	**321**	**95**
常用有色金属矿采选		62	62	850	1308	321	95
非金属矿采选业	**2884**	**8435**	**7933**	**2283**	**6610**	**1998**	**295**
土砂石开采	2884	8435	7933	2283	6610	1998	295
农副食品加工业	**17150**	**11249**	**8417**	**27813**	**36899**	**6980**	**8396**
谷物磨制	437	275	168	123	215	87	69
饲料加工	2639	1871	1840	6624	7771	979	513
植物油加工	1844	481	655	8494	9299	749	378
制糖业	0	48	47	88	215	121	52
屠宰及肉类加工	2706	309	427	2593	3314	272	700
水产品加工	9117	8095	5108	9852	15797	4594	6508
蔬菜、菌类、水果和坚果加工	328	93	95	5	62		75
其他农副食品加工	78	77	77	36	226	178	101
食品制造业	**6429**	**477**	**2775**	**13028**	**16175**	**2328**	**3678**
焙烤食品制造	91	7	7	519	813	273	85
方便食品制造	801	428	428	654	668	10	175
罐头食品制造	3450	818	1941	1283	3168	1380	2615
调味品、发酵制品制造	42	73	75	1008	1217	196	35
其他食品制造	2044	-848	325	9563	10309	470	768
酒、饮料和精制茶制造业	**1981**	**197**	**326**	**-7610**	**6721**	**5051**	**703**
酒的制造	587	-714	205	-10012	2470	3443	371
饮料制造	1234	783	0	2268	3918	1425	256
精制茶加工	161	128	120	133	333	182	76

4-28　续表 1

单位：万元

项　　目	销售费用	财务费用	#利息费用	利润总额	利税总额	本年应交增值税	平均用工人数(人)
纺织业	**28436**	**5065**	**9995**	**37796**	**62601**	**19634**	**13893**
棉纺织及印染精加工	2172	4510	4352	-915	4948	4578	1673
毛纺织及染整精加工	421	252	258	607	1801	1047	466
化纤织造及印染精加工	2027	2154	2439	2949	6893	3471	2107
针织或钩针编织物及其制品制造	1769	158	191	1731	3144	1276	377
家用纺织制成品制造	3532	501	607	453	1801	1041	1591
产业用纺织制成品制造	18516	-2510	2148	32971	44014	8221	7679
纺织服装、服饰业	**3003**	**1591**	**1485**	**1974**	**4471**	**2141**	**1859**
机织服装制造	1538	805	761	672	1749	912	931
针织或钩针编织服装制造	1032	453	452	521	1442	767	646
服饰制造	433	334	272	780	1279	463	282
皮革、毛皮、羽毛及其制品和制鞋业	**19662**	**8439**	**8991**	**31442**	**59082**	**24006**	**26154**
皮革制品制造	1906	869	949	1462	2757	974	1406
制鞋业	17756	7569	8042	29980	56325	23031	24748
木材加工和木、竹、藤、棕、草制品业	**3355**	**-476**	**2251**	**3845**	**7839**	**3252**	**3621**
人造板制造	1091	405	645	664	2133	1338	522
木质制品制造	1400	5	399	487	2219	1542	1340
竹、藤、棕、草等制品制造	864	-886	1208	2694	3487	371	1759
家具制造业	**37244**	**5454**	**12473**	**74865**	**107726**	**25393**	**24094**
木质家具制造	7252	1170	1802	-2351	1034	2565	3253
竹、藤家具制造	950	435	782	332	3243	2574	1194
金属家具制造	22185	3610	8596	60876	82897	17103	16746
塑料家具制造	4773	330	660	3669	5361	797	1665
其他家具制造	2085	-90	633	12339	15190	2354	1236
造纸和纸制品业	**15611**	**6953**	**6911**	**18059**	**53307**	**30992**	**6915**
造纸	2801	1810	1696	13728	40121	23568	1526
纸制品制造	12810	5143	5215	4331	13187	7424	5389
印刷和记录媒介复制业	**9907**	**3084**	**3285**	**15355**	**25598**	**8338**	**7551**
印刷	9907	3084	3285	15355	25598	8338	7551
文教、工美、体育和娱乐用品制造业	**29467**	**2139**	**11252**	**49449**	**80389**	**25018**	**21624**
文教办公用品制造	957	434	717	149	721	382	514

4-28 续表 2

单位：万元

项 目	销售费用	财务费用	#利息费用	利润总额	利税总额	本年应交增值税	平均用工人数（人）
工艺美术及礼仪用品制造	24957	1211	8709	39450	67395	23029	17673
体育用品制造	1342	50	1270	7344	8323	451	1825
玩具制造	1722	461	536	1573	2753	949	1425
游艺器材及娱乐用品制造	490	-18	21	933	1199	207	187
石油、煤炭及其他燃料加工业	**792**	**80**	**20**	**916**	**1478**	**505**	**129**
精炼石油产品制造	792	80	20	916	1478	505	129
化学原料和化学制品制造业	**38867**	**-2952**	**16354**	**171656**	**212294**	**32304**	**10285**
基础化学原料制造	1433	286	1424	24936	29634	4052	789
肥料制造	366	13	13	293	339	41	26
农药制造	2550	-734	435	11588	13430	1282	928
涂料、油墨、颜料及类似产品制造	9970	1229	5851	20206	31467	8812	3170
合成材料制造	10077	4962	5798	7793	13067	3875	1662
专用化学产品制造	10460	-8705	1232	99553	115642	13113	2578
日用化学产品制造	4013	-4	1602	7287	8716	1130	1132
医药制造业	**138387**	**-15642**	**70705**	**671844**	**792522**	**95824**	**36321**
化学药品原料药制造	47212	-19603	66120	578737	671131	71494	32692
化学药品制剂制造	22664	2530	2730	34112	45971	10181	1864
中药饮片加工	2	50	41	190	242	47	56
中成药生产	38497	1875	1793	42386	55750	11774	970
兽用药品制造	196	-310		5880	6128		181
生物药品制品制造	29763	-188	22	10257	12855	2175	505
药用辅料及包装材料	53	4		281	444	155	53
化学纤维制造业	**1240**	**5979**	**6360**	**-11696**	**-4675**	**6673**	**971**
合成纤维制造	959	5731	6097	-10821	-4110	6379	887
生物基材料制造	282	249	264	-875	-565	294	84
橡胶和塑料制品业	**192851**	**48660**	**61016**	**381940**	**541157**	**127692**	**80755**
橡胶制品业	31978	12744	15890	82506	115175	26473	17026
塑料制品业	160873	35915	45126	299434	425982	101219	63729
非金属矿物制品业	**75630**	**20847**	**20728**	**67550**	**134684**	**57622**	**11882**
水泥、石灰和石膏制造	1503	596	435	-860	540	1182	234
石膏、水泥制品及类似制品制造	64303	13514	14110	65017	118894	46286	7702

4-28 续表 3

单位：万元

项 目	销售费用	财务费用	#利息费用	利润总额	利税总额	本年应交增值税	平均用工人数(人)
砖瓦、石材等建筑材料制造	5965	3414	2563	-5806	244	5405	1231
玻璃制造	675	400	422	1109	2498	1166	651
玻璃制品制造	776	443	559	922	1819	765	645
玻璃纤维和玻璃纤维增强塑料制品制造	443	-3	52	283	570	229	148
陶瓷制品制造	518	1039	1059	2946	5008	1714	762
石墨及其他非金属矿物制品制造	1446	1446	1529	3939	5112	875	509
黑色金属冶炼和压延加工业	**3110**	**3356**	**3416**	**10899**	**20007**	**6916**	**1893**
炼铁	20	20	8	84	191	101	77
钢压延加工	3090	3336	3408	10815	19816	6815	1816
有色金属冶炼和压延加工业	**6156**	**7803**	**12366**	**-2010**	**15719**	**14402**	**4860**
常用有色金属冶炼	78	313	320	-1798	-762	1034	63
有色金属合金制造	661	784	910	-210	4164	3381	283
有色金属压延加工	5418	6706	11136	-2	12317	9988	4514
金属制品业	**88942**	**17822**	**35179**	**306126**	**385785**	**64877**	**41441**
结构性金属制品制造	5182	2388	2388	2530	6514	3300	2526
金属工具制造	3914	1929	1642	16486	20677	3523	3202
集装箱及金属包装容器制造	2687	1486	1699	4390	6462	1805	1268
金属丝绳及其制品制造	940	1340	1369	696	2605	1656	785
建筑、安全用金属制品制造	22511	6540	7586	28030	46115	14615	10601
金属表面处理及热处理加工	3778	3441	4114	9901	20413	9029	7062
搪瓷制品制造	435	-95	85	60	576	494	198
金属制日用品制造	37676	-8206	8398	211918	225485	9117	6010
铸造及其他金属制品制造	11821	8999	7898	32116	56939	21338	9789
通用设备制造业	**277318**	**42976**	**85553**	**651585**	**888124**	**186330**	**143858**
锅炉及原动设备制造	2127	-30	421	6784	9040	1755	1123
金属加工机械制造	27276	5503	8683	56043	83806	23128	14790
物料搬运设备制造	8926	2127	2499	4757	10197	4315	2816
泵、阀门、压缩机及类似机械制造	164161	14680	40122	386019	508866	96002	79884
轴承、齿轮和传动部件制造	31624	15042	20076	124695	161570	28490	22526
烘炉、风机、包装等设备制造	33546	482	8430	54250	79816	18529	16640
文化、办公用机械制造	257	71	71	393	550	115	213

4-28 续表 4

单位：万元

项目	销售费用	财务费用	#利息费用	利润总额	利税总额	本年应交增值税	平均用工人数（人）
通用零部件制造	5914	4200	4245	14172	27446	11849	4578
其他通用设备制造业	3487	901	1005	4471	6834	2149	1288
专用设备制造业	**143826**	**18804**	**40785**	**298106**	**429613**	**110088**	**63229**
采矿、冶金、建筑专用设备制造	7746	530	1710	30952	40520	8158	3375
化工、木材、非金属加工专用设备制造	37159	19316	16267	84452	136601	43888	20411
食品、饮料、烟草及饲料生产专用设备制造	429	426	377	1395	2643	1052	559
印刷、制药、日化及日用品生产专用设备制造	510	950	943	3614	5344	1579	579
纺织、服装和皮革加工专用设备制造	39264	-7227	10855	71890	97596	21458	15872
电子和电工机械专用设备制造	325	68	69	2729	3736	917	384
农、林、牧、渔专用机械制造	22040	729	3567	31463	39673	6366	8041
医疗仪器设备及器械制造	30582	1284	5050	61414	86127	20426	11998
环保、邮政、社会公共服务及其他专用设备制造	5772	2728	1948	10198	17374	6243	2010
汽车制造业	**184675**	**80304**	**103966**	**327242**	**547123**	**164800**	**89161**
汽车整车制造	10453	27512	32204	50176	72168	1861	4019
汽车用发动机制造	661	640	1281	32168	49658	16427	1173
汽车车身、挂车制造	902	487	482	228	816	474	208
汽车零部件及配件制造	172660	51665	69998	244671	424481	146038	83761
铁路、船舶、航空航天和其他运输设备制造业	**64007**	**18867**	**25091**	**149216**	**272350**	**75341**	**42573**
铁路运输设备制造	8318	3139	4852	28507	39832	9376	2578
船舶及相关装置制造	934	1159	1465	5196	22633	15375	8036
航空、航天器及设备制造	1157	1739	1023	9810	11167	1093	744
摩托车制造	24098	6705	10169	77411	145247	28136	19851
自行车和残疾人座车制造	445	237	254	967	1635	564	195
助动车制造	26942	6041	7127	24456	47161	19176	10501
非公路休闲车及零配件制造	1772	-169	180	2816	4432	1442	612
潜水救捞及其他未列明运输设备制造	342	17	23	54	242	179	56
电气机械和器材制造业	**122996**	**28691**	**50912**	**224852**	**345391**	**100703**	**57143**
电机制造	42551	3322	22248	124323	172429	38657	28770
输配电及控制设备制造	16715	3051	5326	22651	40220	14774	8251
电线、电缆、光缆及电工器材制造	33144	15260	13283	36846	57848	18101	4511
电池制造	84	-63	0	70	396	296	78
家用电力器具制造	5671	3004	1067	15209	22038	5590	4001

4-28 续表 5

单位：万元

项 目	销售费用	财务费用	#利息费用	利润总额	利税总额	本年应交增值税	平均用工人数（人）
非电力家用器具制造	9008	404	1555	7252	13028	4866	2245
照明器具制造	13976	3144	6787	14634	33883	16929	8361
其他电气机械及器材制造	1848	568	647	3868	5550	1490	926
计算机、通信和其他电子设备制造业	**36098**	**-5218**	**9595**	**138156**	**179395**	**33301**	**20563**
计算机制造	16	649	472	-2129	-2087	36	134
通信设备制造	1901	-968	197	12560	15713	2598	584
雷达及配套设备制造		52	52	326	375	46	16
非专业视听设备制造	801	313	312	-73	236	280	227
智能消费设备制造	10791	222	190	9537	13577	3208	1817
电子器件制造	9074	-9708	2502	43558	48703	1995	8942
电子元件及电子专用材料制造	13303	3065	5325	72774	99539	23561	8545
其他电子设备制造	213	1156	545	1604	3339	1577	298
仪器仪表制造业	**36785**	**3973**	**8041**	**97044**	**127282**	**24196**	**14468**
通用仪器仪表制造	35358	3789	7654	94806	123610	22917	13496
专用仪器仪表制造	677	-214		1075	1346	209	321
光学仪器制造	408	318	308	612	1398	707	449
其他仪器仪表制造业	342	80	80	551	928	364	202
其他制造业	**15169**	**-952**	**7358**	**50329**	**73865**	**19645**	**12823**
日用杂品制造	14850	-812	7144	50123	73044	19161	12555
其他未列明制造业	319	-140	215	206	822	484	268
废弃资源综合利用业	**6346**	**6855**	**5312**	**-10395**	**13338**	**20176**	**2066**
金属废料和碎屑加工处理	3973	5522	4341	-19501	-4574	12184	1212
非金属废料和碎屑加工处理	2373	1333	971	9107	17912	7992	854
金属制品、机械和设备修理业	**54**	**167**	**183**	**136**	**621**	**447**	**267**
专用设备修理	54	72	67	110	382	257	192
铁路、船舶、航空航天等运输设备修理		96	117	26	239	189	75
电力、热力生产和供应业	**38**	**12999**	**12631**	**18809**	**25389**	**4895**	**924**
电力生产		12103	11588	17329	23357	4757	678
热力生产和供应	38	896	1043	1480	2033	138	246
燃气生产和供应业	**8303**	**826**	**210**	**7600**	**10040**	**1945**	**703**
燃气生产和供应业	8303	826	210	7600	10040	1945	703
水的生产和供应业	**34**	**2007**	**1592**	**2360**	**2765**	**246**	**217**
自来水生产和供应	34	-1	-2	-201	-151	45	13
污水处理及其再生利用		2008	1594	2561	2917	202	204

4-29 规模以上非国有工业主要经济效益指标(一)

(2022年)

项　　目	企　业 亏损面 (%)	资　产 负债率 (%)	流　动 比　率	产成品 存　货 周转天数 (天)	新产品 产值率 (%)
总　　计	**12.85**	**55.79**	**1.18**	**29.89**	**41.13**
按轻重工业分					
轻工业	15.00	50.65	1.20	39.70	37.30
重工业	11.54	58.80	1.17	25.33	43.05
按工业行业分					
有色金属矿采选业		51.49	1.02	158.57	
非金属矿采选业	28.57	84.82	0.32	29.08	7.42
农副食品加工业	13.27	65.00	1.05	42.24	17.57
食品制造业	5.88	61.18	0.99	110.35	22.34
酒、饮料和精制茶制造业	50.00	43.59	1.44	31.21	2.85
纺织业	19.38	58.34	1.20	29.71	29.78
纺织服装、服饰业	15.79	75.57	0.83	59.70	17.75
皮革、毛皮、羽毛及其制品和制鞋业	6.56	75.49	0.95	21.31	41.93
木材加工和木、竹、藤、棕、草制品业	20.83	61.06	0.97	41.96	52.71
家具制造业	32.95	64.74	0.98	32.33	43.43
造纸和纸制品业	24.32	60.23	1.21	16.11	41.68
印刷和记录媒介复制业	11.43	43.25	1.18	10.71	32.07
文教、工美、体育和娱乐用品制造业	18.18	63.82	0.97	21.61	25.47
石油、煤炭及其他燃料加工业		40.26	2.23	9.57	1.14
化学原料和化学制品制造业	17.98	38.95	1.78	32.01	35.73
医药制造业	15.49	39.71	1.47	90.54	51.27
化学纤维制造业	66.67	79.53	0.74	19.19	0.98
橡胶和塑料制品业	13.05	50.78	1.18	27.38	33.72
非金属矿物制品业	23.19	70.89	0.94	16.76	14.42
黑色金属冶炼和压延加工业	28.00	65.07	1.17	12.88	12.23
有色金属冶炼和压延加工业	30.68	74.45	1.00	9.12	29.96
金属制品业	11.03	55.82	1.14	24.66	25.16
通用设备制造业	6.88	52.56	1.26	29.37	42.63
专用设备制造业	13.14	58.91	1.15	38.32	48.18
汽车制造业	10.83	68.20	1.02	25.08	61.23
铁路、船舶、航空航天和其他运输设备制造业	15.35	66.86	1.10	21.97	40.44
电气机械和器材制造业	8.89	62.10	1.23	22.13	40.51
计算机、通信和其他电子设备制造业	19.67	41.82	1.65	41.91	58.01
仪器仪表制造业	8.54	43.79	1.59	22.60	56.19
其他制造业	25.00	58.33	1.16	30.46	34.41
废弃资源综合利用业	37.50	61.90	1.25	13.84	2.82
金属制品、机械和设备修理业		55.13	1.35	14.67	
电力、热力生产和供应业	16.67	64.10	0.58	0.13	
燃气生产和供应业	30.00	47.45	0.68	4.00	
水的生产和供应业	40.00	49.09	1.28	3.60	

4-30　规模以上非国有工业主要经济效益指标(二)

(2022年)

项　　目	企　业亏损率(%)	成本费用利润率(%)	百元营业收入实现利税(元)	百元固定资产原值实现利税(元)	营业收入利润率(%)
总　　计	**9.89**	**6.28**	**8.52**	**20.40**	**5.94**
按轻重工业分					
轻工业	7.25	8.47	10.68	22.90	7.89
重工业	11.84	5.23	7.45	18.95	4.98
按工业行业分					
有色金属矿采选业		39.33	41.84	94.01	27.19
非金属矿采选业	17.28	3.70	9.92	23.25	3.43
农副食品加工业	5.17	2.88	3.72	15.52	2.81
食品制造业	0.45	6.95	8.14	14.54	6.56
酒、饮料和精制茶制造业	416.90	-7.39	5.49	5.95	-6.22
纺织业	14.27	3.95	6.27	16.03	3.79
纺织服装、服饰业	10.60	2.69	5.93	12.71	2.62
皮革、毛皮、羽毛及其制品和制鞋业	5.44	3.64	6.61	24.17	3.52
木材加工和木、竹、藤、棕、草制品业	12.62	2.57	5.09	9.96	2.50
家具制造业	8.14	5.73	7.86	26.76	5.46
造纸和纸制品业	27.67	2.35	6.86	20.52	2.32
印刷和记录媒介复制业	15.27	4.08	6.66	9.90	3.99
文教、工美、体育和娱乐用品制造业	9.04	6.63	10.12	21.25	6.22
石油、煤炭及其他燃料加工业		5.52	8.45	51.04	5.24
化学原料和化学制品制造业	6.32	10.56	11.79	28.55	9.53
医药制造业	3.97	17.35	17.62	25.56	14.94
化学纤维制造业	2610.35	-4.44	-1.85	-3.15	-4.63
橡胶和塑料制品业	4.53	6.87	9.07	18.86	6.40
非金属矿物制品业	21.10	3.93	7.53	21.55	3.78
黑色金属冶炼和压延加工业	43.70	1.68	3.03	20.81	1.65
有色金属冶炼和压延加工业	115.05	-0.11	0.86	7.35	-0.11
金属制品业	5.14	10.52	12.63	31.02	10.02
通用设备制造业	3.40	7.32	9.33	20.33	6.84
专用设备制造业	6.42	7.80	10.50	21.98	7.29
汽车制造业	24.66	3.46	5.60	14.07	3.35
铁路、船舶、航空航天和其他运输设备制造业	15.32	4.24	7.34	26.18	4.02
电气机械和器材制造业	5.44	3.93	5.80	20.39	3.78
计算机、通信和其他电子设备制造业	13.44	9.17	11.09	21.29	8.54
仪器仪表制造业	2.29	11.29	13.45	33.61	10.26
其他制造业	2.74	9.00	12.39	26.00	8.44
废弃资源综合利用业	185.80	-1.01	1.32	8.76	-1.03
金属制品、机械和设备修理业		1.89	8.44	9.62	1.85
电力、热力生产和供应业	16.62	12.10	14.60	5.16	10.81
燃气生产和供应业	38.40	2.97	3.81	6.97	2.89
水的生产和供应业	50.62	9.43	10.20	5.64	8.70

主要统计指标解释

工业　我国的工业，包括:

1.自然资源的开采，如采矿、晒盐、森林采伐等(但不包括禽兽捕猎和水产捕捞)。

2.对农副产品的加工、再加工，如: 粮油加工、食品加工、轧花、缫丝、纺织、制革等。

3.对采掘品的加工、再加工，如: 冶金加工、石油加工、化学加工、机械加工、木材加工等，以及电力、煤气及水的生产和供应等。

4.对生产资料的修理、翻新，如: 机械设备的修理、交通运输工具(除汽车、摩托车、自行车外)的修理等。

轻工业　指提供生活消费品和制作手工工具的工业。按其所使用的原料不同，可分为:

1.以农产品为原料的轻工业，指直接或间接以农产品为基本原料的轻工业。主要包括食品饮料制造、烟草加工、纺织、缝纫、毛皮制作、造纸以及印刷等工业。

2.以非农产品为原料的轻工业，指以工业品为原料的轻工业。主要包括文教用品、工艺美术用品制造、化学药品制造、合成纤维制造、日用金属制品、工具制造、医疗器械制造、文化和办公用机械制造等工业。

重工业　指提供生产资料的工业，是为国民经济各部门提供物质技术基础的工业。按其生产的产品用途，可以分为:

1.采掘(伐)工业，指对自然资源的开采、非金属矿开采和木材采伐等工业。

2.原料工业，指提供国民经济各部门使用的原料、动力和燃料的工业。包括金属冶炼及加工、炼焦及焦炭、化学、化工原料、水泥、人造板、电力、石油加工等。

3.制造工业，指对原材料进行加工制造的工业。包括装备国民经济各部门和机械设备制造工业、金属结构、水泥制品等工业，以及为农业提供的生产资料和化肥、农药等工业。

根据上述划分原则，修理业中修理作业对象是重工业的划分为重工业，否则划为轻工业。

轻重工业增加值的划分按“工厂法”计算，即一个工业企业在正常情况下生产的主要产品的性质属于轻工业，则该企业的全部总产值作为轻工业增加值; 一个工业企业生产的主要产品的性质属于重工业，则该企业的全部总产值作为重工业增加值。

工业增加值　指以货币形式表现的，工业企业在报告期内生产活动的最终成果，是企业生产过程中新增加值的价值。工业增加值是国内生产总值（GDP）的组成部分，也是计算工业发展速度所依据的总量指标。工业增加值有两种计算方法，一是“生产法”，二是“收入法”。

统计上大中小微型企业划分　是根据工业和信息化部、国家统计局、国家发展改革委、财政部《关于印发中小企业划型标准规定的通知》要求，国家统计局结合统计工作的实际情况，制定了《统计上大中小微型企业划分办法》。办法对工业（制造业，电力、热力、燃气及水生产和供应业）等 15 个行业门类以及社会工作行业大类的各种组织形式的法人企业或单位，依据从业人员、营业收入、资产总额等指标或替代指标，将企业划分为大型、中型、小型、微型等四种类型。个体工商户参照本办法进行划分。

企业划分由政府综合统计部门根据统计年报每年确定一次，定报统计原则上不进行调整。

工业划分大型、中型、小型、微型等四种类型标准是: 大型: 从业人员大于（等于）1000 人且营业收入大于（等于）4 亿元，中型: 从业人员大于（等于）300 人小于 1000 人且营业收入大于（等于）2000 万元小于 4 亿元，小型: 从业人员大于（等于）20 人小于 300 人且营业收入大于（等于）300 万元小于 2000 万元，微型: 从业人员小于 20 人或营业收入小于 300 万元。

其他行业划型标准详见国家统计局《关于印发统计上大中小微型企业划分办法（2017）的通知》（国统字〔2017〕213 号）。

5

固定资产投资和建筑业

Investment in Fixed Assets and Construction

5-1 主要年份固定资产投资

单位：亿元

年 份	固定资产投资总额	一产投资	二产投资	三产投资
2010	689.74	0.50	241.18	448.06
2011	799.85	3.94	264.96	530.94
2012	952.69	3.38	292.04	657.26
2013	1116.18	3.61	340.02	772.56
2014	1260.95	2.95	390.69	867.31
2015	1373.45	2.53	424.54	946.38
2016	1446.42	7.38	413.49	1025.55
2017	1618.44	8.58	431.93	1177.93
2018年比上年增长%	8.1	-52.8	5.2	9.6
2019年比上年增长%	10.7	28.5	3.2	13.2
2020年比上年增长%	4.2	60.1	-7.9	7.9
2021年比上年增长%	7.1	48.5	12.1	5.5
2022年比上年增长%	6.5	-56.1	22.3	2.4

注：2010年起投资基数调整，现用调整后数据。

5-2 分注册类型和分行业固定资产投资

单位：万元

指　　标	2019年比上年增长%	2020年比上年增长%	2021年比上年增长%	2022年比上年增长%
总　　计	**10.7**	**4.2**	**7.1**	**6.5**
按注册登记类型分				
内　　资	11.1	3.4	5.9	7.2
国　有	-14.5	-34.2	2.7	4.8
集　体	131.3	-21.6	-26.3	43.3
股份合作	4.4	5.0	-5.5	-21.3
联　营	208.6	-80.1	-96.8	-100.0
国有联营				
集体联营		-100.0		
国有与集体联营	-100.0			
其他联营	18.1	2.3	-96.8	-100.0
有限责任公司	24.7	43.7	6.2	12.0
国有独资公司	-4.1	20.9	23.1	15.2
其他有限责任公司	38.0	51.0	1.8	11.1
股份有限公司	65.1	-67.2	7.8	7.8
私　营	-0.9	-19.7	6.5	-1.5
其　他	-2.2	18.4	14.6	-30.1
港澳台商投资	60.2	26.7	29.4	49.6
外商投资	-38.9	81.0	71.9	-43.6
个体经营	1527.7	-84.3	69.2	20.2
按控股情况分				
国有及国有控股投资	-11.4	12.9	12.6	22.4
非国有控股投资	22.1	0.9	4.7	-0.7
其中：民间投资	23.0	1.2	3.1	...
按三次产业分				
第一产业	28.5	60.1	48.5	-56.1
第二产业	3.2	-7.9	12.1	22.3
第三产业	13.2	7.9	5.5	2.4

5-3 房地产开发投资(一)

(1990-2022年)

单位：万元

年份	房地产开发投资额	按构成分				按用途分			
		建筑工程	安装工程	设备工器具购置	其他费用	住宅	办公楼	商业用房	其他
1990	8194	6710	275	24	1185	7150	281	305	458
1991	10189	8430	353	20	1386	8448	350	345	1046
1992	15553	13883	303	116	1251	14202	51	301	999
1993	28711	23716	217	25	4753	26894	76	565	1176
1994	82515	62926	552	166	18871	75499	988	1419	4609
1995	159558	122500	2916	380	33762	127092	11651	15511	5304
1996	121127	92518	6324	70	22215	85634	15481	14727	5285
1997	104333	73766	3447	1826	25294	71713	7920	19661	5039
1998	117780	84340	2701	127	30612	85617	7906	20758	3499
1999	132302	89549	5510	789	36454	110507	4733	11342	5720
2000	240974	130421	3331	1437	105785	168037	9747	28495	34695
2001	320213	177790	2215	10	140198	202389	22195	35997	59632
2002	467686	266652	3239	830	196965	341552	21108	63200	41826
2003	564954	352618	8735	3161	200440	424154	25944	84714	30142
2004	872958	481399	15770	6744	369045	663979	28550	107465	72964
2005	1161255	623378	8219	10858	518800	861037	25225	142498	132495
2006	1014720	683178	7936	6502	317104	747737	29087	115110	122786
2007	957290	587516	38787	11473	319514	704099	38954	101569	112668
2008	1262494	720615	33797	13709	494373	916313	35852	127714	182615
2009	1522741	853863	43029	17847	608002	1141388	21398	186986	172969
2010	1960774	1006068	89339	7196	858171	1426309	33732	232572	268161
2011	3191643	1515055	101869	14941	1559778	2413168	80266	327401	370808
2012	3573761	1802660	174419	27746	1568936	2645443	65919	415194	447205
2013	4535381	2552868	286010	33465	1663038	3188965	141114	455742	749560
2014	4960473	2656655	245475	25821	2032522	3328394	138189	633626	860264
2015	4386861	2535144	275097	51466	1525154	2727785	166293	783328	709455
2016	4242066	2328849	541306	17474	1354437	2632860	171461	663170	774575
2017	4610267	2556976	318843	40360	1694088	2988486	174731	492727	954323
2018	6595529	2604531	124769	35401	3830828	4513258	140154	507170	1434947
2019	7909506	3428551	67984	25240	4387731	5786269	143471	610387	1369379
2020	8992118	4095610	94137	25741	4776630	6586985	196720	514687	1693726
2021	9613924	4445869	63416	47165	5057474	6686345	241965	604394	2081220
2022	9723591	4256203	92734	28448	5346206	6700427	236443	637910	2148811

5-4 房地产开发投资(二)

(1990-2022年) 单位：万元

年 份	本年资金来源情况						新增固定资产	竣工房屋价值
	合 计	国家预算内	国内贷款	利用外资	自筹资金	其他资金		
1990							7272	7889
1991	11082	30	2190		2449	6413	6470	10209
1992	22943		7028		3111	12804	11310	8857
1993	36563	325	4860		9843	21535	13609	16227
1994	93134		15127	1972	22574	53461	36228	36012
1995	161024		28593	2474	30885	99072	101864	106643
1996	144789	990	33293	3000	29933	77573	108977	89927
1997	139262	1290	36866	2288	30133	68685	102019	82388
1998	154570	4340	38504	3248	23264	85214	80912	73028
1999	206298	940	50835	1942	41025	111556	129283	76465
2000	382577	267	120185	954	74591	186580	141600	120678
2001	473031		132419	602	102743	237267	156477	144599
2002	725117		200653		117922	406542	185457	160782
2003	1023823		295050		155163	573610	303535	262133
2004	1295343		254892	26959	226655	786837	250858	233921
2005	1538953		331226	22386	386168	799173	569856	504322
2006	1578898		308258	100	307844	962696	343951	258215
2007	1777193		278898	2729	406546	1089020	533574	475246
2008	1824484		258255		548569	1017660	666306	604153
2009	2838076		376276	5770	584235	1871795	364144	334377
2010	3503328		516728		945118	2041482	860992	512974
2011	4483613		341327	300	1902184	2239802	1051826	805925
2012	4819965		595161		1551372	2673432	886531	516976
2013	6709128		1227633		2267615	3213880	1598647	1226297
2014	8588750		852236		2351256	2797763	1380069	1086854
2015	7905130		664705		1642792	3507188	2286251	1325805
2016	8748870		568046		1850552	4600405	2665596	2162909
2017	8411765		993709		2276285	5141771	2651162	1787357
2018	11431794		1315281		3812459	6304054	2541946	2083932
2019	10951819		1637028		3563278	5751513	1261830	1038846
2020	14520419		1749995		5075849	7694575	2361990	1843097
2021	17449293		2052487		4077032	11319774	2841414	2570365
2022	11702054		2149531		2613327	6939196	2989957	2619313

5-5 房地产开发投资(三)

(1990-2022年)

单位：万平方米

年 份	施工面积	#住宅	竣工面积	#住宅	商品房销售面积	#住宅	商品房待售面积	商品房销售额(万元)	#住宅
1990	39.25	35.79	21.87	20.17					
1991	76.68	69.85	29.22	27.99	14.90	14.69		5522	4231
1992	56.18	52.03	22.30	19.67	22.71	22.35		9241	6948
1993	89.17	72.06	32.41	29.34	21.27	20.87		11656	8763
1994	187.18	169.96	56.10	53.55	47.10	46.45		36848	36051
1995	289.59	246.60	135.80	126.42	53.38	50.05	15.60	81544	66163
1996	227.15	168.47	105.24	90.12	65.97	59.88	25.04	79251	65456
1997	201.87	141.53	92.32	73.75	72.37	63.58	31.40	103124	76673
1998	192.65	147.61	82.95	63.60	53.25	48.78	23.71	73521	63292
1999	244.51	206.26	94.93	77.89	68.74	62.11	21.43	106200	85235
2000	312.24	256.48	129.03	108.54	110.05	87.29	16.33	182013	126406
2001	405.47	305.35	124.14	97.35	137.98	116.54	10.55	237291	173452
2002	600.13	464.99	135.26	110.13	119.12	100.46	3.76	231988	176534
2003	721.41	559.51	201.32	164.32	168.49	144.06	4.44	446640	349028
2004	920.36	712.30	199.17	162.31	175.67	148.92	3.53	455713	346156
2005	1159.08	879.84	304.14	226.41	184.29	159.91	28.31	769814	638832
2006	1238.32	951.84	188.92	142.09	259.72	231.23	24.19	1227395	1042565
2007	1286.12	952.59	231.88	189.86	281.33	241.65	36.77	1435164	1201307
2008	1364.52	979.98	296.18	218.10	227.91	197.37	35.06	1226328	1046742
2009	1454.63	1071.97	171.42	130.15	422.36	378.90	34.84	2715370	2461015
2010	1801.61	1292.62	190.60	138.74	462.89	390.57	38.84	3304746	2830011
2011	2323.08	1685.01	301.55	226.45	327.00	278.58	47.99	2852331	2542727
2012	2438.97	1752.54	209.60	142.01	319.72	275.96	46.30	3053129	2765035
2013	2712.55	1897.03	333.78	246.95	351.75	301.16	79.62	3398341	2995371
2014	3026.32	2006.11	329.06	224.75	344.55	272.53	124.52	3070081	2636502
2015	3299.43	2114.83	359.18	250.92	442.03	352.07	181.27	3969866	3424699
2016	3345.56	2111.07	561.36	356.57	662.06	531.31	299.22	6057732	5289852
2017	3323.14	2052.07	448.78	289.13	829.39	622.76	231.92	7521414	6393626
2018	3791.87	2360.67	396.94	246.70	933.43	612.43	140.84	9539001	7767312
2019	4296.01	2707.98	272.48	151.85	850.81	629.90	129.99	9150292	7822897
2020	5032.54	3177.85	368.82	216.02	858.36	668.15	133.31	11222340	9989725
2021	4946.44	3045.66	521.66	304.82	954.67	750.63	147.87	13111386	11657828
2022	4835.35	3061.99	534.70	348.83	765.48	589.21	204.01	10195763	9069659

5-6 房地产开发企业财务状况(一)

(2022年) 单位：万元

指标	流动资产合计	#存货	固定资产合计	#本年折旧	资产合计	负债合计
总计	**44912773**	**27394301**	**891144**	**27940**	**48869562**	**41524684**
一、按登记注册类型分						
内资企业	43746912	26696055	877396	27245	47623497	40684063
国有企业	7409	5806			7419	6100
国有独资公司	3721542	2228741	292098	737	5087260	4242947
其他有限责任公司	25689845	16360638	263438	13669	27107466	23636340
股份有限公司						
私营有限责任公司	14271430	8057970	312464	12332	15358680	12743166
私营股份有限公司	56685	42900	9396	507	62672	55510
港澳台商投资企业	142934	54227	13237	624	210870	55432
港澳台商合资经营企业	142934	54227	13237	624	210870	55432
港澳台商独资经营企业						
外商投资企业	1022927	644019	511	71	1035196	785189
中外合资经营企业	491689	274221	471	63	498648	298137
外资企业	531239	369798	39	7	536547	487052
二、按控股情况分						
国有控股	8267863	5814643	450237	8069	10372305	8640810
集体控股	579516	373193	159	33	664680	546344
私人控股	35359435	20713301	427192	19154	37097471	31738994
港澳台商控股	42796	28728	13147	620	59721	29844
外商控股	663163	464436	409	64	675385	568692
其他						
在总计中：非国有	36644910	21579658	440907	19871	38497257	32883874
民间投资	35938951	21086494	427351	19187	37762151	32285338

5-7 房地产开发企业财务状况(二)

(2022年)

单位：万元

指 标	所有者权益合计	#实收资本	营业收入	营业成本	税金及附加	管理费用
总 计	**7344879**	**4524502**	**10584827**	**8936655**	**254786**	**226127**
一、按登记注册类型分						
内资企业	6939434	4186228	10297819	8719956	246911	211565
国有企业	1320	119	62	35	11	12
国有独资公司	844313	255402	351911	321749	6609	12948
其他有限责任公司	3471126	2224227	6123624	5191400	143930	108645
股份有限公司						
私营有限责任公司	2615514	1692490	3813559	3198713	95874	89669
私营股份有限公司	7162	13990	8663	8059	486	292
港澳台商投资企业	155438	120874	6930	12030	-2093	9452
港澳台商合资经营企业	155438	120874	6930	12030	-2093	9452
港澳台商独资经营企业						
外商投资企业	250007	217400	280079	204670	9968	5110
中外合资经营企业	200511	195100	2118	349	763	1671
外资企业	49496	22300	277961	204320	9205	3439
二、按控股情况分						
国有控股	1731495	914121	1018196	906826	23820	30424
集体控股	118336	119397	24337	15717	957	2650
私人控股	5358478	3407810	9262933	7808479	220952	179543
港澳台商控股	29877	10874	831	1119	-468	9109
外商控股	106693	72300	278531	204514	9526	4401
其 他						
在总计中：非国有	5613383	3610381	9566631	8029829	230967	195703
民间投资	5476814	3527207	9287270	7824196	221909	182193

5-8 房地产开发企业财务状况(三)

(2022年) 单位：万元

指标	财务费用	#利息支出	销售费用	营业利润	利润总额	所得税费用	应付职工薪酬
总计	**100268**	**80530**	**254841**	**879321**	**895842**	**230753**	**165903**
一、按登记注册类型分							
内资企业	96477	75797	251220	823870	802578	221271	160865
国有企业	-30			34	125	57	4
国有独资公司	32943	28902	6550	9438	13062	12145	7422
其他有限责任公司	3307	14605	146018	540835	540799	125850	89126
股份有限公司							
私营有限责任公司	60241	32271	98331	274074	249544	83220	63977
私营股份有限公司	16	19	322	-512	-952		336
港澳台商投资企业	1122	1359	472	957	40800	-464	379
港澳台商合资经营企业	1122	1359	472	957	40800	-464	379
港澳台商独资经营企业							
外商投资企业	2669	3374	3149	54494	52463	9946	4660
中外合资经营企业	-545		344	-493	-460	186	1425
外资企业	3214	3374	2805	54987	52923	9760	3235
二、按控股情况分							
国有控股	34434	32830	23969	39781	43275	22586	25550
集体控股	-901	341	2096	3818	4554	1493	1598
私人控股	62388	42628	225787	776888	751445	196397	134534
港澳台商控股	1133	1357	33	4906	44720	516	137
外商控股	3214	3374	2956	53928	51849	9760	4085
其他							
在总计中：非国有	65834	47700	230872	839540	852567	208167	140353
民间投资	61487	42969	227883	780706	755999	197891	136132

5-9 建筑业企业生产情况(一)

(2022年)

单位：万元

指标	企业数(个)	建筑业总产值	#建筑工程	#安装工程	#在外省市完成	竣工产值
总计	**680**	**13725739**	**12667708**	**710808**	**1995480**	**8275750**
其中：国有控股企业	29	407025	261364	124151	**17644**	114198
一、按登记注册类型分						
内资	679	13525481	12467450	710808	1995480	8275750
国有企业	1	153	153			
集体企业	5	392401	388464		99616	179831
股份合作企业	2	5083	5083			2726
有限责任公司	59	1933705	1552090	314483	313198	1077185
国有独资公司	16	269011	157095	90406	11343	81111
其他有限责任公司	43	1664694	1394995	224077	301855	996074
私营企业	612	11194140	10521661	396326	1582666	7016008
私营有限责任公司	593	7883333	7346464	352597	1029782	4125363
私营股份有限公司	19	3310807	3175198	43728	552884	2890646
港、澳、台商投资企业						
港、澳、台商独资经营企业						
外商投资企业	1	200258	200258			
外资企业	1	200258	200258			
二、按建筑业行业分						
房屋建筑业	238	9417493	9130641	157288	1520743	6357044
土木工程建筑业	314	3273711	2995459	152181	367830	1478484
建筑安装业	46	500821	114841	339463	22818	255548
建筑装饰和其他建筑业	82	533715	426768	61877	84089	184674

注：本表统计范围为有工作量的总承包和专业承包的建筑业企业，下同。

5-10 建筑业企业生产情况(二)

(2022年) 单位：万平方米

指　　标	房屋建筑施工面积	#本年新开工面积	房屋建筑竣工面积	#住　宅	#厂　房和仓库
总　　计	**12375.67**	**3037.26**	**2841.67**	**1480.26**	**1028.43**
其中：国有控股企业	40.31	40.31			
一、按登记注册类型分					
内　资	12375.67	3037.26	2841.67	1480.26	1028.43
国有企业					
集体企业	618.44	43.15	11.07		4.27
股份合作企业	1.99	1.99	1.99		1.99
有限责任公司	1324.40	273.28	356.91	268.35	45.50
国有独资公司	40.31	40.31			
其他有限责任公司	1284.09	232.97	356.91	268.35	45.50
私营企业	10430.85	2718.84	2471.70	1211.91	976.67
私营有限责任公司	7301.99	1991.92	1601.24	632.56	762.58
私营股份有限公司	3128.85	726.92	870.46	579.36	214.09
港、澳、台商投资企业					
港、澳、台商独资经营企业					
外商投资企业					
外资企业					
二、按建筑业行业分					
房屋建筑业	11932.83	2875.46	2791.13	1469.66	1001.35
土木工程建筑业	410.30	150.64	44.24	4.82	26.72
建筑安装业	17.88	9.57	0.35		0.35
建筑装饰和其他建筑业	14.66	1.60	5.94	5.79	

主要统计指标解释

固定资产投资额 指以货币表示的工作量指标，包括实际完成的建筑安装工程价值，设备、工具、器具的购置费，以及实际发生的其他费用。没用到工程实体的建筑材料、工程预付款和没有进行安装的需要安装的设备等，都不能计算投资完成额。

建筑工程(建筑工作量) 指各种房屋、建筑物的建造工程，又称建筑工作量。包括：①各种房屋如厂房、仓库、办公室、住宅、商店、学校、医院、俱乐部、食堂、招待所等工程；房屋的土建工程；列入房屋工程预算内的暖气、卫生、通风、照明、煤气等设备的价值及装设油饰工程；列入建筑工程预算内的各种管道(如蒸汽、压缩空气、石油、给排水等管道)、电力、电讯电缆、导线的敷设工程。②设备基础、支柱、操作平台、梯子、烟囱、凉水塔、水池、灰塔等建筑工程；炼焦炉、裂解炉、蒸汽炉等各种窑炉的砌筑工程及金属结构工程。③为施工而进行的建筑场地的布置、工程地质勘探，原有建筑物和障碍物的拆除，平整土地、施工临时用水、电、汽、道路工程，以及完工后建筑场地的清理、环境绿化美化工作等。④矿井的开凿，井巷掘进延伸，露天矿的剥离，石油、天然气钻井工程和铁路、公路、港口、桥梁等工程。⑤水利工程，如水库、堤坝、灌溉以及河道整治等工程。⑥防空、地下建筑等特殊工程及其他建筑工程。

安装工程(安装工作量) 指各种设备、装置的安装工程，又称安装工作量。包括：①生产、动力、起重、运输、传动和医疗、实验等各种需要安装设备的装配和安装，与设备相连的工作台、梯子、栏杆等装设工程，附属于被安装设备的管线敷设工程，被安装设备的绝缘、防腐、保温、油漆等工作。②为测定安装工程质量，对单个设备、系统设备进行单机试运、系统联动无负荷试运工作(投料试运工作不包括在内)。在安装工程中，不包括被安装设备本身价值。

设备、工具、器具购置 是指建设单位或企、事业单位购置或自制的，达到固定资产标准的设备、工具、器具的价值。新建单位及扩建单位的新建车间，按照设计或计划要求购置或自制的全部设备、工具、器具，不论是否达到固定资产标准均计入“设备、工具、器具购置”中。①设备：指各种生产设备、传导设备、动力设备、运输设备等。②工具、器具：是指具有独立用途的各种生产用具、工作工具和仪器。

其他费用 是指在固定资产建造和购置过程中发生的，除建筑安装工程和设备、工器具购置费以外的各种应分摊计入固定资产的费用。

民间投资 从投资主体为标准划分，政府或代表政府的国有企、事业单位投资建造和购置固定资产，均为政府投资，非国有、合资企业投资建造和购置固定资产则为民间投资。从2002年年报开始，国家投资统计制度中新增加了“国有及国有控股”指标，根据现有的统计资料，一般认为投资总额中扣除国有及国有控股投资部分即为非国有投资。因此，在做民间投资分析时，可以从非国有经济投资中再扣除外商及港澳台商投资部分即为民间投资，但要注意在扣除时，不要再次扣除国有控股部分的外商及港澳台商投资，否则会引起重复扣除。

基础设施投资 目前关于基础设施的界定，国际、国内尚没有统一的标准。我们通常在进行基础设施投资分析时，采用的基础设施投资范围包括：水利、环境和公共设施管理业；电力、燃气及水的生产供应业；交通运输、仓储和邮政业；电信和其他信息传输服务业；教育设施；广播、电视、电影和音像业；文化艺术业；体育设施；卫生设施。

房地产开发投资 是指报告期内完成的全部用于房屋建设工程、土地开发工程投资额以及公益性建筑和土地购置费等投资额。包括各种经济类型的房地产开发公司、商品房建设公司及其他房地产开发单位统一开发的包括统代建、拆迁还建的住宅、厂房、仓库、饭店、宾馆、度假村、写字楼、办公楼等房屋建筑物和配套的服务设施、土地开发工程，如道路、给水、排水、供电、供热、通讯、平整场地等基础设施工程的投资。不包括单纯的土地交易活动。

新增固定资产 指通过投资活动所形成的新的固定资产价值。包括已经建成投入生产或交付使用的工程价值和达到固定资产标准的设备、工具、器具的价值及有关应摊入的费用。

房屋建筑施工面积 指报告期内房屋建筑按照设计要求已全部完工，达到住人和使用条件，经验收鉴定合格或达到竣工验收标准，可正式移交使用的各栋房屋建筑面积的总和。

房屋建筑面积的统计范围是从房屋外墙线算起的各层平面面积的总和，包括房屋结构（如柱、墙）占用的面积和地下室面积。多层建筑按各自然层面积总和计算，包括房屋内的楼隔层，突出墙面的眺望间、门斗、有柱雨罩的面积，不包括突出墙面结构的构件、艺术装饰等所占的面积，如台阶等。凹阳台、挑阳台按其水平投影面积一半计算建筑面积。

房屋建筑竣工面积 指在报告期内，按照设计所规定的工程内容全部完成，达到了设计规定的交工条件，经有关部门检查验收鉴定合格的房屋建筑面积。

商品房销售面积 指报告期内出售商品房屋的合同总面积（即双方签署的正式买卖合同中所确定的建筑面积）。由现房销售面积和期房销售面积两部分组成。

待售面积 指报告期末已竣工的可供销售或出租的商品房屋建筑面积中，尚未销售或出租的商品房屋建筑面积，包括以前年度竣工和本期竣工的房屋面积，但不包括报告期已竣工的拆迁还建、统建代建、公共配套建筑、房地产公司自用及周转房等不可销售或出租的房屋面积。按照商品房待售时间的长短可以划分为待售一年以下、待售一到到三年（含一年）和待售三年以上（含三年）。

商品房销售额 指报告期内出售商品房屋的合同总价款（即双方签署的正式买卖合同中所确定的合同总价）。该指标与商品房销售面积同口径，由现房销售额和期房销售额两部分组成。

建筑业统计单位 指从事房屋、构筑物建造和设备安装活动的法人企业。建筑业法人企业应同时具备的条件是：①依法成立，有自己的名称、组织机构和场所，能够承担民事责任；②独立拥有和使用资产，承担负债，有权与其他单位签订合同；③独立核算盈亏，能够编制资产负债表。建筑业企业同时也是建筑业统计报表的基本填报单位。建筑业包括施工总承包、专业承包和劳务分包。建筑业法人单位和产业活动单位按注册所地原则进行统计。

建筑业总产值 建筑业总产值是以货币表现的建筑业企业在一定时期内生产的建筑业产品和服务的总和。建筑业总产值包括建筑工程产值、安装工程产值和其他产值三部分内容。建筑业总产值包括：

1.建筑工程产值：指列入建筑工程预算内的各种工程价值。

2.设备安装工程产值：指设备安装工程价值。

3.其他产值：建筑业总产值中除建筑工程、安装工程以外的产值。包括房屋构筑物修理产值、非标准设备制造产值、总包企业向分包企业收取的管理费以及不能明确划分的施工活动所完成的产值。

房屋构筑物修理产值：指房屋和构筑物的修理所完成的产值，但不包括被修理房屋、构筑物本身价值和生产设备的修理价值。

非标准设备制造产值：指加工制造没有定型的非标准生产设备的加工费和原材料价值(如化工厂、炼油厂用的各种罐、槽，矿井生产统一使用的各种漏斗、三角槽、阀门等)以及附属加工厂为本企业承建工程制作的非标准设备的价值。

竣工产值 一般是以单位工程为对象，当该工程按照设计所规定的工程内容全部完成，达到了设计规定的交工条件，经有关部门检查验收鉴定合格的单位工程价值，即为竣工产值。竣工产值包括范围是：对跨年度施工的单位工程，其竣工产值应当包括该工程从开始到竣工的全部自行完成价值；对有些大型单位工程，如大型厂房、高级宾馆、各种管道、公路、铁路等，能够分跨、分层、分段施工并按合同规定，能够分开交付使用的，可以分开计算竣工产值。

6

交通运输邮电通信和电力

Transportation, Posts, Telecommunications and Electricity Consumption

6-1 主要年份客运量和货运量

年份	客运量(万人)					货运量(万吨)			港口货物吞吐量(万吨)
	合计	铁路	公路	水运	民用航空	合计	#公路	#水运	
1952	86		39	47		39		39	
1957	280		211	69		217	111	106	
1962	515		330	185		143	40	103	
1965	659		539	120		202	79	123	
1970	797		605	192		265	106	159	
1975	1155		708	447		301	117	184	
1978	1920		1502	418		382	136	246	
1980	2693		2166	527		431	122	309	
1985	6018		5610	408		1143	697	446	
1990	7934		7652	280	2	2113	1281	832	
1994	9127		8924	196	7	4022	3005	1017	
1995	9338		9123	207	8	4396	3168	1228	
1996	9736		9520	204	12	4121	3023	1098	
1997	9981		9800	170	11	4084	3018	1066	
1998	10051		9894	147	10	4074	2942	1132	
1999	9986		9831	145	10	4587	3260	1327	1134
2000	10049		9899	138	12	4688	3347	1341	1271
2001	10187		10110	62	15	5452	3587	1865	1398
2002	11294		11234	53	7	5971	3868	2103	1613
2003	11921		11851	63	7	7380	4650	2730	2150
2004	10646		10553	83	10	8655	5168	3487	2722
2005	10892		10807	73	12	8629	4330	4299	2819
2006	12143		12021	108	14	10318	4816	5502	3027
2007	14320		14162	140	18	12006	5707	6299	3507
2008	28470		28291	158	21	16143	10025	6118	3898
2009	29201	40	28941	193	27	15830	10021	5809	4294
2010	30137	272	29623	210	32	18155	10500	7655	4706
2011	30577	350	29973	223	31	19685	11220	8462	5099
2012	30874	426	30210	217	21	21245	11744	9493	5358
2013	15204	547	14423	203	31	19464	9040	10424	5628
2014	13869	695	12931	209	33	20222	9628	10565	6049
2015	12851	836	11177	208	30	21215	9990	11200	6237
2016	11086	948	9895	209	34	22902	11658	11213	6771
2017	9795	1306	8236	209	44	27899	14377	13482	7057
2018	8596	1373	6992	174	58	29183	15393	13758	7167
2019	9747	1335	8314	29	71	29923	16330	13573	5248
2020	6525	802	5570	45	109	27802	15372	12401	5121
2021	2413	924	1330	25	134	31688	18952	12702	5735
2022	1809	1022	662	32	93	30456	17773	12626	6241

注：1.从2019年起，客货运量、货物吞吐量统计范围从往年的全行业口径改为已办理港口经营许可证的港口企业，下同。
2.客货运量自2021年开始由运输企业通过联网直报报送，下同。

6-2 主要年份客运周转量和货运周转量

年 份	客运周转量（万人公里）				货运周转量（万吨公里）			
	合 计	铁 路	公 路	水 运	合 计	铁 路	公 路	水 运
1952	2429		1404	1025	2866		55	2811
1957	8904		7308	1596	8162		651	7511
1962	14722		10337	4385	12075		485	11590
1965	14280		12188	2092	17778		1253	16525
1970	18505		15439	3066	23941		1700	22241
1975	23800		18625	5175	25409		1859	23550
1978	43841		32032	11809	52630		3401	49229
1980	62337		46205	16132	58734		3879	54855
1985	164001		150726	13275	190588		44649	145939
1990	248166		236650	11516	277473		68381	209092
1994	339888		330580	9308	592027		201379	390648
1995	376539		367190	9349	662074		260199	401875
1996	435206		428349	6857	800486		366380	434106
1997	490569		485100	5469	799378		368430	430948
1998	562752		558186	4566	903920		376450	527470
1999	599956		595898	4058	1136367		355856	780511
2000	609219		605222	3997	1265144		367388	897756
2001	573927		570954	2973	1547704		370050	1177654
2002	530396		527998	2398	2107028		372897	1734131
2003	552254		550315	1939	2861369		378638	2482731
2004	486854		485418	1436	3607218		343161	3264057
2005	497676		496490	1186	4391979		321865	4070114
2006	568713		567631	1082	5738826		391389	5347437
2007	697739		696613	1126	6778528		454670	6323858
2008	856179		855012	1167	7642498		1274580	6367918
2009	897620	10498	885604	1518	8045858		1314321	6731537
2010	977082	68930	905849	2303	11106446		1419832	9686614
2011	1038253	119485	916120	2647	12382359	640	1566498	10815222
2012	1062380	134317	925562	2501	13252138	1680	1688270	11562188
2013	747599	187251	558711	1637	14196836	5650	1486510	12704676
2014	773225	235190	536282	1753	14663554	6027	1577113	13080414
2015	781350	267193	512420	1737	15710683	5313	1661631	14043739
2016	728398	299520	426965	1913	16231545	6468	1810187	14414890
2017	752840	394690	356230	1920	18143241	8400	2197246	15938597
2018	715627	414993	298782	1852	18307816	6669	2330935	15970212
2019	692563	400506	290830	1227	18778916	6019	2444729	16328168
2020	306435	126383	178618	1434	17970468	6079	1967192	15997197
2021	320384	197101	121979	1304	19579163	6952	2644523	16927688
2022	271392	206854	62879	1659	20349117	5315	2601338	17742464

6-3　公路基本情况

(2022年)　　单位：公里

指　标	通　车 总里程	国　道 公　路	省　道 公　路	县　道 公　路	乡　道 公　路	专　用 公　路	村　道 公　路
合　计	**13298**	**679**	**734**	**2749**	**2073**	**42**	**7021**
按技术等级分							
高速公路	500	271	229				
一　级	971	331	230	400	1	6	4
二　级	1205	77	273	639	148	5	63
三　级	724		2	396	210		116
四　级	9898			1314	1714	31	6838
准四级							
按路面类型分							
有铺装	13248	678	734	2719	2064	37	7016
水泥混凝土	9992	12	57	1319	1821	30	6754
沥青混凝土	3256	666	677	1400	244	7	262
简易铺装	36			30	6		
未铺装	13				2	5	6
桥　梁							
座	7123						
米	697488						
隧　道							
道	409						
延　米	319544						

6-4 按管理性质分公路里程

(1986-2022年)

单位：公里

年 份	通 车 总里程	国 道	省 道	县 道	乡 道	专用公路	村 道
1986	2160	155	616	792	502	95	
1987	2104	155	615	815	511	7	
1988	2197	155	618	862	554	7	
1989	2230	151	608	973	494	7	
1990	2256	150	588	995	516	7	
1991	2302	149	588	1005	560		
1992	2315	149	590	1015	561		
1993	2381	148	595	1045	593		
1994	2438	148	599	1060	632		
1995	2470	158	599	1064	649		
1996	2521	158	598	1087	678		
1997	2589	169	596	1118	707		
1998	3618	176	602	1154	1686		
1999	3650	176	592	1198	1685		
2000	3766	234	592	1230	1710		
2001	3994	232	591	1481	1575	115	
2002	4018	232	591	1503	1576	117	
2003	4060	232	591	1534	1586	117	
2004	4125	232	585	1613	1576	119	
2005	4128	232	585	1617	1576	119	
2006	9087	232	649	1655	1604	98	4849
2007	10200	232	652	1691	1606	98	5921
2008	10593	274	653	2352	2045	65	5204
2009	10988	274	696	2386	2042	66	5523
2010	11267	273	695	2391	2042	66	5800
2011	11528	273	720	2403	2042	66	6024
2012	11688	273	729	2422	2070	66	6129
2013	11910	273	728	2491	2080	66	6272
2014	12283	267	730	2701	2022	64	6500
2015	12480	268	734	2750	2029	64	6636
2016	12578	463	677	2615	2042	64	6717
2017	12780	484	677	2682	2061	60	6817
2018	13014	660	681	2616	2102	56	6898
2019	13112	675	680	2617	2093	56	6990
2020	13239	686	734	2623	2106	56	7035
2021	13278	686	734	2656	2107	59	7036
2022	13298	679	734	2749	2073	42	7021

注：从2006年开始通车公路里程及相关指标包括村道，下同。

6-5 运输线路长度

(1986-2022年) 单位：公里

年份	铁路营业里程	公路通车里程	等级公路合计	#高速公路	#一级	#二级	#三级	#四级	内河航道里程	民用航空航线(条)
1986		2160	1206			32	26	1148	1091	
1987		2104	1239			32	36	1171	1096	2
1988		2197	1347			33	43	1271	1074	2
1989		2230	1386			31	43	1312	1074	2
1990		2256	1384			93	110	1181	1074	4
1991		2302	1446			93	110	1243	986	4
1992		2315	1493			120	132	1241	986	3
1993		2381	1611			210	153	1248	986	5
1994		2438	1693			256	182	1255	986	8
1995		2470	1791			272	188	1331	986	7
1996		2521	1854		22	299	299	1234	986	10
1997		2589	1927		21	329	331	1246	986	10
1998		3618	3029		60	364	477	2128	986	7
1999		3650	3065		60	373	488	2144	986	7
2000		3766	3180	90	60	374	486	2170	986	12
2001		3994	3530	128	124	975	511	1792	986	8
2002		4018	3561	128	140	965	512	1816	986	4
2003		4060	3611	128	141	981	515	1846	993	4
2004		4125	3686	128	177	1030	516	1835	993	4
2005		4128	3688	128	182	1031	512	1835	993	4
2006		9087	8522	188	209	1115	536	3999	993	4
2007		10200	9691	188	236	1169	544	4203	993	5
2008		10593	10175	230	237	1203	565	5053	993	9
2009	94	10988	10671	274	255	1223	568	5301	993	9
2010	94	11267	11005	274	299	1196	556	5507	993	9
2011	94	11528	11287	298	307	1196	565	5577	984	9
2012	94	11688	11453	298	325	1209	565	5731	1007	8
2013	94	11910	11681	298	410	1194	563	5898	1007	11
2014	94	12283	12055	298	555	1233	563	6090	1007	12
2015	94	12480	12297	298	608	1241	566	6246	1007	9
2016	94	12578	12517	298	652	1218	565	6363	1007	15
2017	94	12780	12752	298	757	1230	573	6455	1007	14
2018	94	13014	13014	447	792	1222	588	6601	1007	15
2019	94	13112	13112	446	825	1223	588	6679	1007	20
2020	94	13239	13239	500	863	1217	592	6852	1007	22
2021	365	13278	13278	500	908	1190	678	9245	1007	22
2022	365	13298	13298	500	971	1205	724	9898	1007	23

6-6 公路运输工具拥有量

(1999-2022年)

单位：辆

年 份	汽 车	#营业性汽车	载客汽车	载货汽车	其他汽车	摩托车	挂 车
1999	35538		12328	22805	405	170224	76
2000	52390		18485	33386	519	267219	99
2001	70357		26569	43135	653	323187	135
2002	98863	20750	41259	56757	847	391797	172
2003	136432	23522	63937	71352	1143	477445	204
2004	170650	27400	83831	83536	3283	528609	466
2005	211745	24453	114664	93795	3286	576227	324
2006	260615	25996	157742	99091	3782	622064	667
2007	315913	24959	206790	105016	4107	656827	924
2008	368029	24502	254013	109517	4499	646246	1223
2009	457161	25046	330605	123306	3250	664074	1893
2010	565917	27284	423241	139133	3543	677287	2720
2011	678938	32750	520767	154518	3653	632821	3302
2012	793273	33789	623700	165915	3658	586604	3603
2013	922061	33153	738660	179521	3880	575657	4100
2014	1039522	31792	862643	173361	3518	592177	4243
2015	1160758	27530	996106	161221	3431	561369	4429
2016	1327839	33154	1153475	171146	3218	274361	4816
2017	1482967	37742	1294940	184644	3383	171019	5112
2018	1629324	36536	1424418	201201	3705	143060	5494
2019	1752182	37371	1534736	213341	4105	139578	5777
2020	1869405	42930	1635938	229032	4435	160709	6406
2021	1989175	37205	1742556	241941	4678	193937	6727
2022	2104562	35788	1858633	241126	4803	252060	6645

6-7 水路运输工具拥有量

(1996-2022年)

年 份	机动船拥有量(艘)			净载重量(吨位)	载客量(客位)
	合 计	货 船	客 船		
1996	3996	3868	128	239092	12397
1997	3596	3434	123	230381	6471
1998	3327	3279	48	267942	3060
1999	2849	2808	40	345076	2812
2000	2354	2338	16	399659	1671
2001	2389	2375	14	512720	1531
2002	2481	2466	15	652575	1545
2003	2281	2263	18	780320	2224
2004	2127	2113	14	960802	1737
2005	2078	2064	14	1365200	1784
2006	2109	2095	14	1703568	1742
2007	2057	2042	15	1606295	1651
2008	1866	1854	12	1429165	1572
2009	1201	1189	12	2267030	1610
2010	938	926	12	2494626	1227
2011	829	817	12	2739021	1377
2012	772	759	13	3160552	1457
2013	619	606	13	3597236	1457
2014	595	581	14	3932078	1617
2015	564	550	14	3811131	1617
2016	532	517	14	3663501	1870
2017	514	503	11	4115623	1570
2018	501	489	12	4963248	2048
2019	413	406	7	5030722	1340
2020	420	413	7	4859964	1340
2021	403	396	7	5116159	1302
2022	381	373	8	5487085	1588

6-8 按货类分港口货物吞吐量

(2022年) 单位：吨

指标	合计	#外贸	出港	#外贸	进港	#外贸
港口货物吞吐量	**62408166**	**10823318**	**4665242**	**1312446**	**57742924**	**9510872**
1. 煤炭及制品	21717172	8228071	104681		21612491	8228071
2. 石油、天然气及制品	1734962		21948		1713014	
成品油	1706911		14168		1692743	
3. 钢铁	7918954	222300	545626		7373328	222300
其中：钢　材						
生　铁						
4. 矿建材料	14165450	143352	519202		13646248	143352
其中：砂						
5. 水　泥	4903318		26402		4601011	
6. 木　材	931618	459218	472400		459218	459218
7. 非金属矿石	6095639		220039		5875600	
8. 化肥及农药	785				785	
9. 盐						
10. 粮　食	60020		22069		37951	
11. 机械、设备、电器	2141				2141	
12. 化工原料及制品	91727				91727	
13. 轻工、医药产品						
14. 农、林、牧、渔业产品	1527				1527	
15. 其　他	4784853	1770377	2733235	1312446	2051618	457931
其中：集装箱重量	4391643	1770377	2346316	1312446	2045327	457931
滚装船汽车吞吐量						

6-9 主要年份邮电业务量

年份	邮电业务总量(万元)	邮电业务收入(万元)	函件(万件)	订销报刊累计份数(万份)	固定电话用户数(万户)	移动电话用户数(万户)	互联网宽带接入用户数(户)	移动互联网用户数(户)
1949	20		64	18				
1952	47		150	364				
1957	133		493	707				
1962	278		608	700				
1965	299		585	1623				
1970	354		610	2694				
1975	458		686	3133				
1978	611		775	3635	0.67			
1980	792		1106	4707	0.76			
1985	1514		1987	7332	1.28			
1990	5376		1989	7401	2.86			
1994	30034		2428	8937	12.76	0.61		
1995	51505		2376	10740	20.29	1.99		
1996	76928		2489	11750	26.99	4.27	2	
1997	105213		2172	10172	36.13	9.24	447	
1998	164086		2205	10201	53.29	16.19	3957	
1999	226838		2360	10889	77.10	41.20	7663	
2000	362332		2630	11339	100.81	78.35	62305	
2001	331815		3581	11826	117.09	127.33	182318	
2002	400261		3484	11766	143.66	157.78	278892	
2003	590142	354574	3446	12800	169.13	225.02	390310	
2004	836830	390559	2705	12187	198.32	283.06	393280	
2005	889277	426046	2227	12276	207.69	360.83	282427	
2006	1063520	475040	1583	12693	214.30	432.97	373162	
2007	1318754	561391	1444	12614	215.53	517.74	461203	
2008	1463341	646065	1373	13065	211.86	554.13	558170	
2009	1536168	625391	1592	13254	189.95	591.34	683016	
2010	1467071	663022	1516	12724	178.72	719.60	863564	
2011		691300	1774	12933	170.99	791.45	1126632	3567678
2012		763311	1803	14419	165.07	782.99	1265399	4685981
2013		770435	1935	16407	152.04	744.77	1512076	5028731
2014		755726	1597	15922	140.55	758.62	1676744	5427455
2015		726790	1286	16324	120.44	739.78	1785103	6056687
2016		764482	776	11108	106.81	770.84	2084579	6063636
2017		746635	605	13809	92.26	826.46	2262561	6888502
2018		795915	762	10589	107.70	958.00	2450698	6886762
2019		849388	519	9702	100.80	960.57	2532310	7113845
2020		892458	540	9657	97.45	895.49	2611887	7535400
2021		989890	400	12721	93.07	927.99	2832222	7858872
2022		1082670	643	13540	103.02	955.11	3120000	8422012

注：2001年起邮电业务总量为2000年不变价，下同；2004年及以前互联网宽带接入用户数为国际互联网用户数。

6-10 邮电企业主要指标

(1978-2022年)

年 份	邮电局(所)数(个)	邮路及农村投递线路长度(公里)	固定电话主线普及率(户/百人)	移动电话普及率(户/百人)	快递服务企业业务量(万件)	快递服务企业业务收入(亿元)
1978	294		0.15			
1980	302	14529	0.16			
1985	339	15451	0.26			
1986	348	16224	0.28			
1987	350	16072	0.33			
1988	349	15788	0.40			
1989	348	16306	0.46			
1990	345	15835	0.55			
1991	342	16063	0.66			
1992	336	15616	0.88			
1993	321	16052	1.39	0.01		
1994	294	16112	2.42	0.12		
1995	293	16263	3.83	0.38		
1996	280	16552	5.06	0.80		
1997	284	16476	6.74	1.72		
1998	368	16485	9.88	3.00		
1999	433	16264	14.20	7.59		
2000	408	16211	18.44	14.33		
2001	365	16433	21.35	23.21		
2002	343	16715	26.10	28.66		
2003	232	15779	30.61	40.72		
2004	327	18645	35.67	50.92		
2005	417	20038	37.10	64.45		
2006	437	20989	37.95	76.68		
2007	475	21587	37.85	90.93		
2008	456	24444	36.91	96.53		
2009	468	24372	32.84	102.22		
2010	465	24315	30.65	123.40		
2011	447	24937	29.14	134.88	3666	5.55
2012	457	24690	27.90	132.50	6489	8.21
2013	442	26232	25.59	125.37	10255	12.07
2014	456	18564	23.54	127.05	18553	17.44
2015	425	16653	20.16	123.81	29479	24.29
2016	385	17178	17.80	128.44	49250	34.20
2017	392	17166	15.28	136.94	53945	33.19
2018	304	18099	17.79	158.24	70312	39.96
2019	344	20668	16.39	156.20	82471	44.07
2020	374	46177	16.06	147.53	84220	43.79
2021	380	52128	15.36	153.15	132257	72.10
2022	409	57664	15.43	143.02	139797	90.02

注：1.2003年起邮电局、所总数不包括代办点。2.固定电话、移动电话普及率自2019年起按常住人口口径计算。

6-11 全社会用电量(一)

(1986-2022年)

单位：万千瓦时

年 份	全社会用电量(包括厂用电量及线损)	农林牧渔水利业	工业用电	建筑业
1986	68185	6771	47606	346
1987	81333	6388	55928	473
1988	97744	7037	65001	664
1989	101163	5700	65199	675
1990	114048	5679	69416	776
1991	138918	6359	85071	863
1992	160412	6734	101102	1296
1993	194360	6768	123414	1678
1994	224103	7876	140052	2103
1995	253892	8161	155598	3038
1996	270237	8048	165274	3477
1997	290184	7393	178064	4960
1998	318937	7261	195749	5732
1999	377370	7130	241075	5995
2000	460236	8795	309357	6397
2001	525430	9104	358175	7167
2002	647020	9444	452978	8157
2003	779903	9986	552753	9746
2004	848560	8488	618333	11720
2005	1048465	10346	744117	15354
2006	1240624	11841	870314	22439
2007	1438263	11939	1031548	22180
2008	1566240	12296	1111781	21438
2009	1718830	13185	1214514	24205
2010	1962057	12937	1391383	30082
2011	2219849	12924	1570324	33710
2012	2273310	13487	1566705	35761
2013	2479714	15862	1692994	46231
2014	2544168	15726	1731691	50460
2015	2527487	15634	1677933	51046
2016	2821453	17422	1834332	68452
2017	3105087	18991	2053891	73967
2018	3295674	18244	2146201	88135
2019	3312213	17751	2128694	75494
2020	3488544	18835	2245547	74000
2021	3972626	20883	2598041	75928
2022	4108679	25877	2510204	71000

6-12 全社会用电量(二)

(1986-2022年) 单位：万千瓦时

年 份	交通运输仓储邮政业	商业住宿和餐饮业	其他事业	城乡居民生活用电	乡村	城市
1986	236	839	2264	10123	6955	3168
1987	275	1104	2798	14368	9519	4849
1988	336	1357	3557	19793	13133	6660
1989	357	1418	3961	23854	15623	8231
1990	419	1675	4309	31774	20812	10962
1991	570	2050	5212	38794	24925	13869
1992	621	2015	5897	42746	27256	15490
1993	792	2448	7123	52137	33011	19126
1994	1008	2961	8410	61693	38905	22788
1995	1283	3476	9447	72889	45249	27640
1996	1747	4883	10965	75844	46172	29672
1997	1919	5422	12457	79969	47386	32583
1998	2260	6753	14770	86414	49907	36507
1999	2562	8689	18014	93905	53254	40650
2000	3328	10993	21000	100365	55896	44470
2001	4283	16426	23287	106988	60513	46475
2002	5135	20333	25686	125287	71591	53696
2003	6605	24063	32205	144544	81424	63120
2004	6517	28488	33012	142002	75818	66184
2005	6895	32660	59243	179849	101689	78160
2006	8522	40554	69979	216975	127247	89728
2007	9660	45522	79839	237575	141979	95596
2008	9492	49541	87478	274214	158919	115295
2009	10352	59848	94167	302559	177569	124990
2010	16645	68668	102487	339856	204750	135106
2011	19681	81565	114534	387110	235962	151148
2012	18570	91379	126222	421186	253065	168122
2013	20425	100071	138626	465505	280428	185077
2014	23988	109302	147256	465746	281880	183865
2015	25243	114348	135725	481992	293354	188639
2016	27552	129661	160121	555139	336178	218961
2017	31387	144585	176535	575693	351380	224313
2018	34374	152957	192374	622837	380372	242465
2019	39577	160151	154580	643741	390055	253686
2020	37792	159818	152505	698913	425807	273106
2021	44081	192887	178170	739406	487063	252343
2022	50795	210586	193581	904888	647820	257068

6-13 分产业和行业全社会用电量

(2022年)

类　　别	用户数(个)	用户用电装机容量(千瓦)	本年用电量(万千瓦时)
总　　计	**3179950**	**44567395**	**4108679**
#按产业分	**379506**	**25672594**	**3203791**
第一产业	11287	272623	17576
第二产业	153994	15256131	2578187
第三产业	214225	10143840	608028
按用途分			
一、农、林、牧、渔业	**20911**	**419000**	**25877**
农　业	9067	186641	10101
林　业	184	3658	129
畜牧业	1204	46300	3916
渔　业	832	36024	3430
农、林、牧、渔服务业	9624	146377	8301
其中：排　灌	8364	104200	4227
二、工　业	**142753**	**13675755**	**2510204**
采矿业	518	94983	8403
制造业	131968	12445770	2276689
农副食品加工业	6591	271800	33502
食品制造业	1430	77861	9538
酒、饮料及精制茶制造业	1576	40610	3206
烟草制品业	10	1552	60
纺织业	5746	247874	48093
纺织服装、服饰业	3841	136254	23357
皮革、毛皮、羽毛及其制品和制鞋业	4805	386357	56783
木材加工和木、竹、藤、棕、草制品业	6332	115793	12125
家具制造业	1082	124070	18124
造纸和纸制品业	2088	134842	43987
印刷和记录媒介复制业	1318	80882	12797
文教、工美、体育和娱乐用品制造业	9729	426609	54723
石油、煤炭及其他燃料加工业	89	2864	174
化学原料和化学制品制造业	422	191503	42045
医药制造业	374	651924	188265
化学纤维制造业	66	17262	3350

6-13 续表

(2022年)

类别	用户数 (个)	用户用电 装机容量 (千瓦)	本年用电量 (万千瓦时)
橡胶和塑料制品业	20955	2157861	423305
非金属矿物制品业	2171	320859	53955
黑色金属冶炼和压延加工业	35	41041	6798
有色金属冶炼和压延加工业	414	109628	33579
金属制品业	14010	1338700	254087
通用设备制造业	32228	2487838	440023
专用设备制造业	4316	616115	120207
汽车制造业	1095	624556	114024
铁路、船舶、航空航天和其他运输设备制造业	1399	502186	66307
电气机械和器材制造业	2847	587370	95469
计算机、通信和其他电子设备制造业	372	137751	34638
仪器仪表制造业	338	63498	9535
其他制造业	4750	426788	60537
废弃资源综合利用业	927	95846	11079
金属制品、机械和设备修理业	612	27676	3017
电力、热力、燃气及水生产和供应业	10267	1135002	225111
电力、热力生产和供应业	4470	828025	183970
燃气生产和供应业	122	12887	774
水的生产和供应业	5675	294090	40368
三、建筑业	**11853**	**1608052**	**71000**
四、交通运输、仓储和邮政业	**2739**	**871766**	**50795**
五、信息传输、软件和信息技术服务业	**25751**	**397575**	**51202**
六、批发和零售业	**67392**	**2385052**	**156172**
七、住宿和餐饮业	**11939**	**623221**	**54413**
八、金融业	**1748**	**165598**	**13342**
九、房地产业	**9182**	**1876676**	**53216**
十、租赁和商务服务业	**4034**	**411323**	**23989**
十一、公共服务及管理组织	**81204**	**3238576**	**193581**
十二、城乡居民生活用电	**2800444**	**18894801**	**904888**
城镇居民	654128	5301675	257068
乡村居民	2146316	13593126	647820

主要统计指标解释

货(客)运量 指运输业实际运送的货物(旅客)数量。货运按吨计算，客运按人计算。货物不论运输距离长短，货物类别，均按实际重量统计；旅客不论行程远近或票价多少，均按一人一次作为客运量统计。半价票、小孩票也按一人统计。货(客)运量是反映运输业为国民经济和人民生产服务的数量指标，也是制定和检查运输生产计划，研究运输发展规模和速度的重要指标。

货物(旅客)周转量 指运输业实际运送的货物(旅客)数量与相应运输距离乘积之总和，通常以吨公里和人公里为计算单位。计算货物周转量通常按发出站与到达站之间的最短距离，也就是计费距离计算。它是反映运输业生产总成果的重要指标，也是编制和检查运输生产计划、计算运输效率、劳动生产率以及核算运输单位成本的主要基础资料。

铁路营业里程 又称营业长度，指办理客货运输业务的铁路正线总长度。凡是全线或部分建成双线及以上的线路，以第一线的实际长度计算；复线、站线、段管线、岔线和特殊用途线以及不计算运费的联络线都不计算营业里程。铁路营业里程是反映铁路运输业基础设施发展水平的重要指标，也是计算客货周转量、运输密度和机车车辆运用效率等指标的基础资料。

公路里程 也称“公路通车里程”，是指实际达到公路工程技术标准等级的公路长度。它包括大中城市的郊区公路以及通过小城镇街道的公路里程，也包括桥梁、渡口的长度，但不包括城市的街道以及厂矿、林区和农业生产用道的里程。两条或多条公路共同走向的同一条路段，只计算一次，不得重复计算里程长度。公路里程是反映公路建设发展规模的重要指标，也是计算运输网密度等指标的基础资料。

内河航道里程 也称“内河通航里程”，是反映内河水运网规模、水平和发展情况的主要指标。指在一定时期内，能通航运输船舶及排筏的天然河流、湖泊水库、运河及通航渠道的长度。包括全年季节性通航累计三个月以上的航道，但不包括仅供零散流放竹、木排的河道。

港口货物吞吐量 指由水运进出港口港区范围、并经过装卸的货物数量。吞吐量可以分进口、出口，又可以分为国内贸易和对外贸易。货物吞吐量的货种分类及其主要流向流量，反映了港口在国内外物资交换和对外贸易运输中的地位和作用。

载货汽车拥有量 是指以辆为单位计算的，在报告期末，全社会拥有的载货汽车总辆数。按公路监理部门和公安部门的机动车管理单位所掌握的领有车辆牌照资料加以整理计算。

订销报刊累计份数 是以万份为计算单位，报告期订阅和零售国内外报刊各出版期的总份数。在计算时，订阅的报刊按出版期计算，零售的按实销份数计算。凡正常性或临时加发的零售份数，报告期出版的或报告期前出版的份数都统计在内，但不包括变价出售的报刊。订销报刊累计份数应按进口交换量计算。

全社会用电量 是指国民经济各行业及城乡居民消费的电量。它包括电力企业售电量与自备电厂自发自用电量及其售给附近用户电量之和。它是考察电力消费去向、作为电力分配依据的重要指标。

7

原材料和能源

Crude Material and Energy

7-1 全社会单位生产总值能耗

(2005-2022年)

年 份	能源消费总量(万吨标准煤)	单位GDP能耗(吨标准煤/万元)	单位GDP能耗降低率(%)	能源消费弹性系数(%)	电力消费总量(亿千瓦时)	单位GDP电耗(千瓦时/万元)	单位GDP电耗降低率(%)	电力消费弹性系数(%)
2005	790.75	0.632			104.85	837		1.70
2006	880.45	0.615	2.65	0.78	124.07	866	-3.46	1.27
2007	967.47	0.590	4.05	0.68	143.83	877	-1.27	1.10
2008	1005.25	0.560	5.18	0.41	156.62	872	0.60	0.92
2009	1029.39	0.531	5.12	0.28	171.88	886	-1.65	1.15
2010	1105.30	0.505	4.85	0.57	196.21	897	-0.88	1.08
2011	1107.85	0.421	2.79	0.63	221.98	847	-4.73	1.46
2012	1116.54	0.395	6.14	0.12	227.33	810	4.70	0.32
2013	1182.96	0.388	1.80	0.76	247.97	814	-1.05	1.14
2014	1214.08	0.371	4.50	0.35	254.42	777	4.57	0.35
2015	1245.45	0.349	4.10	0.33	252.75	703	6.72	-0.10
2016	1364.19	0.355	-1.80	1.25	282.15	728	-3.69	1.49
2017	1457.53	0.351	1.10	0.85	310.51	741	-1.76	1.23
2018	1512.49	0.339	3.50	0.48	329.57	734	1.33	0.84
2019	1512.80	0.323	4.70	0.02	331.22	708	4.33	0.10
2020	1562.31	0.323	0.10	0.97	348.85	720	-1.88	1.58
2021	1767.18	0.312	-2.13	1.28	397.26	700.00	-5.16	1.68
2022	1814.43	0.311	0.05	0.98	410.87	704.70	-0.68	1.26

7-2 规模以上工业企业能源购进、消费与库存情况

(2022年)

能源名称		购进量	工业生产消费	年末库存量
能源合计	**(吨标准煤)**		**16876879.73**	
原煤	(吨)	18559383.87	18160060.34	973085.99
煤制品	(吨)	811.06	704.82	106.24
焦炭	(吨)			3.66
天然气(气态)	(万立方米)	27658.32	27519.76	5.66
液化天然气(液态)	(吨)	60513.66	60289.06	250.56
汽油	(吨)	17089.67	15835.57	114.14
煤油	(吨)	317.79	326.47	1.66
柴油	(吨)	60656.68	59985.05	3113.46
燃料油	(吨)	4812.43	4789.75	106.66
液化石油气	(吨)	2562.19	2549.04	10.86
润滑油	(吨)	5611.63	5438.07	280.35
石蜡	(吨)	1806.01	1865.72	75.01
溶剂油	(吨)	1308.69	1259.08	125.91
石油焦	(吨)	985.11	636.66	408.84
石油沥青	(吨)	4995.08	4185.39	652.24
其他石油制品	(吨)	4403.70	4040.75	124.23
热力	(百万千焦)	16372043.11	18304329.25	
电力	(万千瓦时)	1864241.06	1910201.98	
城市垃圾用于燃料	(吨)	1061260.46	2618436.90	20701.67
生物燃料	(吨标准煤)	31827.81	31281.64	1268.24
其他燃料	(吨标准煤)	296.04	296.04	

7-3 规模以上工业按行业分主要能源消费量(一)

(2022年)

单位：吨

行业名称	原煤	煤制品	焦炭	天然气(万立方米)	液化天然气	汽油	煤油
合　计	**18160060.34**	**704.82**		**27519.76**	**60289.06**	**15835.57**	**326.47**
有色金属矿采选业						7.09	
非金属矿采选业						19.99	
农副食品加工业				241.82	687.16	111.76	
食品制造业				318.18		68.29	
酒、饮料和精制茶制造业				59.84		26.07	
纺织业				2511.18	2448.41	221.03	
纺织服装、服饰业					24.00	23.14	
皮革、毛皮、羽毛及其制品和制鞋业				6.71		282.82	1.96
木材加工和木、竹、藤、棕、草制品业				1320.11	151.65	51.87	
家具制造业				866.26	135.89	134.64	
造纸和纸制品业	166946.01			343.48	626.14	181.65	
印刷和记录媒介复制业				161.50	1743.45	233.41	
文教、工美、体育和娱乐用品制造业				81.67	1854.50	559.58	
石油加工、炼焦和核燃料加工业						8.98	
化学原料和化学制品制造业				899.44	2194.43	396.13	
医药制造业	44374.06			1776.18	58.58	531.68	
化学纤维制造业				604.61		10.17	
橡胶和塑料制品业	17741.27			2947.55	2404.88	2079.70	
非金属矿物制品业	8657.11			1336.14	2385.64	271.52	
黑色金属冶炼和压延加工业	12921.39			796.19	125.00	84.26	
有色金属冶炼和压延加工业				1419.03	1922.71	62.15	18.90
金属制品业		704.82		3978.05	8451.65	775.09	
通用设备制造业				1447.91	9986.13	2696.10	156.31
专用设备制造业				568.60	657.84	1568.41	1.97
汽车制造业				2325.74	12178.59	1049.34	85.12
铁路、船舶、航空航天和其他运输设备制造业				1501.49	3353.97	1614.49	12.40
电气机械和器材制造业				314.73	804.21	1341.50	49.81
计算机、通信和其他电子设备制造业				188.31		188.29	
仪器仪表制造业				62.97	668.23	110.16	
其他制造业				693.08		42.32	
废弃资源综合利用业				695.20		29.72	
金属制品、机械和设备修理业						7.12	
电力、热力生产和供应业	17909420.50			53.79	7426.00	859.48	
燃气生产和供应业						79.39	
水的生产和供应业						108.23	

7-4 规模以上工业按行业分主要能源消费量(二)

(2022年) 单位：吨

行业名称	柴油	燃料油	液 化 石油气	其他石 油制品	热力 (百万千焦)	电力 (万千瓦时)
合　计	**59985.05**	**4789.75**	**2549.04**	**4040.75**	**18304329.3**	**1910201.98**
有色金属矿采选业	7.25					281.48
非金属矿采选业	1015.92					5416.56
农副食品加工业	1998.76				373705.59	19500.23
食品制造业	113.64				155484.75	4290.51
酒、饮料和精制茶制造业	8.79				174066	2187.73
纺织业	199.92		3.6		180867.5	29008.53
纺织服装、服饰业	5.64					635.04
皮革、毛皮、羽毛及其制品和制鞋业	47.25					18529.41
木材加工和木、竹、藤、棕、草制品业	81.98					5708.3
家具制造业	580.94	814.54	16.4			12783.21
造纸和纸制品业	813.5	437.53		388.8	2768155.71	36554.17
印刷和记录媒介复制业	319.08	446.28	10		106852.76	7496.19
文教、工美、体育和娱乐用品制造业	373.72	44.76			12630	10995.09
石油加工、炼焦和核燃料加工业	100.87	109.39				70.2
化学原料和化学制品制造业	1690.36		37.92		1978231.62	48046.49
医药制造业	3750.51				7779175.29	170663.13
化学纤维制造业	50.6			0.81	507018.02	17438.15
橡胶和塑料制品业	2837.99	153.9	332.14	151.4	2766881.48	232727.25
非金属矿物制品业	31020.22	932.9	1.16		462747.62	33617.5
黑色金属冶炼和压延加工业	30.66					11281.08
有色金属冶炼和压延加工业	182.9	654.11				38202.96
金属制品业	1889.4	245.55	762.82	1650.94	272803.99	132927.12
通用设备制造业	3203	120.07	1166.33	755.71		174994.87
专用设备制造业	1079.91	199.02	11.9	611.91		84079.65
汽车制造业	1450.97	18.12	79.27	323.05	672.3	141488.9
铁路、船舶、航空航天和其他运输设备制造业	1393.95	65		61.66	53501.47	42594.73
电气机械和器材制造业	1573.02	373.49	44.85	96.47		60783.08
计算机、通信和其他电子设备制造业	121.02					40401.71
仪器仪表制造业	76.28		59.82			9694.61
其他制造业	106.34		22.65			10607.5
废弃资源综合利用业	724.56	18			113682.12	12180.73
金属制品、机械和设备修理业	53.92					169.02
电力、热力生产和供应业	3042.39	157.09	0.18		597853.03	472568.33
燃气生产和供应业	21.35					276.64
水的生产和供应业	18.44					22001.88

7-5 规模以上工业按行业分能源消费情况

(2022年)　　单位：吨标准煤

行业名称	综合能耗		万元产值综合能耗		节能量
	绝对额	比上年增长(%)	绝对额	比上年降低(%)	
合　　计	**10701518**	**-2.9**	**0.163**	**6.76**	**776.45**
有色金属矿采选业	367	24.7	0.144	-43.86	-0.11
非金属矿采选业	8167	-10.4	0.064	24.07	2.59
农副食品加工业	43884	2.7	0.041	5.01	2.32
食品制造业	14341	-13.8	0.076	23.26	4.35
酒、饮料和精制茶制造业	9334	-6.1	0.077	2.75	0.26
纺织业	76502	-0.7	0.077	-1.36	-1.03
纺织服装、服饰业	865	-9.7	0.012	19.55	0.21
皮革、毛皮、羽毛及其制品和制鞋业	23334	2.4	0.026	9.47	2.44
木材加工和木、竹、藤、棕、草制品业	22029	4.6	0.146	-7.45	-1.53
家具制造业	27762	-16.0	0.028	0.93	0.26
造纸和纸制品业	186357	-6.2	0.242	2.50	4.78
印刷和记录媒介复制业	19197	-8.2	0.050	6.76	1.39
文教、工美、体育和娱乐用品制造业	20243	-13.8	0.025	9.82	2.20
石油加工、炼焦和核燃料加工业	403	-63.7	0.023	72.60	1.07
化学原料和化学制品制造业	143522	14.5	0.083	-15.04	-18.77
医药制造业	533077	13.7	0.107	3.74	20.73
化学纤维制造业	45461	-16.3	0.142	43.08	34.40
橡胶和塑料制品业	451331	-1.9	0.078	3.72	17.45
非金属矿物制品业	137187	-3.0	0.072	-2.25	-3.02
黑色金属冶炼和压延加工业	33324	10.0	0.063	-12.69	-3.75
有色金属冶炼和压延加工业	68494	2.1	0.044	-2.43	-1.63
金属制品业	241469	-9.7	0.082	9.46	25.23
通用设备制造业	264821	-6.6	0.028	1.49	4.00
专用设备制造业	117696	-8.0	0.031	2.97	3.61
汽车制造业	226940	-8.6	0.025	19.38	54.55
铁路、船舶、航空航天和其他运输设备制造业	82651	5.5	0.022	18.24	18.44
电气机械和器材制造业	85839	0.0	0.015	6.18	5.65
计算机、通信和其他电子设备制造业	52259	10.8	0.036	10.15	5.91
仪器仪表制造业	14164	-9.5	0.015	9.86	1.55
其他制造业	21232	-5.7	0.037	-1.95	-0.41
废弃资源综合利用业	66643	6.1	0.076	3.44	2.38
金属制品、机械和设备修理业	297	9.4	0.068	-30.94	-0.07
电力、热力生产和供应业	7634615	-3.7	2.400	-0.58	-44.18
燃气生产和供应业	488	11.3	0.002	21.78	0.14
水的生产和供应业	27226	1.8	0.109	2.24	0.63

7-6 规模以上工业主要能源消费量(一)

(1999-2022年)　　单位：吨

年　份	原　煤	煤制品	焦　炭	汽　油	煤　油
1999	4106147	82	8316	9148	2926
2000	4665482	180	11642	11126	3946
2001	4787214	116	20011	13388	5731
2002	4747322	238	17291	17346	7123
2003	5414989	316	25424	20048	7188
2004	5868900	1238	33611	27533	17612
2005	5873411	149	36615	32360	11661
2006	5726068	637	42483	41334	12363
2007	9963353	1829	45799	48012	11149
2008	13518900	1169	40008	43092	9252
2009	13409540	909	26507	40899	7139
2010	13922044		26360	42102	7051
2011	15110170	19840	17550	24602	4367
2012	12884375	12429	12847	20775	2618
2013	13294169	15434	12020	20646	1701
2014	11451570	10025	8671	19664	1472
2015	10766567	11949	7351	21413	1923
2016	13855653	13049	7029	21869	1552
2017	15643953	6564	5036	22164	1539
2018	15719125	3769	4117	23325	2069
2019	14513957	1725	1081	22964	2086
2020	13553422	168	133	15958	1843
2021	18187074		164	16693	1508
2022	18160060	705		15836	326

7-7 规模以上工业主要能源消费量(二)

(1999-2022年)　　单位：吨

年 份	柴 油	燃料油	液 化 石油气	热 力 (百万千焦)	电 力 (万千瓦时)
1999	32822	280	588	659930	184951
2000	29953	1132	968	1766294	236146
2001	34289	2140	1811	2171882	270509
2002	43914	3128	3536	2881165	298967
2003	78053	4898	4683	3470891	447453
2004	169985	9364	11036	3894369	460304
2005	135280	35860	6351	4909302	585211
2006	141321	20129	8837	5053894	681262
2007	169879	20395	9347	5904636	821157
2008	147176	19341	8358	6024796	925013
2009	108967	16628	7303	5950744	963462
2010	124310	14216	7450	6226344	1101773
2011	80976	10104	6622	5802316	1004928
2012	52553	6329	5321	5894498	1006422
2013	48547	5277	4464	5542756	1088458
2014	46202	4813	4599	5735865	1114778
2015	46174	4597	4156	6684579	1116193
2016	44994	4241	2669	8176855	1264510
2017	47409	3454	2058	12210588	1415123
2018	50759	2896	1841	14062208	1520249
2019	54893	3489	1888	14614721	1534998
2020	62258	4928	2359	15256941	1499564
2021	67055	6322	2543	17159761	1839266
2022	59985	4790	2549	18304329	1910202

7-8 规模以上工业取水量

(2007-2022年) 单位：万立方米

年份	取水总量	地表水	地下水	自来水	海水	其他水	外供水
2007	149758	9823	703	10760	128437	33	
2008	173590	20283	492	7276	145484	17	
2009	58765	45791	92	482	10392	2099	
2010	61986	45371	523	11740	1774	2578	45782
2011	60522	44807	450	11256	1642	2367	45975
2012	69715	52894	358	11824	1737	2902	53942
2013	75950	58370	348	12715	1738	2780	60255
2014	74950	60111	311	12867	1610	52	62468
2015	78807	64301	292	12781	1372	12	66614
2016	82693	66455	268	14730	1154	13	70452
2017	91454	74161	228	15719	1282	63	78566
2018	93343	75596	192	16077	1397	81	80011
2019	92669	74520	180	16102	1751	114	77936
2020	94585	76853	119	16139	1357	117	80779
2021	100681	81301	95	17162	1528	596	85551
2022	106156	85642	102	18429	1211	680	88886

7-9 规模以上工业按行业分取水量

(2022年)　　单位：万立方米

行业名称	取水总量	地表水	地下水	自来水	海水	其他水	外供水
合　计	**106156.4**	**85641.7**	**101.6**	**18428.6**	**1211.5**	**679.9**	**88886.1**
有色金属矿采选业	6.6		6.6				
非金属矿采选业	41.9	21.1		20.8			
农副食品加工业	322.7	59.8	2.9	245.8		13.9	
食品制造业	210.6	1.9	15.2	187.7		5.8	
酒、饮料和精制茶制造业	102.9	1.8		94.2		6.8	
纺织业	366.8	69.5	5.0	272.5		19.8	
纺织服装、服饰业	11.2			11.2			
皮革、毛皮、羽毛及其制品和制鞋业	128.4	10.5	0.1	117.8			
木材加工和木、竹、藤、棕、草制品业	57.4	0.3	0.1	57.0			
家具制造业	200.4	14.6	2.9	182.9			
造纸和纸制品业	364.1	238.4	8.4	91.9		23.3	1.9
印刷和记录媒介复制业	49.3	0.4		45.2		3.7	
文教、工美、体育和娱乐用品制造业	96.6	1.8	1.0	93.3		0.4	
石油、煤炭及其他燃料加工业	0.6			0.6			
化学原料和化学制品制造业	493.0	21.1	1.2	309.4		125.7	
医药制造业	1750.2	28.7	1.5	1388.6		297.7	
化学纤维制造业	71.0			33.6		37.4	
橡胶和塑料制品业	862.4	62.3	12.2	680.0		107.5	
非金属矿物制品业	419.9	139.3	3.4	257.9		18.1	
黑色金属冶炼和压延加工业	29.0	2.2	0.0	26.7			
有色金属冶炼和压延加工业	58.8	2.5	0.0	56.3			
金属制品业	517.3	36.3	1.6	465.8		10.1	
通用设备制造业	636.0	31.2	2.5	588.1		0.0	0.1
专用设备制造业	377.2	10.3	0.8	365.8		0.0	
汽车制造业	527.3	1.9	2.5	522.6		0.0	
铁路、船舶、航空航天和其他运输设备制造业	284.7	1.7	0.2	281.0		1.8	
电气机械和器材制造业	316.5	10.7	4.6	300.4		0.8	
计算机、通信和其他电子设备制造业	332.2	0.9		330.5		0.0	
仪器仪表制造业	37.8	0.3	0.9	36.6		0.0	
其他制造业	150.1	9.7	27.9	112.6			
废弃资源综合利用业	118.3	50.2		63.0		4.5	
金属制品、机械和设备修理业	1.6	0.2		1.5			
电力、热力生产和供应业	3417.6	1437.3	0.2	766.2	1211.5	2.3	637.2
燃气生产和供应业	3.4			3.4			
水的生产和供应业	93793.0	83375.0		10417.9			88247.0

主要统计指标解释

能源购进量 指能源使用单位在报告期内外购的、用于本企业消费的各种一次能源和二次能源。购进量的统计原则是：谁购进，谁统计。

能源消费量 是指能源使用单位在报告期内实际消费的一次能源或二次能源的数量。包括终端消费和中间消费。能源消费数量分别用实物量和价值量表示。能源消费量统计的原则是：

(1)谁消费、谁统计；

(2)何时投入使用，何时计算消费量；

(3)消费量只能计算一次。

工业企业的能源消费量包括工业企业在生产过程中作为燃料、动力、原料、辅助材料使用的能源以及工艺用能、非生产用能。作为能源加工转换企业，还要包括能源加工转换的投入量。具体包括：

(1)用于本企业产品生产、工业性作业和其他生产性活动的能源；

(2)用于技术更新改造措施、新技术研究和新产品试制以及科学试验等方面的能源；

(3)用于经营维修、建筑及设备大修理、机电设备和交通运输工具等方面的能源；

(4)用于劳动保护的能源；

(5)其他非生产消费的能源。

综合能源消费量 是指报告期内工业企业在工业生产活动中实际消费的各种能源的总和。

万元工业总产值综合能耗 是指综合能源消费量与工业总产值之比，它反应单位工业总产值所耗的能源量。

标准煤 各种能源折算成以煤当量为统一标准的计量单位。

能源消费弹性系数 是反映能源消费增长速度与国民经济增长速度之间比例关系的指标。计算公式：

能源消费弹性系数＝能源消费量年平均增长速度/国民经济年平均增长速度

电力消费弹性系数 是反映电力消费增长速度与国民经济增长速度之间比例关系的指标。计算公式：

电力消费弹性系数＝电力消费量年平均增长速度/国民经济年平均增长速度

国民经济年平均增长速度，可根据不同的目的或需要，用国民生产总值，国内生产总值等指标来计算，本资料是采用生产总值指标计算的。

取水总量 指工业企业从各种水源提取的，并用于工业生产活动的水量总和。包括地表水、地下水、自来水、由管道供应的未经达标处理的水、经城市污水处理厂处理后回用的中水、海水，以及企业从市场购得的其他水或水的产品(如纯净水、矿泉水、蒸汽、热水、地热水等)。

8

批发零售和住宿餐饮业

Wholesale and Retail Sale Trade and Accommodation and Restaurants

8-1 主要年份社会消费品零售总额

单位：万元

年份	社会消费品零售总额	批发和零售业	住宿和餐饮业	其他
1949	3257	3178	61	18
1952	5196	5066	100	30
1957	13064	12636	353	75
1962	18197	17188	892	117
1965	19656	19011	536	109
1970	24796	23298	721	777
1975	31157	29890	860	407
1978	49157	47252	1204	701
1980	76294	72577	1731	1986
1985	169672	155903	4911	8858
1990	371549	338638	13646	19265
1994	1034412	923292	72458	38661
1995	1450730	1320504	106434	23792
1996	1737176	1556437	115987	64751
1997	1821677	1612332	132116	77228
1998	1882692	1661716	133057	87919
1999	2065954	1799071	157706	109177
2000	2185914	1933324	174853	77736
2001	2476392	2169429	222804	84160
2002	2828190	2428385	309306	90500
2003	3252703	2747491	395026	110186
2004	3721584	3146729	470634	104220
2005	4332035	3635183	579414	117437
2006	5044658	4245481	676223	122954
2007	5887261	4967827	791966	127469
2008	7019244	6219558	779848	19838
2009	7978219	7114609	836668	26943
2010	9457716	8451632	1006084	
2011	11243314	10006608	1236706	
2012	12778841	11352058	1426784	
2013	13970429	12437603	1532826	
2014	15761946	14053036	1708909	
2015	17436479	15575820	1860659	
2016	19243405	17155464	2087942	
2017	21352953	18973349	2379604	
2018	23502986	20799940	2703046	
2019	25446294	22475622	2970672	
2020	23960699	20979038	2981660	
2021	26056222	22595012	3461210	
2022	25859776	22486797	3372979	

注：第四次经济普查后，国家修正了1994年以来的历史数据。

8-2　市区主要年份社会消费品零售总额

单位：万元

年　份	市　区	椒江区	黄岩区	路桥区
1949	1076	374	702	
1952	1805	624	1181	
1957	4309	1522	2787	
1962	7016	2633	4383	
1965	7252	2810	4442	
1970	8202	2920	5282	
1975	9250	3453	5797	
1978	17280	6439	10841	
1980	25401	7748	17653	
1985	70360	27755	42605	
1990	142578	59519	83059	
1994	386377	146619	104408	135350
1995	553034	223732	111089	218213
1996	663850	245383	150304	268164
1997	703877	224198	176307	303372
1998	726139	225090	188648	312400
1999	808145	239840	223925	344379
2000	887364	266039	237137	384188
2001	1028501	319272	275079	434150
2002	1200228	375093	313040	512094
2003	1381562	431911	350605	599046
2004	1592391	497000	399900	695491
2005	1869294	588109	468078	813107
2006	2193664	681730	553696	958238
2007	2573539	796143	642574	1134822
2008	3071525	946678	756962	1367884
2009	3466197	1103547	901447	1461203
2010	4104622	1290855	1062868	1750899
2011	4818346	1508310	1245585	2064452
2012	5474591	1743853	1408423	2322315
2013	5862532	1911661	1536699	2414172
2014	6644874	2159419	1755503	2729952
2015	7386063	2354822	1963675	3067566
2016	8116470	2521293	2137802	3457375
2017	8899664	2762419	2382990	3754256
2018	9285469	2873695	2516903	3894871
2019	10004859	3125471	2777049	4102339
2020	9185533	2904746	2477528	3803259
2021	9888933	3187091	2629093	4072748
2022	9789022	3094483	2613931	4080608

注：第四次经济普查后，对各县(市、区)2018年和2019年数据作了修正。

8-3 各县市主要年份社会消费品零售总额

单位：万元

年 份	三门县	天台县	仙居县	温岭市	临海市	玉环市
1949	226	376	116	569	737	157
1952	252	524	181	1146	894	394
1957	615	1132	635	2786	2378	1209
1962	767	1308	940	3455	3279	1432
1965	948	1478	1038	3876	3540	1524
1970	1338	2001	1776	5249	4435	1795
1975	2097	2979	2055	6673	5758	2345
1978	3525	3731	2679	10583	6851	4508
1980	5359	5790	4401	15173	12193	7977
1985	10331	10571	8348	31718	21887	16456
1990	20298	33129	15637	74716	56942	28249
1994	40805	66980	37969	251317	141685	79306
1995	59402	83421	57532	371144	183057	124342
1996	59020	101511	68760	477408	189263	119885
1997	60178	105683	69266	517735	181061	127677
1998	57449	111444	74776	551521	163911	133218
1999	66516	118778	79902	587884	203676	144955
2000	75880	125285	86181	604442	230696	170963
2001	84497	141571	97410	642717	269731	193876
2002	101627	163583	114621	711693	317185	230107
2003	125379	186643	133469	796888	368667	271759
2004	151200	216200	156400	922800	432200	317509
2005	172396	243753	182602	1073924	501395	369147
2006	200757	281620	212075	1249273	583674	425807
2007	235352	327617	246518	1457003	682491	494012
2008	281905	393193	293847	1736376	814122	593376
2009	325938	435291	346606	2025050	938029	641673
2010	375712	496479	409210	2355278	1106588	756617
2011	449656	584424	478806	2802448	1285862	904169
2012	527306	682002	555664	3266826	1475823	1060805
2013	617992	745795	612587	3779022	1626290	1248461
2014	705021	850878	698901	4305372	1838683	1419498
2015	796498	980053	804952	4738870	2018966	1541381
2016	868747	1065088	880458	5267628	2232939	1700075
2017	962132	1195167	983170	5933498	2506214	1877462
2018	1015407	1264274	1026491	6289005	2639241	1983098
2019	1109144	1391024	1099487	6895708	2784890	2161182
2020	1038440	1299155	1059739	6691232	2568015	2118585
2021	1111633	1445859	1161576	7354119	2695274	2398828
2022	1090540	1441856	1170196	7302664	2699901	2365598

注：第四次经济普查后，对各县(市、区)2018年和2019年数据作了修正。

8-4 限额以上批发和零售业企业销售情况

(2022年)

名　称	法人企业(个)	年末从业人数(人)	销售额(万元)	年末零售营业面积(平方米)
总　计	**1913**	**53151**	**41694392**	**1615047**
一、批发业	**1184**	**27655**	**34027828**	**121897**
其中：大中型	251	19317	12737275	84718
按登记注册类型分				
内资企业	1172	27482	33211179	121797
国有企业	4	1053	1567377	
股份合作企业	6	98	47387	
有限责任公司	113	6461	7169077	7386
股份有限公司	7	983	906737	700
私营企业	1042	18887	23520602	113711
外商投资企业	9	159	798646	100
按批发行业分				
农、林、牧、渔产品批发	15	287	566308	50
食品、饮料及烟草制品批发	49	2451	2175525	2780
纺织、服装及家庭用品批发	153	4927	2001237	19435
文化、体育用品及器材批发	44	973	475320	495
医药及医疗器材批发	38	3526	1812417	5035
矿产品、建材及化工产品批发	636	9394	21056025	30346
机械设备、五金产品及电子产品批发	213	5210	5504826	57946
贸易经纪与代理	2	50	17349	
其他批发业	34	837	418821	5810
二、零售业	**729**	**25496**	**7666564**	**1493150**
其中：大中型	126	16365	3669617	886221
按登记注册类型分				
内资企业	713	23188	5913548	1251449
国有企业				
集体企业				
股份合作企业	7	92	33114	6758
有限责任公司	112	4820	1592921	373567
股份有限公司	5	2425	522766	100445
私营企业	589	15851	3764748	770679
其他企业				
港、澳、台商投资企业	6	1263	114413	158035
外商投资企业	10	1045	1638603	83666
按零售行业分				
综合零售	66	4860	414570	529639
食品、饮料及烟草制品专门零售	55	1370	157710	47468
纺织、服装及日用品专门零售	6	237	40470	39642
文化、体育用品及器材专门零售	12	609	66065	44285
医药及医疗器材专门零售	18	3442	301377	65419
汽车、摩托车、燃料及零配件专门零售业	315	11254	5778731	666769
家用电器及电子产品专门零售	42	1568	200656	52916
五金、家具及室内装饰材料专门零售	9	310	31090	14673
货摊、无店铺及其他零售业	206	1846	675896	32339
按经营方式分				
独立门店	526	17205	6382490	1155780
连锁总店	13	5245	347727	174633
连锁直营店	4	514	361266	68983
其　他	181	2381	548119	86609
按零售业态分				
有店铺零售	518	23479	6971105	1455177
食杂店				
便利店	3	200	10273	7168
超市	53	4348	312314	384241
百货店	8	208	46804	93716
购物中心	3	94	51666	74929
专业店	260	9486	1984667	434574
品牌专卖店	179	8905	4487299	444149
集合店	12	238	78083	16400
无店铺零售	211	2017	695459	37973

8-5 限额以上住宿和餐饮业企业基本情况

(2022年)

名 称	法人企业(个)	年末从业人数(人)	营业额(万元)	客房间数(间)	床位数(个)	餐位数(位)	年末餐饮营业面积(平方米)
总 计	**358**	**17811**	**424127**	**20578**	**32471**	**139791**	**878816**
一、住宿业	**114**	**7699**	**178734**	**16905**	**26084**	**50022**	**434231**
其中：大中型	22	4524	109283	5723	8617	33877	183001
按登记注册类型分							
内资企业	109	6769	148249	15309	23873	44161	388481
国有企业							
股份合作企业	1	255	7766	203	282	1150	9938
有限责任公司							
私营企业	94	5499	118101	12773	19381	38810	276516
港、澳、台商投资企业	4	617	16419	1168	1643	4206	25950
外商投资企业	1	313	14066	428	568	1655	19800
按住宿行业分							
旅游饭店	70	6456	149711	11716	18530	46199	383359
一般旅馆	70	6456	149711	11716	18530	46199	383359
民宿服务	38	1164	27032	5072	7362	3603	48492
按星级分							
五 星	4	951	29918	1306	1687	10213	54430
四 星	15	2332	52356	3451	5386	17013	107381
三 星	9	620	11739	931	1402	3587	41611
二 星							
一 星							
其 他	86	3796	84722	11217	17609	19209	230809
二、餐饮业	**244**	**10112**	**245393**	**3673**	**6387**	**89769**	**444585**
其中：大中型	19	2958	81565	1911	3238	13203	125959
按登记注册类型分							
内资企业	243	10061	244471	3582	6245	89159	438785
集体企业	1	30	507			415	850
有限责任公司	20	1636	35153	1173	1907	10945	76214
股份有限公司							
私营企业	222	8395	208811	2409	4338	77799	361721
港、澳、台商投资企业	1	51	922	91	142	610	5800
按餐饮行业分							
正餐服务	238	10021	240418	3673	6387	89304	442955
快餐服务	3	40	2356			245	880
其他餐饮业	1	29	399			20	200
按经营方式分							
独立门店	229	9578	229222	3557	6199	86514	426827
连锁总店(总部)	1	25	329			110	280
连锁直营店	2	13	2990			585	1767
其他	12	496	12852	116	188	2560	15711

8-6 限额以上批发和零售业企业财务状况(一)

(2022年) 单位：万元

名称	企业数(个)	流动资产合计	#存货	固定资产原价	累计折旧	#本年折旧
总计	**1913**	**13163346**	**1697512**	**1433002**	**558556**	**81370**
一、批发业	**1184**	**11222392**	**1169061**	**851161**	**334699**	**46652**
其中：大中型	251	5402294	653065	596483	241750	30433
按登记注册类型分						
内资企业	1172	10903848	1165405	850778	334585	46616
国有企业	4	622909	43689	61562	39426	2660
股份合作企业	6	18985	4455	2789	2012	131
有限责任公司	113	2412024	246711	172164	64321	9383
股份有限公司	7	687349	33723	113555	45657	5352
私营企业	1042	7162581	836828	500709	183169	29090
港、澳、台商投资企业	3	33361	208			
外商投资企业	9	285182	3448	383	114	35
按批发行业分						
农、林、牧产品批发	15	83741	46630	24305	9139	472
食品、饮料及烟草制品批发	49	705427	143441	94348	52813	5324
纺织、服装及家庭用品批发	153	762157	83292	60293	21055	2945
文化、体育用品及器材批发	44	182689	24622	17178	9055	1131
医药及医疗器材批发	38	748639	118790	30668	16874	2063
矿产品、建材及化工产品批发	636	6266979	519715	438921	158419	25530
机械设备、五金产品及电子产品批发	213	2329456	206636	166080	60607	7990
贸易经纪与代理	2	7498		1440	1409	149
其他批发业	34	135806	25936	17927	5329	1047
二、零售业	**729**	**1940955**	**528451**	**581841**	**223856**	**34718**
其中：大中型	126	1151805	343089	415296	159269	24092
按登记注册类型分						
内资企业	713	1775736	497256	415949	167274	28641
国有企业						
集体企业						
股份合作企业	7	7125	370	2353	1645	207
有限责任公司	112	545107	137459	175800	60563	11759
股份有限公司	5	125512	30850	21218	9213	1076
私营企业	589	1097992	328578	216578	95853	15599
其他企业						

8-6 续表

(2022年) 单位：万元

名　　称	企业数(个)	流动资产合计	#存货	固定资产原价	累计折旧	#本年折旧
港、澳、台商投资企业	6	70625	3115	82387	35342	3005
外商投资企业	10	94593	28080	83506	21241	3073
按零售行业分						
综合零售	66	271790	30369	194910	66773	9412
食品、饮料及烟草制品专门零售	55	53387	13662	10900	4006	702
纺织、服装及日用品专门零售	6	27405	13105	21625	9046	1174
文化、体育用品及器材专门零售	12	70262	11228	55100	15114	1399
医药及医疗器材专门零售	18	196956	39307	3600	2671	399
汽车、摩托车、燃料及零配件专门零售	315	1078079	353496	266879	112472	19074
家用电器及电子产品专门零售	42	127525	30793	15338	8306	1232
五金、家具及室内装饰材料专门零售	9	19850	6889	1177	497	173
货摊、无店铺及其他零售业	206	95700	29603	12312	4973	1154
按经营方式分						
独立门店	526	1562268	443791	458388	178253	29203
连锁总店	13	226745	51493	20461	7890	1685
连锁直营店	4	28098	10517	30863	9199	1165
其他	181	104835	18284	64182	26284	2279
按零售业态分						
有店铺零售	518	1841684	496332	573129	221674	33799
便利店	3	4741	683	2159	831	410
超市	53	172750	25840	101453	42704	4262
百货店	8	41106	3820	39072	15057	3621
购物中心	3	58458	2580	72761	16361	2221
专业店	260	767031	168583	184531	70240	10292
品牌专卖店	179	756770	286397	155267	71664	11949
集合店	12	40830	8429	17885	4816	1046
无店铺零售	211	99270	32119	8713	2183	919
网络零售	198	82574	28298	5323	1338	511
直销	1	1606	31	287	232	31
其他	12	15090	3790	3103	613	378

8-7 限额以上批发和零售业企业财务状况(二)

(2022年) 单位：万元

名　　称	资产合计	负债合计	所有者权益	#实收资本	#个人资本	主营业务收入
总　　计	**16408763**	**12479850**	**3922576**	**1817325**	**639165**	**34685415**
一、批发业	**13465132**	**10208500**	**3231018**	**1294058**	**531651**	**29309874**
其中：大中型	7177547	4748581	2423133	655138	314318	11205695
按登记注册类型分						
内资企业	13140190	9967356	3151816	1228260	531335	28566293
国有企业	678112	284306	393806	25890		1394379
股份合作企业	20447	8176	12271	2479	480	42137
有限责任公司	2618946	2181886	436064	218158	21629	6458982
股份有限公司	1091953	444263	647690	216690	67572	473959
私营企业	8730731	7048725	1661985	765043	441654	20196835
港、澳、台商投资企业	39437	2337	32505	32264		11422
外商投资企业	285506	238808	46698	33534	317	732159
按批发行业分						
农、林、牧产品批发	115511	88008	27503	16883	238	514086
食品、饮料及烟草制品批发	779874	346711	433163	22949	5902	1957488
纺织、服装及家庭用品批发	849511	687342	162010	62454	30794	1882154
文化、体育用品及器材批发	202734	168201	28700	23612	12745	432336
医药及医疗器材批发	776556	593895	182661	48113	16121	1618500
矿产品、建材及化工产品批发	7889527	5985811	1886155	822791	367936	17671996
机械设备、五金产品及电子产品批发	2686321	2211381	472881	202149	86341	4851924
贸易经纪与代理	7695	5738	1957	988	988	17349
其他批发业	157403	121413	35988	94120	10586	364041
二、零售业	**2943631**	**2271350**	**691557**	**523267**	**107514**	**5375541**
其中：大中型	1737778	1367678	370100	258939	48742	3341843
按登记注册类型分						
内资企业	2613288	2066276	566288	430264	107514	4964561
国有企业						
集体企业						
股份合作企业	7885	9	7876	591	591	29342
有限责任公司	956855	714096	258990	186086	13346	1390034
股份有限公司	238018	159152	78866	37801	302	466083

8-7 续表

(2022年) 单位：万元

名称	资产合计	负债合计	所有者权益	#实收资本	#个人资本	主营业务收入
私营企业	1410530	1193020	220556	205786	93274	3079102
其他企业						
港、澳、台商投资企业	146204	90588	55616	50753		105551
外商投资企业	184139	114485	69654	42249		305429
按零售行业分						
综合零售	467304	371783	95142	102785	10692	378277
食品、饮料及烟草制品专门零售	71124	46260	24864	14004	7054	142795
纺织、服装及日用品专门零售	41037	23923	17114	24810	2948	35914
文化、体育用品及器材专门零售	126362	84312	42050	8578	770	64351
医药及医疗器材专门零售	239286	155345	83941	39684	1757	277787
汽车、摩托车、燃料及零配件专门零售	1722675	1348492	393644	298020	65501	3920075
家用电器及电子产品专门零售	144900	125038	19862	20051	11050	180110
五金、家具及室内装饰材料专门零售	22837	22132	706	460	102	27757
货摊、无店铺及其他零售业	108106	94066	14234	14874	7641	348476
按经营方式分						
独立门店	2005905	1534510	365328	474572	78380	3999579
连锁总店	279545	210381	69164	48499	6919	321149
连锁直营店	138783	84327	54456	3812	209	278750
其他	209587	145663	62668	35525	4742	276655
按零售业态分						
有店铺零售	2506652	1865586	534641	558032	83312	4587758
食杂店	5283	4599	684	557	557	15357
便利店	168045	49340	21092	22141	20	27071
超市	40401	54816	-14437	7442	1742	59366
大型超市	248717	202289	46428	57262	4500	249220
百货店	50861	31620	19241	29153	1638	28534
专业店	963563	667950	290953	284658	31654	1503380
专卖店	1084989	849759	133487	145288	43190	2679999
购物中心	980	951	29	50	50	2566
厂家直销中心	116575	65106	51470	31000		57361
无店铺零售	143456	115025	27533	15546	7937	300759

8-8 限额以上批发和零售业企业财务状况(三)

(2022年)　　单位：万元

名　　称	营　业 成　本	税金及 附　加	其他业务 利　　润	销　售 费　用	管　理 费　用
总　　计	**33572705**	**215632**	**137118**	**1033439**	**461574**
一、批发业	**28612559**	**199645**	**94499**	**665409**	**297144**
其中：大中型	10162771	187837	18057	519996	195623
按登记注册类型分					
内资企业	27900508	198853	94395	657556	295756
国有企业	993381	170596	878	18190	32967
股份合作企业	39783	53		1350	620
有限责任公司	5978680	9185	1220	324390	39097
股份有限公司	569597	2596	10185	24502	27997
私营企业	20319067	16423	82113	289123	195074
港、澳、台商投资企业	16054	5		150	460
外商投资企业	695997	787	104	7703	929
按批发行业分					
农、林、牧产品批发	512056	139		3075	3452
食品、饮料及烟草制品批发	1522390	171252	1366	32705	44448
纺织、服装及家庭用品批发	1730824	2184	736	70082	31519
文化、体育用品及器材批发	417536	268	23	15462	10355
医药及医疗器材批发	1227497	5728	777	245880	26312
矿产品、建材及化工产品批发	18130085	12081	85797	203321	111270
机械设备、五金产品及电子产品批发	4706901	7495	5299	83294	63268
贸易经纪与代理	16584	8		567	435
其他批发业	348688	491	501	11022	6086
二、零售业	**4960146**	**15987**	**42618**	**368030**	**164430**
其中：大中型	3089509	10845	37111	191957	94030
按登记注册类型分					
内资企业	4594464	12900	36597	341492	150052
国有企业					
集体企业					
股份合作企业	24981	61		1308	860
有限责任公司	1261197	5177	13099	141934	37615
股份有限公司	422861	680	1334	36095	3716
私营企业	2885425	6983	22163	162156	107862
其他企业					

8-8 续表

(2022年) 单位：万元

名　　称	营业成本	税金及附加	其他业务利润	销售费用	管理费用
港、澳、台商投资企业	89737	1055	5254	15573	4923
外商投资企业	275945	2031	767	10964	9455
按零售行业分					
综合零售	322834	3210	13426	55678	20460
食品、饮料及烟草制品专门零售	123810	236		7008	8775
纺织、服装及日用品专门零售	32385	622	21	3511	1748
文化、体育用品及器材专门零售	51593	456	817	6247	4602
医药及医疗器材专门零售	216161	511	1694	33756	9233
汽车、摩托车、燃料及零配件专门零售	3794830	9680	22687	137001	90622
家用电器及电子产品专门零售	165054	252	3060	11143	9980
五金、家具及室内装饰材料专门零售	21439	37	36	4193	2497
货摊、无店铺及其他零售业	232041	983	878	109492	16513
按经营方式分					
独立门店	4128391	13846	34781	254954	135598
连锁总店	249191	692	5886	55394	14031
连锁直营店	309456	374	619	16319	-1184
其他	251930	955	1325	40005	14033
按零售业态分					
有店铺零售	4701424	15075	41741	260909	147288
便利店	7696	20	1254	2314	949
超市	233230	1009	10413	50020	12296
百货店	41066	1189	1334	3335	2538
购物中心	46073	1559	426	879	5273
专业店	1581670	3845	10064	100577	61282
品牌专卖店	2727725	7247	18248	101166	62480
集合店	63964	206	2	2618	2471
无店铺零售	258722	912	878	107121	17142
网络零售	206520	877	878	105467	14742
直销	3854	12		157	230
其他	48348	24		1498	2170

8-9 限额以上批发和零售业企业财务状况(四)

(2022年)　　单位：万元

名　称	财务费用	#利息费用	营业利润	利润总额	应付职工薪酬	应交增值税
总　计	**80001**	**138123**	**609782**	**653261**	**519290**	**252919**
一、批发业	**36518**	**110520**	**567881**	**602722**	**311406**	**201488**
其中：大中型	-5410	64500	519492	528395	241321	160171
按登记注册类型分						
内资企业	52183	110520	526359	558306	308922	197581
国有企业	-20585	261	202316	201933	34261	51855
股份合作企业	134	139	256	267	900	301
有限责任公司	18212	36899	110275	117687	91661	68488
股份有限公司	-7590	164	97513	97553	19296	8543
私营企业	62013	73058	116000	140866	162804	68394
港、澳、台商投资企业	-164		183	191	178	4
外商投资企业	-15501	3	41339	44225	2306	3903
按批发行业分						
农、林、牧产品批发	936	1223	-4360	1240	3855	229
食品、饮料及烟草制品批发	-18209	1840	215202	216480	49368	59599
纺织、服装及家庭用品批发	509	5211	53333	59611	41634	10708
文化、体育用品及器材批发	1985	861	1730	3122	8397	816
医药及医疗器材批发	4091	5522	108507	108221	49191	51011
矿产品、建材及化工产品批发	70854	80134	155810	173232	96829	54236
机械设备、五金产品及电子产品批发	-24694	15156	38756	41307	54107	20951
贸易经纪与代理	457	30	-703	-390	412	
其他批发业	588	543	-394	-102	7613	3938
二、零售业	**43483**	**27602**	**41901**	**50539**	**207884**	**51431**
其中：大中型	23092	14362	19469	24127	139285	25617
按登记注册类型分						
内资企业	42016	26326	27478	35981	191712	48419
国有企业						
集体企业						
股份合作企业	42016	26326	27478	35981	191712	48419
有限责任公司	224	74	1908	1885	802	642
股份有限公司	14524	10286	23254	25775	50681	17854
私营企业	2119	217	10450	10361	22107	3983
其他企业	25149	15749	-8134	-2040	118122	25941

8-9 续表

(2022年) 单位：万元

名称	财务费用	#利息费用	营业利润	利润总额	应付职工薪酬	应交增值税
港、澳、台商投资企业	530	381	6982	7419	9039	1926
外商投资企业	938	896	7442	7139	7132	1087
按零售行业分						
综合零售	2534	1467	2225	4061	33869	4916
食品、饮料及烟草制品专门零售	403	253	2581	3175	9200	1978
纺织、服装及日用品专门零售	251	281	-1019	-1005	1658	488
文化、体育用品及器材专门零售	-943	169	4351	4543	6869	171
医药及医疗器材专门零售	268	491	27032	27405	27034	4304
汽车、摩托车、燃料及零配件专门零售	38490	23875	4168	8772	103743	28603
家用电器及电子产品专门零售	1939	666	-2299	-2037	10125	1803
五金、家具及室内装饰材料专门零售	110	40	-461	-367	2356	408
货摊、无店铺及其他零售业	432	362	5324	5992	13030	8762
按经营方式分						
独立门店	37885	23847	28761	34476	144051	40930
连锁总店	1258	837	13422	15315	39575	4565
连锁直营店	1807		-4615	-4407	6289	1492
其他	2726	2886	3296	4085	16478	4281
按零售业态分						
有店铺零售	42862	27165	42564	50528	194807	43152
便利店	15		237	284	1365	160
超市	1930	1244	1276	3384	29960	3658
百货店	303		-1545	-1382	1247	432
购物中心	245	223	2111	1628	1320	834
专业店	17396	12369	49359	52035	79011	19209
品牌专卖店	19194	9564	-7025	-3603	79697	18341
集合店	3779	3765	-1849	-1818	2206	518
无店铺零售	622	437	-663	11	13077	8279
网络零售	498	360	251	807	11184	8056
直销			561	562	74	128
其他	124	77	-1475	-1358	1820	95

8-10 限额以上住宿和餐饮业企业财务状况(一)

(2022年) 单位：万元

名　　称	企业数(个)	流动资产合　计	#存　货	固定资产原　价	累　计折　旧	#本年折旧
总　　计	**358**	**378527**	**12909**	**667306**	**288416**	**25281**
一、住宿业	**114**	**271208**	**5246**	**494994**	**218744**	**17365**
其中：大中型	22	192201	3575	357288	162573	10901
按登记注册类型分						
内资企业	109	255036	3851	278675	125685	9539
国有企业						
有限责任公司	14	42980	508	101424	18754	2548
股份有限公司	1	80250	114	25167	13792	1406
私营企业	94	131806	3230	152083	93139	5585
港、澳、台商投资企业	4	12048	984	144501	79363	5489
外商投资企业	1	4124	411	71818	13697	2336
按住宿行业分						
旅游饭店	70	255424	4665	477718	206518	16098
一般旅馆	38	14709	542	16204	11776	1133
二、餐饮业	**244**	**107320**	**7662**	**172312**	**69672**	**7917**
其中：大中型	19	60114	3035	122234	41369	4740
按登记注册类型分						
内资企业	243	107056	7662	170531	68929	7814
集体企业	1	58	1	165	152	2
有限责任公司	20	40218	1186	34902	17548	2392
私营企业	222	66780	6476	135464	51229	5420
港、澳、台商投资企业	1	263		1781	743	103
外商投资企业						
按餐饮行业分						
正餐服务	238	106567	7583	172093	69614	7880
快餐服务	3	509	20	67	6	5
其他餐饮业	1	78	60			

8-11 限额以上住宿和餐饮业企业财务状况(二)

(2022年) 单位：万元

名　　称	资　产 总　计	负　债 合　计	所有者 权　益	#实收资本	#个人资本	主营业务 收　　入
总　　计	**1127717**	**1086186**	**43407**	**251457**	**41828**	**388729**
一、住宿业	**864683**	**834571**	**30892**	**170932**	**30158**	**163871**
其中：大中型	634890	589178	45712	119028		99450
按登记注册类型分						
内资企业	712943	721073	-7350	100349	30158	137465
国有企业						
有限责任公司	168002	189159	-21446	12655	4384	20082
股份有限公司	177408	124720	52688	12000		7277
私营企业	367532	407194	-38592	75694	25774	110106
港、澳、台商投资企业	80005	59756	20249	41151		14008
外商投资企业	71735	53742	17993	29433		12399
按住宿行业分						
旅游饭店	826841	796690	31221	156382	22368	136335
一般旅馆	35211	37129	-2207	13381	7220	25589
二、餐饮业	**263034**	**251614**	**12515**	**80525**	**11670**	**224857**
其中：大中型	175347	166536	8811	50061	2023	77069
按登记注册类型分						
内资企业	261728	250992	11831	78725	11670	223987
集体企业	71	218	-147	37		493
有限责任公司	72628	72442	186	15541	1169	33678
私营企业	189030	178333	11792	63147	10501	189817
港、澳、台商投资企业	1306	622	684	1800		870
外商投资企业						
按餐饮行业分						
正餐服务	261972	250706	12362	79990	11155	220133
快餐服务	570	436	134	35	15	2207
其他餐饮业	86	140	-54			398

8-12 限额以上住宿和餐饮业企业财务状况(三)

(2022年) 单位：万元

名 称	营业成本	税金及附加	其他业务利润	销售费用	管理费用
总 计	**212442**	**3056**	**13493**	**110596**	**95564**
一、住宿业	**69654**	**1940**	**12665**	**54606**	**59791**
其中：大中型	34893	928		41781	33621
按登记注册类型分					
内资企业	59992	1246	11019	41275	53084
国有企业					
有限责任公司	12771	726	1757	5099	8625
股份有限公司	2535	72		1575	3901
私营企业	44686	448	9263	34602	40559
港、澳、台商投资企业	5679	675	1646	6963	5001
外商投资企业	3984	19		6367	1706
按住宿行业分					
旅游饭店	54723	1885	10884	50536	48767
一般旅馆	14006	53	1781	3783	10596
二、餐饮业	**142788**	**1116**	**828**	**55990**	**35773**
其中：大中型	40200	705	336	29508	11167
按登记注册类型分					
内资企业	142455	1104	780	55745	35534
集体企业	259			245	37
有限责任公司	17917	66		10866	7030
私营企业	124279	1038	780	44635	28468
港、澳、台商投资企业	333	12	48	245	238
外商投资企业					
按餐饮行业分					
正餐服务	138950	1112	828	55967	34986
快餐服务	1702	3		13	361
其他餐饮业	175			7	224

8-13 限额以上住宿和餐饮业企业财务状况(四)

(2022年) 单位：万元

名称	财务费用	#利息费用	营业利润	利润总额	应付职工薪酬	应交增值税
总　计	**15664**	**14910**	**-37621**	**-33132**	**113363**	**7089**
一、住宿业	**13518**	**13662**	**-28515**	**-26748**	**51235**	**3003**
其中：大中型	8595	9632	-16518	-15744	31129	1862
按登记注册类型分						
内资企业	11911	12073	-25720	-24324	44119	2307
国有企业						
股份合作企业	3011	3151	-8589	-7909	7611	399
有限责任公司	647	521	-3076	-3614	1659	88
私营企业	8253	8401	-14055	-12801	34849	1820
港、澳、台商投资企业	678	660	-3034	-2905	4359	652
外商投资企业	929	929	239	481	2757	44
按住宿行业分						
旅游饭店	13118	13433	-26939	-25342	44232	2541
一般旅馆	376	206	-1856	-1721	6463	453
二、餐饮业	**2147**	**1249**	**-9106**	**-6383**	**62128**	**4086**
其中：大中型	1011	629	-5050	-4313	22670	1651
按登记注册类型分						
内资企业	2146	1249	-9196	-6475	61889	4048
集体企业	2	2	-49	-2	187	1
有限责任公司	539	341	-2683	-1159	10881	616
私营企业	1606	906	-6464	-5314	50821	3431
港、澳、台商投资企业			90	92	239	38
外商投资企业						
按餐饮行业分						
正餐服务	2126	1237	-9136	-6492	61505	4025
快餐服务			128	134	225	50
其他餐饮业	12	11	-20	-17	184	2

8-14 各类商品市场基本情况

(1990-2022年)

年　份	市场数(个)	#消费品市场	#生产资料市场	市场成交额(亿元)
1990	837			28.70
1991	822			32.80
1992	810			46.80
1993	851			71.70
1994	854			181.60
1995	859	740	119	352.10
1996	858	729	129	420.40
1997	843	687	156	396.50
1998	841	684	157	396.20
1999	811	687	124	439.80
2000	585	477	108	474.90
2001	569	464	105	541.50
2002	585	481	104	542.90
2003	538	440	98	577.40
2004	544	443	99	634.96
2005	530	435	95	671.76
2006	523	430	93	727.50
2007	538	444	94	798.79
2008	537	446	91	844.48
2009	571	478	93	905.77
2010	488	404	83	1019.87
2011	497	410	86	1136.65
2012	509	426	82	1295.21
2013	528	443	84	1435.20
2014	533	446	86	1512.84
2015	537	449	84	1615.00
2016	526	451	70	1307.62
2017	496	424	68	1392.20
2018	470	399	66	1414.27
2019	440	377	63	1386.00
2020	357	298	59	1278.90
2021	340	282	58	1310.88
2022	304	254	50	1281.00

主要统计指标解释

社会消费品零售总额 指企业（单位、个体户）通过交易直接售给个人、社会集团非生产、非经营用的实物商品金额，以及提供餐饮服务所取得的收入金额。社会消费品零售总额包括:

一、批发和零售业单位:

1. 售予城乡居民的各种生活消费品;

2. 售予入境旅游的外国人、华侨、港澳台同胞的各类商品;

3. 售予行政事业单位、社会团体、军队和武警等机构的商品，以及以零售方式售予各类企业的商品。具体包括: 用于非生产和社会交往的办公用品，如通讯设备、计算器具和设备、电讯网络设备、文印设备、音像视听器材和设备、纸张、本册、文具及装订文印材料、家具、日用电器、针纺织品、清洁卫生用品、文体用品、奖品、纪念品、礼品等; 供内部人员乘坐的交通工具和燃料; 用于办公设施修缮的各类配件、材料、工具等; 用于取暖和防暑降温的设备、燃料、材料及食品等; 专用于教学的用品和设备; 非营利医疗机构的中、西药品、中药材和医疗设备器材; 非专用的劳动保护用品; 不对外营业的内部食堂用的餐具、炊具、设备、清洁卫生工具和食品、燃料等; 军队、武警用于其人员生活的衣着品和个人用品; 其他各类非生产性设备和用品。

二、住宿和餐饮业单位出售的主食、菜肴、烟酒饮料和其他商品。

商品销售额 指对本单位以外的单位和个人出售（包括对国（境）外直接出口）的商品（包括售给本单位消费用的商品，含增值税）。在批发和零售业中，在国内市场上销售以及出口商品的总价。

批发 指除零售以外的一切商品销售活动，包括对生产经营单位批发、对批发零售贸易业批发和出口。

连锁企业（或称连锁店、连锁公司） 指在核心企业或总店的领导下，由分散的、经营同类商品或服务的企业或活动单位，采取共同方针，实行集中采购和分散销售的有机结合，通过规范化经营，实现规模效益的经济联合组织形式。一般连锁店应由若干个分店组成。其经营特征: （1）经营同类商品; （2）使用统一商号; （3）统一采购配送或特许经营。

连锁门店包括下列三种形式:

1. 直营连锁: 指连锁店铺由连锁公司全资或控股开设，在总部的直接控制下，开展统一经营。2. 特许连锁: 指拥有注册商标、企业标志、专利、专有技术等经营资源的企业（特许人），以合同形式将其拥有的经营资源许可其他经营者（被特许人）使用，被特许人按合同约定在统一的经营模式下开展经营，并向特许人支付特许经营费用。3. 自愿连锁: 指若干个店铺或企业自愿组合起来，在不改变各自资产所有权关系的情况下，以同一个品牌形象面对消费者，以共同进货为纽带开展的连锁经营形式。

限额以上批发企业 指年主营业务收入在2000万元及以上的批发企业。

限额以上零售企业 指年主营业务收入在500万元及以上的零售企业。

限额以上住宿企业 指年主营业务收入在200万元及以上的住宿企业。

限额以上餐饮企业 指年主营业务收入在200万元及以上的餐饮企业。

营业额 指住宿和餐饮业单位在经营活动中因提供服务或销售商品等取得的收入，包括: 客房收入、餐费收入、商品销售收入和其他收入。

客房数 指住宿和餐饮业单位提供住宿服批发零售贸易业和住宿餐饮业务的房间数，该指标按年内正常情况下实有数统计。

床位数 指住宿和餐饮业单位供应旅客使用的床位数，不包括临时加床和内部工作人员使用的床位。该指标按年内正常情况下实有数统计。

餐位数 指住宿和餐饮业单位为顾客提供就餐服务时，正常可同时容纳就餐人员的餐位数量，不包括临时加的餐位。该指标按年内正常情况下实有数统计。

年末餐饮营业面积 指住宿和餐饮业单位对外提供就餐服务的单位面积和从事食品加工、烹饪、调制的厨房面积，不包括办公用房和仓库等面积。该指标按年末实有面积统计。

市场成交额 指经乡镇及以上政府主管部门批准，有固定交易场所，进行经常性常年交易、并设有专职管理人员的现货商品交易市场所有摊位、写字间或门面的商品交易额之和。

9

对外经济贸易和旅游

Foreign Economy and Trade, Tourism

9-1 外贸进出口额

(1990-2022年) 单位：万美元、万元

年 份	进出口总 额	出口额				进口额
			外贸企业	三资企业	生产企业	
1990	1028	1020				8
1991	3823	3793	3280	513		30
1992	6127	6127	4767	1360		
1993	14732	14177	7564	5673	940	555
1994	24496	20314	10925	5999	3390	4182
1995	32591	27778	15344	5880	6554	4813
1996	40111	32857	14618	8367	9872	7254
1997	46636	35757	14778	10764	10215	10879
1998	47337	37969	13785	11963	12221	9368
1999	65932	49001	13157	18728	17116	16931
2000	114436	86877	26168	27824	32885	27559
2001	154277	117860	34356	38611	44893	36417
2002	219125	180240	50000	54234	76006	38885
2003	328806	265072	61566	74823	128683	63734
2004	478862	379895	81865	103464	194566	98967
2005	635301	519553	102866	145028	271659	115748
2006	843174	703475	129048	203560	370867	139699
2007	1109292	936472	165165	241736	529571	172820
2008	1381114	1176443	177425	267234	731785	204671
2009	1203152	1006683	163521	194230	648932	196469
2010	1700137	1396259	222856	250367	923037	303878
2011	2050352	1703492	260251	270695	1172546	346860
2012	2062194	1723882	249216	253316	1221350	338312
2013	2187783	1872069	317703	246506	1307860	315714
2014	2207924	1935131	288280	235657	1411194	272793
2015	2116577	1882887	284189	207592	1391106	233690
2016	13108112	11693755	1631197	1113314	8949244	1414358
2017	15778907	13794733	2404792	1291261	10098681	1984173
2018	17429914	15375961	2688878	1318638	11368444	2053953
2019	17000805	15651471	2830148	1270463	11550861	1349334
2020	18984818	17608621	3929183	1245316	12434121	1376197
2021	23993637	21970924	5051431	1421148	15498345	2022713
2022	27718442	25266899	7080957	2710668	15475274	2451543

注：从2016年起以人民币为计价单位。

9-2　市区外贸进出口总额

(1994-2022年)　　单位：万美元、万元

年　份	市　区	#椒江区	#黄岩区	#路桥区
1994	19237	5360		
1995	23880	6829		1389
1996	21197	7160		2211
1997	28247	8504	8959	1919
1998	26032	7360	9392	3454
1999	36609	11392	12544	2847
2000	64900	16936	15792	8606
2001	89475	21210	18985	16170
2002	119773	41150	26796	25477
2003	167141	58566	33435	38298
2004	240127	77922	47954	62426
2005	320224	88099	74365	91445
2006	401949	128764	83257	130490
2007	512334	168648	100432	172434
2008	635350	144851	142103	238820
2009	561927	147928	119877	184505
2010	787554	211139	154229	281062
2011	948350	253431	190352	346583
2012	934491	257432	196573	329031
2013	982645	269903	215912	338781
2014	968173	270706	212143	339216
2015	888127	233047	211009	290578
2016	5418626	1536534	1333919	1720441
2017	6792785	1843348	1598299	2456366
2018	7224305	2145879	1678573	2446041
2019	6351386	1708463	1863666	1700402
2020	7244782	1648031	2008812	2297010
2021	10240610	2367185	2405987	3816611
2022	12856909	2896857	2742738	5502029

注：从2016年起以人民币为计价单位。

9-3 各县市外贸进出口总额

(1994-2022年) 单位：万美元、万元

年 份	三门县	天台县	仙居县	温岭市	临海市	玉环市
1994	31		403	913	3912	
1995	116		1060	2977	4558	
1996	359		2427	7449	6671	2008
1997	427		3226	6987	5519	2230
1998	598		3296	6525	7067	3819
1999	823		4834	8200	10011	5455
2000	1448		6150	16253	16041	9644
2001	1580	2562	7842	22526	17982	12310
2002	2862	4699	9951	40565	21964	19311
2003	5135	7076	12184	63076	40317	33877
2004	8052	13229	16750	77594	62404	60706
2005	13192	18511	16757	102914	69254	94449
2006	20199	25445	19253	139575	86520	150233
2007	29127	34374	25314	187436	112232	208475
2008	37313	45133	30274	223813	141852	267379
2009	34266	35759	32126	191761	141260	206053
2010	51152	47767	40570	281324	195826	295945
2011	66586	60884	51073	339599	237234	346627
2012	68715	60653	57428	355682	247900	337325
2013	69423	60839	63476	398550	256559	356291
2014	72811	67378	70371	399584	264282	365326
2015	68811	70721	73386	382427	281752	351352
2016	445216	426859	416647	2471219	1828402	2101144
2017	507424	471978	486539	2975188	2150280	2394713
2018	560652	520472	662666	3284535	2442049	2735233
2019	699586	549248	584061	3602635	2534508	2679381
2020	697007	584144	591856	4363968	2795995	2707067
2021	862354	761341	717211	4062337	3582754	3767030
2022	986260	813850	723140	3899481	3842022	4596780

注：从2016年起以人民币为计价单位。

9-4 市区外贸出口总额

(1994-2022年)　　单位：万美元、万元

年 份	市 区	#椒江区	#黄岩区	#路桥区
1994	10780	4639		
1995	12593	5601		1389
1996	8121	5677		2211
1997	2665	6700	7488	1919
1998	3134	6088	8571	3454
1999	3628	8632	10293	2587
2000	13435	14615	13248	5217
2001	61197	18513	16416	9252
2002	91223	36993	23252	16293
2003	121000	50749	29328	25376
2004	162515	60690	40484	37933
2005	222720	61460	65979	55671
2006	284051	84084	74182	79852
2007	368009	116834	90500	110186
2008	469614	109870	132570	159853
2009	398931	106705	109293	108726
2010	543002	155048	139145	148179
2011	662545	195259	174854	180442
2012	656580	197145	183631	171062
2013	731468	213054	204125	193553
2014	746168	214012	200604	214138
2015	701205	198975	199668	181320
2016	4384280	1361530	1262048	1034521
2017	5272098	1656456	1515032	1318043
2018	5734430	1962039	1576970	1308385
2019	5589758	1576718	1776966	1247668
2020	6405627	1537600	1919183	1759716
2021	8856093	2238520	2294569	2791806
2022	11083566	2757593	2637279	4121088

注：从2016年起以人民币为计价单位。

9-5 各县市外贸出口总额

(1994-2022年) 单位：万美元、万元

年 份	三门县	天台县	仙居县	温岭市	临海市	玉环市
1994	28		403	913	3551	
1995	106	137	1060	2977	3915	
1996	359	130	2390	7393	4583	1993
1997	384	200	3191	6832	4149	2229
1998	502	314	3258	5353	4286	3009
1999	731	400	4723	7675	5759	4573
2000	1224	788	6071	14817	9148	8314
2001	1376	2385	7735	21145	13287	10735
2002	2631	4437	9888	35838	18591	17632
2003	4772	6688	12004	57299	31391	31918
2004	7306	12226	16556	74860	48942	57490
2005	12203	17053	16491	100123	62382	88581
2006	18471	23967	18886	134695	79037	144368
2007	27360	33192	25032	181513	104096	197270
2008	34341	42944	29974	212539	131933	255098
2009	31920	34220	31818	181556	132468	195770
2010	48487	44082	40188	266525	180117	273858
2011	64328	56338	49693	327396	218467	324727
2012	65995	56321	56041	341184	228690	319070
2013	66258	57375	60558	383859	235805	336746
2014	68749	64903	67674	384576	248724	354340
2015	66242	65965	71052	372092	265425	340906
2016	428165	402868	405060	2310408	1715768	2047205
2017	484848	439651	479256	2777010	2026812	2315057
2018	536012	483685	654997	3041244	2285997	2639595
2019	618527	519974	564638	3432538	2346847	2579189
2020	678881	558351	573064	4198018	2571342	2623337
2021	838052	727032	700785	3870089	3327662	3651212
2022	925721	792764	690096	3719750	3552079	4502923

注：从2016年起以人民币为计价单位。

9-6 外贸主要商品出口情况

(2015-2022年)　　单位：万元

类　别	2015年	2016年	2017年	2018年	2019年	2020年	2021年	2022年
机电产品	**6411285**	**6472309**	**7705054**	**8738719**	**8670464**	**9975279**	**12102552**	**13281261**
高新技术非机电产品	**729879**	**759029**	**837666**	**964652**	**1069670**	**1395140**	**1331705**	**1628278**
主要商品(类别)								
家用电器	539042	569476	702182	796056	446216	496058	599369	614248
其中：压缩机	199303	196420	161240	116358	122906	126489	175474	202304
空　调	12270	11186	19029	76364	22463	17004	28601	20598
冷藏箱	113279	115952	135300	145269	150928	185560	169249	151783
汽摩及部件	672327	700718	804586	910635	896435	908233	1238461	1509462
1. 汽车及部件	520974	527952	601482	671453	677996	651660	896785	1081954
汽车整车	14416	3764	577	43	605	3484	10992	15240
汽车零部件	506559	524188	600906	671411	677390	648177	885792	1066714
2. 摩托车及部件	151353	172766	203104	239181	218440	256573	341676	427508
服装机械	174657	199275	252156	301428	309064	292190	396558	497663
塑料模具	752544	780222	895288	1001353	1110051	1261222	1643264	1788564
医化产品	1328772	1338443	1518315	1747395	1892470	2216161	2251920	2524389
纺织服装	493472	473456	578352	627403	591088	674580	939949	963620
帐　篷	156271	157519	178519	190053	203707	205608	268594	264113
鞋　类	952297	915900	1016745	1071504	1193199	1026640	1347296	1528861
灯　具	325565	307592	351501	389515	393277	519077	557543	670217
农产品	448560	428492	367587	582012	568865	548129	618887	596853
阀门、龙头	1132548	1109979	1257179	1375112	1414171	1456774	1853319	1879605
家　具	1099628	1047690	1179322	1247424	1265277	1444045	1818481	1825811
太阳伞	137660	139750	158982	173578	220528	241224	351496	328759
工艺品	166655	165221	126018	143363	160393	144367	179783	32594
太阳能板	88756	103637	57012	67133	87728	103707	135968	235055
喷雾器	294980	327757	372542	413639	447423	588355	639700	538486
船　舶	37099	36654	33194	59956	58494	10786	65906	44840
液体泵	558401	592735	649644	700307	824862	903997	1126880	1120398
铝制品	336637	310312	431110	436745	404912	359271	520793	575325
铜制品	200313	189582	219765	249566	245013	241855	348063	353620

9-7 外贸主要商品进口情况

(2015–2022年)

单位：万元

类 别	2015年	2016年	2017年	2018年	2019年	2020年	2021年	2022年
机电产品	**207870**	**138360**	**193341**	**253726**	**319681**	**336370**	**338280**	**367250**
高新技术产品	**30853**	**37717**	**34150**	**39295**	**44923**	**32896**	**30762**	**40640**
主要商品(类别)								
钢铁废碎料	480076	432764	565531	347425	17663	7205	43643	85771
铜废碎料	353919	360963	644955	753712	371928	285373	735848	853756
铝废碎料	3096	4600	7631	44759	21852	8362	86272	188510
未锻轧的铜锌合金(黄铜)	11187	10228	17265	20456	21070	48172	70119	57059
化工原料	106597	110631	110696	132183	129207	126595	138873	163676
纺织原料	18347	19037	22016	21088	18221	26598	35842	39518
塑料制品	143155	139280	166845	217670	215568	217929	243471	214622
橡胶制品	19335	20392	23388	18938	19087	23556	31202	33143
皮 革	4076	2789	2336	1983	2989	2538	1896	2188
农产品	24277	43361	27635	52612	22474	21962	33906	70024
光学、医疗仪器	20397	25201	42873	56802	62343	73669	72687	86801
矿产品	1771	83660	82931	99805	76807	37717	17258	24478
液晶装置	12912	17839	26224	34396	255			
金属加工中心	5763	9560	10103	16410	8595	6014	6210	7619
玻璃制品	21287	9184	14124	11503	9105	16268	13810	18917
木制品	12235	32244	48259	33386	8396	5758	2914	2104
发动机	4759	4777	2917	3675	3528	2705	2559	1560
压缩机	2456	1708	515	2359	2388	4005	6015	10387

9-8 主要国家(地区)外贸进出口总额

(2015-2022年)　　单位：万元

国家(地区)	2015年	2016年	2017年	2018年	2019年	2020年	2021年	2022年
中国香港	110595	64856	61118	185245	83118	93860	90195	98436
中国台湾	139303	139841	164684	197720	163729	179082	289009	321118
印　度	489730	520579	620860	721544	814268	861877	971388	1164061
以色列	67107	67560	85872	96302	84931	85812	103483	122166
日　本	831237	830749	1100807	1164401	687092	726346	1046850	1158756
沙特阿拉伯	163636	127411	159453	163132	201887	228753	292774	350325
韩　国	325585	329263	432027	478668	408170	459017	521284	653883
土耳其	174659	155500	184951	174866	160540	227849	269749	338072
阿联酋	314607	256048	286636	252298	288491	294285	444864	908390
印度尼西亚	167346	191450	218034	254276	292380	289734	352856	421711
菲律宾	88456	92648	123428	135612	142764	161712	336521	387949
新加坡	137912	52027	68890	91968	119561	135908	112370	156824
泰　国	208022	231712	232898	271358	314315	388113	585785	744217
越　南	149055	178430	220192	255612	246534	281475	333456	526713
埃　及	140904	117533	94633	119942	135316	156488	184125	179644
尼日利亚	124009	121486	169872	186632	212706	182554	266300	290697
波　兰	174484	178613	240867	293210	275494	328770	377063	427518
罗马尼亚	35637	43984	54535	64142	62222	70327	78264	94930
比利时	136981	128128	145687	175766	170475	245598	273021	348804
丹　麦	50555	44664	54150	57340	65527	69014	97986	110274
英　国	501442	488920	567635	601714	622237	721094	908126	972091
德　国	650537	672252	813066	854780	900499	1032310	1152576	1273054
法　国	327953	323732	385142	401112	446307	434037	563339	648024
意大利	361075	367875	434314	467424	480965	503525	672392	747192
荷　兰	347018	363309	390357	394293	379106	572162	615782	608802
希　腊	46205	49989	57369	61735	69623	66678	93155	137375
西班牙	267159	267167	315042	340353	347369	353548	427686	484198
瑞　典	64468	66427	78089	93692	101239	171132	207385	255822
阿根廷	88410	88945	122892	114782	75112	104106	144627	173604
巴　西	200427	165494	238845	285480	346960	382694	466262	503171
智　利	127296	122000	153574	155790	161839	168970	281371	227961
墨西哥	337338	329481	368932	433691	473996	443208	649117	726841
委内瑞拉	19353	12379	7210	6457	12961	13671	38197	38891
加拿大	323786	338462	363182	396948	366587	463466	499219	593184
美　国	2403835	2384700	2981908	3343045	2879298	3506946	4090672	4319770
澳大利亚	270699	276735	324844	344391	307058	405029	455092	613864

9-9 主要国家(地区)外贸出口总额

(2015-2022年) 单位：万元

国家(地区)	2015年	2016年	2017年	2018年	2019年	2020年	2021年	2022年
中国香港	101553	58160	53792	78674	59499	86931	87213	92274
中国台湾	96598	98403	106603	123439	121492	137426	242459	273474
印　度	469760	494218	595242	685110	773865	798147	915827	1099004
以色列	65869	66405	83300	93735	82548	83468	98742	118692
日　本	275226	303372	350122	372269	374989	421422	464899	518765
沙特阿拉伯	148424	113032	116478	109000	163646	197524	262884	315362
韩　国	221152	223311	311579	347690	305519	315360	385875	494791
土耳其	172188	149183	177613	169906	157927	221996	256569	330945
阿联酋	306433	244626	266193	230811	254432	265315	386717	837729
印度尼西亚	164931	187865	212268	244433	285020	275881	337157	394383
菲律宾	87651	89827	116792	131576	137117	158579	325521	360247
新加坡	84825	29265	43977	69621	96005	114128	80815	132502
泰　国	189845	209345	208658	232691	259483	316592	488282	559426
越　南	134276	164863	195432	233175	238435	270809	309506	493602
埃　及	140615	116154	91201	113479	135263	154864	174154	175950
尼日利亚	121789	115882	153553	174433	207367	166297	240033	266606
波　兰	172130	176350	238228	290771	268644	323453	370089	409945
罗马尼亚	34840	42287	47337	56833	54771	63763	73279	91413
比利时	120688	112441	124111	156283	164597	234794	260827	337027
丹　麦	48935	43724	50786	55908	64717	67581	97270	109589
英　国	463732	453020	509785	550401	586637	698684	868796	925317
德　国	595329	599658	725773	780970	831721	975680	1090282	1213807
法　国	313142	309807	364662	386894	431984	422164	543649	600209
意大利	338049	344853	395018	427749	455284	477931	608944	703307
荷　兰	306439	320610	319508	360115	368946	565333	604250	601786
希　腊	44258	48616	53661	60812	69493	66406	92234	136003
西班牙	254118	253007	289573	324529	331896	342352	407195	460408
瑞　典	61035	63156	74181	89986	93410	156474	194766	227807
阿根廷	88337	88560	122287	113572	73438	103656	144067	173591
巴　西	196725	158165	231856	274475	342422	375732	459292	495442
智　利	110407	108394	136435	144869	144814	143549	259331	183716
墨西哥	333698	324131	365845	430185	468307	441337	642664	713006
委内瑞拉	19353	11927	6487	5735	9916	12511	29734	26334
加拿大	309080	325575	346861	384241	360201	459361	489659	579371
美　国	2175018	2231926	2780747	3188134	2786598	3456097	3996171	4118674
澳大利亚	256318	262797	301565	321144	302321	395172	447098	602047

9-10 主要国家(地区)外贸进口总额

(2015-2022年) 单位：万元

国家(地区)	2015年	2016年	2017年	2018年	2019年	2020年	2021年	2022年
中国香港	9042	6696	7326	106571	23619	6929	2982	6162
中国台湾	42705	41438	58081	74281	42238	41656	46551	47644
印　度	19970	26361	25618	36434	40403	63730	55561	65057
以色列	1238	1155	2572	2567	2383	2344	4741	3474
日　本	556011	527377	750685	792132	312103	304924	581951	639991
沙特阿拉伯	15212	14379	42975	54132	38242	31229	29891	34963
韩　国	104433	105952	120448	130979	102651	143657	135409	159092
土耳其	2471	6317	7338	4960	2613	5854	13180	7126
阿联酋	8174	11422	20443	21487	34059	28970	58147	70661
印度尼西亚	2415	3585	5766	9843	7360	13853	15700	27328
菲律宾	805	2821	6636	4036	5646	3133	11000	27702
新加坡	53087	22762	24913	22346	23556	21780	31555	24323
泰　国	18177	22367	24240	38667	54831	71520	97503	184791
越　南	14779	13567	24760	22437	8099	10666	23950	33111
埃　及	289	1379	3432	6463	52	1624	9971	3694
尼日利亚	2220	5604	16319	12199	5339	16257	26267	24091
波　兰	2354	2263	2639	2439	6851	5317	6974	17573
罗马尼亚	797	1697	7198	7309	7451	6565	4986	3517
比利时	16293	15687	21576	19483	5877	10804	12194	11777
丹　麦	1620	940	3364	1432	810	1433	716	684
英　国	37710	35900	57850	51312	35600	22410	39330	46774
德　国	55208	72594	87293	73811	68778	56630	62294	59247
法　国	14811	13925	20480	14218	14323	11873	19690	47815
意大利	23026	23022	39296	39675	25681	25593	63448	43885
荷　兰	40579	42699	70849	34178	10160	6829	11531	7016
希　腊	1947	1373	3708	923	130	271	922	1372
西班牙	13041	14160	25469	15823	15473	11196	20491	23790
瑞　典	3433	3271	3908	3705	7829	14658	12619	28014
阿根廷	73	385	605	1209	1673	450	560	13
巴　西	3702	7329	6989	11005	4538	6961	6971	7729
智　利	16889	13606	17139	10922	17025	25421	22040	44245
墨西哥	3640	5350	3087	3506	5689	1872	6453	13835
委内瑞拉		452	723	721	3045	1160	8463	12557
加拿大	14706	12887	16321	12707	6386	4105	9561	13813
美　国	228817	152774	201161	154911	92700	50849	94501	201096
澳大利亚	14381	13938	23279	23248	4737	9856	7994	11817

9-11 对外经济合作和境外投资企业情况

(1988-2022年)

单位：万美元

年份	对外经济合作		境外投资企业				
	项目数(个)	营业额	当年投资境外企业(家)	中方投资额	境外企业直接出口	年末实有投资境外企业(家)	期末在外人数(人)
1988	304	28					
1989	671	91					
1990	428	99					
1991	240	85					
1992	119	53	2	58		2	767
1993	135	55	1	10	28	3	935
1994	92	42	1	5	57	4	655
1995	79	40	1	9	229	5	598
1996	76	36	6	79	409	11	609
1997	34	23	4	22	347	15	659
1998	40	34	6	51	528	19	690
1999	43	128	8	176	2405	22	416
2000	11	101	11	135	8838	27	243
2001	4	28	18	610	11724	31	344
2002	1	6262	25	548	15959	73	228
2003		6464	29	950	23053	97	252
2004		1320	39	1182	31578	136	428
2005		1800	48	1892	38680	184	444
2006		2600	55	5254	45869	245	808
2007	10	3784	38	5001	54489	277	466
2008	2	4002	39	6852		315	130
2009	1	5085	26	5119		342	146
2010	3	31175	29	7341		371	1912
2011	14	7403	38	6436		408	87
2012	16	3636	38	8216		446	65
2013	16	9521	33	6310		478	185
2014	16	7182	35	8668		513	
2015	15	8115	34	13693		547	216
2016	15	13010	47	17150		594	35
2017	15	12060	31	50070		625	95
2018	15	11590	35	206321		660	107
2019	15	12894	42	34639		702	77
2020	16	8669	26	20657		727	48
2021	16	8221	30	17916		753	394
2022	17	1721	36	23674		785	418

9-12 利用外资情况

(1985-2022年)

单位：万美元

年　份	项目数(企业数)(个)	总投资	合同外资	实际利用外　资
1985	1	55	16	
1986	2	67	26	
1987	2	33	29	
1988	5	206	87	9
1989	12	1451	304	15
1990	9	314	109	21
1991	16	1035	405	43
1992	95	5211	2201	548
1993	266	24561	8461	2596
1994	155	17371	5438	2589
1995	123	17241	7763	3700
1996	70	12318	5335	3510
1997	51	9129	3037	3697
1998	91	25491	9994	3849
1999	93	16842	9949	4347
2000	120	22040	10715	5083
2001	107	23773	13329	5568
2002	173	60977	27919	11800
2003	200	94406	40204	21588
2004	123	61354	27507	21684
2005	117	63180	39893	25107
2006	139	160026	79829	31138
2007	95	135601	81681	31150
2008	38	43468	27300	23890
2009	25	28613	14334	18806
2010	28	16765	11842	13206
2011	20	11786	6320	14301
2012	25	53829	78482	47520
2013	29	53757	26982	40001
2014	40	54108	34586	27705
2015	17	34709	18289	11635
2016	36	159240	103894	33683
2017	48	159492	77847	44332
2018	44	82060	50532	28893
2019	78	126675	149128	65118
2020	78	151475	89984	36319
2021	81	1154036	74305	48259
2022	67		36620	24143

注：实际利用外资从2004年开始使用商务部统计口径，合同外资从2006年开始使用商务部统计口径。

9-13 分国别和地区利用外资

(2020-2022年)

单位：万美元

国家(地区)	2021年			2022年		
	利用外资企业数(家)	合同外资	实际利用外资	利用外资企业数(家)	合同外资	实际利用外资
总　计	**81**	**74305**	**48259**	**67**	**36620**	**24143**
亚　洲	**46**	**43129**	**42997**	**42**	**30784**	**17891**
越　南				2	9	
中国香港	21	42597	29363	25	33188	16917
柬埔寨	1	213	215			
印　度	1	13				
伊　朗	1	4				
伊拉克						8
日　本	1	3	8	1	169	393
中国澳门	1	25				
新加坡	3	-1114	13336	3	-3513	453
巴基斯坦	1	15		1	7	
韩　国	4	526	53	1	125	29
乌兹别克斯坦				1	7	
沙特阿拉伯		13				13
泰　国	1	1				
阿联酋						20
中国台湾	11	833	22	8	792	58
非　洲	**3**	**1473**		**3**	**404**	
埃　及				2	329	
阿尔及利亚	1	3				
肯尼亚	1	1391				
纳米比亚	1	79		1	75	
欧　洲	**11**	**25421**	**821**	**5**	**-5112**	**152**
比利时		221				
英　国	3	4162	6	3	119	
德　国	3	1618	815			
法　国	1	-9699			-3150	
意大利	1	124		2	86	125
卢森堡		28963			-2167	
荷　兰	1	27				27
芬　兰	1	2				
瑞　典		3				
俄罗斯联邦	1					
南美洲	**2**	**2012**	**3578**			**5002**
英属维尔京群岛	2	2012	3578			5002
北美洲	**14**	**75**	**63**	**12**	**10119**	**798**
加拿大	3	-226		2	9502	782
美　国	11	301	63	10	617	16
大洋洲	**4**	**2195**	**800**	**6**	**425**	**300**
澳大利亚	3	195		5	346	
新西兰				1	79	
萨摩亚	1	2000	800			300
重要区域(经济)组织						
RCEP	13	-176	13612	13	-2785	875
欧　盟	7	21259	815	2	-5231	152
一带一路	9	-855	13551	9	-3161	494

9-14 分行业利用外资

(2021-2022年)　　单位：万美元

类别	2021年			2022年		
	利用外资企业数(家)	合同外资	实际利用外资	利用外资企业数(家)	合同外资	实际利用外资
总计	**81**	**74305**	**48259**	**67**	**36620**	**24143**
农、林、牧、渔业	**1**	**11839**		**1**	**70**	
农业	1	11839		1	70	
制造业	**17**	**24801**	**10411**	**15**	**6452**	**7793**
食品制造业				1	592	76
纺织服装、服饰业	1	14		1	7	
家具制造业	1	213	221			
文教、工美、体育和娱乐用品制造业					-300	
化学原料及化学制品制造业	1	574	440	2	2590	816
医药制造业		27775	5682		-5478	379
化学纤维制造业				2	32	
橡胶和塑料制品业		-178	3000			
金属制品业		-9714			-3150	
非金属矿物制品业				1	10000	660
通用设备制造业	3	-435	350	5	186	29
专用设备制造业	5	805	231	1	325	531
汽车制造业		3621				3669
铁路、船舶、航空航天和其他运输设备制造业	2	324	168			578
电气机械及器材制造业	2	34	8	2	1648	50
计算机、通信和其他电子设备制造业	2	121	16			
工艺品及其他制造业		1647	295			
其他制造业						1005
电力、热力、燃气及水生产和供应业	**5**	**4694**	**1289**	**3**	**557**	**3369**
电力、热力生产和供应业	5	4694	1289	3	557	3369
燃气生产和供应业						
水的生产和供应业						
建筑业	**1**	**2007**	**7000**	**1**	**1873**	
房屋建筑业	1	2007	7000	1	1873	
交通运输、仓储和邮政业	**3**	**8976**	**6248**	**1**	**944**	**2023**
道路运输业	1	2000	800			339
装卸搬运和仓储业	2	6976	5448	1	944	1684
信息传输、软件和信息技术服务业	**10**	**4645**	**4500**	**3**	**1163**	**700**
软件和信息技术服务业	10	4645	4500	3	1163	700
批发和零售业	**13**	**10825**	**6439**	**11**	**4987**	**969**
批发业	11	10738	6409	10	4936	942
零售业	2	87	30	1	51	27
住宿和餐饮业	**2**	**8**				**6**
餐饮业	2	8				6
房地产业	**2**	**756**	**2570**			**150**
房地产业	2	756	2570			150
租赁和商务服务业	**6**	**-3206**	**8247**	**8**	**5681**	**3110**
商务服务业	6	-3206	8247	8	5681	3110
科学研究和技术服务业	**18**	**5175**	**1137**	**20**	**14780**	**5577**
研究和试验发展	3	2781	6	3	35	93
专业技术服务业	1	131		1	113	
科技推广和应用服务业	14	2263	1131	16	14632	5484
水利、环境和公共设施管理业	**1**	**3752**	**418**	**1**	**5**	**446**
生态保护和环境治理业		752	418	1	5	
公共设施管理业	1	3000				446
居民服务、修理和其他服务业				**1**	**1**	
居民服务业				1	1	
文化、体育和娱乐业	**2**	**33**				
广播、电视、电影和录音制作业	1	8				
文化艺术业	1	25				
教育				**1**	**106**	
卫生和社会工作				**1**	**1**	

9-15 旅游设施基本情况

(2000-2022年)

年 份	旅行社数(家)	星级饭店数(家)	景区(个)	#3A	#4A	#5A
2000	15	4				
2001	23	8	2		1	
2002	25	9	5		3	
2003	34	11	6		3	
2004	38	12	7		3	
2005	47	18	8		4	
2006	56	20	9	1	4	
2007	64	26	12	3	5	
2008	70	29	14	4	5	
2009	93	31	18	6	6	
2010	102	33	20	6	6	
2011	114	38	21	7	6	
2012	122	41	24	9	7	
2013	130	43	28	13	7	
2014	145	54	37	19	9	
2015	140	50	46	23	9	2
2016	145	47	59	34	9	2
2017	157	54	72	44	13	2
2018	174	54	80	53	13	2
2019	168	35	93	64	15	2
2020	172	35	100	69	17	2
2021	171	32	103	70	18	2
2022	187	32	108	74	17	3

9-16 国际国内旅游情况

(2000-2022年)

单位：万人次

年份	旅游总人数	国内旅游人数	国际旅游入境人数	外国人数	港澳人数	台湾人数	旅游总收入(亿元)	国内旅游收入(亿元)	国际旅游(外汇)收入(万美元)
2000	509.92	507.65	2.27	1.14	0.36	0.77	38.62	37.87	903
2001	642.97	639.67	3.30	1.73	0.34	1.23	48.70	47.50	1418
2002	925.49	921.10	4.39	2.15	0.43	1.81	74.93	71.85	3720
2003	1068.64	1063.86	4.78	1.94	0.83	2.01	86.71	83.51	3855
2004	1243.90	1237.61	6.29	3.50	0.79	2.00	100.40	97.15	3923
2005	1615.03	1607.50	7.53	4.30	1.10	2.13	139.09	134.79	5304
2006	1812.69	1803.80	8.89	5.44	1.96	1.50	150.32	145.10	6448
2007	2182.97	2173.66	9.31	6.52	1.20	1.59	175.28	170.63	6200
2008	2605.23	2594.85	10.38	7.06	1.28	2.05	208.59	203.70	7046
2009	2895.87	2887.22	8.65	5.91	0.95	1.79	230.04	226.65	4964
2010	3295.95	3285.66	10.29	6.83	1.02	2.45	273.23	269.42	5629
2011	3977.70	3965.36	12.34	6.93	1.40	4.00	329.25	325.16	6334
2012	4492.92	4468.92	24.00	10.90	2.71	10.40	412.18	406.67	8726
2013	5176.43	5165.54	10.89	6.11	2.69	2.09	493.37	490.73	4265
2014	6094.38	6078.85	15.53	11.51	2.31	1.70	583.55	580.53	4909
2015	7436.03	7419.17	16.86	12.74	2.04	2.07	749.25	745.63	5876
2016	8930.73	8911.49	19.24	14.88	2.13	2.24	942.65	938.35	6478
2017	10326.13	10275.57	19.88	15.58	2.14	2.16	1133.34	1109.98	6750
2018	11840.08	11821.70	18.38	14.60	1.71	2.07	1302.23	1298.02	6355
2019	13169.58	13155.70	13.88	11.46	0.62	1.80	1470.08	1466.89	4614
2020	11415.30	11413.80	1.47	1.18	0.11	0.18	1247.16	1246.92	355
2021	3602.12	3599.55	2.57	2.30	0.11	0.16	423.97	423.29	1060
2022	3114.37	3113.94	0.43	0.27	0.07	0.09	460.77	460.67	146

9-17 接待外国旅游人数

(2015-2022年) 单位：人次

国别(地区)	2015年	2016年	2017年	2018年	2019年	2020年	2021年	2022年
总　计	**127380**	**148828**	**155832**	**146046**	**114639**	**11796**	**23026**	**2747**
亚洲小计	**70648**	**84633**	**115670**	**76393**	**79489**	**7599**	**11262**	**1351**
其中：日　本	5253	7932	40836	28599	10513	628	1482	328
韩　国	53794	58416	22055	29420	48939	5375	7201	248
印度尼西亚	691	2095	10656	1126	1312	75	57	19
新加坡	605	1612	8572	713	794	116	257	119
泰　国	576	770	1429	968	1236	92	180	16
马来西亚	753	2044	10141	1739	1898	185	288	159
菲律宾	412	1411	7485	669	736	75	183	25
印　度	2930	3558	4332	5346	4945	261	310	39
美洲小计	**5481**	**8127**	**10871**	**11143**	**10135**	**1499**	**6093**	**589**
其中：美　国	3579	4897	6558	6444	6060	1043	4129	257
加拿大	663	1048	1564	1338	1187	196	794	125
非洲小计	**2095**	**2718**	**2842**	**3776**	**3738**	**221**	**492**	**107**
大洋洲小计	**1148**	**1352**	**1830**	**1481**	**1294**	**182**	**838**	**52**
其中：澳大利亚	865	881	1301	1201	1068	137	629	40
新西兰	69	172	245	142	124	30	69	10
欧洲小计	**9581**	**13559**	**19244**	**20927**	**19049**	**1981**	**4189**	**420**
其中：英　国	1022	1486	1924	2239	1733	349	464	44
法　国	934	1245	1525	1687	1354	172	181	43
德　国	1775	2166	3009	3407	2968	337	1010	94
意大利	923	1108	1386	1566	1936	264	1251	65
瑞　士	94	203	453	273	206	61	82	4
瑞　典	180	1160	2577	2898	2943	196	84	2
荷　兰	569	586	699	1222	744	38	45	15
俄罗斯	1094	1505	2476	2609	2358	187	540	52
西班牙	1095	793	821	1142	1018	70	61	15
其他	**38427**	**38439**	**5375**	**32326**	**934**	**315**	**152**	

主要统计指标解释

进出口总额 指实际进出我国国境的货物总金额。包括对外贸易实际进出口货物，来料加工装配进出口货物，国家间、联合国及国际组织无偿援助物资和赠送品，华侨、港澳台胞和外籍华人捐赠品，租赁期满归承租人所有的租赁货物，进料加工进出口货物，边境地方贸易及边境地区小额贸易进出口货物(边民互市贸易除外)，中外合资企业、中外合作经营企业、外商独资经营企业进出口货物和公用物品，到、离岸价格在规定限额以上的进出口货样和广告品(无商业价值、无使用价值和免费提供出口的除外)，从保税仓库提取在中国境内销售的进口货物，以及其他进出口货物。我国规定出口货物按离岸价格统计，进口货物按到岸价格统计。

利用外资 指各级政府、部门、企业、中国银行和其他单位通过对外借款、吸收客商直接投资和商品信贷及其他方式，从国外和港澳台地区筹措的资金。对外借款包括通过外国政府贷款、国际金融组织贷款、外国银行的买方信贷和现汇贷款及对外发行债券等方式，从国外和港澳台地区借用的资金。

外商直接投资 是指外国企业和经济组织或个人(包括华侨、港澳台胞以及我国在境外注册的企业)按我国有关政策、法规，在我国境内开办独资企业、与我国境内的企业或经济组织共同举办合资企业、合作经营企业、股份制企业或合作开发资源的投资以及客商从企业得到的收益的再投资。

入境旅游人数 指来我国观光游览、度假、探亲访友、就医疗养、购物、参加会议或从事经济、科技、文化、体育、宗教活动的外国人、港澳台同胞等入境人数。不包括外国在我国的常住机构，如领使馆、通讯社、企业办事处的工作人员；来我国常驻的外国专家、留学生以及在岸逗留不过夜人员。统计时，外国人、港澳台同胞每入境一次统计1人次。

国内旅游人数 指国内居民在中国（大陆）观光游览、度假、探亲访友、就医疗养、购物、参加会议或从事经济、文化、体育、宗教活动的人数，其出游的目的不是通过所从事的活动谋取报酬。统计时，国内游客每出游一次统计1人次。

国际旅游（外汇）收入 指入境旅游的外国人、港澳台同胞在中国（大陆）旅行、游览过程中用于交通、参观游览、住宿、餐饮、购物、娱乐等全部费用，对国家来说就是国际旅游（外汇）收入。

国内旅游收入 又称旅游总花费。指国内游客在国内旅行、游览过程中用于交通、参观游览、住宿、餐饮、购物、娱乐等全部花费。

10

财政金融保险

Public Finance, Banking and Insurance

10-1 主要年份财政收入与支出

单位：万元

年份	财政总收入	一般公共预算收入	#增值税	#营业税	#企业所得税	#个人所得税	一般公共预算支出
1949	480						200
1952	972						455
1957	3337						1333
1962	5186						2778
1965	5769						2242
1970	6635						3706
1975	6502						5908
1978	11897						9871
1980	13677						10539
1985	31377						20480
1990	65925						49925
1994	168869	86479	26512	14130	19487	7263	121969
1995	203050	104642	30869	21779	27759	8348	144858
1996	239739	120900	34773	29431	28419	12476	165445
1997	263381	134112	38469	33386	30582	14966	196390
1998	309568	162619	44488	42649	36767	18617	223500
1999	380039	197303	51709	50744	45112	23042	258937
2000	531793	261491	72941	55766	79621	29137	331947
2001	650425	388056	75314	74685	127995	47260	428608
2002	868285	431122	99245	104977	67392	36378	556353
2003	1086780	526964	118324	137692	73324	37603	688820
2004	1266669	626046	61696	162942	102201	38264	791520
2005	1474457	723324	157257	174958	107334	44788	880887
2006	1756878	861115	193493	213294	130776	53233	1040000
2007	2183788	1088551	233654	273535	175148	66079	1269285
2008	2480225	1260498	264386	300397	180448	82885	1538078
2009	2631616	1360227	283823	355692	160627	87158	1759524
2010	3106245	1648845	293775	432931	224035	115832	2227592
2011	3704657	2001150	325771	503206	289871	145347	2655309
2012	4089456	2204230	380110	574263	310909	136008	2879269
2013	4484660	2477341	441897	603749	334446	142687	3290300
2014	4852909	2652092	494463	607423	375250	162998	3714666
2015	5397827	2980170	551873	656380	382176	187590	4572105
2016	5838322	3432835	1012917	322062	408521	192637	5143996
2017	6569658	3822482	1498834		493303	223635	5630966
2018	7451904	4311768	1685337		551254	264757	6537506
2019	7298349	4384983	1597274		544642	181437	7703304
2020	6828276	4012385	1524829		503249	192838	7001415
2021	7700616	4554334	1521215		695633	224696	7348054
2022	7265398	4407498	1219319		655968	259757	8349302

10-2 市区主要年份财政总收入

单位：万元

年 份	市 区	#椒江区	#黄岩区	#路桥区
1978	4251		3943	
1980	4755		4536	
1985	13145	4057	8342	
1986	16577	5121	10543	
1987	17495	5766	11004	
1988	21474	6285	12853	
1989	24235	6776	15215	
1990	27001	8058	16714	
1991	32591	10562	18749	
1992	34652	12586	21347	
1993	55318	18327	35357	
1994	70347	24287	45688	
1995	83037	27794	30574	23410
1996	96367	32026	34121	26691
1997	112168	35714	39065	31475
1998	134217	41890	45882	36661
1999	157289	47437	52837	43459
2000	208039	64645	67479	61638
2001	272467	85241	83200	81319
2002	362205	109502	116320	102318
2003	465779	146011	145003	127678
2004	551899	177441	150536	154065
2005	638204	199738	172172	181630
2006	751477	236223	201549	222566
2007	923035	287488	247435	277733
2008	1048382	316242	272368	327095
2009	1122393	325118	284464	361155
2010	1349410	386899	326821	441433
2011	1627998	460759	386512	534966
2012	1763763	513458	418183	542848
2013	1945430	571320	475971	581901
2014	2061986	598475	520502	594698
2015	2282818	633653	580611	633997
2016	2484906	674010	617978	666956
2017	2703610	727436	699538	738445
2018	3063269	820660	789429	843216
2019	3035299	834657	697934	827158
2020	2878168	751673	673538	707458
2021	3185487	841967	741718	762368
2022	2946885	796053	645810	851194

10-3 各县市主要年份财政总收入

单位：万元

年 份	三门县	天台县	仙居县	温岭市	临海市	玉环市
1978	725	1112	867	1805	2290	847
1980	727	1155	996	2308	2736	1000
1985	1591	2342	1970	5353	4676	2300
1986	2034	2807	2383	6548	5982	3056
1987	2281	3425	2777	7951	6903	3744
1988	2378	3908	3185	9991	7646	4842
1989	2692	4488	3648	11534	9136	5393
1990	2750	4940	3743	13124	8655	5712
1991	3693	5310	4116	13777	10027	6505
1992	3473	5788	4287	15156	12215	7883
1993	5131	8302	7618	21187	20069	12352
1994	6013	10515	9518	29221	26515	16740
1995	6910	12075	12180	36439	31918	20491
1996	7248	13521	13515	49666	35314	24108
1997	6703	14129	14898	51094	36511	27878
1998	8451	16607	16665	61306	40486	31836
1999	11587	20443	22479	85474	44531	38236
2000	16727	28481	29023	134805	59033	55685
2001	24058	33107	30869	139009	75647	75268
2002	31573	46005	42428	177911	108006	100157
2003	41062	56010	48889	222880	130019	122141
2004	43646	67148	46986	260234	151112	145644
2005	53318	77008	54972	294209	176646	180100
2006	65283	87518	66118	333938	212782	239762
2007	86168	100088	81199	418892	266106	308300
2008	107153	115380	92418	453898	306516	356478
2009	116279	124429	93432	475522	329502	370059
2010	136675	140142	106582	570123	401886	401427
2011	163436	170690	130233	665511	480167	466622
2012	179500	198451	146808	721978	526902	552054
2013	196980	214333	161768	785977	580080	600092
2014	213292	233522	188972	877077	633301	644759
2015	236843	258932	234602	983574	678102	722956
2016	247706	298917	267136	1031980	764240	743437
2017	262791	329491	305219	1157118	977423	834006
2018	302235	363628	347331	1307043	1144567	923831
2019	292538	369951	348070	1266938	1111390	874163
2020	266081	342709	329556	1189771	1018556	803435
2021	412884	399332	371183	1318542	1116279	896909
2022	433562	390754	307312	1326272	1045105	815508

10-4 市区一般公共预算收入

(1994-2022年)　　单位：万元

年份	市区	#椒江区	#黄岩区	#路桥区
1994	35834	13611	21851	
1995	42731	15353	15078	11478
1996	49805	17625	16843	12954
1997	57294	19437	18463	15076
1998	72242	24133	21552	18169
1999	85777	28575	24656	22023
2000	110603	38256	31889	29440
2001	171574	56224	47410	48688
2002	197148	63389	56618	51859
2003	245674	82592	69231	62841
2004	295117	98446	73551	77737
2005	337181	111041	83309	87855
2006	385038	125449	96266	104460
2007	472813	150971	118769	133120
2008	537741	164540	132707	155408
2009	590145	180667	142843	178598
2010	723612	226478	166018	225550
2011	899464	275213	197394	288078
2012	981790	301439	215851	291821
2013	1103883	329903	249939	321492
2014	1156668	326413	273714	328326
2015	1283947	350386	310189	358834
2016	1451939	385494	371145	395787
2017	1568587	416047	416795	427609
2018	1751242	472176	477200	470360
2019	1787223	496123	430800	470600
2020	1654041	443280	397974	383876
2021	1817138	491100	439647	426065
2022	1714115	500626	409578	504153

注：2004年，外贸出口退税政策调整，考虑历史年份资料可比性，本表中的地方财政一般预算收入按老口径计算。

10-5　各县市一般公共预算收入

(1994-2022年)　　单位：万元

年　份	三门县	天台县	仙居县	温岭市	临海市	玉环市
1994	2939	4856	4613	16558	13675	8004
1995	3414	5801	5956	19688	17013	10039
1996	3719	6189	6712	23688	19027	11760
1997	3401	6275	7093	27144	19597	13308
1998	4459	7170	7668	34018	21029	16033
1999	6470	8802	10167	41458	24623	20006
2000	10051	13127	13252	56588	30221	27649
2001	15803	18053	18005	77538	44345	42738
2002	16733	20108	17680	80018	53615	45820
2003	21431	25841	20518	97357	64853	51290
2004	22221	32819	22150	117954	73308	62477
2005	27527	37511	25052	134798	86296	74959
2006	34156	42547	30822	158013	106651	103888
2007	45679	51610	40626	204069	136172	137582
2008	61111	60533	48023	233759	161023	158308
2009	66069	65442	49377	250238	173388	165568
2010	80734	78081	56698	305918	221272	182530
2011	96022	96610	68553	361688	261957	216856
2012	106818	110722	79028	388678	286066	251128
2013	118035	122958	92990	438479	325006	275990
2014	127657	132867	105588	478388	352566	298358
2015	144987	150268	134660	541213	380108	344987
2016	155766	170371	162468	616886	449188	426217
2017	167830	192068	185250	680900	542928	484919
2018	186290	218960	208400	772850	640650	533376
2019	181700	223312	210900	782700	659900	539248
2020	161600	203992	198237	721157	594890	478468
2021	301384	227432	218062	803800	660200	526318
2022	320589	247958	186522	813380	621134	503800

10-6 一般公共预算收入及分类(一)

(1994-2022年) 单位：万元

年份	一般公共预算收入合计	增值税	营业税	企业所得税	企业所得税退税	个人所得税	资源税	固定资产投资方向调节税
1994	86479	26512	14130	19487	-1503	7263	174	746
1995	104642	30869	21779	27759	-1425	8348	127	1015
1996	120900	34773	29431	28419	-1286	12476	165	1485
1997	134112	38469	33386	30582	-406	14966	134	1726
1998	162619	44488	42649	36767	-1015	18617	92	1481
1999	197303	51709	50744	45112	-2683	23042	103	1048
2000	261491	72941	55766	79621	-1303	29137	115	174
2001	388056	75314	74685	127995		47260	116	-83
2002	431122	99245	104977	67392		36378	126	-7
2003	526964	118324	137692	73324		37603	104	
2004	626046	61696	162942	102201		38264	147	
2005	723324	157257	174958	107334		44788	1068	
2006	861115	193493	213294	130776		53233	3021	
2007	1088551	233654	273535	175148		66079	3616	
2008	1260498	264386	300397	180448		82885	3835	
2009	1360227	283823	355692	160627		87158	3643	
2010	1648845	293775	432931	224035		115832	3440	
2011	2001150	325771	503206	289871		145347	3244	
2012	2204230	380110	574263	310909		136008	3596	
2013	2477341	441897	603749	334446		142687	3891	
2014	2652092	494463	607423	375250		162998	5392	
2015	2980170	551873	656380	382176		187590	8051	
2016	3432835	1012917	322062	408521		192637	9312	
2017	3822482	1498834		493303		223635	13524	
2018	4311768	1685337		551254		264757	11103	
2019	4384983	1597274		544642		181437	8969	
2020	4012385	1524829		503249		192838	8940	
2021	4554334	1521215		695633		224696	7231	
2022	4407498	1219319		655968		259757	8740	

10-7　一般公共预算收入及分类(二)

(1994-2022年)　　单位：万元

年　份	城市维护建设税	房产税	印花税	城镇土地使用税	土　地增值税	车船税	屠宰税	农　牧业　税	农　业特产税
1994	6206	1300	317	310		388	222	3644	3259
1995	7624	1749	405	358	1	487	459	4692	3736
1996	8615	2303	520	264	53	518	530	6633	3122
1997	9992	2730	503	341	111	549	582	5454	3060
1998	11180	3690	701	411	185	618	675	6290	3018
1999	12923	4475	941	493	238	867	861	5067	3088
2000	16088	5230	1380	568	364	865	816	5153	3459
2001	23042	7391	1837	697	687	1147	826	5071	3054
2002	28231	10313	3075	873	1682	1452	185	5260	1734
2003	33817	13358	4603	1246	3805	1780	2	5675	
2004	39259	16937	6925	1665	4630	2382		8	
2005	48171	23685	8914	5122	10326	2206			
2006	57246	26871	11622	7018	13809	2764			
2007	72070	32401	14975	10763	23934	3418			
2008	83087	42637	18677	43442	30663	8952			
2009	87333	46689	18271	58842	42016	11285			
2010	104067	47562	25590	57364	55868	14941			
2011	133390	71139	27484	80487	78145	18114			
2012	144439	88276	28327	86141	97642	27477			
2013	157384	98990	32327	91507	119470	32468			
2014	161947	118367	40082	102976	144222	36914			
2015	174320	133407	46114	115244	107636	41720			
2016	191407	142690	39287	128627	131348	44968			
2017	209809	148602	47707	113682	182677	50960			
2018	245367	168687	54604	114584	233003	56004			
2019	228805	191948	52090	120231	232189	55583			
2020	222754	119570	57180	56083	201651	59478			
2021	223102	180258	65111	79362	314832	63861			
2022	225644	230686	70956	107406	292817	68074			

10-8 一般公共预算收入及分类(三)

(1994-2022年) 单位：万元

年份	耕地占用税	契税	专项收入	罚没和行政事业性收费收入	国有资本经营收入	国有资源(资产)有偿使用收入	其他收入	政府性基金收入
1994	2585	805			-4061		4695	3517
1995	2703	926		1528	-12533		4035	4642
1996	2546	1949		1578	-17606		4412	5228
1997	3161	1915		2528	-21372		5601	5121
1998	2374	3004	5340	4629	-22580		5	12572
1999	3040	5062	6603	3908	-19358		20	15017
2000	4218	9172	8588	5858	-37213		494	17379
2001	6519	12351	11332	23138	-34591		268	32307
2002	16442	19952	15361	43183	-24833		101	87451
2003	21022	32045	15704	42425	-16755		1190	136992
2004	11271	41950	17648	66231	-15713	47	1236	174957
2005	8789	45804	24471	75473	-16634	54	1538	216982
2006	12095	48778	30800	75791	-21847	63	2288	268984
2007	12003	69976	38817	76555	-21372	2971	8	918572
2008	13857	70792	44947	87121	-20346	4149	569	1304414
2009	16421	94645	47278	73789	-33569	6167	117	1567329
2010	25612	153125	55462	82591	-55067	11563	154	3063426
2011	38067	142764	68842	97919	-41196	18532	24	3036436
2012	40576	120240	73174	110933	-23655	5634	140	2780556
2013	49525	189654	79221	103630	-28641	25135	1	3268178
2014	47254	158025	80532	128483	-26929	14691	2	1917587
2015	33805	144297	272474	125144	-25127	21586	3480	1392457
2016	121153	176970	287221	164117	-18871	60450	18019	1723387
2017	99849	230272	269784	132040	-39983	137999	9788	3419117
2018	49794	322952	299935	168768	-35912	106058	12787	5447128
2019	99510	319198	255213	363443	-24512	138341	15802	8405080
2020	28911	381930	289729	282809	-37056	98601	16815	5863774
2021	31455	427868	237174	216472	-52333	296118	19614	6708520
2022	27848	386344	259019	382813	-124485	312863	19482	7108077

10-9　一般公共预算支出情况

(2018-2022年)　　单位：万元

指　　标	2018年	2019年	2020年	2021年	2022年
一般公共预算支出合计	**6537506**	**7703304**	**7001415**	**7348054**	**8349302**
一般公共服务	780115	858023	835412	871909	941251
国　防	5710	6330	9449	4471	8702
公共安全	470696	516284	514759	551351	553831
教　育	1345144	1473112	1491485	1581500	1746919
科学技术	169642	287879	175336	221466	268593
文化旅游体育与传媒	115514	118798	173899	169035	170589
社会保障和就业	665531	949443	760182	853848	1020174
卫生健康	514996	605866	677722	709081	851156
节能环保	186855	304181	158394	202827	347664
城乡社区	665440	749245	393326	328349	427490
农林水	720018	714661	744922	759018	803188
交通运输	379142	322703	266493	295993	344602
工业商业金融等	133904	233719	211249	209075	
其他支出	384799	563600	588787	590131	
政府性基金支出合计	**5722397**	**7985546**	**6217032**	**7004111**	**7607384**
文化教育与传媒	15	383	611	351	
社会保障和就业	15178	13694	11512	9703	16091
城乡社区	5385800	4693348	4542790	5648772	4299470
农林水	540	147	259	252	192
交通运输	2809	97972	92512	137400	58197
工业商业金融等	370				
其他支出	317685	3180002	1569348	1207633	
社会保险基金支出合计	**3753332**	**4308675**	**5043041**	**2333863**	**2549487**
企业职工基本养老保险基金	1998889	2210235	3010411		
城乡居民基本养老保险基金	170289	185030	200615	261863	311423
机关事业单位基本养老保险基金	576622	574564	557068	597461	634015
职工基本医疗保险基金	427634	527314	567634	729854	804778
城乡居民基本医疗保险基金	446868	540405	513218	600184	604636
工伤保险基金	66790	75333	68931	106276	105433
失业保险基金	30239	162357	125164	38225	89202
生育保险基金	36001	33437			

10-10　主要年份金融主要指标

单位：万元

年　份	金融机构本外币存款年末余额	#金融机构人民币存款余额	#住户存款余额	金融机构本外币贷款年末余额	#金融机构人民币贷款余额	#短期贷款	#中长期贷款
1952		560			193		
1957		1784			5388		
1962		3593			12898		
1965		5238			11989		
1970		6927			22740		
1975		11875			26090		
1978		16368			34604		
1980		32389			53673		
1985		98546			123613		
1990		312614			307913		
1994		1061934			838094	695657	96289
1995		1399917			1052121	865819	123833
1996		1896944			1335406	1052894	179930
1997		2496502			1711067	1424932	208135
1998		3394537			2126197	1723669	301773
1999		4320709			2726762	2108507	478072
2000	5407241	5289565		3307634	3304269	2596518	556846
2001	6428949	6290422		4096823	4023234	2669865	1272296
2002	8284108	8117593		5794759	5716237	3642042	1733151
2003	10740254	10561850		8237648	8090895	4909163	2783124
2004	11823111	11640689		9454142	9328902	5693519	3373348
2005	13849843	13694418		10580440	10445507	6411816	3764513
2006	16659867	16499842		13132416	12946754	8271509	4473442
2007	19375543	19213038		16159896	15770372	10527055	5124007
2008	23717020	23533773		19262657	18930765	12392248	6068898
2009	29356051	29152567		25180611	24229188	15603817	8219377
2010	35884773	35627957		30558214	29405118	19324859	9845344
2011	39989019	39590586		34707628	33545934	22740162	10542262
2012	45091738	44573554		38931604	37839726	25873733	11258308
2013	52197210	51541069		44541067	43402430	29596023	13455469
2014	56710259	56090430		50393663	49122356	32077228	16170388
2015	63059372	61886513	32323686	55184387	54296010	33499572	18306354
2016	70686244	69232204	37033664	58260273	57589217	33879939	20933601
2017	76184056	74292622	40386881	64124819	63666783	35711164	26842421
2018	85189153	83857431	45802900	73543353	72887742	39133406	31891069
2019	94573897	93454500	53335154	85431854	85046532	43221072	39049620
2020	106303100	104520942	60248813	98722521	98324505	46882100	48078416
2021	120495826	118365226	66974162	116699672	116030483	50511092	60123084
2022	139374160	137171904	78553769	137647841	137089139	54620232	77369303

10-11 金融机构年末人民币存款余额

(2018-2022年)

单位：万元

指 标	2018年	2019年	2020年	2021年	2022年
各项存款合计	**83857431**	**93454500**	**104520942**	**118365226**	**137171904**
境内存款	83792044	93415681	104474949	118309030	137094657
住户存款	45802900	53335154	60248813	66974162	78553769
活期存款	19353331	21003661	21530944	21683161	23469884
定期及其他存款	26449569	32331494	38717869	45291002	55083884
非金融企业存款	19281772	22405619	25700731	29786896	34593941
活期存款	8634210	9833153	9833907	10723893	11827513
定期及其他存款	10647562	12572466	15866824	19063003	22766428
广义政府存款	14828819	15147178	15071523	15115511	15898600
财政性存款	906303	1337570	1004672	1133606	977150
机关团体存款	13922516	13809608	14066851	13981905	14921450
非银行业金融机构存款	3878553	2527730	3453882	6432460	8048347
境外存款	65387	38819	45993	56196	77246

10-12 金融机构年末人民币贷款余额

(2018-2022年)

单位：万元

指标	2018年	2019年	2020年	2021年	2022年
各项贷款合计	**72887742**	**85046532**	**98324505**	**116030483**	**137089139**
境内贷款	72886713	85044275	98323089	116001128	137087273
住户贷款	40564471	45926098	51829700	59219238	66133433
短期贷款	21576033	23625810	24633338	25514251	27320739
消费贷款	5466557	5805443	5285280	4833045	4785045
经营贷款	16109476	17820367	19348058	20681206	22535694
中长期贷款	18988438	22300288	27196362	33704987	38812693
消费贷款	14760026	16727763	19101749	21912026	21733202
经营贷款	4228412	5572525	8094613	11792961	17079492
非金融企业及机关团体贷款	32322243	39118177	46493389	56503889	70781840
短期贷款	17557373	19595262	22248762	24996841	27299493
中长期贷款	12902631	16749332	20882054	26418096	38556609
票据融资	1850899	2759807	3352654	5076792	4923396
各项垫款	11339	13775	9919	12160	2343
非银行业金融机构贷款				278000	172000
境外贷款	1029	2256	1416	29356	1866

10-13 财产和人寿保险业务收支情况

(1989-2022年) 单位：万元

年份	保费收入			赔款、给付		
	合计	财产险	人身险	合计	财产险赔款支出	人身险赔款支出及给付
1989	3917	2214	1703	6844	6307	537
1990	4688	2727	1961	3483	2762	721
1991	8452	4515	3937	3087	2445	642
1992	15956	8234	7722	8186	6486	1700
1993	21221	12611	8610	9370	5492	3878
1994	21844	12987	8857	12187	11060	1127
1995	28985	17973	11012	9609	8268	1341
1996	34669	20489	14180	11173	9513	1660
1997	44182	22755	21427	56522	43690	12832
1998	57600	26061	31539	25928	12149	13779
1999	74468	30348	44120	22303	14691	7612
2000	92422	36150	56272	27915	15957	11958
2001	128548	43389	85159	34789	20314	14475
2002	173031	53802	119229	40151	27902	12249
2003	194986	56614	138372	52557	33194	19363
2004	240338	76198	164140	127470	101907	25563
2005	274479	98715	175764	101523	82333	19190
2006	311690	126931	184759	93238	66165	27073
2007	374198	162896	211302	141927	89755	52172
2008	515523	193432	322091	183381	117919	65462
2009	575102	233688	341414	207852	125507	82345
2010	729151	294241	434910	184306	139505	44801
2011	758807	342052	416755	228258	173571	54687
2012	843994	391421	452573	291713	227214	64499
2013	962828	445690	517138	362328	269691	92638
2014	1123907	517174	606733	383806	296430	87375
2015	1274452	579060	695392	459763	321127	138637
2016	1461460	617343	844117	533770	349695	184074
2017	1703004	640951	1062053	530434	351045	179389
2018	1785000	738000	1047000	579600	392100	187500
2019	1921554	773293	1148261	819215	641349	177866
2020	2192534	852308	1340226	709138	530252	178886
2021	2188653	913555	1275099	806470	601282	205188
2022	2395939	1071333	1324607	913060	693036	220025

主要统计指标解释

财政总收入 包括地方上划中央税收入和地方财政收入两部分。

一般预算收入 指按国家预算收入科目规定，属于地方负责组织征收的收入数，包括①各种税收收入类，指税务机关征管的“工商税收类”；海关征管的“关税类”；财政机关征管的“农业税类”“国有企业所得税类”等。②企业收入类。③企业亏损补贴类。④其他收入等。

增值税 是以商品生产流通和劳务服务各个环节的增值额为征税对象的一种流转税。按现行财政体制，增值税属于中央与地方的共享税种，其中：中央分享 75%，地方分享 25%；2016 年 5 月份开始中央和地方各 50%。

一般预算支出 指按国家预算支出科目规定，属于地方财政的各类预算支出，包括一般公共服务支出、公共安全支出、教育支出、科学技术支出、文化体育与传媒支出、社会保障和就业支出、医疗卫生支出、环境保护支出、城乡社区事务支出、农林水事务支出、交通运输支出、工业商业金融事务支出等。

金融机构存款 指企业、机关、团体和居民根据可以收回的原则，把货币存入各类金融机构保管，并取得一定利息的一种信用活动形式。根据存款对象的不同可划分为企业存款、财政存款、机关团体存款、居民储蓄存款等。

金融机构贷款 指各类金融机构根据必须归还的原则，按一定利率为企业、个人等提供资金的一种信用活动形式。根据贷款对象的不同分为工业贷款、建筑业贷款、商业贷款、农业贷款等。

城乡居民储蓄存款余额 包括城镇居民储蓄和农村居民个人储蓄两部分存款余额。不包括工矿企业、部队、机关团体等集体存款。

保费收入 指被保险人按其得到保险利益的保障程度(保险金额)的一定比率向保险人缴付的费用。

赔款 指保险人对财产保险的保险事故给予的经济补偿或对人身保险的保险事故给付的保险金。

11

物　价

Prices

11-1　主要年份市区物价总指数

年　份	居民消费价格总指数		商品零售价格指数	
	以上年为100	以1978年为100	以上年为100	以1978年为100
1978	100.0	100.0	99.9	100.0
1980	108.8	111.6	109.5	113.2
1985	109.4	134.9	109.8	137.3
1986	107.7	145.3	107.4	147.5
1987	111.8	162.4	112.0	165.2
1988	124.8	202.7	125.2	206.8
1989	117.7	238.6	117.1	242.2
1990	100.9	240.8	100.4	243.2
1991	104.6	251.8	104.2	253.4
1992	111.4	280.6	111.5	282.5
1993	118.7	333.0	116.0	327.7
1994	125.3	417.3	124.2	407.1
1995	115.2	480.7	114.0	464.0
1996	108.8	523.0	105.2	488.2
1997	102.4	535.6	99.9	487.7
1998	99.6	533.4	98.0	477.9
1999	99.2	529.1	98.3	469.8
2000	100.8	533.4	99.1	465.6
2001	98.4	524.8	99.0	460.9
2002	99.0	519.6	99.3	457.7
2003	100.4	521.7	98.4	450.4
2004	104.3	544.1	100.5	452.7
2005	100.0	544.1	99.2	449.1
2006	100.2	545.2	99.4	446.4
2007	104.0	567.0	104.4	466.0
2008	104.2	590.8	105.6	492.1
2009	99.4	587.3	99.5	489.6
2010	104.6	614.3	104.3	510.7
2011	106.3	653.0	106.7	544.9
2012	102.0	666.1	102.1	556.3
2013	101.8	678.1	100.3	558.1
2014	102.3	693.7	101.4	565.9
2015	100.7	698.6	99.5	563.1
2016	101.6	709.8	100.9	568.2
2017	102.4	726.8	101.5	576.7
2018	102.4	744.1	101.6	585.9
2019	102.3	761.1	101.7	595.9
2020	102.1	776.9	101.6	605.3
2021	101.7	790.2	102.6	620.9
2022	101.6	802.8	102.8	638.3

11-2　市区居民消费价格分类指数

(2018-2022年，以上年为100)

指　　标	2018年	2019年	2020年	2021年	2022年
居民消费价格指数	**102.4**	**102.3**	**102.1**	**101.7**	**101.6**
服务价格指数	**103.5**	**101.5**	**100.6**	**101.3**	**100.2**
消费品价格指数	**101.6**	**102.8**	**103.1**	**102.0**	**102.5**
食品烟酒	101.5	105.8	106.5	101.0	101.3
食　品	101.1	107.9	108.9	100.3	100.8
粮　食	100.1	99.2	101.6	101.1	100.9
鲜　菜	108.1	108.6	104.7	109.1	101.3
畜肉类	96.6	130.3	137.1	78.9	97.9
水产品	101.0	97.1	99.7	111.4	98.7
烟　酒	99.9	100.2	101.4	101.0	101.8
衣　着	102.3	101.1	101.4	101.4	102.5
居　住	105.8	100.4	100.0	100.3	99.6
生活用品及服务	101.5	102.1	102.0	101.8	103.0
交通和通信	100.3	98.8	97.0	104.1	104.8
教育文化和娱乐	102.2	101.4	101.9	104.2	101.7
医疗保健	101.4	103.8	100.2	103.2	100.1
其他用品和服务	99.7	102.6	102.7	97.1	101.7

11-3 市区商品零售价格分类指数(一)

(1994-2022年，以上年为100)

年份	商品零售价格总指数	食品类	饮料、烟酒类	服装、鞋帽类	纺织品类	家用电器及音像器材类	文化办公用品类	日用品类	体育娱乐用品类
1994	124.2	136.2	103.5	126.7	119.4	108.3		111.3	
1995	114.0	122.6	92.4	114.0	117.7	98.2		111.1	
1996	105.2	106.3	102.9	103.9	110.6	97.9		108.9	
1997	99.9	99.9	96.9	103.5	102.4	95.6		100.4	
1998	98.0	99.2	94.7	101.8	99.3	96.6		96.8	
1999	98.3	97.6	95.9	99.3	98.4	92.4		98.0	
2000	99.1	97.4	101.3	98.6	100.1	90.7		96.9	
2001	99.0	98.7	102.4	96.8	100.2	96.8		98.1	
2002	99.3	100.3	98.8	95.8	98.6	97.8		98.7	
2003	98.4	102.7	103.6	95.4	99.9	94.7	94.2	97.6	96.5
2004	100.5	111.9	103.2	97.2	100.1	94.7	96.7	98.9	99.7
2005	99.2	103.1	98.5	89.7	99.0	97.3	97.0	100.8	100.0
2006	99.4	101.6	100.5	93.0	98.5	98.5	98.7	100.7	95.9
2007	104.4	112.8	102.0	97.3	100.8	98.5	98.0	100.5	95.8
2008	105.6	110.0	103.0	89.0	99.3	99.3	99.4	104.5	93.1
2009	99.5	113.5	99.9	91.4	105.0	96.4	97.6	101.1	94.2
2010	104.3	108.8	100.4	95.6	96.8	97.1	94.3	99.8	97.2
2011	106.7	115.8	103.8	100.3	100.5	98.8	98.3	104.6	97.8
2012	102.1	105.6	103.9	104.5	112.0	97.3	95.7	102.9	98.4
2013	100.3	105.2	100.1	101.4	103.1	99.2	95.7	100.6	99.5
2014	101.4	103.7	99.7	101.2	105.9	99.3	97.0	99.3	101.2
2015	99.5	102.2	103.5	104.3	98.4	97.0	98.1	99.5	100.1
2016	100.9	103.3	102.4	102.5	104.6	99.7	98.7	101.7	102.9
2017	101.5	99.9	101.4	102.5	98.0	100.2	99.9	101.4	102.6
2018	101.6	101.4	100.4	102.3	99.0	97.0	102.4	101.7	99.9
2019	101.7	107.0	100.8	101.1	97.7	100.9	103.3	101.6	99.7
2020	101.6	107.7	101.6	101.4	101.7	102.0	102.7	101.3	102.0
2021	102.6	100.8	101.0	101.5	101.2	105.6	103.0	100.4	102.4
2022	102.8	101.2	101.4	102.3	101.0	103.5	101.7	101.7	102.5

11-4 市区商品零售价格分类指数(二)

(1994-2022年，以上年为100)

年 份	交通、通信用品类	家具类	化妆品类	金 银珠宝类	中、西药品及医疗保健用品类	书报、杂志及电子出版物类	燃料类	建筑材料及五金电料类
1994			105.5	110.0	95.0	154.3	100.2	113.4
1995			110.4	98.1	109.9	109.6	101.1	110.9
1996			103.4	100.0	111.5	137.0	98.3	101.5
1997			97.2	100.7	104.3	108.7	100.3	94.5
1998			93.1	93.0	103.3	108.3	91.6	89.5
1999			95.4	91.1	101.5	105.9	104.3	101.9
2000			93.6	100.8	101.9	103.1	131.2	100.0
2001			92.4	81.8	96.7	109.8	89.8	99.4
2002			97.9	99.2	96.0	99.5	93.7	100.9
2003	88.1	90.6	101.1	103.5	91.6	99.3	108.8	98.5
2004	86.4	96.3	97.5	113.3	81.9	100.4	109.8	102.6
2005	89.1	95.9	100.7	103.5	96.4	99.8	114.2	100.1
2006	91.7	96.9	99.8	112.3	97.2	99.2	112.3	104.1
2007	96.7	94.8	100.5	108.0	102.8	99.3	108.2	105.9
2008	97.1	90.2	100.7	111.8	117.2	101.8	117.9	108.8
2009	100.6	90.4	98.4	99.3	103.5	106.1	85.1	99.2
2010	99.2	96.8	97.8	115.5	109.1	101.3	119.7	105.4
2011	96.3	100.0	101.4	120.2	109.0	102.5	113.7	105.3
2012	92.8	103.3	103.7	102.6	100.4	100.6	103.5	102.7
2013	95.9	102.8	100.9	94.2	91.2	100.0	99.6	100.6
2014	100.4	101.8	98.7	92.3	104.9	100.0	98.8	99.4
2015	97.0	101.3	100.5	94.8	105.5	100.3	82.3	98.9
2016	99.0	102.0	102.1	107.8	101.5	104.7	94.1	100.9
2017	98.8	103.1	99.8	100.8	102.9	101.4	110.4	102.6
2018	97.9	103.3	101.2	98.1	102.9	104.0	110.7	102.0
2019	97.8	102.5	102.5	108.1	101.5	104.7	96.8	100.9
2020	98.7	101.9	102.5	114.1	100.5	101.7	89.9	100.8
2021	101.2	101.6	100.7	97.4	99.8	100.2	115.2	102.3
2022	100.0	100.7	105.5	105.3	99.3	101.4	116.9	100.4

11-5　工业生产者价格指数

(2015-2022年，以上年为100)

项　目	2015年	2016年	2017年	2018年	2019年	2020年	2021年	2022年
一、工业生产者出厂价格指数(PPI)	**97.3**	**97.9**	**103.2**	**102.0**	**100.1**	**98.8**	**102.7**	**102.7**
其中：轻工业	99.1	99.1	102.5	101.2	100.3	98.9	99.3	101.7
重工业	96.4	97.5	103.4	102.2	100.0	98.7	104.0	103.0
其中：生产资料	96.3	97.5	104.2	102.3	99.4	98.4	104.3	103.4
生活资料	99.1	98.8	100.7	101.1	101.6	99.5	99.0	100.7
按工业行业大类分								
农副食品加工业	99.3	101.3	97.8	99.7	111.6	111.2	87.4	101.1
食品制造业	98.7	98.9	96.6	94.9	99.8	96.7	95.4	103.3
酒、饮料和精制茶制造业	97.3	97.4	99.9	99.9	98.2	99.0	100.2	98.8
纺织业	98.7	98.5	104.0	102.6	101.6	98.2	99.3	103.8
纺织服装、服饰业	100.7	96.5	97.4	100.0	103.1	98.2		
皮革、毛皮、羽毛及其制品和制鞋业	100.5	100.8	100.8	102.7	100.7	98.4	94.5	98.5
木材加工和木、竹、藤、棕、草制品业	99.4	99	100.2	100.4	99.3	97.9	98.3	100.7
家具制造业	100	103	100.5	99.6	101.7	101.8	97.7	103.2
造纸和纸制品业	99.2	102.8	126.4	103.0	88.1	98.8	105.3	101.9
印刷和记录媒介复制业	97.9	99.6	101.7	104.9	101.2	99.6	112.6	107.4
文教、工美、体育和娱乐用品制造业	100.9	94.8	101.2	102.4	100.6	100.7	97.7	88.9
化学原料和化学制品制造业	94.9	94.9	109.1	113.5	98.5	89.8	111.9	103.7
医药制造业	98.5	98	100.6	104.3	104.2	99.3	98.7	101.5
化学纤维制造业	86.5	103.1	114.9	104.4	97.1	88.8		
橡胶和塑料制品业	97.5	97.6	100.3	99.2	100.0	99.2	102.2	102.8
非金属矿物制品业	94.1	99.8	110.4	118.1	104.9	102.3	105.5	95.9
黑色金属冶炼和压延加工业	95.3	94.9	117.6	113.8	97.4	97.2	119.6	101.6
有色金属冶炼和压延加工业	93.8	99.5	119.8	101.5	97.0	102.0	122.3	106.8
金属制品业	96.6	97.4	103.5	103.5	101.8	99.9	107.3	105.2
通用设备制造业	97	98.2	103.4	103.0	101.7	98.5	101.6	104.3
专用设备制造业	95.9	99.8	100.9	101.4	100.7	99.1	99.8	102.0
汽车制造业	97.3	97.5	100.3	98.6	98.8	98.5	100.2	104.4
铁路船舶航空航天和其他运输设备制造业	98.9	99.2	102.5	99.6	99.0	98.6	102.4	102.6
电气机械和器材制造业	96.7	96.9	102.6	100.6	97.8	98.5	111.6	102.2
计算机、通信和其他电子设备制造业	93.1	98.2	99.2	98.0	97.1	96.1	99.1	94.9
仪器仪表制造业	97.4	95.2	96.7	100.5	99.5	96.4	99.0	100.6
其他制造业	98.2	98.9	104.4	100.5	100.2	101.5	99.9	100.3
废弃资源综合利用业	89.8	100.4	111.7	105.7	100.5	100.6		
电力、热力生产和供应业	98.9	95.3	99.6	98.4	98.0	97.5	101.4	102.4
燃气生产和供应业	87.2	89.4	103.7	106.4	105.1	94.2	92.8	117.7
水的生产和供应业	100	102.7	107.9	102.0	100.0	96.0	101.3	99.9
二、工业生产者购进价格指数(IPI)	**95.1**	**98.4**	**108.2**	**103.9**	**97.3**	**97.3**	**112.9**	**104.3**
燃料、动力类	91	97.5	103.0	100.7	99.4	99.2	113.4	105.6
黑色金属材料类	92.4	96.1	118.0	107.1	97.9	98.8	120.8	102.2
有色金属材料及电线类	92.3	98	115.2	103.4	95.5	100.1	124.6	106.9
化工原料类	94.6	98.5	109.3	104.4	93.6	93.1	118.5	104.5
木材及纸浆类	99.4	99.6	111.9	103.8	96.2	99.2	108.8	100.6
建筑材料及非金属类	97.8	94.8	117.5	119.1	103.8	99.7	105.5	97.3
其他工业原材料及半成品类	97.5	99.2	104.1	102.4	97.8	97.2	105.8	103.5
农副产品类	98.8	101.4	103.2	101.9	108.3	105.9	98.5	107.2
纺织原料类	97.6	99.5	106.3	105.4	96.5	93.2	103.2	105.2

注：2018年起，工业行业划分标准的依据是《国民经济行业分类》(GB/T4754-2017)。

主要统计指标解释

居民消费价格指数 居民消费价格是指城乡居民支付生活消费品和服务项目消费的价格，是社会产品和服务项目的最终价格。居民消费价格指数是度量一组具有代表性的消费商品及服务项目价格水平随着时间而变动的相对数，反映居民家庭购买的消费品及服务价格水平的变动情况。它是宏观经济分析和决策、价格总水平监测和调控以及国民经济核算的重要指标。调查内容包括食品烟酒、衣着、居住、生活用品及服务、交通及通信、教育文化和娱乐、医疗保健、其他用品和服务 8 大类的商品及服务项目。编制居民消费价格指数共设 262 个基本分类，每个分类设置 2-10 个代表规格品，代表规格品 846 种，采用加权算术平均公式计算指数。计算指数的价格来源于各采价点，权数根据住户调查中居民的实际消费构成每 5 年调整。

商品零售价格指数 商品零售价格是商品在流通过程中最后一个环节的价格，指工业、商业、餐饮业和其他零售企业向城乡居民、机关团体出售生活消费品和办公用品的价格。商品零售价格指数是指反映一定时期内商品零售价格变动趋势和变动程度的相对数。调查内容包括即食品、饮料烟酒、服装鞋帽、纺织品、家用电器及音像器材、文化办公用品、日用品、体育娱乐用品、交通通信用品、家具、化妆品、金银珠宝、中西药品及医疗保健用品、书报杂志及电子出版物、燃料、建筑材料及五金电料 16 大类，编制商品零售价格指数共设 229 个基本分类，代表规格品 738 种，采用加权算术平均公式计算指数。计算指数的价格来源于各采价点(即商场、商店、农贸市场等)，权数根据批发零售贸易统计中的相关资料和典型调查资料每 5 年调整。

工业生产者出厂价格指数 工业生产者出厂价格是指工业产品第一次出售时的出厂价格，工业生产者出厂价格指数是以出厂代表产品的价格变动来反映全部出厂产品的价格变化趋势和变动幅度。编制工业生产者出厂价格指数共设 31 大类行业。

工业生产者购进价格指数 工业生产者购进价格是指企业作为中间投入的原材料、燃料、动力购进价格。工业生产者购进价格指数是以购进代表产品的价格变动来反映全部购进产品的价格变化趋势和变动幅度。编制工业生产者购进价格指数共设 9 大类。

12

人民生活

People's Livelihood

12-1　分行业在岗职工工资总额

单位：万元

行　业	2020年	2021年	2022年
总　计	**7413216**	**8249896**	**9131208**
按国民经济行业分			
农、林、牧、渔业			
采矿业	3017	3199	5851
制造业	4479018	5229336	5832731
电力、热力、燃气及水生产和供应业	131953	88858	143500
建筑业	1681680	1757860	1792269
批发和零售业	361502	372059	452912
交通运输、仓储和邮政业	162013	159823	175891
住宿和餐饮业	73260	83587	99313
信息传输、软件和信息技术服务业	77218	79666	90177
金融业			
房地产业	164659	176592	181682
租赁和商务服务业	142937	178337	193326
科学研究、技术服务业	60640	49973	72447
水利、环境和公共设施管理业	22943	22559	32357
居民服务、修理和其他服务业	22167	20787	19397
教　育	2559	1435	1552
卫生和社会工作	18132	17384	26409
文化、体育和娱乐业	9519	8439	11394
公共管理、社会保障和社会组织			

注：本表统计范围为辖区内规模以上工业、有资质的建筑业、限额以上批发和零售业、限额以上住宿和餐饮业、有开发经营活动的全部房地产开发经营业、规模以上服务业法人单位。

12-2 分行业在岗职工平均工资

单位：元

行　业	2020年	2021年	2022年
总　计	**67568**	**74580**	**75887**
按国民经济行业分			
农、林、牧、渔业			
采矿业	68874	76346	102108
制造业	67837	76832	77715
电力、热力、燃气及水生产和供应业	150615	147654	179151
建筑业	59540	62873	62933
批发和零售业	73621	82551	86084
交通运输、仓储和邮政业	84219	94102	100930
住宿和餐饮业	48140	54722	57041
信息传输、软件和信息技术服务业	130812	148409	164436
金融业			
房地产业	97976	111810	109924
租赁和商务服务业	64880	67320	60919
科学研究、技术服务业	127074	115145	134810
水利、环境和公共设施管理业	57894	59571	59965
居民服务、修理和其他服务业	56048	62125	57642
教　育	65943	67689	74990
卫生和社会工作	77821	89886	96172
文化、体育和娱乐业	62056	90454	105696
公共管理、社会保障和社会组织			

注：本表统计范围为辖区内规模以上工业、有资质的建筑业、限额以上批发和零售业、限额以上住宿和餐饮业、有开发经营活动的全部房地产开发经营业、规模以上服务业法人单位。

12-3　全体居民家庭人均可支配收入和消费支出情况

(2013-2022年)

单位：元

指标名称	2013年	2014年	2015年	2016年	2017年	2018年	2019年	2020年	2021年	2022年
人均可支配收入	**28215**	**30950**	**33788**	**36915**	**40439**	**43973**	**47988**	**50643**	**55499**	**58040**
工资性收入	16868	18652	20493	22324	24505	26572	28879	30130	33159	34591
经营净收入	5618	5997	6365	6869	7446	8069	8783	9480	10306	10759
财产净收入	2978	3281	3627	4039	4402	4814	5310	5711	6316	6706
转移净收入	2751	3019	3302	3684	4086	4518	5016	5322	5717	5984
人均消费支出	**19502**	**21641**	**23822**	**25143**	**27129**	**29421**	**31768**	**30969**	**36227**	**38330**
食品烟酒	5925	6526	7085	7426	7890	8489	9092	9073	10329	10881
衣　着	1553	1723	1888	1951	2054	2210	2361	2282	2675	2782
居　住	4623	5133	5678	5863	6408	6957	7479	7357	8516	8998
生活用品及服务	1123	1272	1401	1457	1579	1700	1833	1793	2115	2226
交通通信	3110	3480	3850	4174	4515	4917	5333	5051	6013	6502
教育文化娱乐	1626	1790	2029	2256	2519	2778	3078	2935	3659	3841
医疗保健	1045	1167	1289	1382	1499	1659	1820	1754	2100	2241
其他用品及服务	497	550	602	635	665	711	771	724	820	860

12-4 主要年份城乡居民家庭人均收支情况

(1990-2022年)

单位：元

年份	全市城镇常住居民		市区城镇常住居民		全市农村常住居民	
	人均可支配收入	人均消费支出	人均可支配收入	人均消费支出	人均可支配收入	人均消费支出
1990	1595	1476	1528	1236		
1991	1938	1862	1991	1688		
1992	2307	2293	2348	2157		
1993	3514	3096	3697	2943		
1994	4960	4111	5355	3915		
1995	6489	5636	7088	5397		
1996	6793	5826	7487	5647		
1997	7221	6869	8062	6312	3836	
1998	7761	7305	8684	7393	4169	
1999	8189	7370	9052	7306	4378	
2000	8728	7493	9465	7372	4668	
2001	10105	8543	10724	8612	5032	
2002	11639	9564	12782	9857	5401	
2003	13404	10532	14983	10795	5823	4548
2004	15870	11892	17176	12968	6529	4672
2005	17132	13380	18890	14330	7269	6010
2006	18749	14052	20582	15360	8006	6544
2007	20626	15726	22946	15565	9053	7749
2008	22395	16425	24943	15614	9975	8466
2009	24061	17732	26705	17364	10873	8864
2010	26802	19401	29484	19499	12287	9655
2011	30030	21430	33140	22502	14244	11332
2012	33467	22333	37058	24014	15829	12117
2013	36480	24031	40356	25983	17523	13643
2014	39763	26458	44082	28698	19362	15307
2015	43266	28892	47990	31448	21225	17102
2016	47162	30021	52318	33462	23164	18598
2017	51374	32514	57032	35809	25369	19709
2018	55705	35100	61779	38266	27631	21510
2019	60351	37616	67041	40794	30221	23364
2020	62598	36131	69488	39300	32188	23001
2021	68053	42096	75388	46299	35419	26838
2022	70737	44180	77813	48387	37700	28958

注：2013年起住户调查方法制度进行城乡一体化改革，2012年及以前年份数据依据改革后新调查口径推算所得，下同。

12-5　城镇居民家庭人均可支配收入和消费支出情况

(2013-2022年)　　单位：元

指标名称	2013年	2014年	2015年	2016年	2017年	2018年	2019年	2020年	2021年	2022年
人均可支配收入	**36480**	**39763**	**43266**	**47162**	**51374**	**55705**	**60351**	**62598**	**68053**	**70737**
工资性收入	21045	23149	25402	27644	30247	32684	35260	36226	39504	40931
经营净收入	6974	7365	7699	8241	8856	9579	10359	11022	11906	12336
财产净收入	4596	5033	5548	6167	6651	7244	7909	8290	9103	9620
转移净收入	3864	4216	4617	5111	5621	6198	6824	7061	7540	7851
人均消费支出	**24031**	**26458**	**28892**	**30021**	**32514**	**35100**	**37616**	**36131**	**42096**	**44180**
食品烟酒	7125	7802	8457	8796	9402	10058	10713	10564	11941	12481
衣　着	2042	2257	2463	2507	2623	2814	2981	2844	3305	3408
居　住	5817	6393	6994	7079	7798	8426	8981	8685	9978	10452
生活用品及服务	1443	1628	1782	1848	2014	2159	2314	2226	2607	2726
交通通信	3934	4351	4690	4890	5271	5729	6137	5695	6811	7310
教育文化娱乐	1914	2084	2372	2631	2968	3256	3591	3382	4221	4393
医疗保健	1087	1204	1323	1421	1562	1725	1894	1805	2192	2320
其他用品及服务	669	739	811	849	876	933	1005	930	1041	1090

12-6　农村居民家庭人均可支配收入和消费支出情况

(2013-2022年)　　单位：元

指标名称	2013年	2014年	2015年	2016年	2017年	2018年	2019年	2020年	2021年	2022年
人均可支配收入	**17523**	**19362**	**21225**	**23164**	**25369**	**27631**	**30221**	**32188**	**35419**	**37700**
工资性收入	11466	12739	13986	15185	16591	18057	19709	20721	23012	24436
经营净收入	3862	4198	4598	5027	5504	5966	6519	7100	7748	8232
财产净收入	884	978	1081	1183	1303	1430	1576	1729	1858	2038
转移净收入	1311	1446	1560	1769	1970	2178	2417	2638	2803	2994
人均消费支出	**13643**	**15307**	**17102**	**18598**	**19709**	**21510**	**23364**	**23001**	**26838**	**28958**
食品烟酒	4372	4849	5266	5587	5807	6303	6763	6770	7751	8317
衣　着	919	1022	1127	1205	1270	1368	1471	1415	1667	1778
居　住	3078	3475	3934	4231	4493	4910	5320	5308	6178	6670
生活用品及服务	708	803	895	933	979	1061	1142	1125	1328	1424
交通通信	2045	2335	2737	3213	3474	3787	4177	4056	4737	5207
教育文化娱乐	1254	1403	1573	1753	1900	2113	2342	2245	2760	2956
医疗保健	991	1119	1244	1328	1412	1566	1715	1675	1952	2114
其他用品及服务	275	301	326	348	374	402	435	407	465	492

12-7　全体居民家庭住房和耐用消费品情况

(2013-2022年)

指标名称		2013年	2014年	2015年	2016年	2017年	2018年	2019年	2020年	2021年	2022年
平均每户家庭人口数	**(人)**	**2.91**	**2.96**	**3.00**	**3.01**	**3.03**	**3.04**	**3.08**	**3.10**	**3.10**	**3.10**
人均现住房建筑面积	**(平方米)**	**48.3**	**49.0**	**51.4**	**52.5**	**52.7**	**54.0**	**54.7**	**55.0**	**54.9**	**55.1**
每百户耐用消费品拥有量											
家用汽车	(辆)	34	39	41	45	49	57	58	62	65	66
摩托车	(辆)	25	29	26	23	20	15	12	12	10	11
助力车	(辆)	68	74	81	87	91	91	101	101	104	107
洗衣机	(台)	76	81	86	87	89	91	94	97	100	100
电冰箱(柜)	(台)	91	96	98	99	101	104	107	107	108	108
彩色电视机	(台)	166	173	179	181	184	184	185	186	186	186
空　调	(台)	124	136	148	152	158	177	182	186	193	193
热水器	(台)	84	92	98	100	103	104	105	109	109	109
排油烟机	(台)	63	68	72	75	78	80	83	85	87	87
固定电话	(部)	49	49	46	41	37	31	29	24	20	20
移动电话	(部)	214	227	233	235	240	250	251	254	260	261
计算机	(台)	73	80	86	88	89	82	81	84	81	81
照相机	(架)	29	31	30	27	24	17	16	16	13	13

12-8　城镇居民家庭住房和耐用消费品情况

(2013-2022年)

指标名称		2013年	2014年	2015年	2016年	2017年	2018年	2019年	2020年	2021年	2022年
平均每户家庭人口数	**(人)**	**2.89**	**2.95**	**2.99**	**3.00**	**3.01**	**3.03**	**3.06**	**3.05**	**3.05**	**3.07**
人均现住房建筑面积	**(平方米)**	**46.2**	**46.9**	**48.4**	**48.8**	**49.1**	**50.8**	**51.3**	**51.9**	**51.9**	**52.0**
每百户耐用消费品拥有量											
家用汽车	(辆)	43	49	51	54	57	65	66	69	72	73
摩托车	(辆)	24	28	24	20	16	13	11	11	8	9
助力车	(辆)	61	67	74	78	82	84	93	94	96	100
洗衣机	(台)	85	90	95	96	97	97	100	102	104	104
电冰箱(柜)	(台)	96	99	101	101	103	105	107	107	108	109
彩色电视机	(台)	183	190	196	197	198	192	190	191	191	191
空　调	(台)	164	177	191	195	199	214	215	215	221	221
热水器	(台)	93	102	108	110	112	112	113	115	115	115
排油烟机	(台)	75	82	87	90	92	91	92	93	94	94
固定电话	(部)	54	53	51	46	41	36	33	28	23	22
移动电话	(部)	226	237	242	245	249	256	257	258	265	266
计算机	(台)	92	97	104	105	105	98	96	98	94	94
照相机	(架)	42	44	43	40	37	25	24	22	19	19

12-9 农村居民家庭住房和耐用消费品情况

(2013-2022年)

指标名称		2013年	2014年	2015年	2016年	2017年	2018年	2019年	2020年	2021年	2022年
平均每户家庭人口数	**(人)**	**2.93**	**2.98**	**3.02**	**3.03**	**3.05**	**3.07**	**3.10**	**3.16**	**3.17**	**3.16**
人均现住房建筑面积	**(平方米)**	**51.1**	**51.7**	**55.5**	**57.4**	**57.8**	**58.5**	**59.6**	**59.7**	**59.7**	**60.1**
每百户耐用消费品拥有量											
家用汽车	(辆)	22	26	29	34	39	44	47	51	54	55
摩托车	(辆)	26	31	28	28	25	18	14	14	13	14
助力车	(辆)	77	84	91	100	104	101	111	113	118	119
洗衣机	(台)	65	70	73	76	78	83	85	89	94	94
电冰箱(柜)	(台)	84	91	94	96	97	102	106	106	107	107
彩色电视机	(台)	143	151	156	159	165	173	178	178	179	179
空　调	(台)	73	83	92	94	102	125	135	140	149	149
热水器	(台)	73	80	85	86	90	92	94	98	100	100
排油烟机	(台)	47	50	53	54	58	64	70	72	75	75
固定电话	(部)	43	44	39	35	31	24	23	18	16	16
移动电话	(部)	199	214	221	222	228	242	244	248	253	253
计算机	(台)	48	57	62	65	68	60	58	63	59	60
照相机	(架)	12	13	12	8	7	6	6	5	4	4

12-10 市区全体居民家庭人均可支配收入和消费支出情况

(2013-2022年)　　单位：元

指标名称	2013年	2014年	2015年	2016年	2017年	2018年	2019年	2020年	2021年	2022年
人均可支配收入	**31781**	**34903**	**38083**	**41654**	**45720**	**49707**	**54177**	**57129**	**62280**	**64969**
工资性收入	18582	20374	22481	24182	26559	28791	31354	32759	35777	37148
经营净收入	6110	6629	7105	7369	7969	8688	9482	10088	10861	11367
财产净收入	3981	4402	4864	5657	6209	6718	7371	7756	8606	9145
转移净收入	3108	3497	3633	4446	4984	5510	5969	6526	7037	7310
人均消费支出	**21321**	**23663**	**26062**	**27950**	**30070**	**32299**	**34632**	**33692**	**39387**	**41486**
食品烟酒	6527	7213	7877	8271	8805	9384	10052	9732	11696	12268
衣　着	1812	2008	2219	2296	2479	2656	2838	2772	3175	3291
居　住	4964	5492	5923	6303	6717	7250	7691	7488	8293	8663
生活用品及服务	1240	1369	1503	1629	1769	1901	2042	2050	2356	2479
交通通信	3381	3848	4343	4822	5225	5584	5988	5902	6700	7176
教育文化娱乐	1779	1962	2213	2511	2790	3028	3311	3101	4074	4287
医疗保健	900	986	1099	1165	1257	1387	1521	1511	1745	1870
其他用品及服务	719	786	884	953	1027	1109	1190	1136	1348	1451

12-11 市区城镇居民家庭人均可支配收入和消费支出情况

(2013-2022年)

单位：元

指标名称	2013年	2014年	2015年	2016年	2017年	2018年	2019年	2020年	2021年	2022年
人均可支配收入	**40356**	**44082**	**47990**	**52318**	**57032**	**61779**	**67041**	**69488**	**75388**	**77813**
工资性收入	22837	24828	27352	29263	31995	34510	37394	38436	41958	43136
经营净收入	7123	7722	8239	8341	8938	9761	10680	11221	11830	12238
财产净收入	5794	6374	7039	8235	8951	9662	10548	10889	12038	12644
转移净收入	4602	5158	5361	6479	7149	7846	8419	8942	9562	9794
人均消费支出	**25983**	**28698**	**31448**	**33462**	**35809**	**38266**	**40794**	**39300**	**46299**	**48387**
食品烟酒	7938	8755	9515	9879	10473	11097	11837	11323	13543	14114
衣　着	2338	2576	2829	2908	3120	3320	3534	3423	3959	4060
居　住	5945	6527	7027	7453	7941	8567	9008	8674	9745	10104
生活用品及服务	1588	1746	1894	2050	2216	2367	2533	2508	2897	3005
交通通信	4060	4603	5135	5637	6003	6343	6742	6617	7623	8110
教育文化娱乐	2097	2293	2597	2929	3261	3531	3855	3585	4754	4986
医疗保健	1060	1159	1291	1358	1458	1604	1757	1734	2048	2165
其他用品及服务	958	1039	1160	1248	1337	1437	1529	1436	1729	1845

12-12 市区农村居民家庭人均可支配收入和消费支出情况

(2013-2022年)

单位：元

指标名称	2013年	2014年	2015年	2016年	2017年	2018年	2019年	2020年	2021年	2022年
人均可支配收入	**18607**	**20544**	**22446**	**24592**	**27059**	**29626**	**32374**	**34480**	**37765**	**40098**
工资性收入	12046	13408	14793	16053	17593	19278	21118	22356	24218	25553
经营净收入	4555	4920	5316	5814	6369	6902	7453	8012	9048	9679
财产净收入	1195	1318	1430	1533	1684	1822	1986	2016	2186	2368
转移净收入	811	898	907	1193	1412	1625	1816	2097	2313	2499
人均消费支出	**14160**	**15788**	**17560**	**19131**	**20602**	**22373**	**24189**	**23415**	**26461**	**28121**
食品烟酒	4360	4802	5292	5698	6054	6534	7028	6817	8241	8694
衣　着	1005	1118	1257	1318	1420	1552	1658	1579	1707	1804
居　住	3456	3872	4181	4464	4699	5060	5459	5313	5578	5874
生活用品及服务	706	778	886	955	1031	1127	1210	1211	1345	1461
交通通信	2338	2667	3094	3517	3942	4320	4709	4591	4972	5366
教育文化娱乐	1290	1444	1607	1841	2013	2191	2390	2214	2803	2935
医疗保健	654	715	796	856	925	1025	1120	1104	1179	1298
其他用品及服务	352	390	448	481	516	564	615	587	636	689

12-13 市区全体居民家庭住房和耐用消费品情况

(2013-2022年)

指标名称		2013年	2014年	2015年	2016年	2017年	2018年	2019年	2020年	2021年	2022年
平均每户家庭人口数	**(人)**	**3.11**	**3.08**	**3.13**	**3.09**	**3.10**	**3.12**	**3.22**	**3.19**	**3.25**	**3.29**
人均现住房建筑面积	**(平方米)**	**45.1**	**46.1**	**48.1**	**51.6**	**51.8**	**51.5**	**52.0**	**52.6**	**53.1**	**53.2**
每百户耐用消费品拥有量											
家用汽车	(辆)	49	54	57	61	66	68	67	71	73	74
摩托车	(辆)	23	24	22	20	17	15	13	13	13	12
助力车	(辆)	65	70	74	79	84	82	83	84	83	88
洗衣机	(台)	81	84	89	92	94	96	97	99	102	102
电冰箱(柜)	(台)	92	96	99	102	104	106	107	107	108	109
彩色电视机	(台)	187	191	193	194	197	195	196	194	196	195
空　调	(台)	154	165	178	181	183	187	192	194	197	201
热水器	(台)	101	104	109	109	111	112	114	115	115	116
排油烟机	(台)	71	75	79	81	85	87	88	90	92	93
固定电话	(部)	57	52	53	49	43	39	40	38	36	32
移动电话	(部)	223	239	246	250	252	257	259	261	263	265
计算机	(台)	88	95	101	102	101	98	98	98	99	95
照相机	(架)	36	37	36	33	33	30	30	28	28	25

12-14 市区城镇居民家庭住房和耐用消费品情况

(2013-2022年)

指标名称		2013年	2014年	2015年	2016年	2017年	2018年	2019年	2020年	2021年	2022年
平均每户家庭人口数	**(人)**	**2.97**	**2.99**	**3.03**	**3.06**	**3.08**	**3.07**	**3.23**	**3.20**	**3.23**	**3.25**
人均现住房建筑面积	**(平方米)**	**42.7**	**43.3**	**45.6**	**47.6**	**48.5**	**48.4**	**48.8**	**49.2**	**50.1**	**50.2**
每百户耐用消费品拥有量											
家用汽车	(辆)	58	63	64	69	73	76	77	78	80	81
摩托车	(辆)	21	22	20	16	16	13	11	10	11	10
助力车	(辆)	61	66	72	76	81	76	77	78	75	81
洗衣机	(台)	88	92	98	99	100	101	103	104	106	105
电冰箱(柜)	(台)	95	99	103	104	108	109	111	111	111	112
彩色电视机	(台)	202	207	205	205	209	205	208	204	204	203
空　调	(台)	188	202	216	217	216	218	223	223	223	225
热水器	(台)	109	112	115	114	117	117	119	119	118	119
排油烟机	(台)	79	83	88	88	91	92	93	94	95	95
固定电话	(部)	63	57	60	56	48	42	44	42	40	35
移动电话	(部)	233	244	252	254	259	262	265	267	267	268
计算机	(台)	101	109	115	116	113	110	111	110	109	104
照相机	(架)	52	53	47	42	43	39	39	36	36	32

12-15 市区农村居民家庭住房和耐用消费品情况

(2013-2022年)

指标名称		2013年	2014年	2015年	2016年	2017年	2018年	2019年	2020年	2021年	2022年
平均每户家庭人口数	**(人)**	**3.31**	**3.21**	**3.29**	**3.14**	**3.13**	**3.20**	**3.20**	**3.18**	**3.29**	**3.36**
人均现住房建筑面积	**(平方米)**	**48.9**	**50.5**	**52.0**	**58.0**	**57.2**	**56.6**	**57.5**	**58.8**	**58.8**	**58.8**
每百户耐用消费品拥有量											
家用汽车	(辆)	36	41	45	49	54	55	51	57	59	62
摩托车	(辆)	26	28	25	25	19	18	17	17	17	16
助力车	(辆)	72	75	78	85	89	93	94	94	99	102
洗衣机	(台)	70	73	75	80	83	87	89	90	94	96
电冰箱(柜)	(台)	86	91	94	99	98	99	102	101	103	104
彩色电视机	(台)	165	166	174	177	177	178	178	176	181	179
空　调	(台)	101	108	119	123	130	135	139	141	150	154
热水器	(台)	88	91	98	102	101	103	106	106	110	110
排油烟机	(台)	58	62	66	70	75	78	80	81	87	89
固定电话	(部)	48	44	43	38	35	33	34	32	29	26
移动电话	(部)	209	230	237	244	241	247	249	248	255	258
计算机	(台)	68	73	79	80	81	78	77	76	79	77
照相机	(架)	12	14	18	17	16	15	14	13	11	10

12-16 各县市区城镇常住居民人均可支配收入

(2006-2022年)

单位：元

年　份	全　市	市　区				三门县	天台县	仙居县	温岭市	临海市	玉环市
			椒江区	黄岩区	路桥区						
2006	18749	20582	19715	18398	25080	13732	13988	12513	20634	16307	23987
2007	20626	22946	22236	20090	26914	15485	15626	14184	22533	18135	25717
2008	22395	24943	24491	21908	29067	17327	17638	15583	24348	19700	27309
2009	24061	26705	26360	23870	30395	18864	19051	17039	26206	21314	28414
2010	26802	29484	29276	26270	32938	21026	21258	19198	28569	24627	32884
2011	30030	33140	33018	29441	36919	23521	24000	21401	31593	27386	36664
2012	33467	37058	37394	32842	40641	26222	26676	23802	34763	30735	40608
2013	36480	40356	40722	35963	44055	28818	29291	26134	37995	33348	44019
2014	39763	44082	44101	39404	48416	31805	32257	28526	41225	36488	47761
2015	43266	47990	47993	43048	52587	34771	35276	31201	44743	39676	51586
2016	47162	52318	52563	47180	56840	37908	38526	34072	48941	43332	55979
2017	51374	57032	56949	51609	62286	41156	41928	37127	53178	47309	61057
2018	55705	61779	61532	55861	67703	44933	45265	40506	57793	51520	66027
2019	60351	67041	66899	60963	72982	48875	48984	43940	62948	55915	71344
2020	62598	67041	69053	63103	76052	50538	50746	45741	65277	58319	74492
2021	68053	75388	75477	68313	82681	55072	54800	49620	71025	62993	81806
2022	70737	77813	77823	70714	85274	57062	56555	51962	73956	65777	85051

12-17　各县市区农村常住居民人均可支配收入

(1997-2022年)

单位：元

年　份	全　市	市　区				三门县	天台县	仙居县	温岭市	临海市	玉环市
			椒江区	黄岩区	路桥区						
1997	3836		4239	3812	4068	2772	3193	2651	5046	3161	3834
1998	4169		4918	4270	4540	3018	3355	2771	5385	3484	5180
1999	4378		5254	4526	5072	3285	3526	2931	5748	3967	5445
2000	4668		5621	4894	5454	3588	3786	3080	5999	4304	5924
2001	5032		5966	5220	5765	3950	4125	3242	6328	4665	6425
2002	5401		6336	5680	6172	4226	4358	3439	6662	4963	6885
2003	5823		6723	6145	6669	4627	4714	3719	7052	5311	7479
2004	6529	7131	7530	6664	7549	5163	5115	4025	7552	5943	8298
2005	7269	7920	8166	7132	8470	5801	5576	4811	8081	6482	8923
2006	8006	8799	8841	7811	9406	6653	6132	5354	8734	7580	9586
2007	9053	9966	9958	9050	10842	7574	6902	6211	10017	8839	10612
2008	9975	10922	10876	9998	11827	8594	7876	7010	11073	9883	11654
2009	10873	11855	11767	10978	12790	9413	8654	7751	12099	10851	12620
2010	12287	13148	13135	12195	14098	10597	9901	8916	13846	12271	14659
2011	14244	15108	15009	14289	16176	12287	11583	10421	16037	14157	17033
2012	15829	16824	16757	15954	17906	13695	12923	11626	17794	15736	18898
2013	17523	18607	18533	17629	19841	15201	14306	12929	19681	17404	20940
2014	19362	20544	20527	19477	21825	17040	15765	14398	21786	19180	22950
2015	21225	22446	22386	21338	23823	18788	17401	15930	23739	20973	25171
2016	23164	24592	24419	23404	26182	20428	18947	17453	25922	22932	27446
2017	25369	27059	26857	25834	28750	22241	20697	19129	28412	25052	29996
2018	27631	29626	29394	28276	31534	24313	22468	20970	30743	27418	32453
2019	30221	32374	32007	30992	34501	26601	24644	22962	33842	30131	35340
2020	32188	34480	33872	33102	36888	28309	26370	24454	36244	32150	37645
2021	35419	37765	37093	36184	40621	30944	28909	26956	39667	35367	41871
2022	37700	40098	39096	38787	42939	32735	30501	29027	41879	37261	44760

12-18 各县市区城镇常住居民人均消费支出

(2007-2022年)　　单位：元

年 份	全 市	市 区				三门县	天台县	仙居县	温岭市	临海市	玉环市
			椒江区	黄岩区	路桥区						
2007	15726	15565	17474	15738	15272	11349	12126	10075	17300	15319	21579
2008	16425	15614	17754	15446	16600	11961	12812	10181	18674	15998	22683
2009	17732	17364	19799	17807	17464	12404	13278	11729	19982	16980	23163
2010	19401	19499	22443	19801	17689	13316	15574	13281	21156	20319	23171
2011	21430	22502	23565	22342	20549	14629	17229	13945	23728	20686	26617
2012	22333	24014	25082	24307	22027	15633	17616	14552	25051	20989	27307
2013	24031	25983	27239	26875	23815	16774	19289	17175	27180	21727	29274
2014	26458	28698	30099	29509	26449	18904	21179	19116	29871	24161	32113
2015	28892	31448	32718	32637	28988	20511	23064	21066	32732	26529	34018
2016	30021	33462	34747	33528	32032	22275	23871	22941	34193	29182	36954
2017	32514	35809	37839	34333	34982	24177	25327	24958	36467	31517	39861
2018	35100	38266	40715	35535	38206	26219	26467	27053	39311	34271	42852
2019	37616	40794	43503	37603	40886	28213	28337	29152	42241	36825	45820
2020	36131	39300	42641	35138	39618	27218	27518	27098	41086	34646	43046
2021	42096	46299	50478	41832	45331	31785	31416	30868	47324	39919	50664
2022	44180	48387	52332	43998	47489	33125	32836	32896	49665	42274	52552

12-19 各县市区农村常住居民人均消费支出

(2007-2022年)　　单位：元

年 份	全 市	市 区				三门县	天台县	仙居县	温岭市	临海市	玉环市
			椒江区	黄岩区	路桥区						
2007	7749	8519	9627	6490	9213	5829	5600	5607	7759	8601	8977
2008	8466	9261	10421	6503	10491	6389	6006	6765	7984	9215	10425
2009	8864	8918	9275	6922	10313	6937	6288	7677	8617	10512	11204
2010	9655	10031	11624	7581	10592	7677	8214	8181	9693	9624	11788
2011	11332	11836	13374	10149	12308	9721	9625	9146	11206	12526	12198
2012	12117	12584	13818	10817	13048	10180	10406	9503	12786	12794	13487
2013	13643	14160	15765	12130	14872	11074	11384	10947	14526	14002	14783
2014	15307	15788	17751	13537	16391	12580	12591	12437	16327	15752	16512
2015	17102	17560	20147	15067	17800	13851	13787	13818	18194	17485	18223
2016	18598	19131	21497	16533	19723	15034	14518	15158	19619	19076	19927
2017	19929	20602	23423	17773	21010	16303	15456	16233	21102	20182	21540
2018	21510	22373	25564	19008	23075	17647	16445	17735	22685	22029	23176
2019	23364	24189	27530	20570	25049	19053	17708	19214	24722	23969	25125
2020	23001	23415	26030	20224	24579	18937	17120	18508	24778	24116	24453
2021	26838	26461	29586	22641	27486	22123	19882	21285	28718	28099	28784
2022	28958	28121	31090	24281	29225	23517	21097	23310	31041	30280	31302

主要统计指标解释

工资总额

指本单位在报告期内直接支付给本单位全部在岗职工的劳动报酬总额。工资总额不论是计入成本的还是不计入成本的，不论是以货币形式支付的还是以实物形式支付的，均应列入工资总额的计算范围。

工资总额是税前工资，包括单位从个人工资中直接为其代扣或代缴的个人所得税、社会保险基金和住房公积金等个人缴纳部分，以及房费、水电费等。工资总额应包含:

（1）基本工资: 也可称为标准工资、合同工资、谈判工资。指本单位在报告期内（年度）支付给本单位在岗职工的按照法定工作时间提供正常工作的劳动报酬。各单位给个人确定的底薪可作为基本工资。包括工龄工资。基本工资不含定时、定额发放的各种奖金、各种津贴和补贴、加班工资，也不包括补发的上一年度的基本工资。

（2）绩效工资: 也可称为效益工资、业绩工资。指根据本单位利润增长和员工工作业绩定期支付给本单位在岗职工的奖金；支付给本单位从业人员的超额劳动报酬和增收节支的劳动报酬。具体包括: 值加班工资、绩效奖金（如年度、季度、月度等)、全勤奖、生产奖、节约奖、劳动竞赛奖和其他名目的奖金；以及某工作事项完成后的提成工资、年底双薪等。但不包括入股分红、股权激励兑现的钱和各种资本性收益。

（3）工资性津贴和补贴: 指本单位制定的员工相关工资政策中，为补偿本单位在岗职工特殊或额外的劳动消耗和因其他特殊原因支付的津贴，以及为保证其工资水平不受物价影响而支付的物价补贴。具体包括: 补偿特殊或额外劳动消耗的津贴及岗位性津贴、保健性津贴、技术性津贴、地区津贴和其他津贴。如: 过节费、通讯补贴、交通补贴、公车改革补贴、不休假补贴、无食堂补贴、单位发给员工的可自行支配的住房补贴以及为员工缴纳的各种商业性保险等。上述各种项目既包括货币性质的，也包括实物性质的和各种形式的充值卡、购物卡（券）等。

（4）其他工资: 指上述基本工资、绩效工资、工资性津贴和补贴三类工资均不能包括的发给在岗职工的工资，如补发上一年度的工资等。

13

城市建设和环境保护

City Construction and Environment Protection

13-1 城市和县城建设基本情况(一)

(2000-2022年)

年 份	建成区面积(平方公里)	城市维护建设资金支出(亿元)	全年供水总量(万吨)	#居民家庭用水量	用水普及率(%)
1999	114.26	5.86	12058	3374	68.50
2000	133.55	10.31	14184	4604	80.67
2001	152.84	14.76	16310	5834	92.84
2002	168.40	20.34	17860	6639	92.89
2003	190.67	28.06	19448	7427	92.41
2004	209.89	20.90	20116	8434	93.92
2005	219.85	16.78	22135	9484	95.00
2006	231.37	14.29	19519	7762	98.48
2007	235.96	16.81	21777	8366	99.04
2008	243.39	21.94	21077	8592	98.19
2009	247.05	25.14	22717	9725	99.12
2010	249.97	44.64	24205	10631	99.36
2011	251.89	38.98	24942	11504	100.00
2012	254.22	37.67	25520	11393	100.00
2013	256.13	47.98	26589	12351	100.00
2014	269.67	39.81	27721	13003	100.00
2015	285.60	44.35	29086	13699	100.00
2016	289.72	40.75	31081	14756	100.00
2017	296.95		32787	18878	100.00
2018	301.47		32561	16028	100.00
2019	311.70		34387	16577	100.00
2020	318.63		35746	17165	100.00
2021	331.48		40804	20067	100.00
2022	337.13		38264	19199	100.00

注：统计范围为2005年及以前为行政区域内镇和街道，2006年起仅包括临海、温岭两市为城市规划区，其他县为县政府所在地建制镇或街道。

13-2 城市和县城建设基本情况(二)

(2000-2022年)

年份	排水管道长度(公里)	建成区排水管道密度(公里/平方公里)	铺设道路面积(万平方米)	人均城市道路面积(平方米)	公共汽车总数(辆)
2000	1040	7.79	1781		816
2001	1275	8.34	2079		691
2002	1485	8.82	2411		842
2003	1906	10.00	2800		853
2004	2081	9.91	3147		969
2005	2240	10.19	3387		1110
2006	2169	9.37	3575	16.06	1128
2007	2451	10.39	3843	16.75	1207
2008	2758	11.33	4052	16.64	1518
2009	2988	12.09	4295	20.27	1358
2010	3205	12.82	4444	20.87	1477
2011	3489	13.85	4777	22.43	1506
2012	3626	14.26	4895	22.84	1613
2013	3812	14.88	5090	23.64	1962
2014	4139	15.35	5093	23.52	1840
2015	4401	15.41	5170	23.63	1955
2016	4590	15.84	5304	24.11	2048
2017	5274	8.87	4891	21.76	2430
2018	5551	9.01	5372	23.27	2817
2019	5365	12.22	5517	23.56	3086
2020	6418	15.23	5884	22.15	3407
2021	7296	16.24	6014	22.17	3971
2022	7269	19.37	5486	20.59	3949

注：统计范围为2005年及以前为行政区域内镇和街道，2006年起仅包括临海、温岭两市为城市规划区，其他县为县政府所在地建制镇或街道。

13-3 城市和县城建设基本情况(三)

(2000-2022年)

年 份	绿化覆盖面积(公顷)	园林绿地面积(公顷)	公园绿地面积(公顷)	人均公园绿地面积(平方米)	公园个数(个)	公园面积(公顷)
2000	3247	2154	472	2.32	36	388
2001	3766	2672	537	2.38	39	402
2002	4324	3168	678	2.95	57	489
2003	5164	3810	909	3.85	75	628
2004	5876	4312	1071	4.45	84	714
2005	6208	4639	1175	4.85	96	851
2006	6700	4813	1194	5.36	97	872
2007	7435	5569	1335	5.82	118	1068
2008	9421	8403	1815	7.45	129	1411
2009	9712	8738	2075	9.80	132	1632
2010	10396	9502	2158	10.14	137	1806
2011	10417	9767	2217	10.41	138	1838
2012	10702	9604	2374	11.08	141	1925
2013	11196	10392	2558	11.88	144	2071
2014	12522	11470	2715	12.54	152	2187
2015	12899	11796	2795	12.78	160	2279
2016	13148	12091	2883	13.10	161	2311
2017	14752	13651	3304	14.70	177	2589
2018	13789	13151	3740	16.20	166	2921
2019	14146	13061	3383	14.45	171	2789
2020	14568	13510	3650	13.74	183	2804
2021	15096	13977	3909	14.41	217	3037
2022	15589	14290	4018	15.08	241	3248

注：统计范围为2005年及以前为行政区域内镇和街道，2006年起仅包括临海、温岭两市为城市规划区，其他县为县政府所在地建制镇或街道。公园绿地面积和人均公园绿地面积2005年及以前分别为公共绿地面积和人均公共绿地面积。

13-4 废水排放和处理情况

(1990-2022年)

年 份	工业废水排放量(万吨)	工业废水中有害物质含量(吨)						
		#六价铬	#砷	#铅	#挥发酚	#氰化物	#石油类	#化学需氧量(万吨)
1990	5313	1.22	0.19	0.70	8.07	8.23	30.51	1.90
1991	3718	1.65	0.02	0.32	4.54	7.56	1.76	27.65
1992	3560	1.60	0.21	0.05	10.24	4.77	2.50	2.10
1993	3407	1.95		0.06	2.51	2.03	9.90	1.80
1994	2811	3.25	0.62	0.02	0.70	1.11	3.68	1.50
1995	2409	2.40	0.01	0.10	1.51	5.07	32.43	1.50
1996	1968	1.33	0.04	0.48	1.40	0.84	32.87	1.03
1997	3527	6.00	0.03	0.09	18.79	0.61	97.37	2.82
1998	4222	1.71	0.15	0.09	0.35	1.16	193.12	2.69
1999	4800	1.58	0.19	0.11	0.45	0.84	231.85	2.77
2000	4809	3.10	0.05	0.06	0.33	1.96	53.92	1.96
2001	4235	1.69	0.06	0.07	1.09	1.68	40.74	1.35
2002	4273	1.40	0.07	0.08	0.69	1.16	37.49	1.30
2003	4018	1.13	0.49	0.02	1.68	0.86	107.65	1.52
2004	4265	0.93	0.01	0.07	0.45	0.71	58.90	1.33
2005	4428	0.74	0.46	0.03	0.01	0.54	17.96	1.02
2006	4892	2.47	0.01	0.10	0.01	1.93	14.68	0.99
2007	5292	0.71	0.01	0.08	0.52	0.77	41.17	1.04
2008	5317	0.78	0.01	0.10		0.34	45.02	0.96
2009	5125	0.40	...	0.06		0.25	10.38	0.82
2010	5709	0.20	...	0.06		0.09	6.69	0.97
2011	6305	0.60	0.06	0.02	0.17	0.38	92.92	0.91
2012	6152	0.52	0.04	0.02	1.06	0.29	81.84	0.90
2013	6278	0.36	0.04	0.02	1.06	0.17	66.86	0.94
2014	6065	0.40	0.01		0.04	0.33	48.22	0.88
2015	6251	0.42	0.02	0.03	0.30	0.42	50.75	0.80
2016	5725	0.36	0.03	0.01	0.10	0.26	28.78	0.54
2017	5125	0.31	0.02	0.01	0.07	0.88	24.00	0.41
2018	5114	0.43	...	...	0.07	0.98	15.75	0.27
2019	5105	0.29	...	0.02	0.04	1.26	25.18	0.22
2020	4199	0.15	...	0.01	0.01	0.31	0.06	0.16
2021	4291	0.15	...	0.01	...	0.16	0.03	0.16
2022	4258	0.15	...	0.01	...	0.13	0.03	0.14

13-5 废气排放和处理情况

(1990-2022年)

年 份	废 气 排放量 (亿标立方米)	二氧化硫 排 放 量 (吨)	烟粉尘 排放量 (吨)	氮氧化物 排 放 量 (吨)
1990	239.02	52710	39230	
1991	218.09	48833	25526	
1992	219.39	44619	27605	
1993	251.84	49694	23115	
1994	268.93	50746	21038	
1995	294.57	51297	23027	
1996	272.89	52491	15479	
1997	330.02	69114	18815	
1998	372.82	68830	21186	
1999	398.41	69277	20146	
2000	455.94	62344	18011	
2001	450.2	58040	10386	
2002	449.89	66396	9726	
2003	501.43	57488	9886	
2004	543.21	71716	10588	
2005	927.96	78831	8244	
2006	548.39	75494	8117	28099
2007	1214.77	65624	11019	38344
2008	1957.98	48380	8964	46712
2009	1279.56	30878	7313	51049
2010	1395.68	24552	6165	61704
2011	1700.82	48981	16619	48087
2012	1446.82	44209	13016	41566
2013	1507.23	43170	12297	39130
2014	1313.12	28083	13106	31461
2015	1318.99	31868	16263	26255
2016	839.42	13211	9152	10480
2017	2225.79	10958	8784	10106
2018	1800.81	8004	8151	9583
2019	2238.46	6034	11124	9567
2020	3567.70	3815	9047	6634
2021	4539.07	3119	4103	6701
2022	4429.17	3831	3789	7833

13-6 工业固体废物排放和处理情况

(1990-2022年) 单位：万吨

年 份	工业固体废物产生量	工业固体废物贮存量	工业固体废物综合利用量	工业固体废物综合利用率(%)	工业固体废物处理量
1990	87.89	73.64	10.80	12.30	
1991	86.00	77.00			
1992	90.40	76.35	83.90		
1993	85.81	14.01	8.19	9.50	
1994	91.26	12.59	9.07	9.90	
1995	103.69	13.89	52.73	50.90	
1996	111.16	96.44	84.45	75.90	
1997	107.30	14.11	96.02	89.40	
1998	103.31	12.70	83.67	81.00	
1999	101.36	11.37	86.74	85.60	
2000	100.81	8.20	90.34	89.60	1.14
2001	109.48	6.71	101.43	92.70	1.34
2002	104.09	2.34	99.92	96.00	1.78
2003	146.33	7.65	135.51	92.60	2.53
2004	167.57	6.00	158.46	94.60	3.09
2005	154.09	4.23	147.88	96.00	2.16
2006	171.78	0.07	163.97	95.50	7.90
2007	214.32	3.11	204.90	95.60	6.25
2008	313.18	5.02	305.43	97.50	2.72
2009	242.06	3.21	225.07	93.00	13.78
2010	245.85	1.05	239.97	97.60	4.84
2011	266.54	0.30	237.27	89.80	28.70
2012	242.85	3.04	228.80	94.20	10.72
2013	326.50	0.15	314.87	96.40	11.66
2014	363.43	0.83	251.09	95.30	11.92
2015	228.00	1.52	222.97	97.80	3.84
2016	270.13	1.33	257.88	95.40	11.79
2017	464.02	0.75	423.81	91.27	39.97
2018	413.48	0.59	394.64	95.41	18.56
2019	404.03	0.31	395.78	97.77	8.73
2020	366.17	0.36	361.10	98.63	5.40
2021	438.87	0.49	435.45	99.22	3.40
2022	528.16	0.34	525.16	99.43	3.20

注：本表统计范围：2011年开始为一般工业固体废物，不包括危险废物。

13-7 工业污染治理情况

(1990-2022年)

单位：万元

年份	工业污染治理投入	#治理废水	#治理废气	#治理固体废物	#治理噪声	#治理其他	当年安排治理项目(个)
1990	370	282	66				62
1991	517	387	128				26
1992	2087	1327	730				44
1993	2287	1250	1037				24
1994	1160	1140	8				15
1995	1975	475	1425				22
1996	2480	400	1560	520			6
1997	2342	1798	144	350		50	24
1998	2337	1978	213	111	1	35	57
1999	9447	5331	919	600	5	2592	182
2000	22299	20334	1010	40	321	595	290
2001	6918	5928	584	405			59
2002	10207	8455	1394	108	250		60
2003	22999	19224	765		10		71
2004	10652	6690	2187	9	10	1756	74
2005	25239	7262	16276	68		1634	127
2006	23516	8794	7546	157		1719	123
2007	21975	9881	11818	52		208	192
2008	16992	6178	10526			288	123
2009	8167	6188	1803	115		61	54
2010	5862	3489	2178	50		145	56
2011	17227	10760	4877	201	800	590	143
2012	6812	3779	1847	58	850	278	23
2013	94642	25576	46310	326	897	21533	165
2014	83622	8478	61465	182	30	13386	81
2015	90425	9611	66569	10793	120	3332	216
2016	68757	16756	49638	327	0.7	1820	163
2017	21521	2760	6298	75		12128	83
2018	10378	2420	4406	70		3267	78
2019	31447	7412	7223	9181		7296	95
2020	69148	3277	12628			52876	148
2021	20061	9284	4556	2410		3812	64
2022	21947	11373	3143	7193		178	32

主要统计指标解释

工业废水排放量　指经过企业所有排放口排到企业外的生产废水总量。包括外排的直接冷却水和矿区超标排放的有毒有害矿井地下水，但不包括外排的间接冷却水(清污不分流的应计算在内)。

废气排放总量　指燃料燃烧和生产工艺过程中排放的废气总量。以标准状态下每年亿标立方米表示。

粉尘排放量　指生产工艺过程中排放的固体微粒的重量。工业固体废物产生量指工矿企业、事业单位在生产(试验)过程中产生的固体废弃物总量。不包括矿山开采的剥离及掘进时产生的废石（煤矸石除外)。

工业固体废物综合利用量　指已用作农业肥料、造田、生产建筑材料，以及其他方式综合利用的工业固体废弃物。不包括填埋量和焚烧量。

工业固体废物处理量　指以填埋、焚烧方式处理的工业固体废弃物(包括用炉渣修路),不包括倒入江、河中的废渣。

14

教育科技和质量监督

Education, Science and Qualitical Supervision

14-1 教育事业基本情况

(2022年) 单位：人

项 目	学校数(所)	毕业生数	招生数	在校学生数	教职工数	#专任教师
一、普通高等学校	4	11531	14607	44744	3464	2471
台州学院	1	3990	4579	16031	1725	1260
台州职业技术学院	1	3589	4230	13116	799	613
台州科技职业学院	1	3190	3443	9752	618	363
浙江汽车职业技术学院	1	762	2355	5845	322	235
二、成人高等教育		10424	13446	33917	337	241
其中：台州开放大学	1	8164	9980	27841	337	241
三、普通中等专业学校	2	1275	1218	4103	236	208
四、成人中等专业学校	1	534	636	1659	19	15
五、技工学校	11	3180	8911	19539	2478	2095
六、普通中学	275	102594	105551	313761	28394	24673
高 中	80	33666	37678	108721	11111	9131
初 中	195	68928	67873	205040	17283	15542
七、职业高中	22	23442	22187	68301	4249	4256
八、小 学	343	69393	67645	420073	25560	24501
九、幼儿园	985	65006	59765	191097	26793	13869
十、特殊教育	10	568	639	3087	383	345

注：成人高等教育数据含普通高等学校的成人教育；特殊教育学生含普通中小学随班就读和送教上门的学生；中职教育学生数含普通高中和特殊教育附设中职班的学生。

14-2 主要年份高等学校基本情况

单位：人

年份	毕业生数	招生数	在校学生数	教职工数	#专任教师
1977		146	146	64	18
1978		267	413	173	79
1980	146	275	776	188	101
1985	280	333	921	300	145
1990	477	486	962	295	133
1991	459	499	988	312	139
1992	401	540	1124	337	141
1993	403	539	1403	339	147
1994	533	834	1794	386	167
1995	378	558	1692	390	169
1996	389	448	1606	396	179
1997	638	491	1443	395	180
1998	457	603	1674	399	183
1999	457	1360	2296	491	284
2000	478	2309	4125	649	381
2001	590	3375	6892	1007	619
2002	1703	4803	10623	1160	702
2003	2703	5048	12784	1324	840
2004	2859	5818	15371	1689	1083
2005	3867	6957	18069	1759	1145
2006	4559	7709	21079	1833	1235
2007	5414	8627	24307	2049	1370
2008	6362	9486	27254	2136	1447
2009	7580	9738	29164	2239	1520
2010	8530	9469	29749	2317	1579
2011	8222	9657	30933	2336	1595
2012	9144	9602	31132	2400	1616
2013	8876	10099	32018	2389	1593
2014	9008	10100	32631	2437	1645
2015	9101	10430	33567	2345	1633
2016	9504	10636	34205	2466	1667
2017	9825	10715	34728	2496	1741
2018	10474	11366	35216	2633	1786
2019	10523	13061	37349	2857	2022
2020	10494	13726	39955	3004	2130
2021	11114	13867	42356	3278	2322
2022	11531	14607	44744	3464	2471

注：高等学校指普通高校，不含成人高校。

14-3 主要年份普通中等专业学校基本情况

单位：人

年 份	学校数(所)	毕业生数	招生数	在校学生数	教职工数	#专任教师
1949	4	54	413	1323	66	35
1952	7	238	1056	2242	215	113
1957	5	466	759	1809	216	113
1962	4	857	158	552	201	106
1965	2	40	610	756	116	61
1970	2				114	60
1975	5	472	704	1618	242	111
1978	5	519	1006	1893	362	179
1980	6	1277	1223	2834	556	245
1985	7	999	1211	3019	677	334
1990	7	1184	1284	3739	728	438
1994	8	1309	3116	6775	735	410
1995	8	1503	3769	8983	778	424
1996	8	1949	4574	11515	802	442
1997	7	2698	2895	8918	797	433
1998	7	2930	2618	8574	805	439
1999	8	2915	2631	8194	801	458
2000	6	2695	2413	7848	782	461
2001	6	2619	2928	8508	810	533
2002	6	2737	4397	9891	670	467
2003	5	1935	3261	9831	589	408
2004	3	3001	1942	8076	356	279
2005	1	3191	1820	6063	134	112
2006	1	2383	1490	4989	150	131
2007	1	1613	1765	4716	148	119
2008	1	1404	1749	4253	158	118
2009	1	1106	1093	3201	194	120
2010	1	856	2221	4384	229	155
2011	1	831	1376	4246	270	154
2012	1	864	700	3803	165	114
2013	2	1428	781	2536	128	86
2014	2	860	1151	2563	146	100
2015	2	588	1562	3332	150	98
2016	2	603	1318	3884	199	148
2017	2	906	1087	3532	223	170
2018	2	1235	1159	3347	197	170
2019	2	1210	1350	3424	200	171
2020	2	939	1527	3957	215	184
2021	2	1096	1587	4300	238	209
2022	2	1275	1218	4103	236	208

14-4 主要年份成人教育基本情况

单位：人

年份	成人高等教育				成人中等教育					
	毕业生数	招生数	在校学生数	教职工数	学校数(所)	毕业生数	招生数	在校学生数	教职工数	#专任教师
1979		136	136	11						
1980		97	168	20						
1985	755	2057	4152	83	6	864	1099	1740	295	103
1990	451	377	1962	113	7	522	31	2609	230	145
1991	1165	328	1698	112	7	879	232	1914	178	100
1992	735	499	988	114	7	609	493	1338	190	111
1993	193	383	1227	110	8	511	314	1145	217	113
1994	272	804	1546	114	8	843	1741	2777	253	147
1995	360	672	1543	124	8	992	1448	2745	274	169
1996	295	772	1803	136	8	1178	1559	2809	253	152
1997	455	657	2084	153	8	605	1358	3626	247	144
1998	848	1034	2519	166	8	816	1006	3109	241	149
1999	812	1085	2959	187	9	1058	1578	3851	332	175
2000	761	2020	4802	227	9	1337	1235	3567	361	207
2001	774	3217	5911	288	9	1096	872	2639	335	205
2002	1317	7083	13150	300	10	813	902	2558	365	230
2003	2003	4748	15614	323	11	1337	1352	3655	396	252
2004	5477	6341	14973	377	11	1179	1160	3504	297	200
2005	5080	7829	16332	401	11	1360	1189	3378	320	224
2006	4731	7851	18898	449	11	1042	777	1957	275	192
2007	7209	7895	19359	551	10	615	846	2086	296	208
2008	5955	8293	21428	460	10	617	971	2308	291	202
2009	5635	9102	24256	438	9	607	902	2479	254	184
2010	7140	7828	22323	442	7	792	900	2390	221	168
2011	7616	12040	29697	433	7	799	1167	2616	218	166
2012	6035	9927	33509	433	6	677	777	2247	158	106
2013	8528	10048	36769	430	4	799	770	2110	52	34
2014	10056	15309	37570	419	2	678	803	2118	36	30
2015	7816	9348	34768	425	2	622	661	1986	57	29
2016	8280	7514	32146	419	1	384	510	1354	15	11
2017	8815	10973	32070	547	1	408	536	1450	15	11
2018	7910	13195	34718	540	1	386	453	1454	14	11
2019	8299	12441	37985	383	1	440	692	1629	16	13
2020	11231	11192	36160	349	1	418	583	1675	18	14
2021	10515	11831	36489	358	1	385	508	1717	20	16
2022	10424	13446	33917	337	1	534	636	1659	19	15

14-5 主要年份技工学校基本情况

单位：人

年 份	学校数（所）	招生数	在校学生数	毕业生数	教职工数	#专任教师
1979	2	300	300		24	11
1980	2	50	350		29	16
1985	2	173	282		26	14
1990	3	259	617	169	98	50
1991	3	179	648	136	97	50
1992	3	383	737	194	115	55
1993	3	301	848	220	115	60
1994	3	226	935	182	119	63
1995	3	269	792	309	115	63
1996	5	651	1298	253	125	105
1997	5	1287	2194	197	188	147
1998	6	1748	3602	348	287	225
1999	7	2179	5009	625	283	243
2000	7	2704	5952	1091	316	254
2001	7	2485	6146	1519	471	400
2002	6	2638	5600	1776	444	329
2003	6	4320	7658	1934	583	360
2004	6	4210	10961	2260	576	411
2005	6	4883	12263	3193	665	417
2006	7	6075	13513	3055	748	583
2007	6	4931	10818	2374	790	566
2008	6	4980	11744	2573	894	637
2009	6	5359	12947	3760	872	609
2010	6	5847	12145	3721	957	752
2011	6	5105	13961	3460	1038	815
2012	6	3645	9520	2789	1040	820
2013	6	4253	13272	3704	977	889
2014	6	3428	10105	3594	980	565
2015	6	2835	8504	3138	788	660
2016	8	5170	12225	3696	1132	883
2017	8	5974	14002	3781	1259	956
2018	8	7216	17593	3625	1262	871
2019	9	8101	19999	4380	1466	868
2020	9	8079	24472	5182	1887	1428
2021	11	7365	18729	3488	1693	1499
2022	11	8911	19539	3180	2478	2095

14-6 主要年份普通中学基本情况

单位：人

年 份	学校数(所)	毕业生数	招生数	在校学生数	教职工数	#专任教师
1949	19	842	1900	7039	628	393
1952	20	1679	5235	14234	894	559
1957	47	4365	7317	18875	1265	791
1962	66	5201	8981	20878	1882	1177
1965	95	5458	10522	26578	1889	1225
1970	597	10193	42406	74170	3236	2476
1975	562	53738	86364	155363	7075	4977
1978	568	91819	92508	225792	11779	10250
1980	431	52095	79063	207727	11586	9464
1985	356	44786	71813	200249	11615	9285
1990	375	53325	71848	200084	11910	9751
1994	360	58196	86696	222141	13429	11250
1995	350	64311	100049	250442	14319	12178
1996	353	64104	98397	280473	15557	13369
1997	352	80778	98522	292662	16940	14712
1998	363	94032	105937	296671	18141	15633
1999	355	91774	114696	311962	19222	16592
2000	335	92374	120734	334081	20342	17663
2001	335	98191	109934	339150	21140	18217
2002	324	107320	106058	331353	21480	18533
2003	311	112144	99440	315106	21622	18572
2004	298	105832	91450	297368	21702	18757
2005	277	103575	89160	283958	21906	18994
2006	270	98117	95207	280281	22013	19257
2007	264	94126	98786	287457	22284	19452
2008	261	88767	98489	293146	22343	19732
2009	259	92922	95980	289083	22606	20003
2010	258	92150	96088	286837	22531	20157
2011	268	92747	95928	283109	23831	20246
2012	274	91534	94847	281149	24156	20436
2013	280	91695	96743	282600	24274	21266
2014	259	93665	95570	282295	25522	22296
2015	253	90447	96689	284963	27175	23774
2016	269	92076	104425	294858	28628	25105
2017	277	91706	106788	305011	28506	25403
2018	281	93285	105870	314118	26047	23253
2019	281	100810	104528	315460	26120	23732
2020	277	102855	103801	313353	26838	24208
2021	279	103020	105825	313022	27259	24451
2022	275	102594	105551	313761	28394	24673

14-7 主要年份职业高中基本情况

单位：人

年份	学校数(所)	毕业生数	招生数	在校学生数	教职工数	#专任教师
1979	12	148	595	1128		
1980	25	580	1156	2017		
1985	23	984	4601	7396	519	391
1990	36	3347	5084	11386	1057	800
1991	30	4696	5781	11626	1045	798
1992	31	3937	5434	11874	1131	853
1993	35	4497	5785	12137	1110	827
1994	41	3823	7414	14628	1258	890
1995	42	4682	9760	18668	1469	1066
1996	32	5730	7289	17758	1401	1066
1997	39	7223	10949	22444	1529	1201
1998	56	6172	12662	26808	1701	1294
1999	58	7593	12302	28063	2169	1633
2000	48	8622	14431	31359	2102	1690
2001	55	7467	20516	40641	2410	1933
2002	55	9463	26013	53789	2895	2351
2003	52	11699	30211	65214	3592	2977
2004	53	13952	27275	69999	3588	3026
2005	50	17789	25284	67952	4043	3415
2006	48	20743	25052	65357	3856	3295
2007	44	19086	24591	61795	3646	3084
2008	45	18362	23877	59935	3585	3091
2009	43	17507	27453	64270	3399	2925
2010	42	16616	27252	67242	3457	3024
2011	41	17254	26710	69251	3178	2848
2012	39	19883	23242	67358	3279	2961
2013	34	20448	22133	64890	3499	3151
2014	27	20354	21087	59224	3786	3471
2015	27	18816	21602	59957	3819	3520
2016	21	18728	22951	62380	3881	3587
2017	19	18907	22127	62951	3862	3586
2018	19	19532	22067	63630	3892	3656
2019	19	20164	24397	65981	4077	3855
2020	21	19347	25680	68440	4066	3825
2021	21	19040	24284	70652	4117	4108
2022	22	23442	22187	68301	4249	4256

14-8 主要年份小学基本情况

单位：人

年份	学校数(所)	毕业生数	招生数	在校学生数	教职工数	#专任教师	入学率(%)
1949	1970	4070	48028	96738	5073	4693	
1952	2751	7650	42724	194412	7227	6685	
1957	2546	22037	59246	238276	7364	6812	
1962	3251	26417	67268	249793	7140	5609	
1965	5677	22185	123169	401476	12283	10520	
1970	5014	59807	112006	446081	14722	13817	
1975	6305	78801	148328	670227	21752	20170	
1978	5420	102368	144258	649623	22342	21860	97.16
1980	4956	87440	114734	640215	22876	21723	96.53
1985	4205	102647	81412	497033	21301	19762	97.60
1990	3377	74263	88868	460288	18514	17010	99.17
1994	2446	80450	94110	497515	19306	17952	99.72
1995	2248	89144	79668	486871	19533	18123	99.55
1996	1991	86784	69159	468435	20201	18742	99.80
1997	1847	82228	62084	446885	20765	19315	99.67
1998	1622	84654	55032	416557	20378	18956	99.95
1999	1324	92573	63379	387715	20322	18876	99.91
2000	1134	92160	74022	370452	20309	18809	99.94
2001	977	78918	63708	354473	20363	18797	99.99
2002	914	67435	63532	353256	19905	18449	100.00
2003	843	57553	60557	360886	19903	18364	100.00
2004	794	53181	61380	375140	19911	18353	100.00
2005	749	54819	61482	387461	20197	18782	100.00
2006	729	64240	65903	397107	20611	19209	100.00
2007	678	69621	71122	406204	21097	19530	100.00
2008	600	70039	72607	411801	21445	19928	100.00
2009	575	67116	72375	410767	21684	20319	100.00
2010	561	65150	82428	430476	21924	20510	100.00
2011	560	66089	88358	462265	20852	20716	100.00
2012	502	68184	85023	473217	21135	21132	100.00
2013	356	70730	82574	479447	21685	20364	100.00
2014	343	70587	79361	481586	22821	21318	100.00
2015	329	71447	78428	480907	21635	20536	100.00
2016	346	79179	74539	469238	21816	20902	100.00
2017	352	78157	73468	453416	22579	21714	100.00
2018	360	77399	75739	445719	26088	24698	100.00
2019	367	74874	71292	436487	26405	24689	100.00
2020	367	72156	66526	425552	26058	24592	100.00
2021	354	71186	69348	422399	26489	24430	100.00
2022	343	69393	67645	420073	25560	24501	100.00

14-9 主要年份幼儿园基本情况

单位：人

年 份	幼儿园数（所）	班 数（个）	在 园 幼儿数	教 职 工 数	#专任教师
1978	68	185	8539	240	233
1980	90	444	18613	519	507
1985	962	1918	59632	2290	2198
1990	401	2218	71938	2748	2580
1991	421	2278	79390	2744	2557
1992	284	2336	77969	2552	2416
1993	293	2319	90189	2824	2677
1994	719	2418	84818	2969	2712
1995	338	2456	83020	3069	2772
1996	403	2544	84601	3235	2855
1997	526	2497	79429	3532	3021
1998	726	2979	90637	3698	3253
1999	651	3037	94797	4225	3339
2000	445	3308	97897	4627	3804
2001	653	4692	128707	6245	3924
2002	588	5056	138302	6953	4432
2003	718	5453	151458	8015	5104
2004	838	5638	164752	9142	5671
2005	1319	5721	172201	9820	6111
2006	1356	6303	193585	11001	6816
2007	1251	6557	205811	12314	7637
2008	1278	6943	225949	13427	8520
2009	1297	7704	239897	15587	9808
2010	1291	8226	259760	18521	11075
2011	1372	8716	262004	18259	10519
2012	1434	8687	251947	20971	12089
2013	1331	7944	233031	21235	11467
2014	1314	8091	230259	22983	12298
2015	1329	8024	224345	23240	11704
2016	1285	7398	220379	23975	12289
2017	1234	7317	216473	24262	12743
2018	1166	6876	201137	23617	12473
2019	1074	6587	192240	23583	12482
2020	1026	6595	192458	24414	12865
2021	1014	6659	193593	26053	13579
2022	985	6655	191097	26793	13869

14-10 主要年份特殊教育基本情况

单位：人

年份	学校数(所)	毕业生数	招生数	在校学生数	教职工数	#专任教师
1982			12	12	1	1
1985	1			21	4	3
1990	4		58	178	31	27
1991	4		64	251	39	27
1992	4	17	81	304	56	40
1993	5	45	144	385	70	54
1994	5	25	73	336	87	60
1995	6	17	113	448	131	100
1996	7	31	108	484	141	110
1997	7	26	73	423	143	106
1998	7	78	78	530	122	89
1999	7	299	191	1715	129	95
2000	7	336	153	1624	134	102
2001	7	172	331	2289	131	102
2002	7	337	293	2048	128	103
2003	7	339	337	2230	131	103
2004	7	251	257	1884	136	107
2005	7	166	218	1824	139	109
2006	7	212	265	1815	144	117
2007	7	223	266	2056	150	126
2008	7	226	284	2070	154	136
2009	8	236	263	2045	173	146
2010	9	242	280	2141	186	170
2011	10	163	250	1910	221	193
2012	10	151	300	1898	234	208
2013	10	166	345	2032	256	222
2014	10	279	257	1903	264	235
2015	10	261	272	1793	282	250
2016	10	294	257	1716	305	271
2017	10	284	327	1978	316	282
2018	10	278	406	2334	332	302
2019	10	327	470	2390	334	301
2020	10	385	423	2375	332	309
2021	10	522	607	2819	370	304
2022	10	568	639	3087	383	345

注：从1999年开始学生数含普通学校附设及随班就读人数。

14-11 主要年份每万人口中在校学生数的大中小学生构成

年 份	各级学校在校学生占全市人口(%)	平均每万人口中(人)			大、中、小学生占学生总数(%)		
		大学生	中学生	小学生	大学生	中学生	小学生
1949	4.37		29.26	402.12		7.96	92.04
1952	8.38		65.45	772.27		7.81	92.19
1957	9.15		73.09	841.99		7.99	92.01
1962	8.84		69.86	814.35		7.90	92.10
1965	12.62		80.43	1181.37		6.37	93.63
1970	13.28		189.33	1138.69		14.26	85.74
1975	19.04		361.24	1542.31		18.98	81.02
1978	19.39	0.91	502.94	1434.96	0.05	25.94	74.01
1980	18.50	1.40	461.27	1386.92	0.08	24.94	74.99
1985	14.59	10.35	433.98	1014.19	0.71	29.75	69.54
1990	13.22	5.67	423.74	892.91	0.43	32.05	67.53
1994	14.21	6.35	469.79	945.29	0.45	33.05	66.50
1995	14.54	6.11	531.82	915.61	0.42	36.59	62.99
1996	14.74	6.40	588.86	878.90	0.43	39.95	59.62
1997	14.54	6.58	613.56	833.77	0.45	42.20	57.35
1998	14.09	7.77	627.91	772.10	0.55	44.65	54.80
1999	13.81	9.68	657.63	714.05	0.70	47.61	51.69
2000	13.94	16.33	700.32	677.71	1.17	50.23	48.60
2001	13.94	23.34	723.92	646.24	1.67	51.95	46.38
2002	14.17	43.19	732.46	641.75	3.05	51.68	45.27
2003	14.31	51.39	726.49	653.06	3.59	50.77	45.64
2004	14.31	54.75	703.47	676.83	3.82	49.02	47.16
2005	14.21	61.45	667.34	692.08	4.32	46.97	48.71
2006	14.22	70.80	648.34	703.26	4.98	45.58	49.44
2007	14.34	76.69	644.32	713.40	5.35	44.92	49.73
2008	14.49	84.80	646.95	717.35	5.85	44.64	49.50
2009	14.45	92.35	643.04	710.09	6.39	44.49	49.12
2010	14.67	89.30	639.64	738.20	6.09	43.60	50.32
2011	15.27	103.32	635.97	787.79	6.77	41.65	51.59
2012	15.26	109.38	616.09	800.77	7.17	40.37	52.47
2013	15.38	115.80	615.12	807.10	7.53	39.99	52.48
2014	15.29	117.58	604.57	806.54	7.69	39.55	52.76
2015	15.29	114.37	609.32	804.88	7.48	39.86	52.66
2016	15.17	110.55	624.29	781.80	7.29	41.16	51.55
2017	15.03	110.68	641.14	751.27	7.36	42.65	49.98
2018	15.13	115.52	660.95	736.24	7.64	43.69	48.67
2019	15.14	124.18	670.07	719.51	8.20	44.27	47.53
2020	13.79	114.86	621.54	642.15	8.33	45.09	46.58
2021	13.58	110.95	613.15	634.14	8.17	45.14	46.69
2022	13.61	117.79	610.00	629.04	8.68	44.96	46.36

注：大学生包括普通教育、成人教育、本科、专科学生，中学生包括普通中专、成人中专、技工学校、普通中学、职业中学学生，本表仅包括台州市各类学校学生数，不包括在外地就读的台州籍学生数。

14-12 主要年份学校教师负担学生数

单位：人

年 份	高等学校		中等学校		小 学	
	教师数	平均每个教师负担学生	教师数	平均每个教师负担学生	教师数	平均每个教师负担学生
1949			428	19.54	4693	20.61
1952			672	24.52	6685	29.08
1957			904	22.88	6812	34.98
1962			1283	16.70	5609	44.53
1965			1286	21.26	10520	38.13
1970			2536	29.25	13817	32.28
1975			5088	30.85	20170	33.23
1978	79	5.23	10429	21.83	21860	29.72
1980	121	7.80	9725	21.89	21723	29.47
1985	228	22.25	10127	21.00	19762	25.15
1990	246	11.89	11184	19.53	17010	27.06
1994	281	11.89	12760	19.38	17952	27.71
1995	293	11.04	13900	20.26	18123	26.75
1996	315	10.82	15134	20.74	18742	24.99
1997	333	10.59	16647	19.75	19315	23.14
1998	349	12.01	17740	19.10	18956	21.97
1999	411	12.79	19101	18.69	18876	20.54
2000	523	17.07	20275	18.88	18809	19.70
2001	806	15.88	21288	18.65	18797	18.86
2002	891	26.68	21910	18.40	18449	19.15
2003	1042	27.25	22569	17.79	18364	19.65
2004	1329	22.83	22673	17.20	18353	20.44
2005	1397	24.62	23162	16.13	18782	20.63
2006	1502	26.62	23458	15.61	19209	20.67
2007	1652	26.43	23429	15.66	19530	20.80
2008	1737	28.03	23780	15.62	19928	20.66
2009	1795	28.76	23841	15.60	20319	20.22
2010	1645	31.65	24256	15.38	20510	20.99
2011	1880	32.25	24240	15.40	20716	22.31
2012	1901	34.00	24527	14.84	21132	22.39
2013	1877	36.65	25507	14.33	20364	23.54
2014	1934	36.30	26462	13.46	21318	22.59
2015	1929	35.43	28081	12.78	20536	23.42
2016	1957	33.90	29734	12.60	20902	22.45
2017	2105	31.73	30126	12.84	21714	20.88
2018	2096	33.37	27961	14.31	24698	18.05
2019	2304	32.70	28639	14.19	24689	17.68
2020	2384	31.93	29659	13.89	24592	17.30
2021	2818	27.98	30283	13.49	24430	17.29
2022	2712	29.00	31247	13.03	24501	17.15

注：高等学校包括成人教育，中等学校包括普通中专、成人中专、技工学校、普通中学、职业中学。

14-13 全社会研究与试验发展(R&D)活动情况

(2011-2022年)

地　区	R&D活动人员数(万人年)	每万人就业人员中R&D人员(人年)	研究与试验发展经费支出(亿元)	研究与试验发展经费支出相当于GDP比重(%)
2011	2.82	47.06	38.98	1.42
2012	2.24	37.35	42.43	1.46
2013	2.45	40.67	51.25	1.63
2014	2.72	45.10	56.59	1.67
2015	2.93	48.50	63.11	1.78
2016	2.86	70.70	71.10	1.85
2017	2.97	73.15	83.31	1.89
2018	3.37	82.60	88.88	1.82
2019	4.33	106.20	102.30	1.99
2020	4.70	122.78	119.00	2.26
2021	5.08	131.87	139.44	2.41
2022	5.63	146.65	155.58	2.58

14-14 县级及以上政府部门属研究与开发机构变化情况

(1991-2022年)

单位：万元

年份	机构数(个)	职工总数(人)	#科技活动人员	经费收入总额	#政府拨款	经费支出总额	#人员费用
1991	8	294	96	248	192	241	94
1992	8	316	83	375	265	294	114
1993	8	277	100	432	375	406	137
1994	8	257	91	574	350	519	163
1995	8	246	89	618	446	604	265
1996	8	230	77	611	470	572	298
1997	8	226	79	804	540	815	347
1998	9	231	84	1020	640	640	450
1999	9	223	71	1135	764	1066	522
2000	8	214	75	1361	868	1209	597
2001	7	198	65	1543	1110	1242	718
2002	7	192	66	1901	1157	1602	755
2003	7	194	68	2197	1501	1871	1036
2004	7	183	70	2170	1511	2051	699
2005	7	188	77	2589	1608	2288	783
2006	7	187	80	3474	2049	2887	1276
2007	7	237	95	4081	2124	3631	2102
2008	7	236	97	4122	2065	3436	1794
2009	7	232	144	4772	2514	4982	1676
2010	7	233	117	4680	2604	4221	1420
2011	7	233	134	5765	2868	4977	1711
2012	7	207	114	6437	2952	5711	3605
2013	7	223	188	6126	3725	5899	2456
2014	7	223	185	6502	4058	6047	2227
2015	7	253	214	7348	4048	7536	3400
2016	7	239	191	7980	4990	7259	3440
2017	8	374	306	10234	6824	11556	6244
2018	9	393	321	19201	12419	16196	5673
2019	8	408	330	20276	9891	17168	7189
2020	11	529	435	22286	12298	17514	9421
2021	11	622	547	24496	15395	21698	9996
2022	17	1070	902	48134	21012	39413	18224

注：科技活动人员统计范围：2008年及以前的数据为科学家和工程师的人员数。

14-15 科技成果和专利授权情况

(1990-2022年)

年份	科技进步奖励	国家级	部级	省级	市级	合同数	技术成交额(万元)	专利申请受理量	专利授权量合计	发明	实用新型	外观设计
1990	77	1	1	22	46	4	21	107	58	1	56	1
1991	27			23		368	285	137	99	3	86	10
1992	90			22	60	14	200	218	147	2	131	14
1993	31	1	1	22		481	2167	308	248		194	54
1994	102			19	72	1894	351	251	231	2	187	42
1995	28		1	20		462	1856	285	245		183	62
1996	92			30	52	8141	3864	339	305	1	161	143
1997	68			19	42	1716	1662	448	409	3	187	219
1998	69			19	40	1033	6598	519	483		201	282
1999	95	1		28	56	488	4615	823	791		415	376
2000	113	2		28	78	526	5651	829	772		407	365
2001	112			22	90	623	6948	1480	962	22	410	530
2002	109			27	82	733	13133	2197	1223	14	471	738
2003	77			27	50	932	23772	2345	1795	21	540	1234
2004	72			22	50	854	22696	2803	1698	31	537	1130
2005	68		2	16	50	1029	28153	4834	2136	38	705	1393
2006	80			27	53	446	38116	5626	3365	57	1059	2249
2007	78			19	59	649	37046	6276	4589	82	1723	2784
2008	72	3		15	54	228	88300	9043	4811	168	1805	2838
2009	84	3		16	65	240	43300	8806	8145	225	2292	5628
2010	121	2		18	101	208	22877	10436	10558	285	4348	5925
2011	80			17	63	197	41837	12471	9653	519	4293	4841
2012	79			23	56	118	27672	14111	12182	793	5987	5402
2013	77	1		18	58	192	76255	16956	12673	737	6345	5591
2014	74	3		14	60	1022	173706	20570	16134	791	8597	6746
2015	69	3		16	50	1198	143539	23144	19717	1386	10257	8074
2016	71	1		10	60	1580	360274	27921	20075	1534	10769	7772
2017	65			8	57	1675	1042830	28071	19143	1844	8800	8499
2018	6	1		5		1326	633635	35695	26287	2767	13138	10382
2019	18			18		1467	730847	35090	26936	3071	12894	10971
2020	13			13		1575	614328	40217	34830	4401	15174	15255
2021	19			19		2430	1158081		39269	5282	18194	15793
2022							2234600		36556	2941	18495	15120

备注:2022年科技进步奖励数据未出。

14-16 规模以上工业企业研究与试验发展(R&D)活动基本情况(一)

(2022年)

项目	有R&D活动企业数(个)	有研发机构企业数(个)	企业办研发机构(个)	发明专利申请数(件)	有效发明专利数(件)
总计	**2888**	**1515**	**1588**	**2665**	**10739**
一、按登记注册类型分					
内资企业	**2814**	**1469**	**1539**	**2361**	**9284**
国有企业	1	1	1		2
集体企业	1	1	1	1	1
股份合作企业	43	12	12	7	59
联营企业					
有限责任公司	113	69	80	324	561
股份有限公司	112	89	116	559	1981
私营企业	2544	1297	1329	1470	6680
港、澳、台商投资企业	**31**	**22**	**23**	**41**	**209**
外商投资企业	**43**	**24**	**26**	**263**	**1246**
二、按国民经济行业分					
非金属矿采选业	2	1	1		
农副食品加工业	34	5	5		13
食品制造业	7	6	6	3	21
酒、饮料和精制茶制造业	2	1	1		5
纺织业	40	23	23	16	101
纺织服装、服饰业	5	4	4		8
皮革、毛皮、羽毛及其制品和制鞋业	157	15	15	8	55
木材加工和木、竹、藤、棕、草制品业	7	3	4	11	21
家具制造业	34	19	19	15	238
造纸和纸制品业	24	19	19	18	20
印刷和记录媒介复制业	31	15	15	6	27
文教、工美、体育和娱乐用品制造业	29	25	25	11	120
石油、煤炭及其他燃料加工业	1			1	2
化学原料和化学制品制造业	49	43	52	91	404
医药制造业	63	52	80	260	1773
化学纤维制造业	8	3	3	9	38
橡胶和塑料制品业	328	187	187	234	817
非金属矿物制品业	55	36	36	34	147
黑色金属冶炼和压延加工业	4	1	1	3	4
有色金属冶炼和压延加工业	12	4	4		27
金属制品业	184	77	77	76	337
通用设备制造业	662	328	341	568	1817
专用设备制造业	270	175	176	344	1680
汽车制造业	302	152	155	198	756
铁路、船舶、航空航天和其他运输设备制造业	149	93	95	147	388
电气机械和器材制造业	276	153	161	175	780
计算机、通信和其他电子设备制造业	54	32	39	104	198
仪器仪表制造业	60	30	30	136	615
其他制造业	20	8	8	45	191
废弃资源综合利用业	6	1	1		
电力、热力生产和供应业	10	2	3	151	135
水的生产和供应业	3	1	2	2	1

14-17 规模以上工业企业研究与试验发展(R&D)活动基本情况(二)

(2022年)

项 目	R&D人员(人)	R&D人员折合全时当量(人年)	R&D经费内部支出(万元)	R&D经费外部支出(万元)
总 计	**71931**	**53951**	**1379668**	**143250**
一、按登记注册类型分				
内资企业	**68158**	**51098**	**1298659**	**82543**
国有企业	29	21	1939	
集体企业	12	8	144	
股份合作企业	512	377	8578	34
联营企业				
有限责任公司	4119	2965	108337	17964
股份有限公司	10765	8205	247835	29003
私营企业	52721	39523	931826	35542
港、澳、台商投资企业	**1578**	**1119**	**26275**	**1103**
外商投资企业	**2195**	**1733**	**54734**	**59604**
二、按国民经济行业分				
非金属矿采选业	81	55	900	
农副食品加工业	255	202	5042	
食品制造业	110	74	2660	228
酒、饮料和精制茶制造业	24	12	174	80
纺织业	1012	747	15165	337
纺织服装、服饰业	46	31	446	
皮革、毛皮、羽毛及其制品和制鞋业	1279	981	15061	25
木材加工和木、竹、藤、棕、草制品业	204	175	2378	17
家具制造业	1749	1247	18761	2
造纸和纸制品业	488	379	12109	
印刷和记录媒介复制业	444	309	6133	
文教、工美、体育和娱乐用品制造业	661	529	9184	20
石油、煤炭及其他燃料加工业	2	2	31	18
化学原料和化学制品制造业	1259	1013	34511	1095
医药制造业	7212	5391	204003	47972
化学纤维制造业	124	55	3034	448
橡胶和塑料制品业	6043	4644	124790	1336
非金属矿物制品业	794	636	16354	109
黑色金属冶炼和压延加工业	131	100	4732	
有色金属冶炼和压延加工业	132	114	1933	
金属制品业	2850	2034	45454	176
通用设备制造业	15163	11293	242080	3834
专用设备制造业	6068	4766	118389	3005
汽车制造业	9023	6815	147151	64983
铁路、船舶、航空航天和其他运输设备制造业	4086	2895	95341	903
电气机械和器材制造业	6065	4516	127269	1495
计算机、通信和其他电子设备制造业	3181	2583	62328	2592
仪器仪表制造业	2136	1598	30249	1397
其他制造业	827	548	11894	152
废弃资源综合利用业	114	79	2148	132
电力、热力生产和供应业	347	117	19511	12895
水的生产和供应业	21	11	456	1

14-18 标准计量质量监督基本情况(一)

(1990-2022年)

年 份	已建市(地)级社会公用计量标准			已开展强制检定计量器具		强制检定计量器具实际检定数(台件)	计量仪器检定(台件)
	类	项	种	项	种		
1990	4	17	29	17	29	18231	36688
1991	4	17	32	15	26	14679	42584
1992	4	17	32	17	26	29432	49265
1993	5	17	43	18	28	27075	48819
1994	5	20	49	16	26	30799	42383
1995	5	25	54	20	27	31752	48518
1996	5	28	58	20	27	36950	55043
1997	6	28	64	20	35	32988	50653
1998	9	32	76	26	40	39919	32058
1999	10	27	40	27	40	18655	53361
2000	10	55	265	36	65	26538	132693
2001	10	52	119	23	36	8685	55176
2002	5	56	143	23	33	35985	78550
2003	5	95	201	21	33	48863	135373
2004	9	98	289	22	38	23751	78087
2005	10	65	114	28	48	10681	113102
2006	10	71	196	22	32	14678	103518
2007	15	98	223	25	35	15678	123518
2008	15	81	199	23	45	29134	95422
2009	11	99	222	23	45	44748	84913
2010	11	99	222	23	45	45160	90432
2011	11	99	222	23	45	35782	108732
2012	11	100	223	24	46	43316	110539
2013	11	108	233	28	51	46846	157169
2014	11	145	334	24	39	26567	118939
2015	10	149	338	25	40	37573	128464
2016	10	159	340	26	45	54028	112571
2017	10	163	342	26	46	64933	119993
2018	10	163	342	26	46	66244	110270
2019	10	256	396	26	46	137850	197993
2020	10	191	355	26	46	54556	122036
2021	10	196	363	17	50	95295	103408
2022	17	310	310	50	54	186757	189473

14-19 标准计量质量监督基本情况(二)

(1990-2022年)

年 份	产品质量监督受检企业数(个)	受检产品种数(种)	检验产品批次(批次)	检验产品合格批次(批次)	批次合格率(%)	现有工作用房(平方米)
1990	18	3	19	14	73.70	2739
1991	1292	14	1452	788	54.27	2946
1992	1135	11	1373	979	71.30	3300
1993	1330	13	1537	1133	73.72	3600
1994	2126	37	2185	1516	69.38	3600
1995	1428	14	1469	1033	70.32	4074
1996	2031	20	2118	1559	74.00	4100
1997	2866	46	3078	2403	76.00	4300
1998	3058	56	3134	2441	78.00	5900
1999	1966	55	2253	1592	70.66	7900
2000	1423	58	1534	1283	83.60	7930
2001	2100	28	2100	1697	80.83	10280
2002	4376	130	4376	3543	81.20	9280
2003	3634	240	3726	2727	75.00	18790
2004	3981	258	4158	3451	83.00	11800
2005	1956	167	1971	1691	85.79	28500
2006	2170	189	2319	2016	86.90	28500
2007	2497	196	2497	2197	87.99	28500
2008	1012	89	1012	816	80.63	28500
2009	1832	92	1832	1623	88.69	28500
2010	2093	149	2093	1907	91.11	28500
2011	1839	143	1839	1665	90.54	28500
2012	976	55	976	907	92.93	28500
2013	1070	82	1070	1027	95.98	28500
2014	1340	90	1341	1281	95.53	28500
2015	1190	113	1193	1125	94.30	28500
2016	1121	93	1152	1098	95.30	28500
2017	1149	102	1198	1146	95.66	28500
2018	1341	106	1341	1303	97.17	28500
2019	1390	102	1390	1349	97.05	32170
2020	1243	87	1247	1228	98.48	32170
2021	1109	83	1187	1161	97.81	32170
2022	603	113	736	612	83.15	1754.5

14-20 标准计量质量监督基本情况(三)

(1990-2022年)

年 份	企业产品标准备案数(个)	政府计量部门建立社会公用计量标准(项)	授权建立社会公用计量标准(项)	制造计量器具许可证工商户数(户)	修理计量器具许可证工商户数(户)	技术监督行政执法受理案件数(件)	技术监督行政法结案案件数(件)
1990	258						
1991	227					15	15
1992	446					90	85
1993	416	37		120	50	45	30
1994	501	94		89	60	195	182
1995	2315	95	5	167	56	417	384
1996	2680	123	5	182	87	591	495
1997	3409	123	2	127	69	976	935
1998	4285	122	3	91	71	1162	1096
1999	5511	94	3	89	60	1927	1830
2000	7489	92	7	112	49	2042	2021
2001	9021	125	7	76	7	2493	2487
2002	11327	249	13	29	21	2542	2534
2003	2931	201	13	147	9	2342	2342
2004	15584	289	43	175	1	1557	1551
2005	17007	320	76	28	2	1211	1185
2006	15677	325	30	35	1	580	518
2007	11136	332	31	35	1	3726	3720
2008	10735	339	2	26	1	2292	1978
2009	12019	199		23	1	3726	3720
2010	3875	200	3	21	1	1228	1099
2011	3151	211	3	24	1	957	956
2012	1285	219	3	23	1	556	539
2013	4276	259	3	27	1	501	495
2014	986	269	3	25	1	299	297
2015	1433	298	3	17	1	424	414
2016	12637	316	4	18	1	453	446
2017	8109	325	6	19	1	591	571
2018	3690	342	7	18	1	680	668
2019	3780	396	7	17	1	463	451
2020	3898	355	7	17	1	447	428
2021	4043	258	6	0	0	1297	1291
2022	4108	310	16	28	0	814	814

注：2015年起企业产品标准备案数统计口径改为企业产品标准自我声明公开数;《标准化法》出台后，取消企业标准备案。

主要统计指标解释

普通高等学校 指按照国家规定的审批程序举办，通过全国统一招生考试，招收高级中等学校毕业生和具有同等学历者，实施高等教育，增减高等专门人才的学校。包括大学、专科学校和短期职业大学。

成人高等学校 指按照国家规定的审批程序批准举办，招收高中毕业生或同等学历者，利用多种形式对成人实施高等教育，培养相当普通高等学校专科或本科毕业水平的专门人才的学校。包括广播电视大学、职工高等学校、农民高等学校、干部管理学校、教育学院、独立函授学院以及普通高等学校举办的函授、夜大等。

中等专业学校 指经国务院各部委或省人民政府批准举办，招收初中(或部分高中)毕业生或具有同等学历者，实施中等专业教育、培养中等专门人才的学校。具体又可分为中等技术学校和中等师范学校两大类。

技工学校 指招收初中(或部分高中)毕业生或同等学历者，实施专业技术教育、培养中级技术工人的学校。包括中央在地方单位办、各级劳动部门办、各级其他部门办和厂矿企业办。其在校学生数不包括培训的在职职工人数。

招生数 指新学年开始时，按照国家招生计划实际招收入学的新生数。不包括留级生和复读学生数。

在校学生数 指学年初开学以后，具有学籍的在校学习的学生总数。

毕业生数 指上学年度内，具有学籍的学生学完教学计划的全部课程，考试及格，获得毕业证书的学生数。不包括结业生和肄业生数。

教职工数 指在学校中工作的固定教职工人数。包括校本部、科研机构、校办工厂、农(林)场和附属机构的人员。不包括下列人员：离休、退休、退职人员；学校办的集体单位和学校附属机构中，属于集体单位的职工；代课教师和各种临时工。

专任教师 指主要从事教育工作的人员。包括临时(一年以内)调去帮助做其他工作的教学人员。不包括调离教学岗位，担任行政领导工作或其他工作的原教学人员；不包括兼任教师和代课教师。

小学学龄儿童入学率 指调查范围内已入学学习的学龄儿童占校内外学龄儿童总数(包括弱智儿童在内，但不包括盲聋哑儿童)的比重，计算公式是:

小学学龄儿童入学率=已入学的小学学龄儿童数/校内外小学学龄儿童总数 × 100%

专利 是专利数的简称，是对发明人的发明创造经审查合格后，由专利局依据专利法授予发明人和设计人对该项发明创造享有的专有权。从类型来看，包括发明、实用新型和外观设计。

发明 指对产品、方法或者其改进所提出的新的技术方案。实用新型指对产品的形状、构造或者其结合所提出的实用的新的技术方案。

外观设计 指对产品的形状、图案、色彩或者其结合所做出的富有美感并适于工业上应用的新设计。

企业办研发机构 指企业自办（或与外单位合办），管理上同生产系统相对独立（或者单独核算）的专门科技活动机构，如企业办的技术中心、研究院所、开发中心、开发部、实验室、中试车间、试验基地等。

R&D(研究与试验发展) 是指在科学技术领域，为增加知识总量、以及运用这些知识去创造新的应用进行的系统的创造性的活动，包括基础研究、应用研究、试验发展三类活动。

R&D 经费内部支出 是指调查单位在报告年度用于内部开展 R&D 活动（基础研究、应用研究和试验发展）的实际支出。包括用于 R&D 项目（课题）活动的直接支出，以及间接用于 R&D 活动的管理费、服务费、与 R&D 有关的基本建设支出以及外协加工费等。不包括生产性活动支出、归还贷款支出以及与外单位合作或委托外单位进行 R&D 活动而转拨给对方的经费支出。

R&D 经费外部支出 是指报告期委托外单位或

与外单位合作进行科技活动而拨给对方的经费。包括对国内研究机构支出、对国内高等学校支出、对国内企业支出以及对境外机构支出合计。

已开展强制检定工作计量器具 指县级以上政府计量行政部门根据《中华人民共和国强制检定的工作计量器具明细目录》中规定的 55 项 111 种，具体开展项、种数。

产品质量监督检验企业数 指报告期内实际受检的企业数。

产品质量监督检验批次 在同一时期，对同一企业生产的同种规格的产品，按规定办法抽取样品，进行一次监督检验，为一个批次。

企业产品标准备案数 指企业已审批发布并办理了备案手续的企业产品标准数。

社会公用计量标准 指经过政府计量行政部门考核、作为统一本地区量值的依据，在社会上实施计量监督具有公证作用的计量标准。项数是指县级以上政府计量行政部门建立并考核发证的项目数。

授权建立的社会公用计量标准 指县以上政府计量行政部门授权其他部门或单位建立的社会公用计量标准器具考核发证的项目数。

制造计量器具许可证工商户数 指取得由县以上政府计量行政部门考核颁发制造计量器具许可证的企业单位数(包括个体工商户数)。

修理计量器具许可证工商户数 指取得县级政府计量行政部门考核颁发的修理计量器具许可证的企业单位数(包括个体工商户数)。

15

文化卫生体育和广播

Culture, Public Health, Sports and Broadcast

15-1 主要年份文化艺术事业单位数

单位：个

年份	电影放映单位	艺术表演团体	文化馆、站	#文化馆	公共图书馆
1980	412	12	205	8	7
1985	616	8	441	8	8
1990	577	8	430	8	8
1991	554	8	420	8	8
1992	542	8	202	8	8
1993	516	8	157	8	8
1994	516	8	210	8	8
1995	490	4	168	8	8
1996	493	4	168	8	8
1997	452	4	150	8	8
1998	453	6	181	9	8
1999	453	6	181	9	8
2000	370	6	180	9	8
2001	370	6	163	9	8
2002	380	7	139	9	8
2003	380	8	129	9	8
2004	380	8	131	9	8
2005	42	8	140	9	8
2006	41	7	143	10	9
2007	38	8	144	10	9
2008	26	8	143	10	10
2009	25	8	143	10	10
2010	25	8	143	10	10
2011	27	7	143	10	10
2012	31	6	143	10	10
2013	33	7	143	10	10
2014	47	7	129	10	10
2015	39	169	139	10	10
2016	39	186	139	10	10
2017	44	208	139	10	10
2018		225	139	10	10
2019		224	139	10	10
2020		175	139	10	10
2021		163	139	10	10
2022		162	139	10	10

注：2005年起电影放映单位数使用基本单位调查数据(含法人单位和其他法人单位附属的产业活动单位)。
2015年起艺术表演团体含私营团体。

15-2 群众文化基本情况

(1996-2022年)

年 份	举办展览场次(个)	组织文艺活动(次)	举办训练班班次(次)	培训人次(万人次)	藏 书(万册)	经费总支出(万元)
1996	689	2059	610	2.00	21.50	833
1997	625	1959	617	2.10	19.80	788
1998	737	2047	795	1.50	18.20	914
1999	666	2213	870	1.30	24.20	989
2000	708	1889	622	1.23	29.91	1424
2001	501	1482	516	1.40	30.20	1340
2002	518	1954	752	1.47	34.94	3474
2003	503	1720	479	1.37	38.03	2955
2004	636	2385	715	1.95	58.75	3177
2005	617	1607	620	2.33	64.20	3548
2006	698	1859	774	2.63	89.60	6046
2007	550	1028	1686	4.05	77.35	2858
2008	694	1999	1344	9.64	83.77	5387
2009	671	2285	4379	9.38	88.61	5831
2010	620	2331	1214	8.30	97.98	6363
2011	596	2186	1245	9.77	105.00	6923
2012	583	2307	1500	14.12	112.00	9648
2013	597	2428	1497	14.20	119.69	11262
2014	823	2805	2536	23.04	262.26	12920
2015	1252	5682	2902	42.57	252.24	15767
2016	1374	6100	4104	49.62	185.97	16574
2017	1484	10237	6912	53.04	204.50	21307
2018	1767	15480	6649	83.12	211.65	19092
2019	2046	25516	11717	76.20	214.12	28026
2020	1815	11854	9680	40.10	232.66	27163
2021	1706	18788	15336	63.87	229.35	41488
2022	2528	95796	19150	168.82	252.70	47170

注：本表统计范围为文化馆和文化站。

15-3 主要年份卫生机构数

单位：个

年 份	卫生机构数	医院、卫生院	疗养院、所	社区卫生服务中心（站）	诊所卫生所医务室门诊部	卫生防疫机构	妇幼保健机构	卫生监督所	医学在职培训机构	其他卫生机构
1978	618	417								
1980	674	425								
1985	718	357								
1990	730	351	1	333		9	10		1	25
1991	729	359	1	322		9	10		1	27
1992	728	415	1	264		9	10		1	28
1993	701	386	1	266		9	10	1	10	18
1994	698	393	1	264		9	10	1	10	10
1995	709	402	1	265		10	10	1	10	10
1996	694	387	1	265		10	10	1	10	10
1997	717	391	1	284		10	10	1	10	10
1998	680	382	1	255		10	10	1	10	11
1999	635	356	1	236		10	10	1	10	11
2000	645	340	1	262		10	10	1	10	11
2001	664	365	1	238		28	10	1	10	11
2002	932	277	1	378	225	23	10	1	10	7
2003	1097	229	1	344	462	20	10	1	9	21
2004	1223	232	1	135	796	20	10	1	9	19
2005	1285	237	1	327	673	20	10	1	9	7
2006	1243	242	1	346	605	20	10	1	9	9
2007	1401	233	1	413	703	20	10	1	9	11
2008	1379	240	1	417	670	10	10	10	8	13
2009	1394	239	1	440	663	10	10	10	8	13
2010	1380	220	1	470	638	10	10	10	8	13
2011	3061	156	1	548	633	10	10	10	8	5
2012	3101	192	1	515	658	10	10	10	8	5
2013	3096	201	1	497	687	10	10	10	8	4
2014	3260	209	1	479	836	10	10	10	9	4
2015	3455	262	1	424	1047	10	10	10	9	4
2016	3540	271	2	406	1137	10	10	10	9	4
2017	3601	269	2	384	1257	10	10	10	8	8
2018	3691	285	2	345	1247	10	10	10	8	7
2019	3651	233	2	320	1348	10	10	10	8	6
2020	3662	235	2	258	1578	10	10	10	8	6
2021	3805	234	2	273	1671	10	10	10	7	4
2022	3896	238	2	273	1557	10	10	10	7	4

注：2002年开始卫生机构数包括个体诊所、社区卫生服务站机构数；2003和2011年度均有一部分卫生院转为社区卫生服务站，导致卫生院数减少，社区卫生服务站增加；2011年卫生机构数包括1672家村卫生室，导致卫生机构数增加。

15-4 主要年份卫生机构床位数

单位：张

年份	卫生机构床位数	#医院、卫生院	#疗养院、所	#妇保幼健机构	#社区卫生中心(站)	每万人拥有床位数
1978	4788	4723				10.6
1980	5237	5162				11.3
1985	5974	5858				12.2
1990	7030	6902	60			13.6
1991	7352	7223	60			14.2
1992	7672	7546	70			14.7
1993	7682	7563	70			14.7
1994	7861	7695	112			14.9
1995	8015	7854	112			15.1
1996	8333	8177	112			15.6
1997	8534	8422	112			15.9
1998	8671	8559	112			16.1
1999	8880	8768	112			16.4
2000	9559	9459	100			17.5
2001	10496	10396	100			19.1
2002	10387	10307	80			18.9
2003	11352	11035	100	173	44	20.5
2004	12285	11965	100	201	19	22.1
2005	12634	12367	32	220	15	22.6
2006	13762	13494	25	243		24.4
2007	14293	14025		258	10	25.1
2008	14927	14465	30	253	179	26.0
2009	15563	15160	30	303	70	26.9
2010	16528	16088	30	318	339	28.3
2011	17536	16025	30	336	1130	29.2
2012	18729	17809	30	366	509	31.7
2013	20072	19033	30	366	628	33.8
2014	22267	21334	30	375	513	37.3
2015	24784	23723	50	375	621	41.5
2016	26845	25656	130	376	668	44.7
2017	28257	27282	130	391	446	46.8
2018	29861	28945	130	406	360	48.6
2019	31187	30130	200	471	356	50.7
2020	31594	30533	200	458	373	47.7
2021	31482	30423	200	404	412	47.3
2022	33674	32616	200	364	454	50.4

注：2007年疗养院、所的床位数并入医院统计。

15-5 主要年份卫生事业基本情况

单位：人

年份	卫生机构人员数	卫生机构技术人员数	#医生	#护士	其他技术人员	管理人员	工勤人员	每万人拥有卫生技术人员数	#医生数	#护士数
1978	7894	6998	2743	739	36	583	277	15.5	6.1	1.6
1980	9554	8283	2608	655	27	731	513	17.9	5.6	1.4
1985	10998	9391	3357	1073	43	828	736	19.2	6.8	2.2
1990	12879	11011	4512	1969	71	1140	657	21.4	8.8	3.8
1991	13219	11285	4607	2072	86	1172	676	21.8	8.9	4.0
1992	13599	11584	4599	2136	93	1223	699	22.3	8.8	4.1
1993	13952	11763	4483	2248	109	1167	913	22.5	8.6	4.3
1994	14534	12406	4950	2419	127	1094	907	23.6	9.4	4.6
1995	14495	12027	5357	2443	39	1813	616	22.7	10.1	4.6
1996	15240	12628	5676	2597	42	1924	646	23.7	10.6	4.9
1997	17186	14501	6106	2772	49	1982	654	27.1	11.4	5.2
1998	16635	13905	5871	2973	228	1453	1049	25.8	10.9	5.5
1999	17204	14149	6165	2992	211	1683	1161	26.1	11.4	5.5
2000	18017	14841	6479	3309	232	1724	1220	27.2	11.9	6.1
2001	18947	15692	7100	3713	396	1760	1099	28.6	12.9	6.8
2002	19337	16276	6898	4658	726	943	1392	29.6	12.5	8.5
2003	20967	17780	7837	4658	950	881	1356	32.2	14.2	8.4
2004	21548	18484	7804	4873	969	974	1121	33.2	14.0	8.8
2005	24484	20806	8577	5695	1198	898	1582	37.2	15.3	10.2
2006	25517	21372	8826	6232	1190	999	1956	37.8	15.6	11.1
2007	27426	22868	9828	6588	1162	1068	2328	40.2	17.3	11.6
2008	28794	24488	10968	7675	1137	979	2190	42.7	19.3	13.4
2009	30526	25798	11237	8432	1135	977	2616	44.6	19.4	14.6
2010	31855	26765	11521	9104	1282	1037	2771	45.9	19.8	15.6
2011	36660	29890	12606	10227	1515	725	3240	49.8	21.1	17.0
2012	39103	31643	12944	10873	1603	739	3844	53.5	21.9	18.4
2013	40697	32851	13338	11613	1479	948	4208	55.3	22.5	19.5
2014	43156	34836	14226	12731	1763	985	4415	58.3	23.9	21.3
2015	46335	37841	15723	14666	1721	1107	4551	63.3	26.3	24.5
2016	49233	40588	16637	16180	1826	1125	4610	67.6	27.7	27.0
2017	51792	42582	17235	17150	1978	1303	4886	70.6	28.6	28.4
2018	55585	44797	18103	18493	2246	1621	5894	73.0	29.5	30.1
2019	58276	47934	19258	20442	2586	1665	6094	77.9	31.3	33.2
2020	61341	49445	20053	21081	2661	1797	6485	74.7	30.3	31.8
2021	61019	50335	20491	21632	2102	1824	5851	75.6	30.8	32.5
2022	63869	52445	21486	22653	2331	4827	6196	78.5	32.2	33.9

注：2002年及以后卫生机构数为登记注册数；医生系执业(助理)医师数，护士为注册护士数。

15-6 医疗机构诊疗次数和入院人数

(2002-2022年)

年 份	诊 疗 人次数 (万人次)	#门、急诊	入院人数 (万人次)	每百诊次入院人数 (人)	病 床 使用率 (%)	病床周转次数 (次)	出院者平均住院天数(日)
2002	1595	1466	24.1	1.50			
2003	1507	1446	30.5	2.00			
2004	1616	1593	34.8	2.20			
2005	1818	1748	36.9	2.11			
2006	1862	1828	38.6	2.07			
2007	2113	1960	42.3	2.00	84.61	32.5	9.2
2008	2445	2406	45.9	1.88	85.33	33.4	9.1
2009	2746	2716	49.3	1.80	88.40	33.5	9.6
2010	2805	2754	52.3	1.79	89.70	32.9	10.1
2011	3769	3724	57.4	1.51	90.08	33.9	9.6
2012	4283	4239	64.6	1.52	93.03	35.6	9.6
2013	4330	4265	68.1	1.57	89.56	35.4	9.3
2014	4670	4589	72.0	1.54	87.31	34.8	9.1
2015	4739	4650	74.5	1.56	84.08	33.0	9.2
2016	5168	5088	81.0	2.01	83.04	32.6	9.0
2017	5558	5447	87.9	2.03	85.29	33.6	9.0
2018	6035	5908	92.2	1.99	87.58	34.1	9.0
2019	6991	6822	97.7	1.93	85.28	34.2	8.8
2020	6541	6347	86.3	1.86	73.83	29.5	8.6
2021	7392	7119	93.5	1.83	78.15	32.0	8.7
2022	7773	7377	100.2	1.87	77.80	32.4	8.4

15-7　医疗机构分类别诊疗次数和入院人数

（2022年）　　单位：万人次

类　别	诊疗人次数	#门、急诊	家庭卫生服务人次数	观察室留观病例数	健康检查人数	入院人数	住院病人手术人次数	每百诊次入院人数(人)
总　计	**7773.34**	**7376.95**	**47.19**	**10.10**	**321.55**	**100.24**	**47.35**	**1.87**
一、医　院	**2938.41**	**2934.69**	**1.11**	**9.20**	**141.01**	**95.72**	**46.18**	**3.26**
综合医院	2132.31	2131.07	1.06	8.00	94.76	74.99	38.04	3.52
中医医院	579.55	579.53	0.01	0.28	30.06	13.12	6.53	2.26
中西医结合医院	58.76	58.72	0.04	0.35	2.94	1.94	0.53	3.30
专科医院	165.50	163.08		0.57	13.26	5.01	1.09	3.07
口腔医院	18.72	18.72			0.35			
眼科医院	15.54	15.53			3.04	0.46	0.28	2.94
耳鼻喉科医院	1.11	1.11			0.16	0.16	0.16	14.54
肿瘤医院								
妇产(科)医院	32.08	32.08			0.16	0.72	0.25	2.25
儿童医院								
精神病医院	36.26	36.26		…		1.85	0.03	5.10
皮肤病医院	2.08	2.08						
骨科医院	11.57	11.57				0.49	0.23	4.26
康复医院	21.76	21.76			2.15	0.63	0.10	2.91
整形外科医院	1.62	1.62					0.04	
美容医院	9.53	9.53		0.57		0.27		2.81
其他专科医院	15.22	12.82			7.40	0.42		3.26
护理院	2.30	2.30			…	0.67		28.96
二、基层医疗卫生机构	**4678.76**	**4286.10**	**46.07**	**0.82**	**165.13**	**2.95**	**0.36**	**0.13**
社区卫生服务中心(站)	793.34	771.71	13.49	0.03	75.46	0.33	0.01	0.04
卫生院	1548.63	1509.91	32.58	0.79	85.30	2.62	0.36	0.17
其中：中心卫生院	942.66	917.11	19.43	0.71	46.54	2.57	0.36	0.28
村卫生室	1105.30	1082.41						
门诊部	129.39	64.92			4.23			
诊所、卫生所、医务室	1102.11	857.15			0.14			
三、专业公共卫生机构	**155.04**	**155.04**		**0.08**	**15.41**	**1.56**	**0.81**	**1.04**
妇幼保健院(所、站)	149.75	149.75		0.08	15.41	1.56	0.81	1.04
其中：妇幼保健院	118.25	118.25		…	8.04	1.56	0.81	1.32
急救中心(站)	5.29	5.29						
四、其他机构(疗养院)	**1.12**	**1.12**				**0.01**		**1.14**

注：2021年新增美容医院，统计系统中将美容医院单独列出，进行数据统计。

15-8 体育基本情况

(1992-2022年)

年 份	体育场(馆)(个)	举办县以上运动会(次)	参加县以上运动会(人)	举办乡镇运动会(次)	参加乡镇运动会(人)	获世界比赛:金牌(枚)	获全国、全省比赛(枚)			向上级体育团体输送人员(人)	国家级裁判员(人)	国家一级裁判员(人)
							金牌	银牌	铜牌			
1992	4					4	87	80	55			
1993	4					3	72	56	49	35		
1994	4	141	27023	68	25921		35	26	18	10		
1995	4	161	27950	94	48530	1	60	72	67	25		
1996	4	180	28103	164	56704		63	86	75	23		
1997	6	102	13756	165	49316		91	57	55	10	7	35
1998	6	10	2000			2	57	51	40		7	40
1999	7	9	6234	6	3250	15	90	83	66	35	7	40
2000	9	12	1420	114	48545	2	60	56	53	27	7	40
2001	9	42	10850	77	26586		77	51	51	13	7	40
2002	9	12	11080	86	18600		104	64	61	7	8	45
2003	9	17	12741	135	18860		86	69	80	43	11	57
2004	11	23	11500	27	5500		117	94	104	30	13	72
2005	11	94	29227	174	32229		167.5	134	123	52	14	113
2006	14	21	21250	18	12500		147	138	146	88	15	124
2007	14	25	26280	35	17250		99	83	77	110	15	142
2008	14	27	28320	26	23620		93	71	103	135	16	167
2009	14	26	27840	30	32460		88.5	76	80	139	17	194
2010	7	28	25370	23	26000		189.7	119	152		18	222
2011	7	10	16800	29	22100	2	285.5	129	51	51	19	237
2012	7	19	26299	25	17800	9	142.5	137	168	71	19	249
2013	12	25	36000	36	22500	1	89.5	90	125	78	19	266
2014	9	20	32000	20	23000	2	176	91	151	53	19	284
2015	12	15	29500	55	33700	4	154.5	158	149	55	20	304
2016	11	17	31000	26	21000	2	224.3	175	215	65	28	324
2017	11	16	37900	15	7700	4	338.5	334	394	83	29	337
2018	12	20	39872	19	10452	7	354.2	315	387	98	41	402
2019	12	126	37064	42	7829	22	333	296	325	86	38	444
2020	12	72	38336	6	1400		285	313	353	76	40	464
2021	12	57	30011	91	24767	2	219	215	301	26	45	565
2022	12	74	42222	61	17972	2	167	158	153	46	50	575

15-9 广播电视基本情况

(1992-2022年)

年 份	广播节目套数(套)	广播电台(个)	无线电视节目套数(套)	有线广播电视网络干线总长(公里)	卫星收转(座)	电视人口覆盖率(%)
1992	3	8	7		112	78.56
1993	4	8	8		215	88.00
1994	4	8	8		917	87.00
1995	4	8	8		1338	90.00
1996	4	8	8		1133	88.61
1997	4	8	8		991	86.37
1998	3	6	7		425	86.37
1999	4	6	7		339	90.45
2000	4	6	7	20507	359	94.26
2001	8	6	8	24639	621	95.67
2002	8	6	10	45161	638	98.04
2003	8	6	10	44832	536	98.64
2004	9	7	10	11038	498	98.80
2005	10	9	10	12515	487	98.91
2006	10	9	10	11705	211	99.01
2007	10	9	10	14449	198	99.48
2008	10	9	10	15125	34	99.47
2009	10	9	10	15475	35	99.48
2010	10	9	10	17519	22	99.47
2011	10	9	10	18425	9	99.42
2012	10	9	10	21771	9	99.56
2013	10	8	10	23012	9	99.63
2014	10	8	10	24881	9	99.63
2015	10	8	10	26409	9	99.72
2016	10	8	10	27216		99.76
2017	10	8	10	28075		99.86
2018	10	8	10	17354		99.87
2019	10	7	10			99.87
2020	10	7	10			100.00
2021	10	7	10			100.00
2022	10	7	10			100.00

注：2006年有线广播电视网络干线总长是光节点之前的长度。

主要统计指标解释

文化事业机构　指从事专业文化工作和为专业文化工作服务的独立核算、独立建制的单位。不包括文化主管部门直属单位举办的其他行业和各部门的业余文化组织。

艺术表演团体　指从事戏曲、音乐、舞蹈、杂技等专业艺术表演，有独立账户，实行单独核算的团体。不包括半工半艺、半农半艺和民间职业剧团。

医院　指设有固定床位能收病人住院并能为病人提供医疗和护理服务的医疗机构。包括县及县以上医院、乡镇卫生院、其他医院三部分。

卫生技术人员　指卫生事业机构支付工资的全部固定职工和合同制职工中现任职务为卫生技术工作的专业人员。包括中医师、西医师、中西医结合高级医师、护师、中药师、西药师、检验师、其他技师、中医士、西医士、护士、助产士、中药剂士、西药剂士 、检验士、其他技士、其他中医、护理员、中药剂员、西药剂员、检验员，其他初级卫生技术人员。

医生　包括执业医生和执业助理医生。指具有《医师执业证》及其“级别”为“执业医师”且实际从事医疗、预防保健工作的人员，不包括实际从事管理工作的执业医师。

诊疗人次数　指一定时期内所有诊疗工作的总人次数，包括病人来院就诊的门诊、急诊人次数和出诊、赴家庭病床、到工厂、农村、会议、集体活动等外出诊疗的人次数以及外出进行的单项健康检查人次数。

体育场　指有 400 米跑道，中心含足球场并有固定看台的田径场。

体育馆　指有固定看台可供篮球、排球、羽毛球、乒乓球、体操等项目训练比赛活动用的室内场地。

等级裁判员人数　指经考核正式批准授予等级裁判员称号的人数。裁判员等级分为国际裁判、国家级裁判、一级裁判、二级裁判、三级裁判。

广播(或电视)人口覆盖率　指广播(或电视)覆盖人口与总人口的比率。广播(或电视)覆盖，目前是按某套节目来计算的。广播覆盖人口是指能够用普通收音机在中午收听中波广播节目，并且收听效果能达到听清完整的节目内容的地区的人口数。包括只能收听外省的中波广播的人口数在内。电视覆盖人口是指能够用普通电视接收机，室外天线在离地面四米高外，在晚上收看电视，并且收看效果能达到图像基本稳定、清晰，能看清人物的形象、动作的地区内的人口数。指标计算公式:

广播(或电视)人口覆盖率＝年末广播(或电视)覆盖人口数/年末总人口数×100%

16

档案工会妇联优抚和社会保障

Archives, Labor Union, The Women's Federation, Preferential Treatment and Social Security

16-1 档案馆档案资料馆藏情况

(1990-2022年)

年 份	馆藏档案				馆藏资料册数(万册)	档案馆面积(平方米)	#库房面积
	全宗(个)	案卷(万卷)	录音录像影片(盒)	照片(万张)			
1990	624	14.83	595	0.55	3.95	6544	4371
1991	713	15.76	637	0.87	4.13	7689	4900
1992	944	18.10	672	0.95	4.30	8709	5412
1993	1008	18.65	704	1.04	4.74	8709	5412
1994	1070	19.77	734	1.17	4.92	8709	5412
1995	1116	21.54	793	1.30	5.16	8709	5412
1996	1133	22.31	770	1.44	5.65	8868	5563
1997	1215	23.31	637	1.74	6.00	8868	5563
1998	1223	24.42	612	1.89	6.44	9337	5885
1999	1322	28.80	766	2.04	6.63	8970	5831
2000	1353	30.66	1485	2.14	6.86	9097	5865
2001	1395	37.16	1617	2.47	7.13	9172	5865
2002	1449	40.93	1563	2.91	7.33	9372	5965
2003	1480	43.68	1597	3.15	7.43	9499	6199
2004	1497	45.22	1627	3.31	7.85	9167	6099
2005	1526	56.93	1783	3.60	8.09	9892	6810
2006	1554	49.66	1806	4.01	8.31	14441	9401
2007	1590	51.97	1820	4.23	8.46	13941	9147
2008	1620	54.24	1844	4.60	8.70	23941	11291
2009	1632	55.40	1860	4.82	8.91	23941	11291
2010	1753	59.27	1867	5.36	9.03	23941	11291
2011	1805	61.28	1923	5.47	9.14	23941	11291
2012	1839	65.92	1944	5.74	9.38	25041	11291
2013	1863	69.70	1969	6.00	9.47	24352	9779
2014	1894	72.20	2223	6.54	9.69	30657	11919
2015	1909	74.96	2224	7.12	10.00	30797	12019
2016	1927	77.27	2255	7.45	10.31	58165	18427
2017	1933	79.86	2292	7.77	10.41	67801	22642
2018	1970	83.63	2292	7.56	10.46	74919	30868
2019	1993	85.62	2309	6.50	10.53	80048	31425
2020	2093	101.03	2323	8.21	11.30	91318	34545
2021	2196	134.66	2355	8.59	11.36	119450	43573
2022	2245	199.24	1997	8.61	12.12	119450	44331

注：录音录像影片统计口径自2022年开始有所调整。

16-2　档案馆档案资料利用情况

(1990-2022年)

年　份	档案资料利用				开　放　档　案	
	利用人次(万人次)	利用档案(万卷、件次)	利用资料(万册、次)	复　制(万页)	全　宗(个)	案　卷(万卷)
1990	0.56	2.45	0.31	1.08		
1991	0.50	1.40	0.20	0.72	222	2.00
1992	0.49	1.16	0.15	0.76	264	2.19
1993	0.34	0.99	0.13	0.94	264	2.22
1994	0.36	1.01	0.15	1.13	264	2.27
1995	0.28	0.64	0.11	0.80	269	3.79
1996	0.24	0.67	0.11	0.51	340	3.90
1997	0.30	0.81	0.09	1.56	422	4.65
1998	0.40	1.01	0.15	0.88	520	5.47
1999	0.52	1.53	0.17	1.18	523	5.48
2000	0.54	1.74	0.16	1.24	528	5.75
2001	0.56	1.63	0.14	2.10	528	5.75
2002	0.79	2.27	0.10	2.94	458	5.88
2003	0.79	2.05	0.19	3.17	653	6.12
2004	1.01	3.04	0.78	4.86	673	6.21
2005	2.09	3.28	1.17	3.13	556	10.96
2006	1.94	19.46	0.52	9.82	556	6.31
2007	1.71	34.07	1.33	8.55	618	6.70
2008	1.64	5.04	0.18	7.25	625	7.01
2009	1.94	3.15	0.55	3.25	625	7.11
2010	1.56	2.50	0.98	3.12	625	7.11
2011	6.15	9.07	1.29	6.79	639	7.36
2012	2.98	3.77	0.28		657	7.36
2013	3.04	4.65	0.29		657	7.36
2014	3.66	4.98	0.18		784	7.42
2015	3.95	11.38	0.12		791	7.42
2016	4.64	7.10	0.14		815	7.79
2017	4.18	8.90	0.17		860	8.27
2018	3.14	4.50	0.26			9.55
2019	2.75	4.20	0.05			11.79
2020	2.45	5.73	0.07			12.08
2021	2.66	9.69	0.19			10.64
2022	2.95	6.94	0.10			16.56

16-3 工会基本情况

(1990-2022年)

单位：人

年 份	基层工会组织数(个)	建立工会组织单位职工人数	#女职工	建立工会组织单位会员人数	#女会员	建立职工代表大会制度的单位数(个)	全国劳模	省、部级劳模	市级劳模
1990	2228	251674	95376	230452	87158			10	
1991	2248	262784	101983	238735	91425			4	
1992	2324	266339	105200	239708	92282			3	
1993	2291	244083	97152	218933	86362			5	
1994	2273	246203	97268	223354	86867			8	
1995							9	13	
1996	2639	226287	89340	206707	81974			5	
1997	2489	196051	79224	179901	70837			3	
1998	2359	213689	87487	185941	74880	973		5	
1999	2926	265768	110630	217735	89573	971		27	100
2000	5399	503285	204580	408975	164591	621	9	2	
2001	7073	845300	288184	821751	263792	517		11	
2002	5795	865423	368442	818095	339828	1209		4	
2003	5940	890017	367797	826141	339025	1675		5	
2004	7218	973565	395162	888892	370207	2349		36	100
2005	8356	1043045	473879	982363	417495	2400	10		
2006	9205	1142028	469978	1073865	421380	2537		4	
2007	10378	1236408	535409	1167186	497179	2770		4	
2008	11647	1326682	537442	1249840	511820	2904		5	
2009	12538	1432401	558981	1352600	535431	3010		39	79
2010	13343	1580373	621436	1517298	601393	3290	11		
2011	14719	1763071	682306	1712126	666807	3653		5	
2012	16739	2014431	770027	1981778	760996	4106		4	
2013	17639	2119344	809964	2083070	799558	4295		4	
2014	17427	2142399	814445	2100368	800470	4305		49	108
2015	17574	2299533	834233	2258245	822948	4416	10		
2016	17667	2394617	875998	2355832	867304	6267		3	
2017	17766	2436832	891207	2398395	882511	6452		3	106
2018	17902	2457329	899814	2419221	890945	6521		3	
2019	9378	1099910	455567	1048738	444284	4813		49	
2020	10601	1186775	504967	1150338	494632	9038	8		100
2021	11982	1301041	527690	1261099	511490	10615		4	
2022	12662	1344654	566080	1304738	552913	10907		4	

注：2019年开展工会情况普查后，剔除原已撤销未剔除数据的工会组织。

16-4 妇女联合会基本情况

(1990-2022年)

年 份	巾帼文明岗数(市级以上)(个)	巾 帼 志愿者(人)	三 八 红旗手(人)	巾帼建功标兵(省级以上)(人)	实用技术培训人数(万人)	文明家庭(市、县级)(户)	村(社区)儿童之家(个)
1990			83		14.56	725	
1991			73		15.61	151	
1992			20			410	
1993			30			335	
1994			3		9.39	91	
1995			37		15.42	110	
1996			3		17.37	267	
1997			79		17.90	162	
1998			44		19.67	450	
1999					11.40	763	
2000			10		9.72	11563	
2001	746				14.34	40141	
2002	1206	20514	13		10.25	225280	
2003	623	23021	26		10.79	412811	
2004	628	34997	37	7	6.73	482499	
2005	321	32640	34		6.75	289166	
2006	161	35680	28	7	5.66	144701	
2007	227	33600	33	5	4.76	135837	
2008	309	34580	59	38	3.68	647	
2009	309	35280	105	9	5.38	2048	
2010	411	35760	84	10	4.22	1490	
2011	124	36250	56	12	4.79	418	
2012	74	37777	60	15	7.25	2380	
2013	69	37100	49	17	0.90	70611	
2014	62	36659	20	9	0.90	5022	
2015	76	38195	22	7	2.87	334	4310
2016	5	69120	8	3	3.39	393	4486
2017	86	36622		10	1.50	3866	4537
2018	5	52000	9	3	1.76	454	3342
2019	50	68000	17	2	2.10	502	3314
2020	3	70285	10	2	2.16	485	3232
2021	82	66250	1	10	2.36	507	2861
2022	5	69000	1	2	4.20	468	2891

16-5 优抚事业基本情况

(1990-2022年)

单位：人

年份	享受定期抚恤金人数			享受定期补助人数	#在乡复员军人	#带病回乡退伍军人	安置退伍军人人数	离退休、退职直接发放人员
	残疾军人	三属	#烈属					
1990		821	502	10591	9112	1296	1639	772
1991		829	492	10427	8914	1410		725
1992		793	483	10330	8697	1543	2425	571
1993		797	474	10096	4836	1585	1816	561
1994		770	458	10085	8434	1575	2546	535
1995		780	467	9977	8314	1589	2148	510
1996		721	431	9862	8112	1694	1872	501
1997		724	423	9526	7757	1711	1651	496
1998		694	391	9407	7407	1943	1366	474
1999		672	368	9308	7202	2072	3596	447
2000		646	349	9181	6947	2208	3568	427
2001		626	333	8811	6835	1959	1690	421
2002		611	323	8802	6581	2209	2409	406
2003		602	318	8474	6189	2274	1150	403
2004		590	312	8356	5982	2364	854	402
2005		583	309	7968	5616	2346	1257	391
2006		581	309	7741	5384	2351	1781	392
2007		561	291	7823	5164	2282	1730	386
2008		547	284	9150	4981	3197	2943	375
2009		545	277	9096	4680	3156	2482	363
2010		527	271	8987	4430	3183	2763	357
2011		510	257	9348	4158	3118	2698	349
2012		485	242	36368	3803	2193	2756	325
2013		445	222	36060	3217	2234	2616	318
2014		411	197	36725	2955	2220	2456	309
2015		416	204	37344	2764	2131	2302	303
2016		406	196	37954	2589	2080	2490	279
2017		363	154	38174	1868	2006	2349	184
2018	2180	356	153	40048	1493	1786	1997	112
2019	2278	343	147	40631	1313	1646	1948	111
2020	2346	325	133	40410	1124	873	1942	122
2021	2458	320	127	40202	926	865	1919	125
2022	2502	300	115	40689	684	854		127

16-6 民政事业基本情况(一)

(1990-2022年) 单位：人

年份	最低生活保障人数	最低生活保障资金(万元)	社会福利院			收养类单位		
			单位数(个)	床位(张)	年末在院人数	单位数(个)	床位(张)	年末在院人数
1990			4	222	124	82	1133	751
1991			4	194	112	93	1209	850
1992			4	194	114	98	1339	975
1993			4	182	142	98	1374	1056
1994			4	178	154	101	1336	1116
1995			4	178	297	123	1852	1087
1996			4	232	188	165	2225	1321
1997			6	322	177	185	2585	1666
1998			7	372	247	184	2795	1655
1999			7	403	297	179	2847	1640
2000	29611	1441	7	525	359	175	3697	2005
2001	33487	1915	8	735	425	164	4024	2149
2002	48926	1751	9	854	503	149	4980	2396
2003	56751	2260	9	876	552	134	4303	2783
2004	60893	4970	9	908	599	135	5788	3642
2005	56747	4932	9	992	643	168	8327	4411
2006	56527	5126	9	1093	729	196	11753	7094
2007	60186	6917	9	1323	773	194	13237	9346
2008	62988	9422	9	1423	748	209	15061	8524
2009	61624	9960	9	1473	808	203	15574	9284
2010	60705	11988	9	1638	792	224	20518	9803
2011	61666	15686	9	1931	817	327	26949	16290
2012	61612	19035	9	1871	786	342	32939	18461
2013	60252	21227	9	2206	1107	366	38223	19458
2014	58555	20718	9	2117	1102	331	37963	19186
2015	78147	27099	9	2206	1195	345	42111	20502
2016	100223	38021	9	2741	1191	354	46386	21905
2017	101512	49511	9	2232	1068	316	49051	22878
2018	86885	45968	9	2311	1193	302	48683	23835
2019	77825	44709	9	1927	1076	313	48633	20262
2020	66759	52904	8	1892	902	316	48213	17944
2021	65080	56868	8	1480	781	249	30712	14397
2022	61822	60498	8	1478		250	28344	

16-7 民政事业基本情况(二)

(1990-2022年)

单位：个

年份	民政福利企业单位数	结婚对数(对)	#涉外结婚对数	离婚对数(对)	社会团体机构数	#地级社团	年末实有殡仪馆	年处理遗体数(具)
1990	431	30054	26	463			1	322
1991	391	29217	22	467	600	118	1	303
1992	425	36625	35	517	874	140	1	354
1993	460	39201	55	841	1134	165	1	348
1994	496	44557	38	1010	1091	171	1	406
1995	425	44544	51	992	1105	182	1	538
1996	382	45338	55	1375	1424	206	1	665
1997	376	40764	62	1559	1264	212	1	720
1998	380	50200	66	1555	1080	218	2	1419
1999	364	57519	83	1679	1131	215	5	13609
2000	345	48006	73	1994	884	202	5	25954
2001	361	46771	78	2080	815	203	5	26260
2002	382	47446	47	2149	887	234	5	27839
2003	388	46640	62	3163	953	256	6	32241
2004	384	46602	64	4795	1027	260	7	33110
2005	381	43853	42	4773	1151	273	7	35629
2006	387	49405	65	6522	1257	293	7	25709
2007	354	46229	3	6702	1315	301	7	33745
2008	323	47479	8	7837	1342	302	7	34621
2009	326	48197	37	8745	1384	333	7	34677
2010	311	47843	40	9516	1431	332	7	44043
2011	301	50064	67	10261	1448	315	7	35307
2012	209	47721	98	11159	1516	337	7	34565
2013	228	44383	185	11630	1598	356	7	35175
2014	207	47049	125	13149	1681	365	7	36330
2015	186	43540	113	14173	1759	384	7	37427
2016	181	35077	129	14443	1944	397	7	37716
2017		34273	134	14814	2036	404	7	38728
2018		32362	197	14857	2120	402	7	37994
2019		30288	184	15026	2487	405	7	38538
2020		27271	49	13381	2500	409	7	37979
2021		27338	11	7840	2580	412	7	40158
2022		28151	33	8155	2601	418	7	

16-8 养老保险基本情况

(1995-2022年)

年 份	城镇职工养老保险参保人数(人)	职工参保	离退休参保	城镇养老保险收缴保险基金(万元)	城镇养老保险支付养老金(万元)	城乡居民养老保险参保人数(人)
1995	223450	181285	42165			
1996	231067	186165	44902			
1997	230021	181685	48336	26203	23500	
1998	238425	186402	52023	28957	29778	
1999	289975	232229	57746	29038	35818	
2000	323774	260075	63699	39518	43289	
2001	337621	268966	68655	67635	55314	
2002	475499	404592	70907	74404	68063	
2003	564249	490256	73993	116500	72220	
2004	663682	584910	78772	125341	77926	
2005	699799	616468	83331	140543	87633	
2006	740966	652528	88438	173169	103925	
2007	817298	723023	94275	218071	125779	
2008	906825	806013	100812	262405	153331	
2009	1010435	900749	109686	269939	177683	
2010	1138364	1021004	117360	314867	206125	
2011	1340952	1179823	161129	392608	263072	
2012	1486883	1291768	195115	496811	373575	2124079
2013	1609977	1398087	211890	575193	444999	2316696
2014	1811961	1511186	300775	674310	589138	2460537
2015	1797098	1320752	476346	813370	997801	2336250
2016	1938744	1306268	632476	1081240	1561531	2197064
2017	2133587	1381238	752349	2760245	2320968	2087530
2018	2288528	1476675	811853	2230742	2383536	2113781
2019	2437344	1584026	853318	1579094	2625583	2056701
2020	2677807	1773788	904019	1308969	2926128	1931529
2021	2826343	1790024	830397	2632620	3252234	1609156
2022	2931767	2017024	914743	2738696	3356788	1635539

16-9 基本医疗和失业保险情况

(1995-2022年)

年 份	城镇基本医疗保险情况					失业保险情况		
	期末参保人数(人)	职工参保	离退休参保	收缴保险基金(万元)	支付保险基金(万元)	期末参保人数(人)	收缴保险基金(万元)	支付保险基金(万元)
1995	60102	49481	10621			149713	950	530
1996	65328	51544	13784			155772	1438	625
1997	58237	21421	36816	2054	1321	156924	1543	796
1998	109136	91479	17657	4687	2230	153038	2320	1082
1999	126770	97841	28929	8391	3761	231800	3628	1706
2000	127805	96257	31548	5445	5014	262000	3928	1619
2001	132793	90059	42734	7894	7674	284055	4431	2273
2002	223409	157042	66367	16835	9062	309988	5295	1998
2003	296000	219381	76619	40919	18480	320716	6411	1251
2004	330855	250393	87662	43205	27831	346440	8099	2596
2005	375163	282927	92236	45028	33894	348259	9334	1924
2006	427668	326288	101380	50724	38843	392096	11448	2622
2007	487703	380074	107629	52340	31423	443716	13257	2424
2008	586798	471292	115506	59191	35442	516349	17860	1774
2009	662437	530546	131891	72335	45043	562033	20080	4319
2010	744828	604216	140612	88734	53600	627233	27061	7639
2011	925990	762801	163189	136867	67558	748807	31761	10704
2012	1070942	893920	177022	225034	107365	822736	42710	10496
2013	1223191	1041790	181401	214681	139461	895307	51906	13737
2014	1362068	1173943	188125	320215	167409	959460	59122	12439
2015	1407771	1212375	195396	306705	162261	993734	58866	29031
2016	1290458	1087197	203261	398126	223492	1035947	44044	4886
2017	1358141	1145319	212822	491122	333333	975871	44719	27785
2018	1496184	1262774	233410	586170	418908	985931	55901	30239
2019	1638498	1384907	253591	672565	529802	1000561	61488	162356
2020	1805909	1532023	273886	760306	569910	1127796	54165	125165
2021	1975903	1689245	286658	926553	732466	1193334	76269	38225
2022	2125409	1828540	296869	987400	804779	1280436	84687	89202

16-10 工伤和生育保险基本情况

(1995-2022年)

年 份	工伤保险情况			生育保险情况		
	期末参保人数(人)	收缴保险基金(万元)	支付保险基金(万元)	期末参保人数(人)	收缴保险基金(万元)	支付保险基金(万元)
1995	34964			14274		
1996	107496			46942		
1997	132906	618	118	73035	227	137
1998	130593	651	140	135056	378	255
1999	123201	639	200	133177	570	414
2000	122066	719	285	128547	590	451
2001	129824	858	347	129325	681	533
2002	129983	1147	420	126554	805	532
2003	190081	1414	733	123497	732	548
2004	235329	2505	1380	143816	811	542
2005	290154	4107	2541	135991	1106	841
2006	420460	5977	4092	176515	1570	1036
2007	1128802	9726	5713	199769	2421	1695
2008	1480046	16989	9623	243769	3072	2356
2009	1600697	17207	12092	274273	4053	3088
2010	1809065	23439	15435	345769	5373	4110
2011	1972055	31263	22660	574568	7837	5235
2012	2085850	36453	38900	666972	12560	8812
2013	2191494	39033	39841	769415	14525	10841
2014	2286346	42038	46833	856955	17012	13411
2015	2324260	53508	48834	887374	21835	15597
2016	1825047	55916	48877	824371	18462	18224
2017	1819511	64324	61664	872250	20653	26718
2018	1946014	78791	66787	979629	23988	36002
2019	2184116	76117	75332	1073915	27819	33436
2020	2440819	42144	68930	1290227		
2021	2425215	105437	106275			
2022	2391198	108328	105433			

注：2020年开始，生育保险和职工基本医疗保险合并实施。

主要统计指标解释

居民最低生活保障人数 指在报告期末家庭平均收入在当地规定的最低生活保障线以下的城镇和农村居民数。包括“三无”对象，失业人员和在职、下岗、退休人员等。

收养类单位 指提供食宿的、不以盈利为目的的革命伤残军人休养院、复退军人慢性病疗养院、复退军人精神病院、光荣院、社会福利院、儿童福利院、精神病人福利院、老年收养性机构（敬老院、养老院、老年公寓）等收养性的社会福利事业单位的总称。分事业单位、企业和民办非企业3类。

城镇职工基本养老保险

1. 参保职工人数 指报告期末按照国家法律、法规和有关政策规定参加城镇职工基本养老保险并在社保经办机构已建立缴费记录档案的职工人数，包括中断缴费但未终止养老保险关系的职工人数，不包括只登记未建立缴费记录档案的人数。

2. 离退休人员人数 指报告期末参加城镇职工基本养老保险的离休、退休和退职人员的人数。

3. 基金收入 指根据国家有关规定，由纳入基本养老保险范围的缴费单位和个人按国家规定的缴费基数和缴费比例缴纳的养老保险基金，以及通过其他方式取得的形成基金来源的收入。包括单位和职工个人缴纳的基本养老保险费、基本养老保险基金利息收入、上级补助收入、下级上解收入、转移收入、财政补贴和其他收入。

4. 基金支出 指按照国家政策规定的开支范围和开支标准从养老保险基金中支付给参加基本养老保险的个人的养老金、丧葬抚恤补助，以及由于保险关系转移、上下级之间调剂资金等原因而发生的支出。包括离休金、退休金、退职金、各种补贴、医疗费、死亡丧葬补助费、抚恤救济费、社会保险经办机构管理费、补助下级支出、上解上级支出、转移支出、其他支出等。

基本医疗保险 建立城镇职工基本医疗保险制度，是对现行公费医疗、劳动医疗制度的创新和机制转换。基本医疗保险实行社会统筹和个人帐户相结合，是建立城镇职工基本医疗保险制度的核心内容。

失业保险参保人数 指报告期末按照国家法律、法规和有关政策规定参加了失业保险的城镇企业、事业单位的职工及地方政府规定参加失业保险的其他人员的人数。

工伤保险参保人数 指报告期末依据国家有关规定参加工伤保险的职工人数和有雇工的个体工商户的雇工数。

生育保险参保人数 指报告期末依据有关规定参加生育保险的人数。

17

各县市区国民经济主要指标

Main Indicators of National Economy by County, City and District

17-1 各县市区法人单位数

(2022年)

单位：个

地 区	法 人 单位数	单产业法	多产业法人
全 市	**212972**	**210631**	**2341**
市 区	75551	74532	1019
椒江区	30281	29732	549
黄岩区	21748	21540	208
路桥区	23522	23260	262
三门县	11318	11190	128
天台县	22299	22151	148
仙居县	12393	12274	119
温岭市	37581	37135	446
临海市	29354	29064	290
玉环市	24476	24285	191

17-2 各县市区分产业法人单位数

(2022年)

单位：个

地 区	法 人 单位数	第一产业	第二产业	第三产业	法人单位 数中：工业
全 市	**212972**	**8122**	**73465**	**131385**	**65682**
市 区	75551	973	25712	48866	22732
椒江区	30281	387	7235	22659	5581
黄岩区	21748	341	9397	12010	8874
路桥区	23522	245	9080	14197	8277
三门县	11318	1147	3178	6993	2758
天台县	22299	845	3483	17971	2690
仙居县	12393	2108	3164	7121	2655
温岭市	37581	641	15336	21604	14338
临海市	29354	1799	9164	18391	8056
玉环市	24476	609	13428	10439	12453

17-3 各县市区分产业增加值

(2022年) 单位：万元

地区	生产总值	第一产业	第二产业	第三产业	人均生产总值 人民币(元) 按户籍人口计算	人均生产总值 人民币(元) 按常住人口计算	人均生产总值 美元 按户籍人口计算	人均生产总值 美元 按常住人口计算
全市	**60407226**	**3300611**	**26390992**	**30715623**	**99773**	**90572**	**14834**	**13466**
市区	21389006	531603	8656445	12200957	130123	97179	19346	14448
椒江区	7698204	144216	2843520	4710468	135220	90355	20104	13433
黄岩区	6120754	230358	2883122	3007274	99802	85905	14838	12772
路桥区	7570047	157029	2929803	4483215	164153	118932	24405	17682
三门县	3326307	405736	1542209	1378361	74953	87765	11144	13048
天台县	3510780	178199	1393961	1938620	58720	74697	8730	11106
仙居县	3001228	189896	1233100	1578232	57668	69796	8574	10377
温岭市	13067614	942129	5694700	6430785	107635	91767	16003	13643
临海市	8785207	592420	3961610	4231177	73378	78756	10910	11709
玉环市	7316014	452865	3910306	2952843	167308	112554	24874	16734

17-4 各县市区分行业增加值(一)

(2022年) 单位：万元

地区	农、林、牧、渔业	工业	建筑业	批发和零售业	交通运输仓储及邮政业	住宿和餐饮业
全市	**3348081**	**22386056**	**4019839**	**7861530**	**1320924**	**1349644**
市区	535327	7517150	1144335	3225934	560223	513672
椒江区	144678	2506465	339633	659123	187557	205376
黄岩区	232994	2631705	251641	670889	124374	150378
路桥区	157655	2378980	553061	1895922	248292	157918
三门县	405910	1351355	191159	300469	62735	55041
天台县	179008	1146749	247254	459939	118776	98199
仙居县	191250	1011415	223632	360218	75453	70166
温岭市	971456	4382308	1317882	1827242	212663	328484
临海市	594632	3340251	622685	931376	232088	172748
玉环市	462781	3626381	284734	780045	94058	156577

17-5 各县市区分行业增加值(二)

(2022年)　　单位：万元

地　区	金融业	房地产业	其　他 服务业	营利性 服务业	非营利性 服 务 业
全　市	**5200529**	**4958864**	**9961760**	**3894686**	**6067074**
市　区	2465398	1707183	3719784	1523142	2196641
椒江区	1318768	735723	1600882	652041	948840
黄岩区	495029	509137	1054609	405648	648961
路桥区	651602	462324	1064293	465454	598840
三门县	222725	237114	499798	170254	329544
天台县	263961	313129	683765	233232	450533
仙居县	253790	267376	547928	130605	417323
温岭市	967726	1093256	1966597	808246	1158351
临海市	638021	829513	1423893	509719	914174
玉环市	410486	465567	1035384	472972	562412

17-6 各县市区生产总值增长速度

(2022年)　　单位：%

地　区	生产总值	第一产业	第二产业	第三产业	在生产总值中: 工　业	人均生产总值按户籍人口计算	人均生产总值按常住人口计算
全　市	**2.7**	**2.9**	**1.5**	**3.8**	**1.1**	**2.9**	**2.3**
市　区	2.6	-4.0	1.5	3.7	1.8	2.5	1.5
椒江区	0.8	-19.3	-1.1	2.8	-0.3	…	-1.0
黄岩区	3.5	3.3	3.1	4.0	2.8	3.8	3.2
路桥区	3.7	4.5	2.6	4.5	2.9	3.9	2.9
三门县	2.6	4.3	0.9	4.1	…	3.0	2.7
天台县	1.7	4.4	-0.1	2.8	-0.8	2.1	2.3
仙居县	4.3	4.4	4.2	4.4	3.1	4.4	4.6
温岭市	2.5	4.0	-0.1	4.6	-1.2	2.8	2.3
临海市	3.6	4.3	3.5	3.5	2.6	3.9	3.6
玉环市	2.6	5.2	1.5	3.6	0.7	2.5	1.9

注：本表按可比价格计算。

17-7 各县市区年末人口数

(2022年)

单位：人

地 区	户籍总户数(户)	户籍总人口数	按性别分 男性	按性别分 女性	按城乡分 城镇人口	按城乡分 农村人口	常住人口数(万人)
全 市	**1949503**	**6049513**	**3082195**	**2967318**	**2962357**	**3087156**	**667.8**
市 区	509133	1644837	819922	824915	957413	687424	221.0
椒江区	180852	571534	284400	287134	414874	156660	85.8
黄岩区	196101	612428	305476	306952	280613	331815	71.2
路桥区	132180	460875	230046	230829	261926	198949	64.0
三门县	154437	443047	231786	211261	156094	286953	37.9
天台县	192010	596896	310588	286308	202801	394095	47.0
仙居县	141402	520048	268380	251668	166311	353737	43.0
温岭市	438001	1211900	612480	599420	718215	493685	142.3
临海市	370378	1195529	618947	576582	464956	730573	111.4
玉环市	144142	437256	220092	217164	296567	140689	65.2

17-8 各县市区户籍人口自然变动情况

(2022年)

地 区	出生 人数(人)	出生 出生率(‰)	死亡 人数(人)	死亡 死亡率(‰)	自然增长 人数(人)	自然增长 自然增长率(‰)
全 市	**32810**	**5.42**	**40949**	**6.76**	**-8139**	**-1.34**
市 区	9030	5.49	10961	6.67	-1931	-1.17
椒江区	3576	6.28	3249	5.71	327	0.57
黄岩区	3036	4.95	4594	7.49	-1558	-2.54
路桥区	2418	5.24	3118	6.76	-700	-1.52
三门县	2339	5.27	2587	5.83	-248	-0.56
天台县	3472	5.81	3880	6.49	-408	-0.68
仙居县	3272	6.29	3504	6.73	-232	-0.45
温岭市	6085	5.01	9187	7.57	-3102	-2.56
临海市	6418	5.36	7894	6.59	-1476	-1.23
玉环市	2194	5.02	2936	6.71	-742	-1.70

17-9　各县市区农林牧渔业总产值

(2022年)　　单位：万元

地　区	农林牧渔业总产值	农业产值	林业产值	牧业产值	渔业产值	农林牧渔服务业产值
全　市	**5720565**	**1932259**	**63134**	**380598**	**3267940**	**76634**
市　区	870798	521212	4535	32720	302365	9966
椒江区	304083	124597	230	18495	159499	1262
黄岩区	305516	283341	4114	8963	3858	5240
路桥区	261199	113274	191	5262	139008	3464
三门县	818698	116759	5008	27924	668596	411
天台县	265621	166158	12431	80559	4612	1862
仙居县	294457	210121	21643	50987	8807	2899
温岭市	1691569	387607	330	55866	1201016	46750
临海市	952044	453110	18830	106786	368918	4400
玉环市	827379	77292	357	25757	713627	10346

注：农林牧渔业总产值按当年价格计算，下同。

17-10　各县市区农作物播种面积(一)

(2022年)　　单位：公顷

地　区	农作物播种面积	粮食作物	油料				棉花	甘蔗
				#油菜籽	#花生	#芝麻		
全　市	**203526**	**88958**	**7316**	**6225**	**990**	**101**	**160**	**1471**
市　区	46067	16915	674	610	64		11	334
椒江区	11035	5255	215	215			11	10
黄岩区	19108	5947	372	308	64			231
路桥区	15924	5713	87	87				93
三门县	17870	7689	656	541	74	41	72	67
天台县	26461	11766	2119	1556	547	16	36	16
仙居县	23007	12291	1826	1664	138	23		5
温岭市	41866	18881	434	381	50	4	29	934
临海市	40428	19136	870	764	89	16	8	106
玉环市	7828	2280	737	710	27		2	9

17-11 各县市区农作物播种面积(二)

(2022年) 单位：公顷

地区	药材类	蔬菜	果用瓜	#西瓜	#草莓	其他作物
全市	**4602**	**82262**	**13624**	**7736**	**735**	**5133**
市区	234	23693	2973	705	79	1233
椒江区	9	4080	1182	142	22	273
黄岩区	220	11521	298	239	29	519
路桥区	5	8092	1493	324	28	441
三门县	329	6236	2715	960	23	106
天台县	1769	8832	927	822	45	996
仙居县	1524	5566	697	645	23	1098
温岭市	217	18221	2550	1828	79	600
临海市	478	15898	2850	2041	466	1082
玉环市	51	3816	912	735	19	21

17-12 各县市区农作物产量

(2022年) 单位：吨

地区	粮食作物	油料	#油菜籽	棉花	甘蔗	药材	蔬菜	果用瓜
全市	**566699**	**14875**	**12429**	**214**	**116615**	**31998**	**2389089**	**438592**
市区	108389	1171	1017	19	19148	648	706855	97512
椒江区	33742	370	370	18	826	70	131142	46059
黄岩区	38765	662	509		14298	535	353096	11097
路桥区	35882	139	138	1	4024	43	222617	40356
三门县	51888	1090	894	98	3365	1122	173951	68735
天台县	73876	4611	3394	50	665	10087	183955	29370
仙居县	82416	3913	3527		218	16425	143841	17850
温岭市	116592	843	683	35	87572	2074	637122	128473
临海市	120750	1854	1576	10	4857	1431	443731	72353
玉环市	12788	1393	1337	2	790	211	99635	24299

17-13 各县市区茶园面积和茶叶产量

(2022年)

地区	茶园总面积(公顷)	#本年采摘面积	茶叶总产量(吨)	#绿茶	#红茶
全市	**12490**	**11358**	**5341**	**4768**	**162**
市区	134	109	53	51	
椒江区					
黄岩区	134	109	53	51	
路桥区					
三门县	769	709	285	278	5
天台县	7358	6780	3045	2508	135
仙居县	1240	1019	467	463	2
温岭市	279	247	94	94	
临海市	2580	2363	1387	1370	17
玉环市	131	131	9	5	2

17-14 各县市区果园面积和水果产量(一)

(2022年) 单位：公顷

地区	果园面积	柑桔	梨园	桃园	杨梅	枇杷
全市	**65712**	**24803**	**1809**	**3882**	**23777**	**3505**
市区	12172	4541	49	566	4670	1648
椒江区	1460	643	5	113	490	65
黄岩区	9550	3804	42	257	3818	1323
路桥区	1162	94	2	196	362	260
三门县	5517	3824	124	158	669	252
天台县	5065	816	709	671	1860	162
仙居县	11491	529	218	841	8775	322
温岭市	6143	967	180	182	1267	287
临海市	21945	11817	496	1366	6288	731
玉环市	3379	2310	32	98	248	102

17-15 各县市区果园面积和水果产量(二)

(2022年)

地 区	在果园面积中(公顷)				水果总产量(吨)		
	柿 子	葡 萄	猕猴桃	其 他	合 计	柑 桔	
							柑
全 市	**674**	**5209**	**837**	**1218**	**1421693**	**495299**	**20827**
市 区	33	479	93	95	272680	84514	6864
椒江区	9	119	6	10	69809	14886	194
黄岩区	21	137	85	64	143392	67502	6482
路桥区	3	223	2	21	59479	2126	188
三门县	14	320	76	79	140694	55642	1240
天台县	260	157	108	323	102446	21919	101
仙居县	107	247	310	141	104981	5440	2003
温岭市	29	3099	41	89	251752	21473	7056
临海市	161	436	197	453	470524	272251	275
玉环市	68	470	11	39	78616	34061	3289

17-16 各县市区果园面积和水果产量(三)

(2022年) 单位：吨

地 区	在水果总产量中					
	柑桔产量中			梨 头	桃 子	杨 梅
	桔	橙	柚			
全 市	**430211**	**7008**	**33420**	**30939**	**57049**	**221251**
市 区	76457	180	131	569	8215	45786
椒江区	14543	60	82	72	1499	3708
黄岩区	59976	120	49	490	3238	37181
路桥区	1938			7	3478	4897
三门县	51800	1764	738	509	3074	3549
天台县	21176	60	201	14582	10679	14013
仙居县	2670	475	281	2557	7448	62180
温岭市	6152	3285	4981	4715	3516	17077
临海市	269245	204	75	7457	22636	76029
玉环市	2711	1040	27013	550	1482	2617

17-17 各县市区果园面积和水果产量(四)

(2022年) 单位：吨

地 区	在水果总产量中					
	枇 杷	柿 子	葡 萄	猕猴桃	果用瓜	其他水果
全 市	**37021**	**6379**	**113828**	**7802**	**438592**	**13533**
市 区	23032	601	9849	1584	97512	1018
椒江区	524	251	2626	53	46059	131
黄岩区	18809	306	2708	1515	11097	546
路桥区	3699	44	4515	16	40356	341
三门县	1907	97	6061	497	68735	623
天台县	877	2944	4131	945	29370	2986
仙居县	1332	627	4137	2252	17850	1158
温岭市	3701	204	69959	995	128473	1639
临海市	4633	1126	7341	1407	72353	5291
玉环市	1540	780	12350	124	24299	813

17-18 各县市区林业生产情况

(2022年)

地 区	森林抚育面积(公顷)	人工造林(公顷)	退化林修复(公顷)	更新造林(公顷)	木材采伐(万立方米)	主要林产品产量(吨)		
						油茶籽	竹笋干	板 栗
全 市	**4380**	**164**	**814**	**455**	**12.79**	**6826**	**5484**	**1297**
市 区	534				0.26			18
椒江区	20							
黄岩区	417				0.26			18
路桥区	97							
三门县	858		78		0.94	710		77
天台县	608	17	167	28	5.40	2810	4200	200
仙居县	920	26	81	314	4.91	2805		1002
温岭市	148	120	151	113	0.10	501	1284	
临海市	1097		337		1.11			
玉环市	215				0.07			

17-19 各县市区畜牧业生产情况(一)

(2022年)

地区	生猪(万头)					牛(头)	
	年末存栏头数	能繁殖的母猪	其他生猪	年内肥猪出栏头数	全年饲养量	年末存栏	年内出栏
全市	**53.16**	**6.15**	**47.01**	**66.47**	**119.63**	**19301**	**9079**
市区	5.29	0.61	4.68	5.15	10.44	2331	874
椒江区	1.91	0.09	1.82	1.93	3.84	1318	115
黄岩区	2.88	0.44	2.44	1.88	4.76	855	598
路桥区	0.50	0.08	0.42	1.34	1.84	158	161
三门县	5.22	0.65	4.57	6.52	11.74	1924	406
天台县	6.92	0.71	6.21	14.78	21.70	6002	4207
仙居县	14.62	1.71	12.91	11.75	26.37	2581	835
温岭市	7.36	1.01	6.35	9.94	17.30	1532	531
临海市	10.82	1.39	9.43	13.16	23.98	4397	1930
玉环市	2.93	0.08	2.85	5.17	8.09	534	296

17-20 各县市区畜牧业生产情况(二)

(2022年)

地区	羊(万只)		家禽(万只)		兔(万只)		肉类产量(吨)		禽蛋产量(吨)
	年末存栏	年内出栏	年末存栏	年内出栏	年末存栏	年内出栏		#猪肉	
全市	**4.76**	**3.71**	**1021.23**	**2791.12**	**18.71**	**17.04**	**98543**	**54937**	**23200**
市区	0.65	0.56	54.42	79.22	2.09	4.27	5922	4276	1872
椒江区	0.30	0.17	10.27	8.55	1.52	1.11	1807	1605	460
黄岩区	0.15	0.19	25.37	22.56		1.20	2076	1547	1279
路桥区	0.20	0.20	18.78	48.11	0.57	1.96	2039	1124	133
三门县	0.57	0.32	59.39	54.05	1.84	2.04	6591	5369	4436
天台县	0.80	0.96	213.05	823.00	2.19	3.05	25208	12380	3389
仙居县	0.55	0.34	87.74	121.62	0.02	0.01	11802	9778	1454
温岭市	0.60	0.38	201.99	349.97		0.06	13179	8344	6806
临海市	1.25	0.78	364.28	1282.40	12.57	7.61	30878	10938	4928
玉环市	0.34	0.37	40.36	80.86	0.01	…	4963	3852	315

17-21 各县市区渔业基本情况

(2022年)

单位：人

地 区	渔业乡镇(个)	渔业村(个)	渔业户(户)	渔业人口	渔业从业人员	#专业从业人员	海洋渔业从业人员	#专业从业人员	淡水渔业从业人员	#专业从业人员
全 市	**28**	**146**	**73827**	**232025**	**126624**	**92183**	**118747**	**87637**	**7877**	**4546**
市 区	4	18	6425	20713	12230	8549	10499	7484	1731	1065
椒江区	4	13	3289	9504	1911	1469	1911	1469		
黄岩区		1	110	285	544	457			544	457
路桥区		4	3026	10924	9775	6623	8588	6015	1187	608
三门县	8	7	9485	35900	26662	15817	24750	14860	1912	957
天台县					419	129			419	129
仙居县			130	425	345	186			345	186
温岭市	3	46	26240	83737	48327	34387	47551	34078	776	309
临海市	2	8	10767	30387	13890	11579	12661	11019	1229	560
玉环市	11	67	20780	60863	24751	21536	23286	20196	1465	1340

17-22 各县市区渔业机械年末拥有量

(2022年)

地 区	机动渔船								非机动渔船	
	合 计		捕捞渔船		养殖渔船		辅助渔船			
	艘	总吨位	艘	总吨位	艘	总吨位	艘	总吨位	艘	总吨位
全 市	**4894**	**842379**	**3613**	**626710**	**641**	**2878**	**640**	**212791**	**54**	**27**
市 区	598	84797	395	49481	92	1451	111	33865	2	1
椒江区	258	47925	165	20385	14	725	79	26815		
黄岩区	25	23	22	11			3	12	2	1
路桥区	311	35772	208	29085	78	726	25	5961		
市本级	4	1077					4	1077		
三门县	381	31437	330	24415	2	20	49	7002		
天台县										
仙居县									52	26
温岭市	2184	513395	1810	389347	55	73	319	123975		
临海市	800	135036	710	113680	2	19	88	21337		
玉环市	931	77714	368	49787	490	1315	73	26612		

17-23　各县市区水产养殖面积

(2022年)　　单位：公顷

地　区	海水养殖面积	#鱼类	#甲壳类	#贝类	#藻类	海上养殖	滩涂养殖	其它	淡水养殖面积
全　市	**24618**	**884**	**7959**	**11708**	**4067**	**6482**	**10513**	**7623**	**3712**
市　区	1256	221		606	429	827	429		401
椒江区	287	221		66		287			
黄岩区									133
路桥区	969			540	429	540	429		268
三门县	13553	34	6348	6191	980	999	6604	5950	466
天台县									820
仙居县									710
温岭市	4681	60	518	2945	1158	1446	2717	518	531
临海市	1655	17	383	517	738	916	49	690	124
玉环市	3473	552	710	1449	762	2294	714	465	660

17-24　各县市区水产品产量(一)

(2022年)　　单位：吨

地　区	水产品总产量	海洋捕捞			海水养殖					远洋渔业
			#鱼类	#甲壳类		#鱼类	#甲壳类	#贝类	#藻类	
全　市	**1456835**	**811495**	**502972**	**242075**	**550065**	**23745**	**46061**	**455530**	**24226**	**53514**
市　区	133717	91236	65907	23592	31501	8520	30	21081	1870	
椒江区	75602	58782	41216	16808	16820	8520		8300		
黄岩区	2350									
路桥区	55765	32454	24691	6784	14681		30	12781	1870	
三门县	334886	16018	9922	5647	315565	2708	31164	275603	6090	
天台县	2902									
仙居县	6010									
温岭市	574818	453447	257749	151429	62977	2397	1919	53440	4718	53514
临海市	129056	108141	89746	15269	14078	49	4514	5722	3793	
玉环市	275446	142653	79648	46138	125944	10071	8434	99684	7755	

17-25　各县市区水产品产量(二)

(2022年)　　　　单位：吨

地　区	淡水捕捞	#鱼类	#甲壳类	淡水养殖	#鱼类	#甲壳类	#池塘	#水库	#河沟	观赏鱼(万条)
全　市	**11980**	**9986**	**564**	**29781**	**23752**	**5030**	**17620**	**4519**	**3501**	**8.61**
市　区	805	768	37	10175	7442	2732	6137	890	411	2.00
椒江区										
黄岩区	405	399	6	1945	1877	67	625	890	260	
路桥区	400	369	31	8230	5565	2665	5512		151	2.00
三门县	377	169	101	2926	2583	269	2913			
天台县	392	376		2510	2376	30	935	1470		3.01
仙居县	1730	1130	115	4280	3748	67	2100	1760		3.60
温岭市				4880	3874	664	3438	126	667	
临海市	5182	4855	72	1655	1006	636	1553			
玉环市	3494	2688	239	3355	2723	632	544	273	2423	

17-26　各县市区农业机械化及农业物资消耗情况

(2022年)

地　区	农业机械化情况(万亩)			农用化肥折纯施用量(吨)	农　药使用量(吨)
	机　耕面　积	机　播面　积	机　收面　积		
全　市	**215.82**	**69.15**	**113.06**	**76847**	**2552**
市　区	42.02	11.83	21.54	20705	647
椒江区	7.84	3.30	6.17	5378	188
黄岩区	18.66	3.00	7.41	9539	309
路桥区	15.51	5.52	7.95	5788	149
三门县	27.19	5.60	11.52	5811	171
天台县	24.70	8.38	13.54	6377	168
仙居县	26.76	6.68	14.02	8796	253
温岭市	44.20	16.22	23.24	14602	498
临海市	45.65	18.32	27.02	17909	701
玉环市	5.30	2.13	2.19	2648	114

17-27 各县市区水利设施建设情况

(2022年)

地 区	本年水利资金总投入(万元)	已建成水库(座)	#大型水库	总库容(万立方米)	#大型水库	堤防总长度(公里)	水闸总座数(座)
全 市	**563300**	**347**	**4**	**188768**	**134636**	**2248**	**928**
市 区	163400	34	1	79702	73242	465	250
椒江区	23200	4		142		68	92
黄岩区	65800	28	1	79533	73242	352	114
路桥区	18600	2		27		45	44
市本级	55800						
三门县	52900	49		6577		524	230
天台县	71700	73	1	28611	17930	426	27
仙居县	36400	64	1	25178	13504	644	66
温岭市	60000	23		7315		65	134
临海市	98600	89	1	39059	29960	71	67
玉环市	80300	15		2326		53	154

17-28 各县市区农田水利灌溉情况

(2022年)

单位：千公顷

地 区	灌溉面积	#耕地灌溉面积	#林地灌溉面积	#园地灌溉面积	规模上灌区数量(处)	实际耕地灌溉面积
全 市	**139.89**	**122.44**	**10.54**	**6.90**	**41**	**105.65**
市 区	29.72	24.41	1.91	3.40	3	22.37
椒江区	7.44	6.67	0.77		1	6.67
黄岩区	12.77	8.90	0.47	3.40	1	7.58
路桥区	9.51	8.84	0.67		1	8.12
三门县	10.69	10.53	0.02	0.14	15	9.57
天台县	14.95	14.73	0.22		4	11.61
仙居县	18.78	17.30	0.58	0.90	10	13.28
温岭市	33.16	25.46	7.70		1	22.12
临海市	27.13	25.89	0.11	1.13	4	22.63
玉环市	5.46	4.13		1.33	4	4.08

17-29　各县市区规模以上工业单位数

(2022年)　　单位：个

地　区	工　业 单位数	#国有及 国有控 股企业	轻工业	重工业	大型企业	中型企业	小型企业	微型企业
全　市	**5545**	**73**	**2084**	**3461**	**65**	**357**	**4927**	**196**
市　区	1785	28	777	1008	20	106	1581	78
椒江区	599	16	242	357	10	41	519	29
黄岩区	578	4	321	257	6	35	524	13
路桥区	608	8	214	394	4	30	538	36
三门县	282	7	85	197	3	24	244	11
天台县	227	7	118	109	5	15	196	11
仙居县	230	8	115	115	4	17	202	7
温岭市	1276	7	445	831	14	69	1157	36
临海市	663	8	392	271	12	61	566	24
玉环市	1082	8	152	930	7	65	981	29

17-30　各县市区分注册类型规模以上工业单位数

(2022年)　　单位：个

地　区	国有 企业	集体 企业	股份合 作企业	联营 企业	有限责 任公司	股份有 限公司	私营 企业	港澳台 商投资 公　司	外商投 资企业
全　市	**1**	**3**	**105**	**1**	**253**	**151**	**4893**	**60**	**78**
市　区	1	1	36	1	78	92	1523	27	26
椒江区	1	1	2		38	20	520	9	8
黄岩区			26		18	6	512	11	5
路桥区			8	1	22	66	491	7	13
三门县			4		17	8	247	2	4
天台县			2		14	16	183	4	8
仙居县					23	8	191	4	4
温岭市		1	33		44	9	1165	9	15
临海市			8		46	12	583	8	6
玉环市		1	22		31	6	1001	6	15

17-31 各县市区分行业规模以上工业单位数(一)

(2022年)

单位：个

地区	有色金属矿采选业	非金属矿采选业	农副食品加工业	食品制造业	酒、饮料和精制茶制造业	纺织业	纺织服装、服饰业	皮革、毛皮、羽毛及其制品和制鞋业	木材加工和木竹藤棕草制品业
全市	**1**	**12**	**100**	**18**	**7**	**129**	**19**	**244**	**24**
市区		1	10	8	3	33	6	2	6
椒江区			6	1	1	31	5	1	
黄岩区			2	7	2	1		1	2
路桥区		1	2			1	1		4
三门县		2	2	2		8	3	5	1
天台县	1	1	1	3	2	34	2	2	2
仙居县		4	4	2	1	3			7
温岭市		2	72	1		6	7	230	2
临海市		1	3	1	1	43	1	1	5
玉环市		1	8	1		2		4	1

17-32 各县市区分行业规模以上工业单位数(二)

(2022年)

单位：个

地区	家具制造业	造纸和纸制品业	印刷和记录媒介复制业	文教、工美、体育和娱乐用品制造业	石油、煤炭及其他燃料加工业	化学原料和化学制品制造业	医药制造业	化学纤维制造业	橡胶和塑料制品业
全市	**88**	**74**	**71**	**165**	**3**	**90**	**74**	**14**	**659**
市区	14	32	41	58	1	36	20	5	343
椒江区	9	7	3	4		18	13	4	92
黄岩区	4	11	10	47		8	7	1	187
路桥区	1	14	28	7	1	10			64
三门县	4	4		4		9	3	2	63
天台县	2	4	2	16		5	6	6	62
仙居县	8	4	1	52	1	6	9		34
温岭市	2	9	14	8		7	1	1	43
临海市	52	20	3	18	1	24	31		72
玉环市	6	1	10	9		3	4		42

17-33 各县市区分行业规模以上工业单位数(三)

(2022年) 单位：个

地区	非金属矿物制品业	黑色金属冶炼和压延加工业	有色金属冶炼和压延加工业	金属制品业	通用设备制造业	专用设备制造业	汽车制造业	铁路船舶航空航天和其他运输设备制造业	电气机械和器材制造业
全市	**144**	**25**	**88**	**390**	**1137**	**449**	**473**	**257**	**496**
市区	51	6	32	126	203	259	55	143	212
椒江区	22	1	7	34	84	83	18	44	76
黄岩区	9		1	31	19	138	16	33	30
路桥区	20	5	24	61	100	38	21	66	106
三门县	12	1	1	18	39	12	19	17	39
天台县	10	1	2	8	8	4	15	7	6
仙居县	8	1		11	15	12	13		18
温岭市	20	5	8	93	414	59	49	51	127
临海市	35	9	9	45	33	51	41	25	67
玉环市	8	2	36	89	425	52	281	14	27

17-34 各县市区分行业规模以上工业单位数(四)

(2022年) 单位：个

地区	计算机、通信和其他电子设备制造业	仪器仪表制造业	其他制造业	废弃资源综合利用业	金属制品机械和设备修理业	电力、热力生产和供应业	燃气生产和供应业	水的生产和供应业
全市	**61**	**82**	**56**	**25**	**2**	**36**	**12**	**20**
市区	33	8	5	12	1	7	4	9
椒江区	20	1	3	2	1	3	2	3
黄岩区	4		1			3	1	2
路桥区	9	7	1	10		1	1	4
三门县	2	2		1		5	1	1
天台县	2	5	1			4	1	2
仙居县	3	1		5	1	4	1	1
温岭市	15	20	1	2		5	1	1
临海市	3	6	49	2		5	3	3
玉环市	3	40		3		6	1	3

17-35　各县市区规模以上工业增加值

(2022年)　　单位：万元

地　区	工　业增加值	#国有及国有控股企　业	轻工业	重工业	大型企业	中型企业	小型企业	微型企业
全　市	**14497630**	**1068879**	**5299616**	**9198014**	**3577645**	**3757070**	**7057967**	**104948**
市　区	4629803	218409	1677068	2952735	1123151	1127760	2352440	26453
椒江区	1990924	157527	669448	1321476	575307	529676	873666	12275
黄岩区	1381397	18379	750858	630539	284679	338137	749117	9464
路桥区	1257482	42502	256762	1000720	263165	259946	729658	4713
三门县	1034530	417073	161697	872833	444253	199703	374200	16374
天台县	787643	46250	333382	454261	195495	259774	325447	6927
仙居县	682493	175374	354390	328103	180905	169409	328914	3264
温岭市	2441535	22944	682896	1758639	506067	588351	1335335	11781
临海市	2570467	30404	1789443	781024	878150	728351	954567	9399
玉环市	2351159	158425	300740	2050419	249623	683721	1387064	30751

17-36　各县市区分注册类型规模以上工业增加值

(2022年)　　单位：万元

地　区	国有企业	集体企业	股份合作企业	联营企业	有限责任公司	股份有限公司	私营企业	港澳台商投资公　司	外商投资企业
全　市	**1513**	**2294**	**120880**	**882**	**1670633**	**2047040**	**9646982**	**313157**	**694249**
市　区	1513	24	36767	882	335542	793200	2943519	85989	432368
椒江区	1513	24	4278		177299	447554	1141200	26367	192690
黄岩区			23127		99772	212847	1000702	36041	8908
路桥区			9363	882	58471	132800	801617	23580	230770
三门县			8182		434559	92871	483788	3257	11873
天台县			1150		50708	281374	405700	5613	43099
仙居县					103465	68845	459092	33920	17171
温岭市		972	25086		179471	80194	1991698	121711	42403
临海市			23926		385216	628912	1504811	39032	-11430
玉环市		1298	25770		181672	101645	1858374	23636	158765

17-37 各县市区分行业规模以上工业增加值(一)

(2022年) 单位：万元

地区	有色金属矿采选业	非金属矿采选业	农副食品加工业	食品制造业	酒、饮料和精制茶制造业	纺织业	纺织服装服饰业	皮革、毛皮、羽毛及其制品和制鞋业	木材加工和木竹藤棕草制品业
全市	**2055**	**21119**	**107176**	**49802**	**35485**	**199073**	**17726**	**238000**	**36488**
市区		5171	12590	20936	6871	38691	5190	5320	7014
椒江区			5379	1105	766	37360	3892	1439	
黄岩区			5048	19831	6106	880		3882	2406
路桥区		5171	2163			450	1298		4608
三门县		-1680	1241	2169		6083	4049	5538	754
天台县	2055	180	1077	19163	26534	48873	1613	978	3223
仙居县		14354	20005	2527	736	2018			20289
温岭市		2041	62275	2806		4013	5732	220838	1167
临海市		304	953	1474	1344	96279	1141	765	3289
玉环市		750	9034	727		3116		4561	752

17-38 各县市区分行业规模以上工业增加值(二)

(2022年) 单位：万元

地区	家具制造业	造纸和纸制品业	印刷和记录媒介复制业	文教、工美、体育和娱乐用品制造业	石油、煤炭及其他燃料加工业	化学原料和化学制品制造业	医药制造业	化学纤维制造业	橡胶和塑料制品业
全市	**291750**	**110076**	**91298**	**233828**	**2849**	**382084**	**1663161**	**31611**	**1394243**
市区	32085	35296	48448	61486	1075	106244	423188	14984	584924
椒江区	18341	9655	4620	2650		79511	312212	15100	162165
黄岩区	12318	12872	12568	52593		21409	110976	-116	357413
路桥区	1427	12769	31259	6242	1075	5324			65346
三门县	7381	5850		3886		19366	25884	13821	165250
天台县	1360	3401	2442	62272		3370	58218	2283	139834
仙居县	5958	1831	930	50710	1130	37537	199825		118439
温岭市	1969	45294	23922	27822		15222	63112	524	89723
临海市	235452	17954	4200	17166	644	198245	882768		239809
玉环市	7545	450	11357	10487		2099	10167		56264

17-39 各县市区分行业规模以上工业增加值(三)

(2022年)

单位：万元

地 区	非金属矿物制品业	黑色金属冶炼和压延加工业	有色金属冶炼和压延加工业	金 属 制品业	通用设备制 造 业	专用设备制 造 业	汽 车 制造业	铁路船舶航空航天和 其 他运输设备制 造 业	电气机械和 器 材制 造 业
全 市	**327025**	**45428**	**69991**	**634551**	**2349757**	**1097567**	**1660952**	**708140**	**922924**
市 区	136796	1703	24637	175925	453729	680534	532491	257755	475833
椒江区	74306	-34	2499	43808	203886	249982	191334	99756	195865
黄岩区	17233		409	41802	64573	376306	92366	72517	68758
路桥区	45257	1737	21730	90315	185270	54246	248791	85483	211210
三门县	13572	696	412	31100	64279	34119	65632	61994	76811
天台县	16821	382	2958	5061	9585	4609	174516	70219	7503
仙居县	23667	429		9530	17653	37769	19828		20617
温岭市	54485	1211	3947	150963	944711	91814	134487	216364	186321
临海市	63218	36962	12101	60174	81711	92263	87211	45177	95039
玉环市	18466	4045	25936	201798	778090	156459	646787	56632	60800

17-40 各县市区分行业规模以上工业增加值(四)

(2022年)

单位：万元

地 区	计算机、通信和其他电子设备制造业	仪器仪表制 造 业	其 他 制造业	废弃资源综合利用业	金属制品机械和设备修理业	电力、热力生产和供 应 业	燃气生产和供应业	水的生产和供应业
全 市	**433111**	**270203**	**175573**	**37767**	**3786**	**737756**	**30111**	**85166**
市 区	349200	4758	7031	18549	1064	44113	12235	43941
椒江区	239796	1526	1695	475	1064	23314	4986	2472
黄岩区	2837		606			6043	2532	17231
路桥区	106566	3232	4730	18074		14756	4717	24238
三门县	6780	5149		2316		404205	3703	4169
天台县	32010	37587	1095			42107	3138	3177
仙居县	3741	824		5913	2722	57637	2791	3084
温岭市	18966	38713	2045	2697		13253	972	14128
临海市	15381	62020	165403	8595		27142	8319	7962
玉环市	7034	121153		-303		149299	-1046	8705

17-41 各县市区规模以上工业主要财务指标(一)

(2022年) 单位：万元

地区	企业单位数(个)	#亏损企业	新产品产值	新产品销售收入	#出口	年末资产总计
全市	**5545**	**726**	**25745462**	**24673279**	**8383966**	**93734139**
市区	1785	250	9279228	9558590	3859025	32465841
椒江区	599	121	3254819	3571894	1079242	14394710
黄岩区	578	64	2254610	2236434	670098	8314301
路桥区	608	65	3769799	3750263	2109684	9756830
三门县	282	60	1063232	997323	299075	12315043
天台县	227	43	1299025	1355640	400770	5090889
仙居县	230	55	868923	809532	214779	4478736
温岭市	1276	89	4740785	4538765	1566830	12196777
临海市	663	137	4973931	4664563	1000655	15342623
玉环市	1082	92	3520339	2748866	1042832	11844230

17-42 各县市区规模以上工业主要财务指标(二)

(2022年) 单位：万元

地区	流动资产合计	存货	固定资产原价	固定资产净值	年末负债合计
全市	**48900283**	**11606594**	**38673349**	**22844478**	**53482299**
市区	17746889	4152479	11667566	6355730	18382221
椒江区	7022956	1687713	5593708	2999846	7110905
黄岩区	4640052	1061402	2943666	1469427	4381871
路桥区	6083881	1403363	3130191	1886457	6889445
三门县	3134475	942655	7383371	5681378	8836058
天台县	2861888	527898	1671844	835473	2216220
仙居县	1944959	434637	1810040	1115642	2045710
温岭市	7440088	1743328	4493661	2705444	7019966
临海市	8902917	2270206	5347510	3007108	8778788
玉环市	6869068	1535391	6299358	3143704	6203336

17-43 各县市区规模以上工业主要财务指标(三)

(2022年) 单位：万元

地 区	流动负债	年末所有者权益合计	实收资本	营业收入	营业成本
全 市	**42253340**	**40251820**	**14635776**	**69084491**	**57550244**
市 区	15863746	14083614	4409769	26047805	22346793
椒江区	6015868	7283802	2074964	9930380	8282554
黄岩区	3936778	3932430	1136047	6250830	5140670
路桥区	5911100	2867381	1198758	9866595	8923568
三门县	3729457	3478985	2590835	4625299	3862331
天台县	1931688	2874667	905991	2884233	2216414
仙居县	1506777	2433025	640257	2497870	1877788
温岭市	6277745	5176805	1665644	10406516	8474172
临海市	7483110	6563830	2541702	12007509	9917954
玉环市	5460818	5640894	1881578	10615260	8854793

17-44 各县市区规模以上工业主要财务指标(四)

(2022年) 单位：万元

地 区	销售费用	财务费用	#利息费用	利润总额	利税总额	本年应交增值税	平均用工人数(人)
全 市	**1774677**	**614829**	**888913**	**4037535**	**5849944**	**1421464**	**770481**
市 区	668566	156604	274322	1177161	1773479	482336	249000
椒江区	343720	32103	104492	550259	793059	193855	100847
黄岩区	187194	41598	57716	335807	504420	136854	76178
路桥区	137653	82902	112114	291095	476000	151627	71975
三门县	81728	239010	210537	148347	289731	116947	42652
天台县	101278	8063	35074	266484	365435	74678	32803
仙居县	124346	33826	43815	232145	324293	75540	33945
温岭市	301194	63914	89801	673737	960873	202436	155432
临海市	207737	41866	135306	853246	1168431	242754	119070
玉环市	289829	71546	100058	686416	967702	226774	137579

17-45 各县市区规模以上工业主要经济效益指标(一)

(2022年)

地 区	企 业 亏损面 (%)	资 产 负债率 (%)	流 动 比 率	产成品 存 货 周转天数 (天)	新产品 产值率 (%)
全 市	**13.09**	**57.06**	**1.16**	**28.67**	**39.16**
市 区	14.01	56.62	1.12	26.00	38.99
椒江区	20.20	49.40	1.17	30.55	35.73
黄岩区	11.07	52.70	1.18	27.05	38.74
路桥区	10.69	70.61	1.03	21.16	42.48
三门县	21.28	71.75	0.84	22.63	23.11
天台县	18.94	43.53	1.48	43.98	48.48
仙居县	23.91	45.68	1.29	36.78	34.90
温岭市	6.97	57.56	1.19	31.02	46.28
临海市	20.66	57.22	1.19	36.29	44.24
玉环市	8.50	52.37	1.26	21.72	32.96

17-46 各县市区规模以上工业主要经济效益指标(二)

(2022年)

地 区	企 业 亏损率 (%)	成本费用 利 润 率 (%)	百元营业收 入实现利税 (元)	百元固定资产 原值实现利税 (元)	营业收入 利 润 率 (%)
全 市	**12.91**	**6.17**	**8.47**	**15.13**	**5.84**
市 区	15.64	4.71	6.81	15.20	4.52
椒江区	18.02	5.82	7.99	14.18	5.54
黄岩区	7.08	5.68	8.07	17.14	5.37
路桥区	19.76	3.03	4.82	15.21	2.95
三门县	46.45	3.31	6.26	3.92	3.21
天台县	5.97	10.28	12.67	21.86	9.24
仙居县	6.58	10.09	12.98	17.92	9.29
温岭市	6.88	6.92	9.23	21.38	6.47
临海市	12.57	7.62	9.73	21.85	7.11
玉环市	6.29	6.79	9.12	15.36	6.47

17-47　各县市区国有及国有控股工业主要财务指标(一)

(2022年)　　单位：万元

地　区	企　业单位数(个)	#亏损企业	工　业增加值	新产品产　值	年末资产总计
全　市	**73**	**23**	**1068879**	**577410**	**16057193**
市　区	28	11	218409	363164	3599843
椒江区	16	5	157527	263807	2506538
黄岩区	4	2	18379	197	256105
路桥区	8	4	42502	99161	837200
三门县	7	3	417073	97660	8167114
天台县	7	2	46250		265326
仙居县	8	2	175374	116586	1657361
温岭市	7	1	22944		469620
临海市	8	3	30404		395378
玉环市	8	1	158425		1502552

17-48　各县市区国有及国有控股工业主要财务指标(二)

(2022年)　　单位：万元

地　区	流动资产合计	存　货	固定资产原价	固定资产净值	年末负债合计	流　动负　债
全　市	**2727106**	**630696**	**11794493**	**7457955**	**10144261**	**3243056**
市　区	717304	148375	2116448	899493	1892877	858414
椒江区	476314	124038	1530884	506725	1161025	525700
黄岩区	32288	6530	145418	56317	170705	65002
路桥区	208702	17808	440146	336451	561147	267712
三门县	704142	325148	5961313	4843581	6241630	1460498
天台县	136183	7739	402136	119147	111633	89794
仙居县	417256	58236	718186	463608	515935	161314
温岭市	214989	6148	149435	99988	338358	82224
临海市	132571	20493	182048	92866	215480	98287
玉环市	404662	64557	2264929	939273	828349	492524

17-49 各县市区国有及国有控股工业主要财务指标(三)

(2022年)　　单位：万元

地区	年末所有者权益合计	实收资本	营业收入	营业成本	税金及附加
全市	**5912932**	**3339313**	**4700748**	**3881627**	**33740**
市区	1706967	371357	1383853	1154169	10607
椒江区	1345514	211367	1047419	864325	7818
黄岩区	85400	29807	54860	42968	764
路桥区	276053	130183	281575	246876	2025
三门县	1925483	1847243	1323090	1021967	11069
天台县	153692	114476	96473	69072	1261
仙居县	1141426	247775	419327	265459	4652
温岭市	131262	48102	118589	103532	1461
临海市	179898	94921	165259	146383	669
玉环市	674204	615440	1194158	1121045	4020

17-50 各县市区国有及国有控股工业主要财务指标(四)

(2022年)　　单位：万元

地区	销售费用	财务费用	#利息费用	利润总额	利税总额	本年应交增值税	从业人员年平均人数(人)
全市	**157927**	**265908**	**235384**	**216122**	**366951**	**117088**	**15071**
市区	118214	34604	34066	23722	67379	33051	7766
椒江区	113918	21591	24085	10659	43602	25125	6181
黄岩区	106	4427	701	5171	8650	2715	400
路桥区	4190	8586	9281	7892	15128	5211	1185
三门县	7050	197716	164328	31986	92867	49813	2783
天台县	1062	1752	3082	16932	23505	5312	351
仙居县	27565	10383	13658	100026	128247	23568	1846
温岭市	839	5490	963	7042	6962	-1541	597
临海市	2331	1615	4183	5815	8266	1781	1000
玉环市	867	14349	15104	30599	39724	5105	728

17-51 各县市区国有及国有控股工业主要经济效益指标(一)

(2022年)

地 区	企 业 亏损面 (%)	资 产 负债率 (%)	流 动 比 率	产成品 存 货 周转天数 (天)	新产品 产值率 (%)
全 市	**31.51**	**63.18**	**0.84**	**11.77**	**12.68**
市 区	39.29	52.58	0.84	19.77	28.58
椒江区	31.25	46.32	0.91	22.02	25.85
黄岩区	50.00	66.65	0.50	1.99	0.41
路桥区	50.00	67.03	0.78	14.99	49.08
三门县	42.86	76.42	0.48	4.87	7.50
天台县	28.57	42.07	1.52	0.14	
仙居县	25.00	31.13	2.59	53.05	26.92
温岭市	14.29	72.05	2.61	6.11	
临海市	37.50	54.50	1.35	21.60	
玉环市	12.50	55.13	0.82		

17-52 各县市区国有及国有控股工业主要经济效益指标(二)

(2022年)

地 区	企 业 亏损率 (%)	成本费用 利 润 率 (%)	百元营业收 入实现利税 (元)	百元固定 资产原值 实现利税 (元)	营业收入 利 润 率 (%)
全 市	**45.34**	**4.72**	**7.81**	**3.11**	**4.60**
市 区	76.41	1.68	4.87	3.18	1.71
椒江区	86.90	0.98	4.16	2.85	1.02
黄岩区	16.27	9.65	15.77	5.95	9.43
路桥区	39.46	2.85	5.37	3.44	2.80
三门县	74.45	2.47	7.02	1.56	2.42
天台县	6.05	21.61	24.36	5.85	17.55
仙居县	0.66	29.53	30.58	17.86	23.85
温岭市	31.46	6.27	5.87	4.66	5.94
临海市	41.72	3.64	5.00	4.54	3.52
玉环市	0.08	2.61	3.33	1.75	2.56

17-53 各县市区大中型工业主要财务指标(一)

(2022年) 单位：万元

地区	企业单位数(个)	#亏损企业	工业增加值	新产品产值	年末资产总计
全市	**422**	**42**	**7334715**	**15334684**	**51403179**
市区	126	17	2250911	6564289	16952254
椒江区	51	9	1104983	2173716	8847169
黄岩区	41	4	622816	1313164	4297292
路桥区	34	4	523111	3077410	3807793
三门县	27	4	643956	572304	9048467
天台县	20		455269	829725	3251689
仙居县	21	1	350315	566076	2160462
温岭市	83	5	1094419	2424726	5503188
临海市	73	9	1606501	3119219	9073311
玉环市	72	6	933344	1258346	5413808

17-54 各县市区大中型工业主要财务指标(二)

(2022年) 单位：万元

地区	流动资产合计	存货	固定资产原价	固定资产净值	年末负债合计	流动负债
全市	**23577483**	**6194770**	**21978573**	**13218482**	**26043469**	**18603398**
市区	8488957	2086643	5608971	2803826	8382263	7366618
椒江区	3552118	803977	3457127	1751843	3736530	3000736
黄岩区	2325044	520454	1111976	556461	1887517	1733243
路桥区	2611795	762212	1039868	495523	2758217	2632639
三门县	1565289	556198	6471839	5179436	6385257	1848170
天台县	1746848	306230	619811	373341	1190991	952548
仙居县	1042653	270378	725971	445271	841541	690252
温岭市	3137367	845789	1973007	1157660	2624047	2318495
临海市	4724329	1506314	3235081	1808770	4400259	3452861
玉环市	2872042	623218	3343893	1450179	2219111	1974454

17-55 各县市区大中型工业主要财务指标(三)

(2022年) 单位：万元

地区	年末所有者权益合计	实收资本	营业收入	营业成本	税金及附加
全市	**25359709**	**7715834**	**31455915**	**25613754**	**194011**
市区	8569991	1984253	12134303	10346471	50959
椒江区	5110639	1163054	4918686	4000865	26715
黄岩区	2409776	477737	2693364	2192403	13986
路桥区	1049576	343462	4522254	4153203	10258
三门县	2663210	2001172	2425856	1957724	15403
天台县	2060698	470397	1481184	1096200	8368
仙居县	1318921	264234	1121665	802970	6995
温岭市	2879141	717442	4283740	3375607	58793
临海市	4673052	1347814	6037834	4721459	30304
玉环市	3194697	930523	3971333	3313322	23187

17-56 各县市区大中型工业主要财务指标(四)

(2022年) 单位：万元

地区	销售费用	财务费用	#利息费用	利润总额	利税总额	本年应交增值税	从业人员年平均人数(人)
全市	**837922**	**212274**	**450507**	**2540039**	**3293559**	**559509**	**300125**
市区	335471	18183	112628	659995	878918	167964	99257
椒江区	209565	-7974	53167	327888	447107	92503	46723
黄岩区	79071	-8081	14141	174487	226012	37540	27686
路桥区	46835	34238	45321	157620	205799	37922	24848
三门县	35051	200625	176344	96313	177616	65900	15399
天台县	54667	-6265	17260	195532	239431	35531	15568
仙居县	48272	9723	15789	163237	203595	33363	12799
温岭市	166075	-9803	26866	377088	503446	67565	55111
临海市	98726	-7261	67816	624634	782639	127701	60652
玉环市	99660	7071	33803	423240	507912	61485	41339

17-57 各县市区大中型工业主要经济效益指标(一)

(2022年)

地 区	企业亏损面(%)	资产负债率(%)	流动比率	产成品存货周转天数(天)	新产品产值率(%)
全 市	**9.95**	**50.67**	**1.27**	**38.39**	**52.03**
市 区	13.49	49.45	1.15	33.76	59.92
椒江区	17.65	42.23	1.18	38.95	50.54
黄岩区	9.76	43.92	1.34	32.52	55.35
路桥区	11.76	72.44	0.99	29.41	71.87
三门县	14.81	70.57	0.85	19.47	23.58
天台县		36.63	1.83	57.98	63.05
仙居县	4.76	38.95	1.51	62.16	49.96
温岭市	6.02	47.68	1.35	40.44	58.38
临海市	12.33	48.50	1.37	55.97	55.95
玉环市	8.33	40.99	1.45	24.64	32.15

17-58 各县市区大中型工业主要经济效益指标(二)

(2022年)

地 区	企业亏损率(%)	成本费用利润率(%)	百元营业收入实现利税(元)	百元固定资产原值实现利税(元)	营业收入利润率(%)
全 市	**10.44**	**8.68**	**10.47**	**14.99**	**8.07**
市 区	13.76	5.71	7.24	15.67	5.44
椒江区	18.76	7.04	9.09	12.93	6.67
黄岩区	3.07	6.98	8.39	20.33	6.48
路桥区	13.25	3.59	4.55	19.79	3.49
三门县	50.75	4.12	7.32	2.74	3.97
天台县		15.21	16.16	38.63	13.20
仙居县	0.56	16.44	18.15	28.04	14.55
温岭市	2.93	9.66	11.75	25.52	8.80
临海市	10.07	11.44	12.96	24.19	10.35
玉环市	2.13	11.34	12.79	15.19	10.66

17-59 各县市区规模以上非国有工业主要财务指标(一)

(2022年)　　单位：万元

地　区	企　业单位数(个)	#亏损企业	工　业增加值	新产品产　值	年末资产总计
全　市	**5472**	**703**	**13428751**	**25168053**	**77676946**
市　区	1757	239	4411394	8916064	28865998
椒江区	583	116	1833397	2991012	11888172
黄岩区	574	62	1363018	2254413	8058196
路桥区	600	61	1214980	3670638	8919630
三门县	275	57	617456	965572	4147929
天台县	220	41	741393	1299025	4825563
仙居县	222	53	507119	752337	2821375
温岭市	1269	88	2418591	4740785	11727157
临海市	655	134	2540063	4973931	14947245
玉环市	1074	91	2192734	3520339	10341678

17-60 各县市区规模以上非国有工业主要财务指标(二)

(2022年)　　单位：万元

地　区	流动资产合计	存　货	固定资产原价	固定资产净值	年末负债合计	流　动负　债
全　市	**46173177**	**10975898**	**26878856**	**15386523**	**43338038**	**39010284**
市　区	17029585	4004103	9551118	5456237	16489345	15005332
椒江区	6546642	1563675	4062824	2493120	5949880	5490168
黄岩区	4607764	1054872	2798249	1413110	4211166	3871776
路桥区	5875179	1385556	2690046	1550006	6328298	5643388
三门县	2430333	617508	1422058	837797	2594427	2268958
天台县	2725705	520159	1269708	716326	2104587	1841894
仙居县	1527703	376401	1091854	652034	1529775	1345462
温岭市	7225099	1737180	4344226	2605456	6681608	6195521
临海市	8770346	2249713	5165462	2914242	8563309	7384823
玉环市	6464406	1470834	4034429	2204431	5374988	4968294

17-61 各县市区规模以上非国有工业主要财务指标(三)

(2022年) 单位：万元

地 区	年末所有者权益合计	实收资本	营业收入	营业成本	税金及附加
全 市	**34338888**	**11296463**	**64383743**	**53668617**	**357205**
市 区	12376647	4038412	24663951	21192623	103375
椒江区	5938289	1863598	8882961	7418229	41127
黄岩区	3847030	1106240	6195971	5097702	30996
路桥区	2591328	1068575	9585020	8676692	31253
三门县	1553502	743592	3302209	2840364	13368
天台县	2720975	791515	2787761	2147342	23013
仙居县	1291599	392483	2078543	1612330	11956
温岭市	5045544	1617542	10287927	8370640	83239
临海市	6383932	2446781	11842250	9771572	71763
玉环市	4966691	1266138	9421102	7733747	50492

17-62 各县市区规模以上非国有工业主要财务指标(四)

(2022年) 单位：万元

地 区	销售费用	财务费用	#利息费用	利润总额	利税总额	本年应交增值税	从业人员年平均人数(人)
全 市	**1616751**	**348920**	**653529**	**3821412**	**5482993**	**1304376**	**755410**
市 区	550352	122000	240256	1153439	1706099	449285	241234
椒江区	229802	10512	80407	539600	749457	168730	94666
黄岩区	187088	37171	57015	330636	495770	134139	75778
路桥区	133462	74317	102834	283203	460872	146416	70790
三门县	74678	41295	46209	116362	196864	67134	39869
天台县	100216	6312	31992	249551	341930	69366	32452
仙居县	96781	23442	30157	132118	196046	51972	32099
温岭市	300355	58424	88838	666695	953911	203978	154835
临海市	205407	40251	131124	847430	1160165	240972	118070
玉环市	288963	57196	84954	655817	927978	221669	136851

17-63 各县市区规模以上非国有工业主要经济效益指标(一)

(2022年)

地 区	企 业 亏损面 (%)	资 产 负债率 (%)	流 动 比 率	产成品 存 货 周转天数 (天)	新产品 产值率 (%)
全 市	**12.85**	**55.79**	**1.18**	**29.89**	**41.13**
市 区	13.60	57.12	1.13	26.33	39.57
椒江区	19.90	50.05	1.19	31.54	36.98
黄岩区	10.80	52.26	1.19	27.26	39.06
路桥区	10.17	70.95	1.04	21.34	42.33
三门县	20.73	62.55	1.07	29.02	29.27
天台县	18.64	43.61	1.48	45.39	49.86
仙居县	23.87	54.22	1.14	34.11	36.58
温岭市	6.93	56.98	1.17	31.33	46.76
临海市	20.46	57.29	1.19	36.51	44.92
玉环市	8.47	51.97	1.30	24.86	37.12

17-64 各县市区规模以上非国有工业主要经济效益指标(二)

(2022年)

地 区	企 业 亏损率 (%)	成本费用 利 润 率 (%)	百元营业收 入实现利税 (元)	百元固定资产 原值实现利税 (元)	营业收入 利 润 率 (%)
全 市	**9.89**	**6.28**	**8.52**	**20.40**	**5.94**
市 区	10.91	4.90	6.92	17.86	4.68
椒江区	8.51	6.44	8.44	18.45	6.07
黄岩区	6.92	5.65	8.00	17.72	5.34
路桥区	19.03	3.04	4.81	17.13	2.95
三门县	23.35	3.65	5.96	13.84	3.52
天台县	5.96	9.93	12.27	26.93	8.95
仙居县	10.61	6.73	9.43	17.96	6.36
温岭市	6.52	6.92	9.27	21.96	6.48
临海市	12.27	7.68	9.80	22.46	7.16
玉环市	6.56	7.34	9.85	23.00	6.96

17-65 各县市区固定资产投资增速(一)

(2022年) 单位：%

地 区	投资增速	建筑安装工程	设备工器具购置	其他费用	#土地购置费	#工业性投资
全 市	**6.5**	**1.8**	**19.1**	**10.3**	**7.5**	**22.3**
市 区	-5.0	-7.6	9.8	-3.7	-6.0	-6.0
椒江区	-20.8	-18.9	17.4	-28.7	-29.1	5.6
黄岩区	17.5	16.8	0.4	22.6	15.6	0.2
路桥区	1.2	-1.3	0.3	47.7	48.9	-29.9
三门县	50.1	18.6	70.4	85.5	71.3	67.2
天台县	-5.9	-14.7	19.7	7.8	1.7	89.3
仙居县	18.9	22.7	55.5	0.3	-0.6	100.4
温岭市	13.2	3.8	12.6	25.1	28.6	29.9
临海市	25.3	21.2	27.2	29.9	28.4	26.2
玉环市	13.7	22.4	2.2	4.3	-4.1	3.6

17-66 各县市区固定资产投资增速(二)

(2022年) 单位：%

地 区	民间投资	交通投资	水利、环境和公共设施管理业投资	新增固定资产
全 市	**…**	**-5.4**	**9.4**	**-40.7**
市 区	-8.5	-28.8	17.7	1.8
椒江区	-27.1	-39.4	-7.1	-30.0
黄岩区	14.1	-14.5	-0.3	106.7
路桥区	23.7	33.9	119.0	26.0
三门县	-18.8	660.3	27.2	-94.8
天台县	-18.4	-68.3	-44.5	-63.9
仙居县	9.5	1.5	-10.5	-22.9
温岭市	8.1	28.6	-20.5	22.4
临海市	24.1	41.2	30.9	82.3
玉环市	-4.2	18.2	65.9	20.1

17-67 各县市区房地产开发投资(一)

(2022年)

单位：万元

地区	投资额	住宅	办公楼	商业用房	其他	土地购置费	新增固定资产
全市	**9723591**	**6700427**	**236443**	**637910**	**2148811**	**4701194**	**2989957**
市区	4696463	3187840	170322	310698	1027603	2184130	1779590
椒江区	2233920	1500691	122333	90772	520124	949232	288036
黄岩区	1065808	750707	2393	136475	176233	440922	480221
路桥区	1396735	936442	45596	83451	331246	793976	1011333
三门县	178565	110530	5066	11650	51319	26547	21001
天台县	393766	257163	8557	45406	82640	121846	86516
仙居县	116980	76574	15251	5454	19701	24419	
温岭市	2523166	1774981	15135	127342	605708	1388018	836774
临海市	1185172	798718	9723	79367	297364	675301	127108
玉环市	629479	494621	12389	57993	64476	280933	138968

17-68 各县市区房地产开发投资(二)

(2022年)

单位：万元

地区	投资额	国有控股	集体控股	私人控股	港澳台控股	外商控股	其他	非国有控股	#民间
全市	**9723591**	**1418703**	**98077**	**7885378**	**9197**	**105335**	**206901**	**8304888**	**8190356**
市区	4696463	759715		3675608		54239	206901	3936748	3882509
椒江区	2233920	319933		1707086			206901	1913987	1913987
黄岩区	1065808	354869		710939				710939	710939
路桥区	1396735	84913		1257583		54239		1311822	1257583
三门县	178565	1461		177104				177104	177104
天台县	393766			393766				393766	393766
仙居县	116980	31639		85341				85341	85341
温岭市	2523166	361788	2200	2158369		809		2161378	2160569
临海市	1185172	28489		1147486	9197			1156683	1147486
玉环市	629479	235611	95877	247704		50287		393868	343581

17-69　各县市区房地产开发投资(三)

(2022年)　　单位：万平方米

地　区	施工面积	#住宅	竣工面积	#住宅	商品房住宅竣工套数(套)	竣工房屋价值(亿元)	#住宅	商品房销售额(亿元)	#住宅
全　市	**4835.35**	**3061.99**	**534.70**	**348.83**	**28566**	**261.93**	**192.70**	**1019.58**	**906.97**
市　区	2381.35	1522.56	287.46	191.90	15201	161.54	120.80	583.43	539.23
椒江区	1305.08	794.44	61.37	41.51	3124	19.61	13.17	261.17	240.24
黄岩区	498.43	345.80	86.81	61.07	5019	43.86	33.35	150.52	144.01
路桥区	577.84	382.32	139.28	89.32	7058	98.07	74.28	171.74	154.98
三门县	226.38	149.81	4.52	3.85	325	1.61	1.43	26.96	24.33
天台县	228.30	142.08	30.93	23.31	1932	8.65	6.71	39.08	35.35
仙居县	163.19	94.53						27.44	19.81
温岭市	1141.12	715.32	171.71	100.86	8484	66.35	43.40	172.54	151.84
临海市	444.05	275.15	33.18	22.01	1910	9.87	6.47	105.31	81.14
玉环市	250.96	162.54	6.90	6.90	714	13.90	13.90	64.81	55.27

17-70　各县市区房地产开发投资(四)

(2022年)　　单位：万平方米

地　区	商品房销售面积	#住宅	现房	#住宅	期房	#住宅	商品房住宅销售套数(套)	商品房待售面积	#住宅
全　市	**765.48**	**589.21**	**154.75**	**107.85**	**610.73**	**481.36**	**47137**	**204.01**	**95.91**
市　区	385.59	311.37	107.66	85.06	277.93	226.31	25058.00	88.44	25.96
椒江区	192.90	151.87	84.18	70.83	108.72	81.04	13286	65.06	14.17
黄岩区	80.38	71.64	5.97	3.82	74.41	67.83	6183	23.39	11.79
路桥区	112.31	87.86	17.51	10.41	94.80	77.44	5589		
三门县	27.15	23.49	1.77	0.93	25.39	22.56	1717	14.60	2.97
天台县	35.26	31.09	2.63	2.06	32.63	29.04	2841	8.90	5.34
仙居县	23.99	14.92	0.78	0.60	23.21	14.32	1044	0.72	0.05
温岭市	155.47	114.87	27.41	14.82	128.05	100.05	8967	55.97	35.05
临海市	81.07	56.52	2.15	1.65	78.92	54.87	4787	11.17	7.37
玉环市	56.96	36.94	12.36	2.73	44.60	34.22	2723	24.19	19.16

17-71 各县市区房地产开发企业财务状况(一)

(2022年) 单位：万元

地区	单位数(个)	流动资产合计	固定资产原价	#本年折旧	资产总计	负债合计	所有者权益合计	#实收资本
全市	**559**	**44912773**	**891144**	**27940**	**48869562**	**41524684**	**7344879**	**4524502**
市区	210	22370875	326115	12909	23645859	20376552	3269308	2097511
椒江区	97	11958993	239884	8762	12839958	11167072	1672887	950675
黄岩区	45	5864721	31002	1631	6110869	5416076	694793	397288
路桥区	68	4547161	55229	2516	4695032	3793404	901628	749548
三门县	31	1047182	13303	729	1057968	995516	62452	83294
天台县	29	1912717	59199	2466	2227275	1787609	439666	334931
仙居县	21	2014536	40558	1208	2067960	1943449	124511	127480
温岭市	166	8755223	280752	5415	10142580	8318900	1823680	937497
临海市	55	6205807	156677	4609	7001471	5840724	1160748	546993
玉环市	47	2606433	14540	604	2726449	2261935	464514	396796

17-72 各县市区房地产开发企业财务状况(二)

(2022年) 单位：万元

地区	主营业务收入	主营业务成本	税金及附加	销售费用	管理费用
全市	**9219311**	**7880534**	**254786**	**254841**	**226127**
市区	4973031	4256206	109643	131798	105434
椒江区	2678798	2216483	61765	72983	69916
黄岩区	1202036	1080231	28711	31843	15715
路桥区	1092197	959492	19167	26972	19803
三门县	122396	90314	5928	10295	8689
天台县	758268	665375	25871	11739	14317
仙居县	395399	357837	5861	6680	10215
温岭市	2236026	1862749	52349	57019	43964
临海市	291453	302869	38391	24107	29614
玉环市	442739	345184	16744	13204	13894

17-73 各县市区房地产开发企业财务状况(三)

(2022年) 单位：万元

地区	财务费用	#利息支出	营业利润	利润总额	所得税费用	应付职工薪酬
全市	**100268**	**80530**	**879321**	**895842**	**230753**	**165903**
市区	60264	56236	386371	393861	101677	71778
椒江区	47012	45503	265904	276072	48912	41203
黄岩区	3091	5024	41228	37985	22671	18600
路桥区	10161	5710	79239	79804	30094	11975
三门县	1077	1411	986	-3059	-553	7099
天台县	5504	8430	60294	62416	11045	7974
仙居县	2984	17	14744	14477	5051	4724
温岭市	8714	7317	310934	284964	73140	44443
临海市	21736	4320	50910	88691	19645	17355
玉环市	-10	2799	55083	54492	20749	12531

17-74 各县市区建筑业企业基本情况(一)

(2022年)

地区	企业数(个)	#国有控股企业	建筑业总产值(万元)	#建筑工程产值	#安装工程产值	#在外省完成产值
全市	**680**	**29**	**13725739**	**12667708**	**710808**	**1995480**
市区	221	9	5287034	4944064	266274	629048
椒江区	79	5	3095355	2909810	158009	296563
黄岩区	71	2	1210875	1087968	79282	227492
路桥区	71	2	980804	946287	28983	104994
三门县	78	2	482972	439196	12863	28357
天台县	40	2	542121	486627	12183	44288
仙居县	51	4	816421	718824	7973	206237
温岭市	144	4	3672811	3363289	209852	535660
临海市	107	5	2485957	2358294	127663	544885
玉环市	39	3	438424	357416	74000	7004

17-75 各县市区建筑业企业基本情况(二)

(2022年)

地　区	房屋建筑施工面积(万平方米)	#本年新开工面积	房屋建筑竣工面积(万平方米)	#住　宅	年末自有机械设备总功率(千瓦时)
全　市	**12375.61**	**3037.26**	**2841.67**	**1480.26**	**1038871**
市　区	4979.54	913.25	945.29	527.94	241135
椒江区	3161.23	530.63	688.86	468.36	44448
黄岩区	1581.32	235.18	132.81	39.79	70320
路桥区	236.98	147.44	123.62	19.79	126367
三门县	344.88	135.57	43.60	12.75	62870
天台县	219.99	57.38	39.98	8.65	19209
仙居县	246.42	112.72	80.35	22.45	50693
温岭市	3551.49	1055.38	970.15	540.26	367815
临海市	2668.37	673.35	625.36	367.70	245890
玉环市	364.99	89.61	136.94	0.50	51259

17-76 各县市区公路基本情况(一)

(2022年)　　单位：公里

地　区	公路总里程	等级公路合计	高速公路	一　级	二　级	三　级	四　级	准四级
全　市	**13298**	**13298**	**500**	**971**	**1205**	**724**	**9898**	
市　区	2538	2538	59	275	224	194	1787	
椒江区	579	579	27	60	77	75	340	
黄岩区	1322	1322	21	122	64	32	1083	
路桥区	637	637	10	93	83	87	364	
三门县	1354	1354	57	72	150	62	1013	
天台县	2063	2063	68	89	83	77	1746	
仙居县	2027	2027	106	82	159	112	1568	
温岭市	2080	2080	45	170	184	122	1559	
临海市	2443	2443	134	176	336	94	1703	
玉环市	793	793	32	106	69	63	523	

17-77 各县市区公路基本情况(二)

(2022年)

地　区	路面里程			隧　道		桥　梁	
	有铺装(公里)	简易铺装(公里)	未铺装(公里)	道	延米	座	米
全　市	**13248**	**36**	**13**	**409**	**319544**	**7123**	**697488**
市　区	2537		1	28	21002	1590	144067
椒江区	579			11	8231	399	52997
黄岩区	1321		1	15	11521	701	39538
路桥区	637			2	1250	490	51532
三门县	1349		5	57	39697	580	58273
天台县	2026	36		38	35495	667	40848
仙居县	2028			102	76225	779	74404
温岭市	2073		7	50	35875	1739	130132
临海市	2443			93	86136	1364	156751
玉环市	793			41	25114	404	93013

17-78 各县市区公路基本情况(三)

(2022年)　　单位：公里

地　区	公路总里程	国　道	省　道	县　道	乡　道	专用道	村　道
全　市	**13298**	**679**	**734**	**2749**	**2073**	**42**	**7021**
市　区	2538	106	80	650	387	15	1300
椒江区	579	32	50	106	113		278
黄岩区	1322	53	29	386	135	9	710
路桥区	637	21	1	158	139	6	312
三门县	1354	99	58	258	206	24	708
天台县	2063	79	91	381	325		1187
仙居县	2028	31	212	472	228	3	1082
温岭市	2080	102	62	311	382		1223
临海市	2443	218	202	482	432		1109
玉环市	793	44	29	194	113		412

17-79　各县市区汽车拥有量

(2022年)　　单位：辆

地　区	汽　车拥有量	载　客汽　车	#个　人	载　货汽　车	#个　人	其　他汽　车	摩托车
全　市	**2104562**	**1858633**	**1742410**	**241126**	**174704**	**4803**	**252060**
市　区	809663	700136	647445	107395	74364	2132	74633
椒江区	241348	213533	196046	26993	17113	822	23971
黄岩区	251660	216457	201375	34749	24263	454	25147
路桥区	270435	228715	212875	41014	30536	706	23300
台州湾新区	46216	41431	37145	4635	2446	150	2315
三门县	93678	81701	76975	11650	9110	327	11533
天台县	110053	99789	95127	9981	7761	283	32961
仙居县	111415	101201	96756	9986	7696	228	35363
温岭市	469655	411612	392702	57313	45476	730	49820
临海市	312253	283224	270402	28313	19797	716	33533
玉环市	198011	181114	162988	16510	10522	387	13206

17-80　各县市区用电量

(2022年)　　单位：万千瓦时

地　区	全社会用电量(包括厂用电量及线损)	#工　业用电量	#制造业	#城乡居民生活用电
全　市	**4108679**	**2510204**	**2276689**	**904888**
市　区	1489845	891863	829265	312608
直属局	231762	185209	176932	22800
椒江区	410748	189441	170940	106353
黄岩区	472472	313779	295321	92071
路桥区	374863	203433	186072	91385
三门县	232578	144791	132017	50497
天台县	203253	98761	86912	62936
仙居县	178211	83779	71797	52297
温岭市	726855	409404	373275	190712
临海市	658673	421169	390608	134684
玉环市	570184	411357	392284	101154

17-81　各县市区全社会单位生产总值能耗

(2022年)

地　区	单位GDP能耗 (吨标准煤/万元)	单位GDP 能耗降低率 (%)	单位GDP电耗 (千瓦时/万元)	单位GDP 电耗降低率 (%)	规模以上工业 增加值能耗降低率 (%)
全　市	**0.311**	**0.05**	**705**	**-0.68**	**0.64**
椒江区	0.394	0.43	833	2.36	-0.84
黄岩区	0.264	0.25	803	0.57	4.26
路桥区	0.208	4.69	545	-1.20	8.72
三门县	0.448	0.19	716	2.05	1.35
天台县	0.309	-4.42	596	3.81	-3.30
仙居县	0.409	2.61	614	5.93	4.10
温岭市	0.285	0.18	579	0.88	2.66
临海市	0.298	-4.39	780	3.64	-2.38
玉环市	0.334	0.56	808	-5.91	-2.21

17-82　各县市区规模以上工业主要能源消费量

(2022年)　　单位：吨

地　区	原　煤	焦　炭	汽　油	柴　油	热力 (百万千焦)	电力 (万千瓦时)
全　市	**18160060**		**15836**	**59985**	**18304329**	**1910202**
市　区	3796591		7571	21053	3785413	641169
椒江区	3796591		2581	9276	2628346	351928
黄岩区			3765	4833	932361	161487
路桥区			1226	6944	224706	127754
三门县	4695903		366	3306	1450312	156347
天台县	71102		1157	3428	1033617	115774
仙居县	79919		732	2402	1066471	121320
温岭市	169191		4119	14766	2384839	258908
临海市	258084		1151	9923	8263838	296368
玉环市	9089272		739	5107	319840	320316

17-83 各县市区规模以上工业企业能源消费情况

(2022年) 单位：吨标准煤

地 区	综合能源消费量	万元产值综合能耗(吨标准煤/万元)	节能量	万元产值综合能耗降低率(%)
全 市	**10701518**	**0.163**	**776.45**	**6.76**
市 区	2748110	0.115	312.63	10.21
椒江区	1992910	0.219	122.91	5.81
黄岩区	391887	0.067	42.67	9.82
路桥区	363313	0.041	85.44	19.04
三门县	2110329	0.459	329.24	13.50
天台县	214546	0.080	-3.28	-1.55
仙居县	224401	0.090	19.15	7.86
温岭市	585742	0.057	20.36	3.36
临海市	868871	0.077	-6.41	-0.74
玉环市	3949519	0.370	170.64	4.14

17-84 各县市区规模以上工业取水情况

(2022年) 单位：万立方米

地 区	取水总量						外供水
		地表水	地下水	自来水	海 水	其他水	
全 市	**106156.4**	**85641.7**	**101.6**	**18428.6**	**1211.5**	**679.9**	**88886.1**
市 区	66675.8	54680.8	8.0	11715.9		191.5	61226.5
椒江区	11771.9	4043.9	6.0	7496.9		146.6	9396.6
黄岩区	35470.1	34727.4	1.3	705.3		36.1	33352.3
路桥区	19433.8	15909.6	0.7	3513.7		8.8	18477.7
三门县	3418.3	2650.3	38.5	640.8	12.1	76.0	1821.9
天台县	3422.6	2821.5	6.6	555.3		38.9	2501.7
仙居县	3585.0	3041.0	2.1	500.4		41.5	2538.3
温岭市	10956.6	8581.6	1.5	2364.6		7.4	7295.2
临海市	12302.1	9800.7	34.0	2147.9		312.4	9580.8
玉环市	5795.9	4065.9	11.0	503.7	1199.4	12.0	3921.7

17-85　各县市区限额以上批发业企业销售情况

(2022年)　　单位：万元

地　区	法人企业(个)	年末从业人数(人)	销售额	批发额	零售额	年末零售营业面积(平方米)
全　市	**1184**	**27655**	**34027828**	**33034674**	**235922**	**121897**
市　区	513	11682	19838009	18942024	163695	75102
椒江区	195	5450	7490640	7412592	78048	15961
黄岩区	93	2287	3566086	3510608	55478	26206
路桥区	225	3945	8781283	8018824	30169	32935
三门县	30	332	734596	734596		
天台县	39	513	465160	462965	1674	975
仙居县	39	1638	1406735	1404182	2553	4206
温岭市	327	6532	5651648	5601528	27672	8970
临海市	122	4926	3600728	3578184	20571	19608
玉环市	114	2032	2330953	2311196	19757	13036

17-86　各县市区限额以上零售业企业销售情况

(2022年)　　单位：万元

地　区	法人企业(个)	年末从业人数(人)	销售额	批发额	零售额	年末零售营业面积(平方米)
全　市	**729**	**25496**	**7666564**	**1409591**	**6216551**	**1493150**
市　区	254	11186	4571794	1066305	3479457	772221
椒江区	109	5423	2657645	711742	1939990	392932
黄岩区	33	1689	440983	72070	367068	131977
路桥区	112	4074	1473167	282493	1172399	247312
三门县	28	497	94989	11534	83455	41881
天台县	37	643	139261	14552	124709	45484
仙居县	35	700	108366	10117	98250	33827
温岭市	230	6971	1432882	134921	1291665	299001
临海市	91	3901	836894	139171	697724	195834
玉环市	54	1598	482378	32993	441292	104902

17-87　各县市区限额以上住宿业企业基本情况

(2022年)　单位：万元

地　区	法人企业(个)	年末从业人数(人)	营业额			客房间数(间)	床位数(个)	餐位数(位)	年末餐饮营业面积(平方米)
				#客房收入	#餐费收入				
全　市	**114**	**7699**	**178734**	**91824**	**73028**	**16905**	**26084**	**50022**	**434231**
市　区	36	3592	80974	36730	37886	5734	8361	21521	178410
椒江区	23	2260	54313	24732	24377	3747	5436	14388	132485
黄岩区	8	936	20823	8633	11324	1246	1806	4739	26463
路桥区	5	396	5838	3365	2185	741	1119	2394	19462
三门县	3	67	2698	2087	307	577	1532	324	1152
天台县	11	811	15663	9870	5338	1377	2262	7881	25902
仙居县	14	708	12376	8130	3598	2476	3856	4676	91622
温岭市	22	1253	38624	16746	17350	2925	4354	7723	48804
临海市	15	881	20625	13475	5862	2497	3700	4920	47215
玉环市	13	387	7774	4787	2687	1319	2019	2977	41126

17-88　各县市区限额以上餐饮业企业基本情况

(2022年)　单位：万元

地　区	法人企业(个)	年末从业人数(人)	营业额			客房间数(间)	床位数(个)	餐位数(位)	年末餐饮营业面积(平方米)
				#客房收入	#餐费收入				
全　市	**244**	**10112**	**245393**	**17028**	**225680**	**3673**	**6387**	**89769**	**444585**
市　区	70	3356	86052	2338	83402	569	1321	23757	136124
椒江区	36	1791	45730		45695			9362	51911
黄岩区	11	495	15209	283	14902	116	188	5843	27890
路桥区	23	1070	25112	2055	22805	453	1133	8552	56323
三门县	4	216	3695	789	2880	253	515	1700	15108
天台县	16	881	16682	2642	13539	510	1050	6985	43047
仙居县	24	971	19399	4312	14566	894	1365	7808	51761
温岭市	69	1700	50407	1224	49140	358	637	22983	75952
临海市	41	1761	38553	1901	35844	312	421	13880	62146
玉环市	20	1227	30606	3823	26310	777	1078	12656	60447

17-89　各县市区限额以上批发业企业财务状况(一)

(2022年)　　单位：万元

地　区	企业数(个)	流动资产合　计	#存　货	固定资产原　价	累　计折　旧	#本年折旧
全　市	**1184**	**11222392**	**1169061**	**851161**	**334699**	**46652**
市　区	513	6369166	572576	383711	150177	20793
椒江区	195	3194011	269967	198701	80590	10917
黄岩区	93	1088390	82870	80900	32383	4015
路桥区	225	2086764	219738	104110	37205	5861
三门县	30	310719	31204	42350	10856	2413
天台县	39	302819	29444	30815	3554	1287
仙居县	39	244947	34448	20531	6440	786
温岭市	327	2005769	272875	221136	86436	12308
临海市	122	1348152	131460	70744	33199	4878
玉环市	114	640822	97055	81874	44038	4186

17-90　各县市区限额以上批发业企业财务状况(二)

(2022年)　　单位：万元

地　区	资　产总　计	负　债合　计	所有者权　益	#实　收资　本	#个人资本	主营业务收　入
全　市	**13465132**	**10208500**	**3231018**	**1294058**	**531651**	**29309874**
市　区	7185520	5772346	1405454	538732	215414	17133561
椒江区	3730765	2707558	1022620	257294	103338	6759438
黄岩区	1236790	1020782	216009	161627	56245	3181565
路桥区	2217964	2044006	166825	119811	55831	7192558
三门县	455488	400752	54736	29273	25007	654301
天台县	343023	311847	31284	18507	4852	413725
仙居县	274207	242384	31823	22130	11500	1252613
温岭市	2445065	1874171	552895	232187	101438	4902588
临海市	2030986	1094254	936730	334376	118809	3082344
玉环市	730844	512747	218097	118853	54633	1870742

17-91 各县市区限额以上批发业企业财务状况(三)

(2022年)　　单位：万元

地区	营业成本	税金及附加	其他业务利润	销售费用	管理费用
全市	**28612559**	**199645**	**94499**	**665409**	**297144**
市区	17052242	182781	77783	197359	149849
椒江区	6207416	174125	3987	99330	83751
黄岩区	3089234	2706	829	58217	27859
路桥区	7755592	5949	72968	39811	38240
三门县	640676	702	352	6657	5770
天台县	414553	703	184	3617	6351
仙居县	1126256	1765	-247	115683	8332
温岭市	4746845	5137	4495	81635	58564
临海市	2872747	6181	11240	202525	44231
玉环市	1759241	2376	693	57933	24047

17-92 各县市区限额以上批发业企业财务状况(四)

(2022年)　　单位：万元

地区	财务费用	#利息费用	营业利润	利润总额	应付职工薪酬	应交增值税
全市	**36518**	**110520**	**567881**	**602722**	**311406**	**201488**
市区	18624	71004	210143	221456	134527	92514
椒江区	1658	42832	206723	213885	81555	66452
黄岩区	-555	9296	11511	13021	20552	15839
路桥区	17521	18876	-8091	-5450	32421	10224
三门县	3993	4979	11512	11563	3277	8230
天台县	2778	4415	1892	3641	3984	1469
仙居县	1859	2096	4585	5961	26873	13895
温岭市	-4652	7381	54250	66804	60827	27099
临海市	10767	15296	255339	257355	60685	44970
玉环市	3149	5350	30160	35942	21233	13312

17-93 各县市区限额以上零售业企业财务状况(一)

(2022年)　　单位：万元

地区	企业数(个)	流动资产合计	#存货	固定资产原价	累计折旧	#本年折旧
全市	**729**	**1940955**	**528451**	**581841**	**223856**	**34718**
市区	254	965035	281571	277311	124794	19313
椒江区	109	368704	106714	113309	53018	9161
黄岩区	33	171144	42174	72094	31586	3917
路桥区	112	425187	132682	91908	40190	6235
三门县	28	14166	3767	8839	3294	407
天台县	37	32240	6255	12889	5579	770
仙居县	35	39932	8432	9279	4371	446
温岭市	230	442334	113650	149397	42165	6909
临海市	91	330719	72926	80862	29179	4776
玉环市	54	116529	41851	43267	14475	2097

17-94 各县市区限额以上零售业企业财务状况(二)

(2022年)　　单位：万元

地区	资产总计	负债合计	所有者权益	#实收资本	#个人资本	主营业务收入
全市	**2943631**	**2271350**	**691557**	**523267**	**107514**	**5375541**
市区	1428799	1183157	260821	246234	56405	2879556
椒江区	568553	456591	112175	81475	21571	1194730
黄岩区	261263	235051	28468	67951	8805	392787
路桥区	598983	491516	120177	96808	26029	1292039
三门县	35965	22182	13762	4603	2114	65140
天台县	71026	42728	28414	26118	250	86071
仙居县	53939	64523	-10582	7879	2273	92286
温岭市	711299	490597	223004	118612	19081	1095960
临海市	461561	328664	132897	95824	15802	739532
玉环市	181042	139499	43242	23997	11589	416995

17-95 各县市区限额以上零售业企业财务状况(三)

(2022年)

单位：万元

地 区	营业成本	税金及附加	其他业务利润	销售费用	管理费用
全 市	**4960146**	**15987**	**42618**	**368030**	**164430**
市 区	2738107	7772	22232	153448	82496
椒江区	1109662	2926	9429	85146	30313
黄岩区	374184	1247	3269	15226	16334
路桥区	1254260	3599	9534	53076	35849
三门县	58398	129	129	4055	2482
天台县	91775	177	570	6196	4185
仙居县	82093	131	40	5315	3866
温岭市	981774	4839	8267	70951	36126
临海市	685971	1533	10832	32984	22565
玉环市	322029	1407	549	95082	12710

17-96 各县市区限额以上零售业企业财务状况(四)

(2022年)

单位：万元

地 区	财务费用	#利息费用	营业利润	利润总额	应付职工薪酬	应交增值税
全 市	**43483**	**27602**	**41901**	**50539**	**207884**	**51431**
市 区	27078	17810	-6996	-1228	100870	23292
椒江区	7985	4075	-1740	901	45390	11487
黄岩区	6730	6662	-7986	-7225	15927	2581
路桥区	12362	7073	2730	5097	39553	9223
三门县	250	179	624	1042	3234	659
天台县	1449	1185	-521	-409	3873	481
仙居县	321	146	948	1343	4816	1087
温岭市	6796	3262	27349	27661	55164	10107
临海市	5625	3700	13657	14911	26668	6615
玉环市	1966	1320	6841	7219	13259	9191

17-97 各县市区限额以上住宿业企业财务状况(一)

(2022年) 单位：万元

地区	企业数(个)	流动资产合计	#存货	固定资产原价	累计折旧	#本年折旧
全市	**114**	**271208**	**5246**	**494994**	**218744**	**17365**
市区	36	77991	2757	214117	104302	5634
椒江区	23	47863	1890	103278	65482	3267
黄岩区	8	18636	614	98968	29967	1986
路桥区	5	11492	253	11871	8853	381
三门县	3	945	131	34394	2202	1518
天台县	11	22401	734	36623	14257	1637
仙居县	14	33657	126	9581	7761	197
温岭市	22	33553	890	118736	42118	4657
临海市	15	96105	469	66647	39359	3075
玉环市	13	6556	141	14896	8746	647

17-98 各县市区限额以上住宿业企业财务状况(二)

(2022年) 单位：万元

地区	资产总计	负债合计	所有者权益	#实收资本	#个人资本	主营业务收入
全市	**864683**	**834571**	**30892**	**170932**	**30158**	**163871**
市区	228339	228154	1050	57205	13187	71677
椒江区	116360	97878	19348	34716	6010	46624
黄岩区	96781	119809	-23027	17964	6332	19544
路桥区	15197	10468	4729	4525	845	5509
三门县	38889	46117	-7266	3000		2156
天台县	85834	102947	-17113	8323	3050	14947
仙居县	118160	134741	-16580	9640	260	11480
温岭市	151425	115194	36186	51391	5488	35572
临海市	224219	186703	37516	36646	5713	20691
玉环市	17816	20716	-2900	4728	2460	7349

17-99　各县市区限额以上住宿业企业财务状况(三)

(2022年)　　单位：万元

地　区	营　业 成　本	税金及 附　加	其他业务 利　润	销　售 费　用	管　理 费　用
全　市	**69654**	**1940**	**12665**	**54606**	**59791**
市　区	28348	756	9498	27915	26112
椒江区	17118	138	9351	19315	18024
黄岩区	8765	603	147	6482	6491
路桥区	2465	15		2118	1598
三门县	3548	342	14	1088	870
天台县	5553	90	465	6720	6105
仙居县	4954	92		1673	6116
温岭市	15737	533	313	11250	8100
临海市	7405	102	1942	4743	9670
玉环市	4109	24	433	1217	2818

17-100　各县市区限额以上住宿业企业财务状况(四)

(2022年)　　单位：万元

地　区	财　务 费　用	#利息费用	营　业 利　润	利　润 总　额	应付职工 薪　酬	应　交 增值税
全　市	**13518**	**13662**	**-28515**	**-26748**	**51235**	**3003**
市　区	3526	4327	-9246	-8254	23439	1407
椒江区	2011	2665	-4625	-3732	14915	696
黄岩区	1425	1578	-3849	-3770	6617	535
路桥区	91	85	-772	-752	1907	176
三门县	2104	2118	-5502	-5409	1095	-31
天台县	1633	1657	-5079	-4677	6085	195
仙居县	1102	964	-1912	-1770	4494	177
温岭市	2319	2102	-636	-71	8486	545
临海市	2398	2101	-4979	-5453	5113	536
玉环市	437	393	-1161	-1114	2523	174

17-101 各县市区限额以上餐饮业企业财务状况(一)

(2022年)

单位：万元

地区	企业数(个)	流动资产合计	#存货	固定资产原价	累计折旧	#本年折旧
全市	**244**	**107320**	**7662**	**172312**	**69672**	**7917**
市区	70	32387	2685	16578	5201	1187
椒江区	36	18760	1241	4433	1624	388
黄岩区	11	7239	263	1458	663	172
路桥区	23	6389	1181	10686	2915	627
三门县	4	1884	138	8557	6234	284
天台县	16	5585	652	9333	5459	494
仙居县	24	15368	422	15662	8089	1352
温岭市	69	18095	1573	7715	3822	416
临海市	41	12187	1329	16112	6308	936
玉环市	20	21813	863	98356	34559	3248

17-102 各县市区限额以上餐饮业企业财务状况(二)

(2022年)

单位：万元

地区	资产总计	负债合计	所有者权益	#实收资本	主营业务收入
全市	**263034**	**251614**	**12515**	**80525**	**224857**
市区	65945	49311	16498	17448	76485
椒江区	27925	22358	5430	4601	42420
黄岩区	11928	7813	4116	6790	10756
路桥区	26092	19140	6952	6057	23309
三门县	4649	8215	-3566	4685	3508
天台县	13090	11724	1366	4986	15819
仙居县	33892	40284	-6392	5792	18890
温岭市	22791	14516	8118	4326	46763
临海市	31166	35685	-3131	8742	36529
玉环市	91502	91880	-378	34547	26862

17-103 各县市区限额以上餐饮业企业财务状况(三)

(2022年) 单位：万元

地区	营业成本	税金及附加	其他业务利润	销售费用	管理费用
全市	**142788**	**1116**	**828**	**55990**	**35773**
市区	48176	153	18	20041	10940
椒江区	27596	84	1	10423	5320
黄岩区	7030	9		3231	1127
路桥区	13550	61	17	6387	4494
三门县	2463	77		521	904
天台县	9144	60	48	3982	3382
仙居县	11361	61	2	3060	5890
温岭市	34252	165	21	7276	4431
临海市	21375	143	319	12557	4973
玉环市	16018	457	419	8554	5253

17-104 各县市区限额以上餐饮业企业财务状况(四)

(2022年) 单位：万元

地区	财务费用	#利息费用	营业利润	利润总额	应付职工薪酬	应交增值税
全市	**2147**	**1249**	**-9106**	**-6383**	**62128**	**4086**
市区	612	319	-2041	-1489	20522	1156
椒江区	392	257	-329	-44	11191	646
黄岩区	83	59	-695	-654	3198	138
路桥区	137	3	-1017	-792	6133	372
三门县	238	238	-688	-670	1474	32
天台县	23	6	-581	-440	4944	478
仙居县	211	41	-1688	-362	5753	537
温岭市	222	172	1477	1575	10267	782
临海市	576	237	-2115	-1946	9964	525
玉环市	265	237	-3470	-3052	9204	577

17-105 各县市区商品市场基本情况

(2022年)

地 区	市场数(个)	#消费品市场	#生产资料市场	市场成交额(亿元)
全 市	**304**	**254**	**50**	**1281**
市 区	126	100	26	692
椒江区	33	29	4	112
黄岩区	32	28	4	74
路桥区	57	40	17	489
市直属分局	4	3	1	17
三门县	14	13	1	14
天台县	11	10	1	31
仙居县	10	9	1	12
温岭市	67	52	15	444
临海市	48	45	3	55
玉环市	28	25	3	33

17-106 各县市区外贸进出口总额

(2022年)

单位：万元

地 区	进出口总 额	出口额	#欧 盟	#东 盟	#中 东	进口额
全 市	**27718442**	**25266899**	**5523866**	**2490212**	**2247884**	**2451543**
市 区	12856909	11083566	1928335	1379119	1360312	1773343
椒江区	2896857	2757593	354251	463328	387492	139264
黄岩区	2742738	2637279	479352	221092	334816	105460
路桥区	5502029	4121088	862646	465052	423351	1380941
市直属公司	34470	33849	8043	1639	1172	620
台州湾新区	1680815	1533757	224043	228008	213481	147058
三门县	986260	925721	210482	77407	93789	60538
天台县	813850	792764	207808	74633	59186	21086
仙居县	723140	690096	157161	51924	42011	33043
温岭市	3899481	3719750	688437	349513	367134	179732
临海市	3842022	3552079	1225928	124590	47059	289944
玉环市	4596780	4502923	1105714	433026	278392	93857

17-107 各县市区进出口贸易情况

(2022年)　　单位：万元

地 区	出口额中		进口额中	
	#一般贸易	#加工贸易	#一般贸易	#加工贸易
全 市	**20925601**	**2541582**	**2037532**	**374393**
市 区	7487935	1908122	1594201	169611
椒江区	2373819	26138	114824	16270
黄岩区	2050027	146662	83128	21194
路桥区	1638676	1689542	1263745	117028
市直属公司	33313	338	16	601
台州湾新区	1392100	45442	132488	14518
三门县	885040	3242	30864	1532
天台县	720834	39542	11829	8884
仙居县	655148	2924	29806	3177
温岭市	3621626	94654	170472	8760
临海市	3154455	397178	138690	150787
玉环市	4400563	95921	61671	31642

17-108 各县市区出口贸易主要市场情况

(2022年)　　单位：万元

地 区	合 计	欧 洲	亚 洲	北美洲	拉丁美洲	非 洲	大洋洲
全 市	**25266899**	**7948072**	**8226426**	**4698077**	**2219744**	**1459426**	**715153**
市 区	11092037	2898825	4465142	1652170	977964	674760	423175
椒江区	2760986	503521	1471481	250542	278721	221116	35605
黄岩区	2638465	630888	935424	575799	260035	141763	94556
路桥区	4073091	1418018	1321466	607864	276740	177419	271584
市直属公司	33849	12971	8055	7116	1328	3793	585
台州湾新区	1585646	333427	728716	210849	161140	130669	20845
三门县	924296	295961	274087	180314	80551	64164	29221
天台县	792764	282865	227237	166955	56319	33668	25721
仙居县	690096	191675	211282	170505	83423	17692	15519
温岭市	3716911	1086301	1210745	552724	419497	400841	46803
临海市	3552317	1551691	660767	1095620	145703	39532	59004
玉环市	4498476	1640754	1177167	879789	456287	228768	115711

17-109 各县市区外贸出口主要商品(一)

(2022年) 单位：万元

地 区	家用电器	汽摩及部件	服装机械	塑料模具	医化产品	纺织服装	鞋 类	灯 具
全 市	**614248**	**1509462**	**497663**	**1788564**	**2524389**	**963620**	**1528861**	**670217**
市 区	351672	394380	395442	1151260	800828	275839	354741	358674
椒江区	208043	50955	304521	193723	433805	71778	118215	78860
黄岩区	36739	66902	15334	547977	316753	70774	61177	61947
路桥区	50600	162606	9814	250958	19310	60916	103424	181973
市直属公司	2600	114	768	2200	621	5626	136	1424
台州湾新区	53690	113803	65005	156402	30339	66745	71789	34470
三门县	6629	113921	129	100285	56086	94743	13734	5053
天台县	21264	66388	1036	99455	106339	156974	41567	11458
仙居县	14864	12227	226	41537	239772	35592	12366	9637
温岭市	134093	272677	46536	157796	5582	32047	772336	16718
临海市	31346	18199	2237	87262	1235972	273587	304954	245022
玉环市	54382	631670	52057	150970	79812	94837	29162	23655

17-110 各县市区外贸出口主要商品(二)

(2022年) 单位：万元

地 区	农产品	阀门、龙头	家 具	工艺品	太阳能板	喷雾器	船 舶	液体泵
全 市	**596853**	**1879605**	**1825811**	**32594**	**235055**	**538486**	**44840**	**1120398**
市 区	255869	408539	553386	10019	81150	461559	36204	160531
椒江区	39749	41545	132807	2050	7358	49876	21042	46563
黄岩区	181359	102615	115716	5078	72676	29426	15012	26293
路桥区	19833	176248	225558	1978	730	226160	115	34415
市直属公司	2578	2956	3861	9		16		512
台州湾新区	12350	85175	75444	904	386	156081	35	52748
三门县	20690	116330	38668	872	108	630		10762
天台县	26522	1960	47066	9616	62	9036	1943	452
仙居县	94677	4512	52551	3767	266	1278		23283
温岭市	58653	67785	47755	1035	16592	52401	1718	802202
临海市	101077	9153	1018524	1939	9135	4889	4883	13218
玉环市	39366	1271327	67862	5345	127741	8692	92	109950

17-111　各县市区利用外资情况

(2021-2022年)　　单位：万美元

地　区	2021年			2022年		
	利用外资企业数(家)	合同外资	实际利用外资	利用外资企业数(家)	合同外资	实际利用外资
全　市	**81**	**74305**	**48259**	**67**	**36620**	**24143**
市　区	38	47340	27234	28	9324	9814
椒江区	10	29868	5682	11	-358	930
黄岩区	12	-135	12691	11	6647	1166
路桥区	11	12813	4180	2	2753	5814
台州湾新区	5	4794	4681	4	254	1904
三门县	3	2985	295	4	10323	1665
天台县	1	401	150	2	5147	50
仙居县	8	15002	2883	9	1444	816
温岭市	14	976	3952	12	6173	5464
临海市	10	8087	3534	7	5974	5041
玉环市	7	-3773	9884	3	-1765	1293

17-112　各县市区国际国内旅游情况

(2022年)　　单位：万人次

地　区	旅游总人数			旅游总收入(亿元)	国内旅游收入(亿元)	国际旅游(外汇)收入(万美元)
		国内旅游人数	国际旅游入境人数			
全　市	**3114.37**	**3113.94**	**0.43**	**460.77**	**460.67**	**146.07**
市　区	676.06	675.80	0.26	121.29	121.23	94.23
椒江区	226.69	226.60	0.09	42.03	41.99	58.93
黄岩区	227.71	227.54	0.17	34.55	34.53	34.09
路桥区	221.66	221.66	0.00	44.71	44.71	1.21
三门县	166.79	166.79	0.00	25.68	25.68	0.48
天台县	390.89	390.88	0.01	50.97	50.97	2.08
仙居县	691.05	691.04	0.01	82.58	82.57	2.58
温岭市	566.48	566.39	0.09	87.44	87.42	28.35
临海市	467.61	467.56	0.05	67.10	67.09	16.09
玉环市	155.50	155.49	0.01	25.70	25.70	2.26

注：全市数据不等于各县(市、区)简单相加。

17-113 各县市区一般公共预算收入及分类(一)

(2022年) 单位：万元

地区	一般公共预算收入合计	增值税	企业所得税	个人所得税	资源税	城市维护建设税
全市	**4407498**	**1219319**	**655968**	**259757**	**8740**	**225644**
市区	1714115	428449	291835	108485	2981	103628
椒江区	475126	156169	60996	31792	36	25875
黄岩区	409578	132311	46714	22367	311	22849
路桥区	504153	106204	117447	27626	2634	20071
市本级	325258	33765	66678	26700		34833
三门县	320589	63296	25189	7902	344	8310
天台县	247958	60922	34642	14807	2186	9206
仙居县	186522	55790	25237	18000	767	7322
温岭市	813380	231327	119728	46254	1362	37727
临海市	621134	191840	97008	44146	757	32275
玉环市	503800	187695	62329	20163	343	27176

17-114 各县市区一般公共预算收入及分类(二)

(2022年) 单位：万元

地区	房产税	印花税	城镇土地使用税	土地增值税	车船税	耕地占用税	契税
全市	**230686**	**70956**	**107406**	**292817**	**68074**	**27848**	**386344**
市区	98662	36781	37746	117817	33999	6142	194609
椒江区	20206	8191	8609	44850	4448	2678	57414
黄岩区	22087	5745	10802	28817	6114	1330	32818
路桥区	29699	15281	12045	22249	9176	175	56119
市本级	26670	7564	6290	21901	14261	1959	48258
三门县	13854	3615	5532	9254	1959	3976	8985
天台县	9655	2928	2612	34506	3420	1683	27904
仙居县	7387	2362	2450	3176	3034	1145	17666
温岭市	39715	10450	21068	65389	12400	2993	68022
临海市	32952	8639	23009	32751	7941	4434	43770
玉环市	28461	6181	14989	29924	5321	7475	25388

17-115 各县市区一般公共预算收入及分类(三)

(2022年)

单位：万元

地区	专项收入	行政事业性收费收入	罚没收入	国有资本经营收入	国有资源(资产)有偿使用收入	其他收入	基金收入	
							政府性基金	社会保险基金
全市	**259019**	**74391**	**308422**	**-124485**	**312863**	**19482**	**7108077**	**2865096**
市区	95310	38409	125962	-110265	93461	9511	3646898	2033842
椒江区	21477	17650	11631	-2870	1110	4631	887608	83575
黄岩区	25206	6855	17136	-415	27758	561	1013462	108209
路桥区	21209	6067	30046	-6500	32645	1828	518218	50925
市本级	27418	7837	67149	-100480	31948	2491	1227610	1791133
三门县	11426	1521	19629	-220	134836	751	215181	86764
天台县	14346	6568	15283	-1500	5997	2667	361998	106620
仙居县	10082	3661	27611	-150	856		684596	101496
温岭市	59060	6003	72545	-8000	20569	5698	920901	224156
临海市	35676	6047	32232	-350	27209		737356	209443
玉环市	33119	12182	15160	-4000	29935	855	541147	102775

17-116 各县市区一般公共预算支出及分类(一)

(2022年)

单位：万元

地区	一般公共预算支出合计	一般公共服务支出	国防支出	公共安全支出	教育支出	科学技术支出
全市	**8349302**	**941251**	**8702**	**553831**	**1746919**	**268593**
市区	3019503	354791	3937	251175	645637	124545
椒江区	673271	80300	877	46634	133204	23589
黄岩区	681296	65232	883	37386	147179	34224
路桥区	537253	68205	689	42901	118102	13720
市本级	1127683	141054	1488	124254	247152	53012
三门县	748942	80497	950	33731	112455	6747
天台县	773978	86186	720	36926	178644	11908
仙居县	603935	73320	314	32529	125902	5971
温岭市	1187032	129668	377	83924	270983	34986
临海市	1225979	109542	1020	65358	262710	39979
玉环市	789933	107247	1384	50188	150588	44457

17-117 各县市区一般公共预算支出及分类(二)

(2022年)

地 区	文化旅游体育与传媒支出	社会保障和就业支出	卫生健康支出	节能环保支出	城乡社区支出	农林水支出
全 市	**170589**	**1020174**	**851156**	**347664**	**427490**	**803188**
市 区	65941	318695	429567	51842	109887	188383
椒江区	18566	95376	80631	4175	39075	38489
黄岩区	13494	90808	104339	17307	25373	61118
路桥区	13512	59808	44892	14896	27174	47993
市本级	20369	72703	199705	15464	18265	40783
三门县	11076	120241	42904	44299	102690	93220
天台县	14963	135325	49736	21981	74958	92375
仙居县	9672	91491	55896	10530	13570	62369
温岭市	35702	147279	116963	12049	39057	169076
临海市	16990	116119	81048	197976	60798	127851
玉环市	16245	91024	75042	8987	26530	69914

17-118 各县市区一般公共预算支出及分类(三)

(2022年) 单位：万元

地 区	交通运输支出	商业服务业等支出	金融支出	基金支出	
				政府性基金	社会保险基金
全 市	**344602**	**66994**	**50474**	**7607384**	**2549487**
市 区	77548	41249	49763	3482540	1770214
椒江区	12092	5895	1412	973618	64925
黄岩区	16826	9133	94	1010837	96332
路桥区	8744	19182	4042	677296	48650
市本级	39886	7039	44215	820789	1560307
三门县	35061	2818	30	332052	80877
天台县	21582	2928	89	263332	96125
仙居县	67852	3529		732396	89901
温岭市	42286	10387	380	1014730	212263
临海市	48657	3033	30	1101396	199337
玉环市	51616	3050	182	680938	100770

17-119　各县市区全部金融机构年末存贷款余额(一)

(2022年)　　单位：万元

地　区	本外币存款余额	人民币存款余额合计	住户存款	活期存款	定期及其他存款	非银行业金融机构存款
全　市	**139374160**	**137171904**	**78553769**	**23469884**	**55083884**	**8048347**
市　区	64579629	63366503	31641131	8932985	22708146	7008158
椒江区	15019210	14780672	7410015	1996202	5413813	368177
黄岩区	14150405	13870823	9771481	2356721	7414760	407142
路桥区	21297237	21151198	10885667	3179313	7706354	5735626
市本级	14112777	13563811	3573968	1400749	2173219	497214
三门县	4815190	4759516	2837924	913454	1924470	29
天台县	6620451	6539563	4183077	1501564	2681514	81509
仙居县	7020714	6944886	4421225	1282269	3138957	3223
温岭市	27120542	26786769	17042801	5207476	11835325	565798
临海市	17509750	17300759	11124223	3031466	8092757	329129
玉环市	11707885	11473907	7303387	2600670	4702717	60501

17-120　各县市区全部金融机构年末存贷款余额(二)

(2022年)　　单位：万元

地　区	非金融企业存款	活期存款	定期及其他存款	广义政府存款	财政性存款	机关团体存款
全　市	**34593941**	**11827513**	**22766428**	**15898600**	**977150**	**14921450**
市　区	17363319	5253127	12110192	7309716	467177	6842538
椒江区	4580836	1441739	3139097	2405202	324820	2080383
黄岩区	2623076	1206099	1416978	1057716	105755	951960
路桥区	3633362	1155664	2477698	891344	6858	884486
市本级	6526045	1449626	5076419	2955454	29744	2925710
三门县	1102959	548586	554373	816357	54619	761738
天台县	1622235	573793	1048443	650158	64498	585660
仙居县	1195034	493601	701433	1324057	97646	1226411
温岭市	6044129	2385460	3658669	3119147	120788	2998359
临海市	4326182	1234389	3091793	1514619	121387	1393232
玉环市	2940083	1338556	1601526	1164547	51035	1113512

17-121　各县市区全部金融机构年末存贷款余额(三)

(2022年)　　单位：万元

地　区	本外币贷款余额	人民币贷款余额合计	住户贷款	短期贷款	消费贷款
全　市	**137647841**	**137089139**	**66133433**	**27320739**	**4785045**
市　区	60097617	59775868	27020484	10403317	1932658
椒江区	13406719	13385086	6330377	2003252	375973
黄岩区	12755703	12681870	6647962	2739914	430504
路桥区	14203911	14117765	7616100	3445873	448558
市本级	19731284	19591147	6426046	2214278	677623
三门县	7751950	7751486	3534393	1541497	272816
天台县	7554011	7545571	4734878	2176410	378680
仙居县	6768053	6745521	3822410	1652666	320122
温岭市	26738894	26673398	13191748	6256663	876043
临海市	18390028	18297576	9403714	3575950	697359
玉环市	10347287	10299718	4425805	1714236	307367

17-122　各县市区全部金融机构年末存贷款余额(四)

(2022年)　　单位：万元

地　区	在住户贷款中				非金融企业及机关团体贷款
	在短期贷款中	中长期贷款			
	经营贷款		消费贷款	经营贷款	
全　市	**22535694**	**38812693**	**21733202**	**17079492**	**70781840**
市　区	8470659	16617167	10538179	6078987	32746260
椒江区	1627279	4327125	2842097	1485028	7054399
黄岩区	2309409	3908048	2180838	1727211	6033908
路桥区	2997315	4170227	2061478	2108749	6493665
市本级	1536656	4211767	3453767	758000	13164289
三门县	1268680	1992897	956803	1036094	4207093
天台县	1797730	2558468	1490191	1068277	2810408
仙居县	1332544	2169744	890145	1279600	2863111
温岭市	5380620	6935084	3256193	3678891	13481438
临海市	2878590	5827765	3157581	2670184	8799618
玉环市	1406869	2711569	1444110	1267459	5873913

17-123 各县市区全部金融机构年末存贷款余额(五)

(2022年) 单位：万元

地　区	在非金融企业及机关团体贷款中			
	短　期 贷　款	中长期 贷　款	票　据 融　资	各　项 垫　款
全　市	**27299493**	**38556609**	**4923396**	**2343**
市　区	11265884	18635275	2844958	143
椒江区	2479967	3999474	574957	
黄岩区	2019116	3632850	381799	143
路桥区	2496187	3122255	875223	0.1
市本级	4270613	7880696	1012980	
三门县	1194791	2953489	58813	
天台县	1065603	1612179	132606	19
仙居县	759084	1997163	106716	148
温岭市	6828320	5199973	1451168	1977
临海市	3724480	4943761	131320	56
玉环市	2461331	3214769	197813	

17-124 各县市区养老保险基本情况

(2022年)

地　区	城镇职工养老保险参保人数(人)			收缴保险基金(万元)	支付养老金(万元)	城乡居民养老保险		
		职　工 参保人数	离退休 参保人数			期末参保人数(人)	收缴保险基金(万元)	支付保险基金(万元)
全　市	**2931767**	**2017024**	**914743**	**2738696**	**3356788**	**1635539**	**375171**	**311422**
市　区	1110451	779159	331292	1039464	1234254	343099	93666	64491
椒江区	286842	199773	87069	249615	341133	80090	34369	18661
黄岩区	337715	219690	118025	287037	422772	127660	40940	29586
路桥区	292838	193971	98867	228733	325452	135349	18357	16245
市本级	193056	165725	27331	274079	144896			
三门县	154555	110513	44042	161647	170683	127427	29420	26178
天台县	232374	153147	79227	205834	276551	146799	35907	32192
仙居县	167852	110469	57383	175225	216186	189259	38051	30658
温岭市	561316	372531	188785	491940	658471	360143	79577	72020
临海市	439233	302932	136301	409974	521711	364732	77313	66532
玉环市	265986	188273	77713	254611	278932	104080	21238	19351

17-125 各县市区失业和工伤保险基本情况

(2022年)

地　区	失业保险			工伤保险		
	期末参保人数（人）	收缴保险基金（万元）	支付保险基金（万元）	期末参保人数（人）	收缴保险基金（万元）	支付保险基金（万元）
全　市	**1280436**	**84687**	**89202**	**2391198**	**108328**	**105433**
市　区	538763	34930	38658	1003391	35712	33210
椒江区	139378	7966	8810	251112	8687	8687
黄岩区	135610	7836	11002	281725	9069	7507
路桥区	120006	7034	8117	233026	11348	9158
市本级	143769	12095	10729	237528	6608	7857
三门县	58099	3889	4314	109140	6152	5849
天台县	72983	5206	4341	138760	4243	4673
仙居县	63807	4465	4849	103814	4633	4417
温岭市	222016	14553	15773	420281	21244	22776
临海市	177995	11841	12382	297864	14553	12678
玉环市	146773	9801	8885	317948	21791	21830

注：2019年开始，工伤保险实行市区统筹，市区数据为三区与市本级之和。

17-126 各县市区医疗保险基本情况

(2022年)　　单位：人

地　区	基本医保参保人数	职工医保参保人数	城乡医保参保人数
全　市	**5794381**	**2125409**	**3668972**
市　区	1777547	837279	940268
椒江区	526663	221145	305518
黄岩区	602599	241636	360963
路桥区	471242	197455	273787
市本级	177043	177043	
三门县	380455	113857	266598
天台县	509883	152438	357445
仙居县	446145	119856	326289
温岭市	1147729	377883	769846
临海市	1071233	311105	760128
玉环市	461389	212991	248398

17-127 各县市区居民人均可支配收入和住房情况(一)

(2022年)

单位：元

地 区	可支配收入			工资性收入			经营净收入		
	全体居民	城镇常住居民	农村常住居民	全体居民	城镇常住居民	农村常住居民	全体居民	城镇常住居民	农村常住居民
全 市	**58040**	**70737**	**37700**	**34591**	**40931**	**24436**	**10759**	**12336**	**8232**
市 区	64969	77813	40098	37148	43136	25553	11367	12238	9679
椒江区	66124	77823	39096	41495	48304	25764	8535	8453	8725
黄岩区	58990	70714	38787	34807	39021	27546	9804	11600	6708
路桥区	71245	85274	42939	34472	40238	22838	16981	18208	14506
三门县	44631	57062	32735	29084	37291	21231	9652	10965	8395
天台县	44712	56555	30501	23531	31112	14433	11802	13558	9694
仙居县	41833	51962	29027	23995	30123	16248	12491	14354	10137
温岭市	61970	73956	41879	31886	34298	27842	14694	18190	8835
临海市	52573	65777	37261	33400	41175	24384	7308	7412	7187
玉环市	71680	85051	44760	41764	47248	30723	13975	17190	7501

17-128 各县市区居民人均可支配收入和住房情况(二)

(2022年)

单位：元

地 区	财产净收入			转移净收入			年末现住房建筑面积(平方米)		
	全体居民	城镇常住居民	农村常住居民	全体居民	城镇常住居民	农村常住居民	全体居民	城镇常住居民	农村常住居民
全 市	**6706**	**9620**	**2038**	**5984**	**7851**	**2994**	**55.1**	**52.0**	**60.1**
市 区	9145	12644	2368	7310	9794	2499	53.2	50.2	58.8
椒江区	10014	13050	2999	6080	8016	1608	52.7	50.9	56.9
黄岩区	5674	8272	1196	8706	11821	3337	48.6	41.9	60.1
路桥区	12160	16680	3041	7631	10148	2554	58.5	57.9	59.7
三门县	3293	6064	642	2601	2742	2467	56.2	50.0	62.2
天台县	3474	6100	322	5906	5785	6052	59.0	56.5	62.1
仙居县	3321	5457	619	2026	2029	2023	58.9	56.2	62.2
温岭市	7366	10857	1514	8024	10611	3688	57.0	54.1	61.9
临海市	4806	7504	1677	7059	9686	4013	58.4	45.5	73.3
玉环市	11995	16303	3321	3947	4310	3215	55.7	53.2	60.6

17-129 各县市区居民人均消费支出情况(一)

(2022年) 单位：元

地区	消费支出			食品烟酒			衣着		
	全体居民	城镇常住居民	农村常住居民	全体居民	城镇常住居民	农村常住居民	全体居民	城镇常住居民	农村常住居民
全市	**38330**	**44180**	**28958**	**10881**	**12481**	**8317**	**2782**	**3408**	**1778**
市区	41486	48387	28121	12268	14114	8694	3291	4060	1804
椒江区	45915	52332	31090	13374	15182	9196	3927	4616	2336
黄岩区	36758	43998	24281	10550	12578	7056	2701	3532	1268
路桥区	41436	47489	29225	12865	14236	10099	3166	3837	1813
三门县	28215	33125	23517	7827	9090	6619	1782	2386	1204
天台县	27500	32836	21097	7810	8676	6770	1564	2083	941
仙居县	28662	32896	23310	7788	8741	6584	2611	3409	1601
温岭市	42706	49665	31041	12944	14556	10241	3079	3690	2053
临海市	36720	42274	30280	9589	10924	8042	2533	3261	1688
玉环市	45500	52552	31302	13388	14838	10467	3974	4925	2060

17-130 各县市区居民人均消费支出情况(二)

(2022年) 单位：元

地区	居住			生活用品及服务			交通通信		
	全体居民	城镇常住居民	农村常住居民	全体居民	城镇常住居民	农村常住居民	全体居民	城镇常住居民	农村常住居民
全市	**8998**	**10452**	**6670**	**2226**	**2726**	**1424**	**6502**	**7310**	**5207**
市区	8663	10104	5874	2479	3005	1461	7176	8110	5366
椒江区	8674	9918	5801	3182	3513	2418	7773	8602	5859
黄岩区	9556	11310	6533	1773	2351	778	6411	7132	5168
路桥区	7787	9093	5152	2369	2981	1135	7311	8452	5009
三门县	6193	7710	4741	1815	2586	1077	5038	5441	4653
天台县	6792	8288	4997	1724	2243	1101	4417	5340	3310
仙居县	4832	5552	3921	2158	2209	2092	6006	7650	3927
温岭市	9567	11988	5511	2373	2733	1770	7099	8406	4909
临海市	8947	10455	7199	2072	2654	1397	5602	6009	5130
玉环市	8615	10136	5553	3404	3958	2288	7197	8218	5140

17-131 各县市区居民人均消费支出情况(三)

(2022年)

单位：元

地区	教育文化娱乐			医疗保健			其他用品及服务		
	全体居民	城镇常住居民	农村常住居民	全体居民	城镇常住居民	农村常住居民	全体居民	城镇常住居民	农村常住居民
全市	**3841**	**4393**	**2956**	**2241**	**2320**	**2114**	**860**	**1090**	**492**
市区	4287	4986	2935	1870	2165	1298	1451	1845	689
椒江区	4958	5671	3311	2027	2352	1275	2000	2479	894
黄岩区	3176	3865	1990	1436	1653	1063	1154	1578	425
路桥区	4688	5207	3639	2168	2442	1615	1082	1240	763
三门县	3052	3200	2910	1821	1942	1705	687	769	609
天台县	2574	3317	1683	2212	2365	2028	407	525	265
仙居县	2214	2279	2132	2395	2202	2639	660	854	414
温岭市	3854	4197	3278	2874	2982	2694	916	1113	585
临海市	4459	4999	3834	2772	2905	2618	746	1068	372
玉环市	5185	6469	2598	2382	2449	2248	1356	1558	948

17-132 各县市区城市和县城建设基本情况

(2022年)

年份	全年供水总量(万立方米)	排水管道长度(公里)	道路面积(万平方米)	绿化覆盖面积(公顷)	绿地面积(公顷)	公园绿地面积(公顷)	人均公园绿地面积(平方米)
全市	**38264**	**7269**	**5486**	**15589**	**14290**	**4018**	**15.08**
市区	18183	3720	2544	7407	6738	1986	14.46
椒江区	8827	1029	740	2637	2463	634	11.96
黄岩区	5826	1139	785	2073	1809	484	14.26
路桥区	3529	1025	645	1985	1840	520	17.00
三门县	1570	328	239	629	558	173	18.85
天台县	2537	327	511	1075	931	260	19.11
仙居县	2589	546	287	756	670	251	21.71
温岭市	5977	535	804	2210	2086	503	15.25
临海市	4767	742	753	2127	2023	516	12.66
玉环市	347	1071	350	1385	1285	330	15.65

17-133　各县市区普通中学基本情况

(2022年)　　单位：人

地　区	学校数(所)	毕　业生　数	招生数	在　校学生数	专任教师
全　市	**275**	**102594**	**105551**	**313761**	**24673**
市　区	80	31249	33403	97187	7611
椒江区	15	5560	6402	17713	1247
黄岩区	21	6447	6684	19822	1471
路桥区	15	6082	6266	18723	1397
市本级	26	12810	13433	39296	3347
台州湾	3	350	618	1633	149
三门县	23	6634	7318	21731	1775
天台县	27	9902	9316	28831	2458
仙居县	24	9989	8543	27573	2156
温岭市	46	17555	19107	55839	4256
临海市	48	19510	18673	56372	4376
玉环市	27	7755	9191	26228	2041

17-134　各县市区中等职业学校基本情况

(2022年)　　单位：人

地　区	学校数(所)	毕　业生　数	招生数	在　校学生数	教　职工　数	#专任教师
全　市	**25**	**25251**	**24041**	**74063**	**4504**	**4235**
市　区	7	8478	6437	18421	1108	1060
椒江区	2	3622	1251	4050	393	378
黄岩区	2	1721	1885	5177	369	355
路桥区	1	1498	1574	4327	284	276
市本级	2	1637	1727	4867	62	51
台州湾						
三门县	1	774	902	2934	175	169
天台县	3	2419	2289	7165	442	426
仙居县	1	2863	2622	8579	386	374
温岭市	3	3338	3544	10499	647	606
临海市	9	5896	6281	21016	1379	1238
玉环市	1	1483	1966	5449	367	362

备注：中等职业学校包括普通中专、成人中专、职业高中，学生数包含附设中职班。

17-135　各县市区小学基本情况

(2022年)　　单位：人

地　区	学校数(所)	毕　业生　数	招生数	在　校学生数	专任教师
全　市	**343**	**69393**	**67645**	**420073**	**24501**
市　区	88	22289	23868	144022	8255
椒江区	20	7428	8788	51762	2849
黄岩区	37	6790	7158	43750	2556
路桥区	25	6811	6850	41587	2448
市本级		180			
台州湾	6	1080	1072	6923	402
三门县	26	4438	3809	24945	1482
天台县	32	5078	4611	29115	1901
仙居县	28	5127	4454	26811	1872
温岭市	57	13093	13227	83228	4545
临海市	81	12394	10738	68797	4110
玉环市	31	6974	6938	43155	2336

17-136　各县市区幼儿教育基本情况

(2022年)　　单位：人

地　区	幼儿园数(所)	班　数(个)	在　园幼儿数	教　职工　数	#专任教师
全　市	**985**	**6655**	**191097**	**26793**	**13859**
市　区	346	2330	65157	9482	4907
椒江区	113	753	20746	3051	1575
黄岩区	104	713	21160	2876	1511
路桥区	105	703	18698	2869	1477
市本级	3	52	1437	231	111
台州湾	21	109	3116	455	233
三门县	66	377	10720	1490	743
天台县	78	494	14060	1857	994
仙居县	79	488	13261	1837	992
温岭市	149	1190	35889	4942	2614
临海市	180	1099	32556	4311	2219
玉环市	87	677	19454	2874	1390

17-137 各县市区全社会研究与试验发展(R&D)活动基本情况

(2022年)

地 区	R&D活动人员数(万人年)	每万人就业人员中R&D人员(人年)	研究与试验发展经费支出(亿元)	研究与试验发展经费支出相当于GDP比重(%)
全 市	**5.63**	**146.65**	**155.58**	**2.58**
椒江区	0.80	162.28	24.62	3.20
黄岩区	0.44	110.89	15.04	2.46
路桥区	0.41	102.33	12.19	1.61
三门县	0.23	120.97	7.87	2.37
天台县	0.31	141.13	7.85	2.24
仙居县	0.21	108.77	6.77	2.26
温岭市	1.18	131.17	31.71	2.43
临海市	0.88	141.12	27.80	3.16
玉环市	1.06	253.76	19.74	2.70

17-138 各县市区县级及以上政府部门属研究与开发机构基本情况

(2022年) 单位：万元

地 区	机构数(个)	职工人数(人)	#科技活动人员	经费收入总额	#政府拨款	经费支出总额	#人员费用
全 市	**17**	**1070**	**902**	**48134**	**21012**	**39413**	**18224**
市 区	11	794	655	33098	14229	27612	12207
椒江区	10	717	590	29998	11595	24489	10213
黄岩区	1	77	65	3100	2634	3123	1994
路桥区							
三门县							
天台县							
仙居县							
温岭市	2	59	36	1191	877	883	205
临海市	4	217	211	13845	5906	10918	5812
玉环市							

17-139 各县市区科技成果和专利授权情况

(2022年)

地　区	技术市场成交额(亿元)	专利授权量合计	发明	实用新型	外观设计
全　市	**223.46**	**36556**	**2941**	**18495**	**15120**
市　区	47.13	17542	1244	7075	9223
椒江区	8.49	6249	873	3378	1998
黄岩区	14.85	7484	191	1969	5324
路桥区	15.68	3809	180	1728	1901
市本级	8.11				
三门县	91.61	1496	184	1011	301
天台县	7.93	1533	102	871	560
仙居县	8.23	1078	115	638	325
温岭市	33.34	5535	557	3261	1717
临海市	20.65	4665	438	2521	1706
玉环市	14.59	4707	301	3118	1288

注：科技进步奖励按实际参与项目统计。

17-140 各县市区规模以上工业企业研究与试验发展(R&D)活动基本情况(一)

(2022年)

地　区	有R&D活动企业数(个)	有研发机构企业数(个)	企业办研发机构(个)	发明专利申请数(件)	有效发明专利数(件)
全　市	**2888**	**1515**	**1588**	**2665**	**10739**
市　区	804	508	534	806	4098
椒江区	244	168	188	501	2292
黄岩区	274	189	192	171	1119
路桥区	286	151	154	134	687
三门县	147	138	144	211	542
天台县	135	92	96	189	499
仙居县	86	51	61	115	562
温岭市	821	286	296	473	1715
临海市	309	165	176	446	2015
玉环市	586	275	281	425	1308

17-141 各县市区规模以上工业企业研究与试验发展(R&D)活动基本情况(二)

(2022年)

地 区	R&D人员(人)	R&D人员折合全时当量(人年)	R&D经费内部支出(万元)	R&D经费外部支出(万元)
全 市	**71931**	**53951**	**1379668**	**143250**
市 区	20451	15827	453958	24156
椒江区	9485	7553	207937	16347
黄岩区	5503	4259	139652	3838
路桥区	5463	4015	106370	3971
三门县	3407	2348	76807	16324
天台县	3953	3091	75637	6341
仙居县	2665	2107	63362	13092
温岭市	15365	11521	274792	7404
临海市	11668	8506	244722	74013
玉环市	14422	10551	190391	1919

17-142 各县市区医疗卫生事业基本情况

(2022年)

地 区	医疗卫生机构数(个)	#医院、卫生院	医疗卫生机构床位数(张)	#医院、卫生院	医疗卫生机构技术人员数(人)	#医生	#护士	医院、卫生院诊疗人次数(万人次)
全 市	**3896**	**143**	**33674**	**32616**	**52455**	**21486**	**22653**	**4487.05**
市 区	1178	38	10829	10597	17541	7333	7352	1207.61
椒江区	472	9	4749	4693	8211	3470	3536	517.30
黄岩区	343	14	3352	3192	5042	2095	2080	355.62
路桥区	363	15	2728	2712	4288	1768	1736	334.69
三门县	211	14	1451	1443	2508	1036	1035	249.74
天台县	281	15	2466	2347	3804	1746	1503	349.40
仙居县	301	20	2299	2117	3714	1530	1641	312.97
温岭市	932	21	6704	6554	10197	4233	4359	826.16
临海市	687	22	7640	7443	10576	4007	5038	1043.23
玉环市	306	13	2285	2115	4115	1601	1725	497.94

17-143 各县市区广播基本情况

(2022年)

地 区	公共广播节目套数(个)	广播人口覆盖率(%)	全年播音时间(小时)	自制节目制作情况(小时)
全 市	**10**	**100.00**	**80822**	**37559**
市 区	4	100.00	35040	18262
椒江区		100.00		
黄岩区	1	100.00	8760	1186
路桥区		100.00		
市本级	3	100.00	26280	17076
三门县	1	100.00	8500	1241
天台县	1	100.00	8784	4050
仙居县	1	100.00	5838	5108
温岭市	1	100.00	8760	4360
临海市	1	100.00	6600	2049
玉环市	1	100.00	7300	2489

17-144 各县市区电视基本情况

(2022年)

地 区	无线电视节目套数(套)	电视人口覆盖率(%)	全年播出时间(小时)	全年制作节目时间(小时)
全 市	**10**	**100.00**	**64114**	**12683**
市 区	4	100.00	27855	8165
椒江区		100.00		
黄岩区	1	100.00	6205	365
路桥区		100.00		
市本级	3	100.00	21650	7800
三门县	1	100.00	4860	1038
天台县	1	100.00	4374	360
仙居县	1	100.00	6230	220
温岭市	1	100.00	6752	1095
临海市	1	100.00	5283	1110
玉环市	1	100.00	8760	695

17-145　各县市区民政事业基本情况

(2022年)

地　区	最低生活保障人数(人)	最低生活保障资金(万元)	社会福利院床位数(张)	收养类单位床位数(张)	结婚对数(对)	社会团体机构数(个)
全　市	**61822**	**60498**	**1478**	**28344**	**28151**	**2601**
市　区	13317	14222	652	10444	6920	1034
椒江区	3705	3574	350	4249	2692	175
黄岩区	6801	7905	100	3834	2317	264
路桥区	2811	2743	202	2061	1878	177
市本级				300	33	418
三门县	6984	6623	44	872	1404	132
天台县	8656	8351	40	2066	5506	592
仙居县	8477	7930	300	1719	1975	169
温岭市	9849	9804	92	4330	4629	249
临海市	9391	9107		6489	5968	241
玉环市	5148	4461	350	2424	1749	184

18

乡镇经济社会基本情况

Social Economics by Village and Town

18-1 乡镇(街道)经济社会基本情况(一)

(2021年)

地 区	行政区域面积(公顷)	村委会数(个)	#通宽带村数	#通自来水村数	#通电视村数	#垃圾集中处理村数	#污水集中处理村数	#通公共交通村数
椒江区								
海门街道	2209.2	18	4	4	4	4	4	4
白云街道	1417.2	17	2	2	2	2	2	2
葭沚街道	3922.4	14	26	26	26	26	26	26
洪家街道	2885.4	6	31	31	31	31	31	31
三甲街道	2034.3		30	30	30	30	30	30
下陈街道	2378.3	2	30	30	30	30	30	30
前所街道	2917.9	3	31	31	31	31	31	31
章安街道	6265.9		38	38	38	38	38	38
海虹街道	1731.9	1	8	8	8	8	8	8
大陈镇	1768.0	1	3	3	3	3	3	3
黄岩区								
东城街道	1743.7	16	3	3	3	3	3	1
南城街道	1927.5		12	12	12	12	12	12
西城街道	1966.9	12	15	15	15	15	15	15
北城街道	3311.4	5	16	16	16	16	12	16
新前街道	4744.6		22	22	22	22	22	22
澄江街道	3472.4		18	18	18	18	18	17
江口街道	3136.5		19	19	19	19	19	19
高桥街道	2000.0		12	12	12	12	12	12
宁溪镇	8912.0	6	21	21	21	21	21	8
北洋镇	11254.0	2	20	20	20	20	20	19
头陀镇	5850.0	1	24	24	24	24	24	21
院桥镇	7979.6	4	39	39	39	39	39	39
沙埠镇	4407.1	2	15	15	15	15	15	13
屿头乡	9888.0		11	11	11	11	11	11
上郑乡	9381.5		10	10	10	10	10	10

注：2022年数据未出，下同。

18-1 续表 1

(2021年)

地　区	行政区域面　积(公顷)	村委会数(个)	#通宽带村　数	#通自来水村数	#通电视村　数	#垃圾集中处理村　数	#污水集中处理村　数	#通公共交　通村　数
富山乡	5386.3		10	10	10	10	10	10
茅畲乡	3031.9		10	10	10	10	10	10
上垟乡	6444.0		11	11	11	11	11	7
平田乡	4032.6		9	9	9	9	9	9
路桥区								
路南街道	1990.0	3	16	16	16	16	16	16
路桥街道	900.0	6	9	9	9	9	9	9
路北街道	1130.0	10	6	6	6	6	6	6
螺洋街道	2028.0	5	12	12	12	12	12	12
桐屿街道	3310.0	6	16	16	16	16	9	15
峰江街道	2710.0	4	20	20	20	20	20	20
新桥镇	1380.0	2	11	11	11	11	11	11
横街镇	1493.0	1	14	14	14	14	14	14
金清镇	10070.0	1	40	40	40	39	31	37
蓬街镇	7740.0	6	30	30	30	30	30	30
三门县								
海游街道	8205.0	13	18	18	18	18	18	18
海润街道	11200.0		15	15	15	15	15	15
沙柳街道	4660.0	1	17	17	17	17	17	17
珠岙镇	8341.2		34	33	34	31	27	22
亭旁镇	13318.8		54	54	54	54	54	54
健跳镇	17202.0	4	39	39	39	39	30	39
横渡镇	11763.4		13	13	13	13	13	13
浦坝港镇	25320.0	1	60	60	60	60	60	43
花桥镇	8305.0		17	17	17	17	17	17
蛇蟠乡	2321.0		4	4	4	4	4	4
天台县								
赤城街道	7938.9	13	20	20	20	20	20	16
始丰街道	5700.0	4	32	32	32	32	32	32

18-1 续表 2

(2021年)

地 区	行政区域面积(公顷)	村委会数(个)	#通宽带村数	#通自来水村数	#通电视村数	#垃圾集中处理村数	#污水集中处理村数	#通公共交通村数
福溪街道	8237.2	4	20	20	20	20	12	20
白鹤镇	13469.9		49	49	49	49	47	49
石梁镇	17006.8		21	21	21	21	21	21
街头镇	14273.0		29	29	29	27	29	29
平桥镇	17692.0		70	70	70	70	70	62
坦头镇	8185.5		30	30	30	30	27	25
三合镇	5921.6		26	26	26	26	26	26
洪畴镇	3758.4		15	15	15	15	15	14
三州乡	4440.0		11	11	11	11	11	11
龙溪乡	7590.0		7	7	7	7	7	7
雷峰乡	8259.6		13	13	13	13	13	13
南屏乡	5285.0		14	14	14	14	14	14
泳溪乡	7018.0		17	17	17	17	17	17
仙居县								
安洲街道	4655.0	6	12	12	12	10	7	12
南峰街道	3882.7	8	7	7	7	7	7	7
福应街道	11389.0	5	18	18	18	17	14	16
横溪镇	21100.0	1	33	33	33	32	32	31
埠头镇	6965.9		12	12	12	11	9	10
白塔镇	10702.0	1	27	24	27	27	27	25
田市镇	9258.0		23	23	23	23	23	22
官路镇	7999.0		14	14	14	13	13	14
下各镇	8950.0		31	31	31	31	31	24
朱溪镇	18251.9		26	28	28	28	28	28
安岭乡	4864.6		13	13	13	13	13	5
溪港乡	6273.6		8	8	8	8	8	8
湫山乡	13008.0		14	14	14	8	6	14
淡竹乡	21139.0		11		11	6	2	10
皤滩乡	7020.0		10	10	10	10	10	9

18-1 续表 3

(2021年)

地　区	行政区域面　积(公顷)	村　委会　数(个)	#通宽带村　数	#通自来水村数	#通电视村　数	#垃圾集中处理村　数	#污水集中处理村　数	#通公共交　通村　数
上张乡	10283.9		10	10	10	10	10	8
步路乡	7239.8		12	12	12	9	8	10
广度乡	7936.0		9	9	9	9	9	8
大战乡	5905.0		10	10	10	8	9	10
双庙乡	6070.0		9	7	9	9	3	7
温岭市								
太平街道	3070.0	14	13	13	13	13	13	13
城东街道	4260.0	6	17	17	17	17	17	17
城西街道	1970.0	7	14	14	14	14	14	14
城北街道	1260.0	1	14	14	14	14	14	14
横峰街道	1630.0	1	23	23	23	23	23	23
泽国镇	6328.0	11	51	51	51	51	51	51
大溪镇	12950.0	9	70	70	70	70	70	64
松门镇	8270.0	8	48	48	48	48	48	46
箬横镇	11790.0	14	74	74	74	74	74	71
新河镇	7140.0	2	62	62	62	62	62	54
石塘镇	2820.0	1	34	34	34	33	28	27
滨海镇	6170.0	1	45	44	44	44	44	26
温峤镇	7750.0	4	35	35	35	35	35	35
城南镇	10910.0		49	48	49	49	45	49
石桥头镇	2840.0	1	16	16	16	16	16	12
坞根镇	3470.0	1	14	14	14	14	14	14
东部新区	3642.0	1						
临海市								
古城街道	8100.0	14	17	17	17	17	17	17
大洋街道	4200.0	14	21	21	21	21	21	21
江南街道	8700.0	1	20	20	20	20	20	20
大田街道	6500.0	2	27	27	27	27	27	26
邵家渡街道	8800.0		30	30	30	30	30	29

18-1 续表 4

(2021年)

地 区	行政区域面积(公顷)	村委会数(个)	#通宽带村数	#通自来水村数	#通电视村数	#垃圾集中处理村数	#污水集中处理村数	#通公共交通村数
汛桥镇	5300.0		14	14	14	14	14	14
东塍镇	16500.0		33	33	33	33	33	33
汇溪镇	5700.0		15	15	15	15	15	15
小芝镇	9000.0		21	21	21	21	21	21
河头镇	10000.0		30	30	30	30	30	30
白水洋镇	21700.0	1	60	60	60	60	60	57
括苍镇	15600.0		27	27	27	27	27	27
永丰镇	15600.0		39	39	39	39	39	38
尤溪镇	13600.0		18	18	18	14	10	12
涌泉镇	11200.0		32	32	32	32	26	32
沿江镇	8816.0		30	30	30	30	30	30
杜桥镇	18600.0	4	107	107	107	107	107	107
上盘镇	9900.0	1	30	30	30	30	30	30
桃渚镇	12900.0		55	55	55	55	55	52
玉环市								
玉城街道	7230.0	12	34	35	34	35	34	35
坎门街道	2579.8	13	6	6	6	6	6	6
大麦屿街道	6764.2	7	28	28	28	28	28	28
清港镇	5421.3	1	28	28	28	28	28	28
楚门镇	3542.6	3	18	18	18	18	18	18
干江镇	2995.9		15	15	15	15	15	15
沙门镇	4954.3		18	18	18	18	18	18
芦浦镇	1947.0		12	12	12	12	12	12
龙溪镇	2415.2		12	12	12	12	12	12
鸡山乡	1051.4		4	6	5	4	4	6
海山乡	2608.4		7	7	7	7	2	4

18-2 乡镇(街道)经济社会基本情况(二)

(2021年)

地　区	有实际经营活动的农民专业合作社(个)	耕地灌溉面积(公顷)	工业企业单位数(个)	建筑业企业单位数(个)
椒江区				
海门街道	17	80.0	285	19
白云街道	4	22.3	223	18
葭沚街道	9	333.2	465	5
洪家街道	15	692.0	616	1
三甲街道	11	1008.0	692	1
下陈街道	22	807.0	692	3
前所街道	64	605.2	407	1
章安街道	113	1692.0	270	3
海虹街道	4	227.0	252	56
大陈镇	13		4	
黄岩区				
东城街道	3	51.0	583	113
南城街道	33	300.0	383	7
西城街道		145.0	891	121
北城街道	27	133.0	1750	34
新前街道	24	820.0	1374	31
澄江街道	36	395.0	490	20
江口街道	29	235.8	617	23
高桥街道	28	527.0	383	12
宁溪镇	44	789.0	150	8
北洋镇	47	663.0	161	6
头陀镇	52	202.6	219	8
院桥镇	64	1750.0	729	58
沙埠镇	24	373.2	293	10
屿头乡	10	230.5	15	
上郑乡	13	153.6	16	4
富山乡	16	394.8	2	1

18-2　续表 1

(2021年)

地　区	有实际经营活动的农民专业合作社(个)	耕地灌溉面积(公顷)	工业企业单位数(个)	建筑业企业单位数(个)
茅畲乡	29	286.0	31	1
上垟乡	37	453.4	10	3
平田乡	16	325.2	2	
路桥区				
路南街道	15	447.0	350	1
路桥街道		14.0	350	15
路北街道		69.0	120	39
螺洋街道	13	200.0	446	4
桐屿街道	13	362.7	220	5
峰江街道	19	953.0	493	1
新桥镇	2	518.0	675	1
横街镇	8	590.0	809	1
金清镇	50	2900.0	1862	1
蓬街镇	16	2030.0	1258	1
三门县				
海游街道	20	7.0	328	36
海润街道	75	439.4	48	
沙柳街道	56	432.0	44	
珠岙镇	11	345.0	155	
亭旁镇	98	1204.1	93	1
健跳镇	101	1620.0	132	
横渡镇	118	488.0		
浦坝港镇	108	3280.0	380	
花桥镇	96	488.0	8	1
蛇蟠乡	30			1
天台县				
赤城街道	29	334.2	121	12
始丰街道	35	613.0	170	10
福溪街道	39	333.0	328	9

18-2 续表 2

(2021年)

地　区	有实际经营活动的农民专业合作社(个)	耕地灌溉面积(公顷)	工业企业单位数(个)	建筑业企业单位数(个)
白鹤镇	89	1359.0	224	
石梁镇	35	998.0	24	
街头镇	65	950.0	23	
平桥镇	122	3015.0	308	2
坦头镇	35	1076.6	382	
三合镇	22	949.9	106	
洪畴镇	9	367.9	105	
三州乡	27	187.0		
龙溪乡	15	214.5	4	
雷峰乡	54	316.0	4	
南屏乡	20	347.0		
泳溪乡	15	420.0		
仙居县				
安洲街道	98	220.0	412	121
南峰街道	215	205.2	286	6
福应街道	184	780.0	595	17
横溪镇	135	1647.0	105	14
埠头镇	50	506.0	39	8
白塔镇	110	1125.3	180	19
田市镇	84	802.0	35	
官路镇	95	811.8	93	7
下各镇	176	1480.0	314	14
朱溪镇	73	337.0	12	
安岭乡	11	286.4	1	
溪港乡	21	240.4	1	
湫山乡	59	487.0	15	
淡竹乡	9	82.0	2	
皤滩乡	23	615.0	23	

18-2 续表 3

(2021年)

地 区	有实际经营活动的农民专业合作社(个)	耕地灌溉面积(公顷)	工业企业单位数(个)	建筑业企业单位数(个)
上张乡	19	266	8	
步路乡	90		33	3
广度乡	15	365.8	5	
大战乡	89	217.2	13	
双庙乡	43	276.3	13	5
温岭市				
太平街道	7	71.3	250	88
城东街道	1	435.1	401	149
城西街道	2	185.6	269	21
城北街道	1	279.4	841	4
横峰街道	3	511.0	1040	1
泽国镇	24	2068.0	1964	33
大溪镇	41	2276.7	2531	13
松门镇	31	2526.4	659	24
箬横镇	88	4681.7	961	32
新河镇	23	3019.8	819	25
石塘镇	1	128.1	303	6
滨海镇	30	2731.6	304	24
温峤镇	35	1350.9	738	17
城南镇	51	2087.8	243	26
石桥头镇	14	736.5	115	18
坞根镇	45	848.9	79	15
东部新区		331.2	181	1
临海市				
古城街道	16	350.0	521	210
大洋街道	38	373.4	582	186
江南街道	17	616.4	546	43
大田街道	37	634.9	660	51

18-2 续表 4

(2021年)

地 区	有实际经营活动的农民专业合作社(个)	耕地灌溉面积(公顷)	工业企业单位数(个)	建筑业企业单位数(个)
邵家渡街道	80	1138.0	274	30
汛桥镇	34	456.0	90	
东塍镇	184	2186.0	1143	23
汇溪镇	28	742.0	87	9
小芝镇	99	722.7	101	10
河头镇	60	652.0	59	14
白水洋镇	158	1680.0	207	16
括苍镇	46	977.0	121	9
永丰镇	79	1128.0	140	14
尤溪镇	23	530.8	57	4
涌泉镇	377	460.0	176	13
沿江镇	59	1098.0	461	11
杜桥镇	142	4665.0	1423	214
上盘镇	107	1346.0	251	56
桃渚镇	106	2715.2	121	21
玉环市				
玉城街道	40	370.2	2918	418
坎门街道	7	196.8	1512	51
大麦屿街道	89	333.2	1234	83
清港镇	172	720.0	1417	60
楚门镇	47	410.0	1312	78
干江镇	34	327.0	409	15
沙门镇	41	234.0	742	34
芦浦镇	15	199.6	382	53
龙溪镇	50	146.4	596	17
鸡山乡	8		3	
海山乡	42	59.1	4	11

18-3 乡镇(街道)经济社会基本情况(三)

(2021年) 单位：个

地 区	商品交易市场(个)	50平方米以上的超市个数	住宿餐饮业企业个数	小学数(所)	幼儿园、托儿所个数	图书馆、文化站个数	医疗卫生机构个数(所)	医疗卫生机构床位数(床)
椒江区								
海门街道	8	95	62	6	25	2	66	1265
白云街道	5	92	112	7	24	1	95	1550
葭沚街道	10	55	22	11	28		49	90
洪家街道	12	51	11	6	14	2	34	50
三甲街道	4	62	8	4	10	1	21	32
下陈街道	2	56	1	9	16	1	28	96
前所街道	2	68		6	17	1	13	16
章安街道	2	75		13	21		31	65
海虹街道	2	37	2	2	4	2	6	6
大陈镇		6	65	1	1		2	10
黄岩区								
东城街道	8	35	49	7	17	2	20	1215
南城街道		14	6	3	7		8	8
西城街道	1	294	50	5	19	1	47	632
北城街道	5	28	13	4	12	1	12	
新前街道	2	55	10	5	14		25	99
澄江街道	1	29	2	2	7	1	16	5
江口街道	3	30	1	3	7	1	18	30
高桥街道	2	35	1	2	3	1	5	9
宁溪镇	1	6	7	1	3	1	16	30
北洋镇	1	4	2	2	4	1	14	21
头陀镇	3	55	5	1	5	1	12	15
院桥镇	5	44	8	4	12	1	32	86
沙埠镇	1	12	1	1	5	1	5	
屿头乡		3	2	1	1		1	1
上郑乡		2	1		1		2	5
富山乡	1	1	1	1	1		4	40

18-3 续表 1

(2021年)　　单位：个

地　区	商品交易市场(个)	50平方米以上的超市个数	住宿餐饮业企业个数	小学数(所)	幼儿园、托儿所个数	图书馆、文化站个数	医疗卫生机构个数(所)	医疗卫生机构床位数(床)
茅畲乡			1	1	1	1	4	4
上垟乡	2	2		2	2	1	2	8
平田乡		1	1	1	1		3	
路桥区								
路南街道	7	35		4	7	1	19	261
路桥街道	18	93	108	3	17	2	61	956
路北街道	11	69	103	4	19	1	41	266
螺洋街道	4	41	1	4	8	1	12	
桐屿街道	5	83	3	5	10	1	13	880
峰江街道	5	32		7	19	1	23	20
新桥镇		17	4	4	11	1	13	
横街镇	2	40	3	5	17	1	13	45
金清镇	8	97	17	10	16	1	52	554
蓬街镇	7	133	8	9	16	1	30	36
三门县								
海游街道	11	282	38	8	21	4	54	938
海润街道		17	1	1	8	1	5	
沙柳街道	1	11		1	1	1	7	21
珠岙镇		13		3	7	1	10	20
亭旁镇	2	20		3	6	1	9	43
健跳镇	4	66	6	3	14	1	23	70
横渡镇		7		2	2		3	15
浦坝港镇	5	43	5	4	23	1	24	85
花桥镇		16	2	2	5		4	20
蛇蟠乡	1	6	3	1	1		2	6
天台县								
赤城街道	5	24	66	8	25	2	55	436
始丰街道	1	56	41	5	9	2	20	1190
福溪街道	3	26	8	4	14	1	24	576

18-3 续表 2

(2021年) 单位：个

地　区	商品交易市场(个)	50平方米以上的超市个数	住宿餐饮业企业个数	小学数(所)	幼儿园、托儿所个数	图书馆、文化站个数	医疗卫生机构个数(所)	医疗卫生机构床位数(床)
白鹤镇	3	51	33	4	4	1	23	40
石梁镇	1	11	12	1		1	3	3
街头镇	1	10		2	2	1	14	40
平桥镇	1	48	3	7	10	2	40	60
坦头镇		67		5	7		11	50
三合镇	1	27		4	5	1	11	3
洪畴镇		8		1	4		1	2
三州乡	2			1	1		2	4
龙溪乡		2	12	1	1	1	2	2
雷峰乡		3	2	2	2	1	3	4
南屏乡		4		1	1		2	2
泳溪乡		9	2	1	1		4	3
仙居县								
安洲街道	5	196	34	6	11	1	25	335
南峰街道	1	319	66	4	19	2	46	430
福应街道	2	180	35	5	14	2	28	766
横溪镇	1	300	12	8	14	1	28	373
埠头镇		25	2	1	3	1	8	
白塔镇	1	96	31	2	6	1	19	99
田市镇		25	6	1	3	1	8	8
官路镇	1	15	4	1	5	1	9	
下各镇		99	4	2	9	1	11	98
朱溪镇		6	1	1	1	1	1	20
安岭乡		5		1	1	1	4	10
溪港乡		2		1	1	1	5	
湫山乡		7	1	1	1	1	2	
淡竹乡		1	14	1		1	6	
皤滩乡		7	2	1	2	1	1	1

18-3 续表 3

(2021年)　　　　单位：个

地　区	商品交易市场(个)	50平方米以上的超市个数	住宿餐饮业企业个数	小学数(所)	幼儿园、托儿所个数	图书馆、文化站个数	医疗卫生机构个数(所)	医疗卫生机构床位数(床)
上张乡		3	2	1	1	1	2	
步路乡		4		1	2	1	5	
广度乡		3				1	4	4
大战乡		8		1	2	1	5	2
双庙乡		10	4	1	2	1	4	3
温岭市								
太平街道	12	52	105	9	19	8	114	1069
城东街道	8	182	99	3	10	2	50	752
城西街道	2	46	134	2	6	3	36	1550
城北街道	2	63	10	3	5	1	21	92
横峰街道	4	114	7	3	5	1	32	30
泽国镇	12	217	60	9	29	3	100	648
大溪镇	7	242	59	7	25	1	87	276
松门镇	6	227	73	5	12	1	76	408
箬横镇	7	117	38	5	11	1	91	45
新河镇	3	94	19	4	16	1	71	914
石塘镇	3	44	81	2	5	1	51	
滨海镇	2	80	13	3	5	1	50	45
温峤镇	4	249	10	4	8	1	40	100
城南镇	1	81	6	3	6	2	56	300
石桥头镇	1	5	4	1	1	1	15	
坞根镇	1	40	4	1	2	1	19	
东部新区		18	4	1	1	1	3	
临海市								
古城街道	13	787	143	8	20	4	111	3518
大洋街道	5	60	37	4	21	2	50	172
江南街道	7	70	7	2	5		18	140
大田街道	6	80	13	2	9	1	24	550

18-3 续表 4

(2021年) 单位：个

地 区	商品交易市场(个)	50平方米以上的超市个数	住宿餐饮业企业个数	小学数(所)	幼儿园、托儿所个数	图书馆、文化站个数	医疗卫生机构个数(所)	医疗卫生机构床位数(床)
邵家渡街道	2	51	7	4	7	1	20	20
汛桥镇	1	19		2	2	1	12	10
东塍镇		70		8	19		35	51
汇溪镇	1	8	2	1	2		9	9
小芝镇		9	6	3	4		19	25
河头镇	1	6	3	4	4	1	29	45
白水洋镇	6	42	6	6	6	1	39	70
括苍镇	1	65	6	4	4	1	15	35
永丰镇	1	51	1	4	6	1	20	47
尤溪镇		16	7	1	1	1	7	31
涌泉镇	1	31	2	3	7	1	15	25
沿江镇	1	70	3	4	8		36	50
杜桥镇	20	580	36	14	42	1	102	102
上盘镇	7	49	12	5	16		27	20
桃渚镇	8	106	3	7	21	1	42	100
玉环市								
玉城街道	12	255	88	10	24	1	89	1125
坎门街道	7	69	5	7	14		41	122
大麦屿街道	5	80	11	5	12	2	35	25
清港镇	3	122	9	4	7	1	32	3
楚门镇	14	179	30	4	14	1	46	829
干江镇		23	6	1	4		13	2
沙门镇	1	29	10	2	5	1	14	7
芦浦镇		23	5	2	4	1	10	1
龙溪镇	2	32	3	2	3		15	2
鸡山乡		3	1		1		1	1
海山乡		1		1	1		2	

18-4　分乡镇街道户籍人口数

(2016-2022年)　　单位：人

地　区	2016年	2017年	2018年	2019年	2020年	2021年	2022年
椒江区							
海门街道	85598	86181	86704	87236	87943	87993	88284
白云街道	73632	75117	76090	77008	78147	79120	79416
葭沚街道	75718	79487	83601	87227	91375	95408	99146
洪家街道	51346	51598	51957	52340	52655	53164	53797
下陈街道	42709	42859	43029	43167	43129	43159	43186
前所街道	53521	53933	54136	54213	54155	54040	53928
章安街道	86441	87159	87628	87826	87904	87713	87433
三甲街道	62199	62508	62584	62624	62617	62604	44914
海虹街道							17576
大陈镇	3919	3929	3947	3935	3922	3884	3854
黄岩区							
东城街道	61863	62614	63050	63274	63859	64238	64385
南城街道	24634	24833	24938	24961	24917	24845	24747
西城街道	66717	67372	68152	68465	68662	68650	68734
北城街道	37003	37532	37975	38444	38927	39324	39639
新前街道	44804	45026	45179	45448	45633	45750	45810
澄江街道	33091	33069	33018	33056	32934	32631	32451
江口街道	35213	35483	35719	35906	35867	35784	35787
高桥街道	24133	24156	24272	24313	24260	24137	24050
宁溪镇	34642	34527	34387	34194	33952	33671	33347
北洋镇	33609	33544	33425	33226	33030	32740	32471
头陀镇	37366	37391	37322	37655	37473	37269	37025
院桥镇	73513	73742	74117	74386	74241	73970	73736
沙埠镇	24461	24459	24424	24420	24330	24157	23992
屿头乡	14099	14021	13912	13830	13727	13569	13415
上郑乡	12657	12623	12558	12500	12405	12317	12236

注：自2022年起，椒江区原三甲街道拆分出一部分划归海虹街道。

18-4 续表 1

(2016-2022年)　　单位：人

地　区	2016年	2017年	2018年	2019年	2020年	2021年	2022年
富山乡	11820	11828	11752	11666	11555	11449	11333
茅畲乡	13787	13693	13668	13528	13428	13291	13164
上垟乡	17690	17620	17507	17139	17017	16866	16717
平田乡	9921	9869	9822	9738	9632	9488	9389
路桥区							
路南街道	32513	32850	33165	33376	33609	33781	33812
路桥街道	57346	57247	57240	57189	57229	57069	57234
路北街道	24641	25586	26375	27110	27679	28374	28844
螺洋街道	25809	26261	26647	26885	27158	27421	27485
桐屿街道	37079	37592	37993	38265	38402	38508	38698
峰江街道	45111	45315	45432	45467	45385	45210	44992
新桥镇	28162	28224	28196	28211	28117	27999	27831
横街镇	28622	28786	28751	28697	28622	28441	28338
金清镇	107308	107501	107478	107333	106883	106229	105554
蓬街镇	68264	68702	68820	68868	68719	68408	68087
三门县							
海游街道	73354	74566	75280	75721	76078	76048	75494
海润街道	23090	23285	23453	23608	23797	23880	24068
沙柳街道	17595	17587	17489	17391	17314	17213	17176
珠岙镇	44394	44498	44403	44211	43958	43711	43638
亭旁镇	58585	58630	58275	57886	57469	56881	56570
健跳镇	68599	68985	69174	69108	69062	68784	68597
横渡镇	23137	23287	23213	23086	22900	22733	22740
浦坝港镇	106389	107181	107566	107624	107423	107004	106633
花桥镇	26813	26948	26986	26906	26758	26586	26448
蛇蟠乡	1617	1637	1652	1668	1683	1680	1683
天台县							
赤城街道	96776	97643	98045	99051	99588	99892	100035
始丰街道	49090	49920	50526	51119	51744	52377	52784

18-4 续表 2

(2016-2022年) 单位：人

地　区	2016年	2017年	2018年	2019年	2020年	2021年	2022年
福溪街道	44925	45061	45530	45351	45090	44881	44749
白鹤镇	66201	66496	66226	66020	65557	65032	64629
石梁镇	16129	16062	15875	15738	15571	15384	15246
街头镇	38986	39129	39212	39085	38831	38469	38298
平桥镇	112030	112534	112504	112445	111911	111069	110364
坦头镇	46059	46278	46236	46154	45877	45604	45436
三合镇	41422	41903	41955	41990	41947	41664	41479
洪畴镇	21803	21942	22012	22000	21950	21842	21817
三州乡	9804	9784	9683	9616	9534	9413	9297
龙溪乡	8007	8028	8010	7988	7899	7828	7775
雷峰乡	16217	16228	16139	16058	15942	15778	15627
南屏乡	14765	14665	14351	14202	14039	13834	13666
泳溪乡	16279	16292	16216	16115	15980	15815	15694
仙居县							
安洲街道	31781	32386	32964	39869	34342	34872	35614
南峰街道	38402	38951	39753	33921	40397	41150	42014
福应街道	55410	56445	56822	57104	57271	56840	56393
横溪镇	51162	51764	51928	52115	52211	52050	51825
埠头镇	19953	20108	20188	20249	20320	20258	20139
白塔镇	43607	44014	44225	44323	44584	44576	44486
田市镇	29170	29417	29508	29556	29652	29481	29289
官路镇	22940	23068	23181	23346	23659	23614	23562
下各镇	52561	52904	52973	53037	53088	52864	52682
朱溪镇	31814	32069	32016	32009	31824	31669	31407
安岭乡	11838	11921	11999	12017	12087	12056	11983
溪港乡	8440	8460	8501	8521	8533	8495	8455
湫山乡	16892	16308	16322	16327	16272	16224	16104
淡竹乡	13350	13444	13446	13440	13444	13408	13387
皤滩乡	15773	16238	16260	16339	16356	16340	16254

18-4 续表 3

(2016-2022年) 单位：人

地　区	2016年	2017年	2018年	2019年	2020年	2021年	2022年
上张乡	13675	13722	13715	13823	13734	13682	13619
步路乡	15392	15516	15510	15567	15551	15536	15415
广度乡	9579	9585	9547	9634	9582	9529	9478
大战乡	15985	16002	15888	15818	15739	15621	15483
双庙乡	12566	12652	12631	12614	12589	12548	12459
温岭市							
太平街道	115376	118288	120144	121796	125283	126628	128197
城东街道	53971	54280	54790	55121	55337	55467	55561
城西街道	29262	30253	31335	32315	33983	35418	36594
城北街道	20365	20386	20396	20397	20289	20167	20093
横峰街道	33209	33494	34085	34320	34414	34598	34837
泽国镇	128260	128557	128605	128690	128152	127652	127172
大溪镇	132212	132820	133068	133267	132896	132238	131609
松门镇	93689	93625	93372	92917	92023	91050	90230
箬横镇	147677	147274	146831	146418	145468	144211	142920
新河镇	122594	122332	122033	121688	120924	120070	119050
石塘镇	69832	69087	68248	67582	66530	65659	64810
滨海镇	75893	75674	75330	75067	74555	73871	73273
温峤镇	63699	63566	63400	63264	62945	62578	62168
城南镇	75427	75301	74955	74637	73888	73160	72466
石桥头镇	29094	29013	28799	28694	28380	28061	27718
坞根镇	26171	26140	25990	25895	25656	25407	25202
临海市							
古城街道	123241	123031	122583	121928	120098	118556	116995
大洋街道	57317	59023	61278	63160	64881	67007	69891
江南街道	28773	28989	29151	29328	29558	29637	29633
大田街道	41184	41411	41531	41745	41940	44188	44294
邵家渡街道	42498	42805	43191	43445	43820	43930	44155

18-4 续表 4

(2016-2022年)　　单位：人

地　区	2016年	2017年	2018年	2019年	2020年	2021年	2022年
汛桥镇	19868	19907	19885	19873	19855	19746	19631
东塍镇	65622	65655	65367	65088	64803	64390	63915
汇溪镇	21603	21379	20926	20558	20192	19881	19556
小芝镇	36471	36488	36435	36392	36196	35939	35629
河头镇	45009	44381	43824	43322	42851	42299	41773
白水洋镇	104514	104607	104207	103832	103348	102339	101555
括苍镇	46566	46625	46557	46467	46426	43714	43633
永丰镇	62157	62224	61969	61667	61527	61174	60766
尤溪镇	25764	25658	25560	25438	25301	25039	24755
涌泉镇	55013	55114	55005	54892	54716	54307	53887
沿江镇	49672	49806	49844	49859	49806	49556	49277
杜桥镇	218415	219621	220372	220381	220624	219978	219369
上盘镇	58260	58609	58884	59012	59068	59278	59155
桃渚镇	97901	98247	98368	98444	98302	98005	97660
玉环市							
玉城街道	104152	105578	106802	108482	110080	111620	112590
坎门街道	68088	67854	67605	67244	66808	66354	66028
大麦屿街道	56528	56476	56363	56015	55480	54850	54414
清港镇	51218	51386	51444	51460	51359	51094	50845
楚门镇	52131	52840	53383	53800	54189	54663	55167
干江镇	21795	21703	21707	21680	21532	21381	21177
沙门镇	25863	25884	25857	25821	25740	25578	25397
芦浦镇	18086	18181	18334	18427	18440	18519	18723
龙溪镇	18650	18660	18613	18571	18516	18375	18221
鸡山乡	7653	7632	7543	7474	7395	7339	7263
海山乡	7643	7669	7644	7615	7588	7530	7431

19

各市国民经济主要指标

Main Indicators of National Economy by City

19-1 各市国民经济主要指标(一)

(2022年) 单位：万人

地　区	土地面积(平方公里)	年末户籍总户数(万户)	年末户籍总人口	年末常住总人口	其中：城镇常住人口
杭州市	16850	266.45	846.75	1237.6	1039.0
宁波市	9816	245.20	621.07	961.8	758.9
温州市	12103	248.77	831.82	967.9	712.9
嘉兴市	4237	122.26	374.85	555.1	401.6
湖州市	3580	89.31	268.83	341.3	226.5
绍兴市	8279	165.89	445.82	535.3	386.0
金华市	10942	199.96	496.87	712.7	494.6
衢州市	8845	97.54	255.03	229.0	135.8
舟山市	1459	37.95	95.22	117.0	85.7
台州市	10050	194.95	604.95	667.8	426.7
丽水市	17275	109.75	269.30	251.5	159.7

19-2 各市国民经济主要指标(二)

(2022年) 单位：亿元

地　区	生产总值(当年价)					人均生产总值(元)
		第一产业	第二产业	第三产业	在生产总值中：工业	
杭州市	18753	346	5620	12787	4922	152588
宁波市	15704	382	7413	7909	6682	163911
温州市	8030	177	3381	4471	2706	83107
嘉兴市	6739	144	3720	2876	3379	121794
湖州市	3850	161	1966	1723	1772	112902
绍兴市	7351	244	3598	3509	3030	137522
金华市	5562	162	2328	3072	2021	78086
衢州市	2003	93	874	1036	716	87544
舟山市	1951	171	950	830	840	167134
台州市	6041	330	2639	3072	2239	90572
丽水市	1831	118	706	1007	566	72812

注：本表人均生产总值均按常住人口计算。

19-3 各市国民经济主要指标(三)

(2022年)　　单位：亿元

地　区	工业企业单位数(个)	工业企业营业收入	工业企业营业成本	主营业务税金及附加	工业企业本年应交增值税	工业企业利润总额
杭州市	6802	21288.42	20237.29	343.17	467.04	1543.04
宁波市	10342	25406.41	21855.49	494.42	423.70	1418.01
温州市	8658	7373.72	6237.59	30.26	194.32	365.44
嘉兴市	6592	15113.58	13284.80	56.05	279.63	699.65
湖州市	4251	7380.04	6447.39	36.61	143.27	358.73
绍兴市	5263	8637.08	7337.52	35.12	192.91	545.84
金华市	5613	7033.03	6114.06	25.07	136.91	271.85
衢州市	1362	3095.30	2696.82	10.98	52.94	166.24
舟山市	464	3406.17	2929.31	200.57	75.94	85.67
台州市	5545	6908.45	5755.02	39.09	142.15	403.75
丽水市	1588	2079.02	1794.35	8.33	57.79	115.80

注：本表统计范围为年主营业务收入2000万元及以上独立核算工业。

19-4 各市国民经济主要指标(四)

(2022年)　　单位：亿元

地　区	工业增加值	高新技术产业增加值	数字经济核心产业增加值	战略性新兴产业增加值
杭州市	4197.53	2961.25	1180.28	1874.09
宁波市	5339.40	3263.91	710.58	1374.35
温州市	1467.79	980.52	266.66	515.62
嘉兴市	2815.63	1985.64	582.11	1239.46
湖州市	1324.86	870.23	137.42	515.66
绍兴市	2119.49	1303.57	180.61	832.26
金华市	1205.56	768.96	228.22	342.74
衢州市	609.71	342.57	81.65	175.08
舟山市	889.49	698.99	5.74	16.87
台州市	1538.71	1001.59	89.48	384.27
丽水市	399.58	206.68	23.10	82.38

注：本表工业统计范围为年主营业务收入2000万元及以上独立核算工业。

19-5 各市国民经济主要指标(五)

(2022年)

地 区	公 路 客运量 (万人)	公 路 货运量 (万吨)	水 运 货运量 (万吨)	航空 客运量 (万人)	航空 货运量 (万吨)
杭州市	4100	35091	7538.90	2003.81	82.98
宁波市	1104	45310	31279.01	616.60	8.50
温州市	4086	14561	5872.97	560.79	6.19
嘉兴市	276	16339	11182.88		
湖州市	305	13217	8620.55		
绍兴市	763	17856	1874.62		
金华市	645	15856	35.77	86.21	1.27
衢州市	3271	12059	46.98	31.66	0.07
舟山市	2036	12181	30862.32	78.93	0.07
台州市	662	17773	12625.85	92.73	0.83
丽水市	690	5693	252.00		

19-6 各市国民经济主要指标(六)

(2022年)

地 区	境内公路里程 (公里)	#高速公路	民用汽车拥有量 (辆)	全社会用电量 (亿千瓦时)	#工业用电	#生活用电
杭州市	16632	801	3848341	949.85	422.04	194.14
宁波市	11470	584	3357053	972.66	674.67	134.21
温州市	15533	608	2523736	536.45	286.15	138.12
嘉兴市	8246	428	1808274	653.34	495.84	71.27
湖州市	8222	452	1075164	360.21	247.24	49.37
绍兴市	10480	565	1974312	526.39	383.55	68.83
金华市	13232	408	2486349	505.17	311.65	89.34
衢州市	8735	422	570057	225.05	166.77	28.37
舟山市	1935	70	236200	182.62	142.27	13.84
台州市	13298	500	2104562	410.87	251.02	90.49
丽水市	15135	452	516878	139.08	81.28	29.33

19-7 各市国民经济主要指标(七)

(2022年)

地 区	进口总额(亿元)	出口总额(亿元)	快递业务收入(亿元)	电信业务收入(亿元)	移动电话用户数(万户)	互联网宽带用户数(万户)
杭州市	2424.16	5140.65	335.55	257.06	1849.57	696
宁波市	4440.67	8230.59	130.38	153.99	1385.40	518
温州市	447.55	2502.00	103.07	147.47	1254.90	501
嘉兴市	1186.92	3213.08	105.34	79.33	725.56	274
湖州市	129.44	1500.13	40.18	52.10	459.86	175
绍兴市	282.96	3408.98	50.78	71.12	704.07	257
金华市	882.17	5956.57	341.80	105.72	1001.66	369
衢州市	210.59	401.93	7.65	26.62	270.41	114
舟山市	2226.28	1155.50	5.28	19.30	187.34	69
台州市	245.15	2526.69	73.27	93.62	955.11	312
丽水市	35.32	289.26	11.64	28.13	285.05	116

19-8 各市国民经济主要指标(八)

(2022年)

地 区	社会消费品零售总额(亿元)	国内旅游者人数(万人次)	国内旅游收入(亿元)	入境旅游人数(人次)	国际旅游收入(万美元)
杭州市	7293.56	8096	1386	96418	4854
宁波市	4896.72	5080	776	32467	990
温州市	3944.10	4686	723	6279	374
嘉兴市	2342.73	3056	456	17447	2524
湖州市	1596.15	2840	459	16681	857
绍兴市	2585.91	2557	402	3428	136
金华市	2965.30	3830	654	33277	1863
衢州市	878.06	1209	180	448	13
舟山市	575.24	1112	172	9254	391
台州市	2585.98	3114	421	4275	146
丽水市	804.84	2294	283	669	21

19-9 各市国民经济主要指标(九)

(2022年)

单位：亿元

地 区	财 政 总收入	一般公共预算 收 入	一般公共预算 支 出	年末金融 机 构 人民币 存款余额	#住 户 存 款	年末金融 机 构 人民币 贷款余额
杭州市	4590.08	2450.61	2542.09	67345.23	19598.76	61802.96
宁波市	3358.63	1680.23	2187.81	30203.75	11749.75	32377.28
温州市	917.10	573.85	1137.74	18851.11	11095.88	18030.10
嘉兴市	1029.99	596.47	827.71	13260.48	6359.20	14098.39
湖州市	674.50	387.30	601.92	7752.18	3678.70	8784.82
绍兴市	821.64	540.09	804.86	14050.63	7041.24	13810.12
金华市	779.41	489.16	830.40	13817.14	7785.28	13613.33
衢州市	277.88	173.10	567.70	4125.84	2118.68	4266.41
舟山市	407.64	156.15	354.27	3261.71	1544.12	3685.28
台州市	726.54	440.75	834.93	13717.19	7855.38	13708.91
丽水市	280.29	170.86	607.10	4624.50	2760.23	3939.46

19-10 各市国民经济主要指标(十)

(2022年)

单位：元

地 区	全体常住居民人均可支配收入	全体常住居民人均消费支出	城镇常住居民人均可支配收入	城镇常住居民人均消费支出	农村常住居民人均可支配收入	农村常住居民人均消费支出
杭州市	70281	46440	77043	50336	45183	31980
宁波市	68348	42997	76690	47916	45487	29514
温州市	63033	42809	73326	49176	38482	27623
嘉兴市	62626	39146	72096	44112	46276	30571
湖州市	60554	38322	71044	44040	44112	29359
绍兴市	65760	40371	76199	45889	45709	29772
金华市	58080	38371	69626	45061	35630	25364
衢州市	45276	26981	57465	33630	31468	19450
舟山市	63848	39710	71965	44232	45924	29724
台州市	58040	38330	70737	44180	37700	28958
丽水市	44450	32586	55784	38975	28470	23577

19-11　各市国民经济主要指标(十一)

(2022年)　　单位：万人

地　区	在校学生数			
	普通高校	中等职业学校	普通中学	小　学
杭州市	50.12	8.33	41.58	71.07
宁波市	17.93	6.09	33.16	55.51
温州市	14.67	9.44	42.97	63.70
嘉兴市	6.62	3.72	17.62	31.01
湖州市	3.91	3.21	12.33	19.34
绍兴市	13.28	4.18	21.39	28.72
金华市	10.69	5.21	28.98	48.10
衢州市	1.83	2.37	10.49	13.37
舟山市	2.62	0.62	3.56	5.22
台州市	4.47	7.41	31.38	42.01
丽水市	4.18	2.64	12.28	15.09

19-12　各市国民经济主要指标(十二)

(2022年)

地　区	医院数(个)	医　院床位数(张)	执　业医生数(人)	体　育场地数(个)	博物馆数(个)	公共图书馆图书藏量(万册)
杭州市	387	87950	57455	38021	87	2995
宁波市	204	41423	35939	28231	78	1401
温州市	164	41995	35201	29882	57	1611
嘉兴市	101	25405	20366	19963	35	1253
湖州市	85	19043	11621	7277	36	412
绍兴市	102	26461	19456	19999	50	877
金华市	158	32367	22700	24405	33	709
衢州市	83	14979	8412	10306	8	475
舟山市	35	5899	4459	3136	15	260
台州市	138	30393	21483	23915	56	990
丽水市	66	14154	9516	12413	22	389

20

长江三角洲各城市国民经济主要指标

Main Indicators of National Economy by YANGTZE DELTA's City

20-1 长江三角洲各城市国民经济主要指标(一)

(2022年) 单位：亿元

地 区	生产总值(当年价)	第一产业	第二产业	第三产业	人均生产总值(元)	常住人口(万人)
上海市	**44652.80**	**96.95**	**11458.43**	**33097.42**		**2475.9**
江苏省	**122875.62**	**4959.38**	**55888.74**	**62027.50**	**144387**	**8515.0**
南京市	16907.85	315.56	6069.64	10522.65	178782	949.1
无锡市	14850.82	133.65	7177.39	7539.78	198404	749.1
徐州市	8457.84	771.89	3593.22	4092.73	93731	901.9
常州市	9550.06	172.36	4664.47	4713.23	178243	536.6
苏州市	23958.34	192.98	11521.41	12243.95	186023	1291.1
南通市	11379.60	510.04	5611.06	5258.50	147057	774.4
连云港市	4005.03	424.23	1814.25	1766.55	87042	460.1
淮安市	4742.42	445.42	2011.90	2285.10	104054	455.3
盐城市	7079.78	793.81	2927.78	3358.20	105647	669.0
扬州市	7104.98	326.62	3470.02	3308.34	155133	458.3
镇江市	5017.04	163.87	2471.61	2381.56	155822	322.2
泰州市	6401.77	334.41	3158.01	2909.35	141830	450.6
宿迁市	4111.98	374.55	1843.98	1893.45	82452	497.5
浙江省	**77715.36**	**2324.77**	**33205.17**	**42185.42**	**118496**	**6577.0**
杭州市	18753.07	345.97	5619.86	12787.24	152588	1237.6
宁波市	15704.30	381.99	7413.47	7908.84	163911	961.8
温州市	8029.77	177.48	3380.82	4471.47	83107	967.9
嘉兴市	6739.45	144.01	3719.61	2875.83	121794	555.1
湖州市	3849.95	161.14	1966.15	1722.66	112902	341.3
绍兴市	7350.55	243.55	3597.75	3509.25	137522	535.3

注：生产总值均为初步数，人均生产总值均按常住人口计算。上海市人均生产总值数据未公布。

20-1 续表

(2022年) 单位：亿元

地　区	生产总值(当年价)	第一产业	第二产业	第三产业	人均生产总值(元)	常住人口(万人)
金华市	5562.47	161.77	2328.48	3072.22	78086	712.7
衢州市	2003.44	93.20	874.12	1036.12	87544	229.0
舟山市	1951.29	170.94	950.36	829.99	167134	117.0
台州市	6040.72	330.06	2639.10	3071.56	90572	667.8
丽水市	1830.87	117.71	705.91	1007.25	72812	251.5
安徽省	**45045.02**	**3513.70**	**18588.03**	**22943.30**	**73603**	**6127.0**
合肥市	12013.08	379.23	4394.44	7239.40	125798	963.4
芜湖市	4502.13	179.25	2135.58	2187.30	121630	373.1
蚌埠市	2012.28	289.46	661.76	1061.07	60739	330.9
淮南市	1541.07	158.09	648.93	734.05	50802	302.7
马鞍山市	2520.96	109.68	1239.35	1171.92	116093	218.6
淮北市	1302.79	89.21	570.33	643.26	66401	195.0
铜陵市	1209.95	61.86	602.80	545.29	92823	130.1
安庆市	2767.46	262.73	1215.23	1289.50	66470	415.6
黄山市	1002.33	78.18	355.24	568.91	75505	132.3
滁州市	3609.98	301.54	1807.98	1500.46	89800	405.0
阜阳市	3233.32	434.21	1221.26	1577.84	39643	814.1
宿州市	2224.59	338.19	771.56	1114.84	41875	530.0
六安市	2004.64	267.84	784.88	951.92	45643	437.9
亳州市	2101.50	286.55	732.65	1082.30	42258	496.0
池州市	1078.55	98.09	502.75	477.71	81124	132.8
宣城市	1914.40	179.59	937.27	797.53	76853	249.5

20-2 长江三角洲各城市国民经济主要指标(二)

(2022年)

地区	全社会用电量(亿千瓦时)	工业用电量(亿千瓦时)	自营进出口总额(亿元)	自营进口总额	自营出口总额	实际利用外资(亿美元)
上海市	**1745.55**	**809.84**	**41902.75**	**24768.53**	**17134.21**	**239.56**
江苏省	**7399.55**	**5063.19**	**54454.92**	**19639.23**	**34815.68**	**304.99**
南京市	724.46	355.25	6292.13	2464.22	3827.91	48.50
无锡市	833.30	600.40	7373.07	2520.44	4852.64	38.26
徐州市	430.86	249.20	1291.09	179.14	1111.96	12.24
常州市	609.37	456.39	3228.45	721.09	2507.37	28.31
苏州市	1661.73	1213.31	25721.11	10246.07	15475.04	74.18
南通市	585.43	388.12	3665.25	1314.87	2350.38	29.52
连云港市	255.93	159.52	1075.68	677.31	398.37	7.80
淮安市	248.66	149.86	428.32	106.94	321.38	10.18
盐城市	448.92	293.99	1372.38	446.33	926.05	11.83
扬州市	313.61	200.15	1101.19	230.37	870.82	15.35
镇江市	298.47	211.30	1038.82	264.22	774.61	5.68
泰州市	362.22	254.53	1307.33	411.51	895.82	11.39
宿迁市	277.76	182.33	560.07	56.75	503.32	11.76
浙江省	**5799.35**	**3800.30**	**46836.56**	**12511.20**	**34325.37**	**193.00**
杭州市	949.85	422.04	7564.81	2424.16	5140.65	78.12
宁波市	972.66	674.67	12671.26	4440.67	8230.59	37.27
温州市	536.45	286.15	2949.55	447.55	2502.00	6.12
嘉兴市	653.34	495.84	4399.99	1186.92	3213.08	31.58
湖州市	360.21	247.24	1629.57	129.44	1500.13	15.77

注：实际利用外资为部口径，与第九章口径不同。

20-2 续表

(2022年)

地　区	全社会用电量(亿千瓦时)	工　业用电量(亿千瓦时)	自营进出口总　额(亿元)	自营进口总　额	自营出口总　额	实际利用外资(亿美元)
绍兴市	526.32	383.30	3691.93	282.96	3408.98	10.18
金华市	505.19	312.01	6838.74	882.17	5956.57	4.68
衢州市	225.05	166.77	612.51	210.59	401.93	1.05
舟山市	182.61	142.27	3381.78	2226.28	1155.50	4.63
台州市	410.87	251.02	2771.84	245.15	2526.69	2.41
丽水市	139.08	81.28	324.57	35.32	289.26	1.19
安徽省	**2993.22**	**1830.72**	**7530.59**	**2766.90**	**4763.69**	**21.55**
合肥市	500.92	239.87	3610.95	1309.11	2301.84	12.05
芜湖市	253.08	173.90	906.97	274.69	632.28	2.39
蚌埠市	117.01	55.33	199.70	78.34	121.36	0.20
淮南市	108.80	57.42	79.28	2.37	76.92	0.32
马鞍山市	250.57	199.90	444.22	233.55	210.66	1.44
淮北市	88.32	54.59	95.29	9.22	86.07	0.42
铜陵市	114.00	89.12	653.84	579.57	74.27	0.09
安庆市	151.95	85.74	263.66	55.64	208.02	0.40
黄山市	51.56	23.95	120.18	11.01	109.17	0.04
滁州市	283.12	205.72	417.11	71.34	345.77	1.63
阜阳市	206.66	80.02	136.10	18.66	117.44	1.29
宿州市	125.29	48.17	120.67	8.09	112.58	0.20
六安市	158.35	83.53	101.80	6.96	94.84	0.16
亳州市	105.39	32.97	43.68	8.25	35.43	0.16
池州市	103.82	80.07	115.05	82.06	32.99	0.15
宣城市	186.12	132.16	222.09	18.04	204.04	0.61

20-3 长江三角洲各城市国民经济主要指标(三)

(2022年)

单位：元

地　区	社会消费品零售总额(亿元)	居民人均可支配收入	城镇常住居民人均可支配收入	农村常住居民人均可支配收入	市区居民消费价格指数(%)
上海市	**16442.1**	**79610**	**84034**	**39729**	**102.5**
江苏省	**42752.1**	**49862**	**60178**	**28486**	**102.2**
南京市	7832.4	69039	76643	34664	102.2
无锡市	3337.6	65823	73332	41934	102.1
徐州市	4102.7	35950	42610	25210	102.2
常州市	2856.2	59514	68578	37852	101.9
苏州市	9010.7	70819	79537	43785	102.1
南通市	3956.9	49093	59605	30819	102.1
连云港市	1197.7	33723	41282	22667	102.3
淮安市	1820.2	36706	46041	23404	101.9
盐城市	2700.6	38798	45896	27794	102.5
扬州市	1518.9	44828	53673	29332	102.2
镇江市	1364.0	52615	61552	33129	102.0
泰州市	1588.4	46363	56576	29417	102.3
宿迁市	1465.9	30796	36756	23058	102.0
浙江省	**30467.2**	**60302**	**71268**	**37565**	**102.2**
杭州市	7293.6	70281	77043	45183	102.4
宁波市	4896.7	68348	76690	45487	102.3
温州市	3944.1	63033	73326	38482	101.9
嘉兴市	2342.7	62626	72096	46276	102.1
湖州市	1594.7	60554	71044	44112	102.3
绍兴市	2585.9	65760	76199	45709	101.7

20-3 续表

(2022年)　　单位：元

地　区	社会消费品零售总额(亿元)	居民人均可支配收入	城镇常住居民人均可支配收入	农村常住居民人均可支配收入	市区居民消费价格指数(%)
金华市	2965.3	58080	69626	35630	101.9
衢州市	878.1	45276	57465	31468	102.5
舟山市	575.2	63848	71965	45924	101.7
台州市	2586.0	58040	70737	37700	101.6
丽水市	804.8	44450	55784	28470	101.9
安徽省	**21518.4**	**32745**	**45133**	**19575**	**102.0**
合肥市	5021.6	48820	56177	28727	102.4
芜湖市	1995.1	43145	51481	29210	102.4
蚌埠市	1256.2	33733	44652	20687	101.9
淮南市	883.1	33390	43353	17722	101.9
马鞍山市	958.2	49377	59420	30363	101.8
淮北市	494.9	32505	41701	17495	102.5
铜陵市	403.0	34136	46445	20264	102.0
安庆市	1306.9	28802	41454	18130	102.2
黄山市	509.5	32373	43800	21712	101.9
滁州市	1556.0	29910	41043	18630	102.1
阜阳市	2296.5	25925	39240	16871	101.9
宿州市	1224.0	25666	38910	16897	102.1
六安市	1183.2	26511	38883	17216	102.0
亳州市	1188.2	26070	39364	17872	101.9
池州市	465.6	30964	41035	20602	101.7
宣城市	776.2	35897	48596	22060	102.3

20-4 长江三角洲各城市国民经济主要指标(四)

(2022年)　　单位：亿元

地区	商品房销售面积(万平方米)	商品房销售额	一般公共预算收入	一般公共预算支出	年末金融机构本外币存款余额	年末金融机构本外币贷款余额
上海市	**1852.88**	**7467.53**	**7608.19**	**9393.16**	**192293.06**	**103138.91**
江苏省	**12115.15**	**14811.63**	**9258.88**	**14903.20**	**218695.78**	**206845.36**
南京市	942.32	2428.14	1558.21	1828.70	49531.31	48760.23
无锡市	1159.81	1961.99	1133.38	1365.84	24438.57	19879.67
徐州市	1196.91	945.70	517.43	1031.80	10614.63	9361.09
常州市	658.40	738.36	631.78	826.06	15907.57	13844.17
苏州市	2068.93	3513.41	2329.18	2588.50	47430.56	46923.26
南通市	1332.57	1333.07	613.00	1147.22	18293.56	16059.54
连云港市	426.64	340.47	212.81	535.70	5292.15	6089.61
淮安市	830.47	613.93	300.08	660.40	5836.68	6461.76
盐城市	945.98	679.50	453.26	1094.20	9917.02	9607.86
扬州市	671.90	729.17	325.49	699.33	9030.06	8129.45
镇江市	529.27	452.29	303.96	535.60	7470.40	7940.38
泰州市	701.49	643.37	416.65	703.86	9739.35	8649.46
宿迁市	670.76	452.16	271.78	622.40	5193.91	5138.88
浙江省	**6815.33**	**12660.14**	**8039.38**	**12017.70**	**196339.85**	**189808.33**
杭州市	1393.66	4532.41	2450.61	2542.09	69592.03	62306.30
宁波市	1128.80	1937.58	1680.13	2187.73	31302.66	32986.07
温州市	673.27	1056.56	573.85	1137.74	19140.41	18116.77
嘉兴市	542.45	823.74	596.47	827.71	13707.78	14345.45
湖州市	568.91	677.45	387.30	601.92	7898.00	8797.87
绍兴市	783.90	1163.75	540.09	804.86	14339.47	13866.10

20-4 续表

(2022年) 单位：亿元

地　区	商品房销售面积(万平方米)	商品房销售额	一般公共预算收入	一般公共预算支出	年末金融机构本外币存款余额	年末金融机构本外币贷款余额
金华市	460.33	841.21	489.16	830.40	14227.22	13694.56
衢州市	146.17	185.23	173.10	567.70	4159.90	4275.95
舟山市	104.96	136.65	156.15	354.27	3310.63	3703.86
台州市	765.48	1019.58	440.75	834.93	13937.42	13764.78
丽水市	247.41	285.99	170.86	607.10	4724.34	3950.62
安徽省	**7471.29**	**5487.88**	**3589.05**	**8378.89**	**75196.09**	**67466.20**
合肥市	1459.18	1811.56	909.25	1380.18	23096.64	23565.55
芜湖市	635.89	460.54	388.60	582.80	5848.44	5285.24
蚌埠市	388.69	235.03	174.03	359.53	3010.26	2978.00
淮南市	208.06	129.45	120.31	299.45	2973.26	2190.67
马鞍山市	226.68	156.81	204.88	317.82	3415.81	2911.08
淮北市	186.32	121.45	97.03	214.02	2051.85	1595.15
铜陵市	161.63	79.02	103.78	200.67	2101.47	1681.42
安庆市	368.21	218.37	174.86	531.43	4678.21	3488.76
黄山市	130.20	88.91	90.71	221.34	1831.70	1446.62
滁州市	947.70	523.73	277.85	512.88	4051.80	4027.76
阜阳市	878.95	553.14	184.80	646.75	5357.16	4702.73
宿州市	500.56	297.54	155.35	502.11	3394.73	3034.47
六安市	523.84	294.23	161.26	528.37	3864.44	3394.74
亳州市	519.61	288.91	148.13	397.19	3213.13	3118.67
池州市	73.29	51.80	83.13	201.80	1553.29	1247.63
宣城市	262.49	177.38	188.50	348.35	2779.59	2411.11

21

统计公报

Statistical Communique

台州市2022年国民经济和社会发展统计公报

台州市统计局　国家统计局台州调查队

（2023年4月11日）

2022年是习近平总书记赋予台州“再创民营经济新辉煌”重要嘱托20周年。这一年，面对复杂严峻的国内外形势，台州坚持以习近平新时代中国特色社会主义思想为指导，认真学习贯彻党的二十大精神，忠实践行“八八战略”，锚定“三高三新”建设任务，高效统筹发展和安全，推动经济社会平稳健康发展，经济运行稳进提质，人民生活福祉持续增进，生态环境质量持续改善，各项社会事业繁荣发展。

一、综　合

经初步核算[1]，2022年，全市实现生产总值6040.72亿元[2]，按可比价格计算，比上年增长2.7%。其中，第一产业增加值330.06亿元，增长2.9%；第二产业增加值2639.10亿元，增长1.5%；第三产业增加值3071.56亿元，增长3.8%；三次产业结构为5.5：43.7：50.8。市区实现生产总值2138.90亿元，比上年增长2.6%。

经最终核实[3]，2021年，台州市生产总值现价总量为5794.89亿元，比上年增长8.3%；三次产业增加值结构为5.4∶44.1∶50.5。

（图1　2011-2022年台州市地区生产总值及增长速度，略）

（图2　2022年台州市各产业增加值占生产总值比重，略）

二、农　业

全市预计实现农林牧渔业总产值574.53亿元，按可比价格计算，比上年增长3.1%。其中，种植业产值191.08亿元，增长2.1%；林业产值6.64亿元，下降2.5%；牧业产值39.55亿元，增长16.9%；渔业产值329.58亿元，增长2.5%；农林牧渔服务业产值7.69亿元，增长6.1%。

全年粮食作物播种面积88.96千公顷（133.44万亩），比上年增长1.4%；粮食总产量56.67万吨，增长1.2%。经济作物播种面积114.57千公顷，比上年下降1.2%。蔬菜产量238.91万吨，比上年增长3.1%；油料产量1.49万吨，增长11.1%；水果产量142.17万吨，下降2.4%。

全年完成造林更新面积609公顷。全市有森林面积603千公顷，森林覆盖率为61.46%；有自然保护区（含小区）32个，面积134.15千公顷。

全年水产品产量145.68万吨，比上年增长0.3%，其中，海洋捕捞产量81.15万吨，增长0.5%；海水养殖产量55.01万吨，增长4.3%。

全市注册登记的农民专业合作社8031家，其中省级示范性专业合作社100家。共认证有机食品66个，绿色食品304个，国家无公害农产品227个。国家级农业龙头企业3家，省级农业龙头企业45家，市级农业龙头企业210家。

全市完成河道疏浚清淤118.5公里，其中，市区40.5公里。治理水土流失面积34.94平方公里，新增高标田范围内高效节水灌溉面积5044.5亩。

三、工业和建筑业

全市实现工业增加值 2238.61 亿元，比上年增长 1.1%。规模以上工业企业（年主营业务收入 2000 万元及以上工业企业）5386 家，实现工业增加值 1538.71 亿元，比上年增长 0.3%。

（图 3　2015－2022 年台州市工业增加值及增长速度，略）

全市规模以上轻工业实现工业增加值 529.16 亿元，比上年增长 2.6%；重工业实现工业增加值 1009.55 亿元，下降 0.9%。轻重工业比例为 34.4∶65.6。

全市规模以上工业增加值总量排在前五位的行业中，通用设备制造业、医药制造业、电力热力生产供应业、汽车制造业、橡胶和塑料制品业分别实现工业增加值 232.46 亿元、176.32 亿元、160.46 亿元、158.77 亿元和 139.59 亿元，分别比上年增长-6.1%、20.4%、-0.7%、5.4%和-1.6%。

全年规模以上高新技术产业实现增加值 1001.59 亿元，比上年增长 0.3%；规模以上装备制造业实现增加值 779.42 亿元，下降 0.2%；规模以上战略性新兴产业实现增加值 384.27 亿元，增长 11.2%；规模以上数字经济核心产业实现增加值 89.48 亿元，增长 6.5%。

表 1　2022 年台州市规模以上工业主要产品产量及增长速度

产品名称	单位	产量	比 2021 年增长（%）
啤酒	万千升	30.86	-4.7
罐头	万吨	9.59	-13.6
冷冻水产品	万吨	29.53	-8.0
电工仪器仪表	万台	294.21	50.4
家具	万件	4505.87	-13.7
服装	万件	104.20	15.8
皮革鞋靴	万双	20824.40	4.4
化学药品原药	万吨	8.06	20.9
塑料制品	万吨	232.48	-6.2
白银（银锭）	千克	19524.30	62.6
铜材	万吨	15.77	-1.0
金属切削机床	万台	7.70	-6.5
交流电动机	万千瓦	2239.60	0.1
泵	万台	4757.47	-18.5
水泥	万吨	432.13	-4.3
电动自行车	万辆	442.51	57.5
汽车	万辆	20.05	-14.3
摩托车整车	万辆	112.44	13.4
民用钢质船舶	万载重吨	117.34	23.1
变压器	万千伏安	2808.92	17.7
家用冷柜	万台	104.68	-10.5
家用电冰箱	万台	69.82	-13.4
日用塑料制品	万吨	55.89	-7.6
眼镜成镜	万副	16713.03	-3.1
模具	万套	6.39	7.6
阀门	万吨	26.81	-6.4

全市规模以上工业企业产品产销率为97.42%；新产品产值2532.38亿元，比上年增长5.3%；新产品产值率为37.31%，比上年提高0.17个百分点。

全市规模以上工业企业实现利税总额568.58亿元，比上年下降11.8%，其中，利润总额399.52亿元，下降13.8%。

全市实现建筑业增加值401.98亿元，比上年增长3.7%。资质以上建筑企业在建房屋建筑施工面积12375.7万平方米，房屋竣工面积2841.7万平方米。

四、固定资产投资和房地产业

全市固定资产投资施工项目4550个，其中本年新开工项目1544个。全年固定资产投资比上年增长6.5%。其中，第一产业投资下降56.1%，第二产业投资增长22.3%，第三产业投资增长2.4%。固定资产投资中，工业性投资比上年增长22.3%，工业企业技术改造投资增长9.7%；公共服务投资增长5.8%；民间投资与去年持平。

（图4　2022年台州市三次产业固定资产投资占比，略）

重点工程建设取得新突破。市域铁路S1线、杭绍台高速等重大项目建成投用。杭台高铁温岭至玉环段、甬台温高速至沿海高速温岭联络线、浙江天台抽水蓄能电站项目等重大项目顺利推进。甬台温高速公路（G15沈阳至海口国家高速公路）改扩建工程临海青岭至温岭大溪岭段、甬台温高速公路（G15沈阳至海口国家高速公路）改扩建工程三门麻岙岭至临海青岭段、台州弗迪新能源动力电池项目等重大项目开工建设。

全年房地产开发投资比上年增长1.1%。房屋施工面积4835.35万平方米，比上年下降2.2%；房屋竣工面积534.70万平方米，增长2.5%。全年商品房销售面积765.48万平方米，比上年下降19.8%，其中，住宅销售面积589.21万平方米，下降21.5%。

五、交通和邮电业

全年交通运输、仓储和邮政业增加值为132.09亿元，比上年下降0.8%。

全年完成公路货物周转量260.1亿吨公里，旅客周转量6.3亿人公里；完成水运货物周转量1774.2亿吨公里，旅客周转量1659.5万人公里。台州港完成货物吞吐量6240.82万吨，其中外贸吞吐量1082.33万吨；完成集装箱吞吐量57.36万标箱。民航完成旅客吞吐量92.73万人次，货邮吞吐量8275吨。

年末全市汽车保有量达210.46万辆，比上年增加11.54万辆；其中，私人汽车191.87万辆，比上年增加10.42万辆。

全年邮电业务总量1027.19亿元；邮电业务收入106.88亿元，其中，电信业务收入93.62亿元，邮政业务收入13.25亿元。年末国际互联网宽带接入用户309.96万户，比上年增加26.73万户；移动互联网用户842.00万户，比上年增加56.11万户。移动电话用户为955.11万户，城乡固定电话用户为103.02万户。

全年快递服务企业业务量完成13.98亿件，同比增长5.7%；业务收入完成73.27亿元，同比增长1.73%。

六、国内贸易和旅游业

全市实现社会消费品零售总额2585.98亿元，比上年增长3.2%。按消费类型分，商品零售额2248.68亿元，增长3.6%；餐饮收入337.30亿元，增长0.8%。按经营地分，城镇零售额2089.42亿元，增长3.6%；乡村零售额496.55亿元，增长1.5%。限额以上批发零售单位中，石油及制品类零售额比上年增长13.6%，汽车类零售额比上年增长4.6%；粮油食品类零售额比上年增长4.0%。

全年新设市场主体14.41万家，其中，新设企业3.67万家，新设个体工商户10.71万家。年末在册市场主体82.18万家，其中，企业25.44万家，个体工商户55.75万家。

年末全市拥有各类商品交易市场304家，成交额1281亿元，年成交额超亿元的市场有131家。全年网络零售额 1349.3 亿元，比上年增长 9.9%。全市已创设淘宝镇 52 个，淘宝村 421 个，电商产业园 30 个，活跃网络零售网店 3.2 万家。

市区居民消费价格总水平比上年上涨 1.6%，其中，消费品价格上涨 2.5%，服务项目价格上涨 0.2%。工业生产者出厂价格比上年上涨 2.7%，工业生产者购进价格上涨 4.3%。

表 2　2022 年市区居民消费价格比上年涨跌幅度

指　　标	涨跌幅度（%）	指　　标	涨跌幅度（%）
居民消费价格总指数	1.6	二、衣着	2.5
一、食品烟酒	1.3	三、居住	-0.4
食品	0.8	四、生活用品及服务	3
其中：粮　食	0.9	五、交通和通信	4.8
鲜　菜	1.3	六、教育文化和娱乐	1.7
畜肉类	-2.1	七、医疗保健	0.1
水产品	-1.3	八、其他用品和服务	1.7
烟酒	1.8		

台州府城创成国家 5A 级景区，全市共有 5A 级旅游区 3 个，5A 级景区总量并列全省第 1；全市共有 4A 级旅游区 17 个，3A 级旅游区 75 个，2A 级旅游区 13 个；共有星级饭店 32 家，客房 6000 间，床位 9324 张；旅行社 181 家，其中，星级品质旅行社 68 家。方特•狂野大陆主题乐园开园。台州连续 5 年上榜“中国旅游业最发达城市”榜单。

七、对外经济

全年外贸进出口总额 2771.84 亿元，比上年增长 15.5%。其中，出口总额 2526.69 亿元，增长 15.0%；进口总额 245.15 亿元，增长 20.9%。外贸企业出口 708.10 亿元，比上年增长 36.9%；三资企业出口 271.07 亿元，增长 90.8%；生产企业出口 1547.53 亿元，增长 0.6%。在出口总额中，一般贸易出口 2092.56 亿元，比上年增长 10.5%；加工贸易出口 254.16 亿元，增长 47.3%。高新技术产品出口 162.83 亿元，增长 22.3%；机电产品出口 1328.13 亿元，增长 9.7%。对美国出口 411.87 亿元，增长 3.1%；对欧盟出口 552.39 亿元，增长 12.5%；对“一带一路”沿线国家出口 900 亿元，增长 23.1%。有进出口实绩企业 7956 家，其中有出口实绩企业 7557 家。全市进出口国家和地区为 227 个，其中出口国家和地区为 223 个。

全年新批外商投资项目 67 个，比上年下降 17.3%。合同利用外资 3.66 亿美元，下降 50.7%；实际利用外资 2.41 亿美元，下降 50.0%。

全年新批境外投资企业 36 家，中方投资额 2.37 亿美元。全市累计境外投资项目 785 个，中方累计投资额 44.18 亿美元。

全年服务贸易进出口总额 40.1 亿元，其中出口额 11.7 亿元，前三大出口领域分别为运输服务、其他商业服务和旅游服务。服务外包离岸合同执行额 16429 万美元，比上年下降 2.6%。

八、财政、金融和保险业

全年财政总收入 726.54 亿元，比上年下降 5.7%；其中，地方财政收入 440.75 亿元，下降 3.2%。

年末全市金融机构本外币存款余额 13937.42 亿元，比上年末增长 15.7%；当年新增存款 1887.83 亿元。年末本外币住户存款余额 7878.48 亿元，比上年末增长 17.2%；当年新增存款 1157.31 亿元。年末金融机构本外币贷款余额 13764.78 亿元，比上年末增长 18.0%；当年新增贷款 2094.82 亿元。年末金融机构本外币存贷款比率为98.76%，不良贷款率为0.42%。

全年新增上市公司7家，年末已有上市公司71家，累计资本市场融资总额达到1655.28亿元。当年挂牌新三板企业数7家。年末有小额贷款公司26家，注册资本金总额29.96亿元，全年发放贷款40.25亿元。

年末有证券分公司、营业部116家，全年股票交易额2.88万亿元，比上年下降17.5%。全年保险业实现保费总收入239.59亿元，其中，财产险保费收入107.13亿元，人身险保费收入132.46亿元。各类赔款、给付支出91.31亿元，其中，财产险支出69.30亿元，人身险支出22.00亿元。

九、科学技术和教育

围绕高水平建设国家创新型城市目标，坚持科技创新与体制机制创新“双轮驱动”，全年科创走廊范围内落地83个创业人才项目，全市新引入台州光电创新中心、航天环保工程技术研究院等高能级平台载体18家，新认定国家级众创空间4家、省级众创空间4家，新认定省级国际合作载体1家。深入开展新一轮科技企业“双倍增”和高新技术企业“育苗造林”计划。全年共获省科学技术奖励19项，入选省“尖兵”“领雁”研发攻关计划项目24项。加大机制创新力度，开展推进科技成果转移支付体系应用试点建设，仙居县科技特派团工作列入3家省试点之一。浙江省高档数控机床技术创新中心（台州）成为全省10家技术创新中心之一，台州在省级第一层次的科创“塔尖重器”实现“零的突破”。

全市共有省级企业研究院174家，省级高新技术企业研发中心566家；新增国家重点扶持的高新技术企业441家，累计1891家；新增省级科技型中小企业1229家，累计6836家。共有市级以上众创空间103家，其中，国家级9家，省级36家。

全年专利授权36556件，其中发明2941件。实现技术交易额223.46亿元。

（图5　2015－2022年台州市专利授权量、发明专利授权量，略）

构建完善五级政府质量奖创奖培育体系，6个工业强镇设立镇级政府质量奖。深化“千企创牌”行动，8家企业品牌上榜“2022中国品牌价值榜”。成功获批国家知识产权强市建设试点城市。全市新制定“浙江制造”标准44项，新增“品字标”企业76家，累计306家。年末全市共有532家单位取得食品生产许可证。年末有各类检验机构183家，其中国家级检测中心3家（其中1家待验收），省级质检中心12家。全市被行政认定的驰名商标累计达到59件。

启动教育提质三年行动，引进好教师22人、名校长5人，签约引进华师大等名校合作办学4所；三梅中学等100个项目开工建设，永宁中学等95个项目完工，全面实现“中小学空调进教室”。学前教育补短提升，公办园在园幼儿占比达50.69%，二级以上幼儿园在园幼儿占比达73.17%。学校品质推进发展，创成53所省现代化学校，建立31个拔尖创新人才早期培养基地，认定首批50所乡村名校。职业教育国家试点取得成效，职技融通改革得到国家层面认可。高等教育提质升级，台州学院首次招收研究生，新增国家一流本科专业建设点2个、ESI全球前1%学科1个。高职院校在全省高职高专院校督导评估中实现整体向前进位，台职院进入全省第一方阵。台州开放大学揭牌成立，成为全省第一个更名成立的地市级开放大学。高校毕业生留台率达41.64%，创历史新高。

全市有幼儿园985所，在园幼儿19.11万人；普通小学343所，在校生42.01万人；初中195所，在校生20.50万人。高中80所，在校生10.87万人；中等职业学校25所（不含技工学校），在校生7.41万人；高中段在校生18.28万人，初升高比例99.47%。特殊教育学校在校生1834人。全日制普通高校招生14607人，在校生44744人，成人高校在校学生33917人。

十、文化、卫生和体育

台州大剧院、温岭市文化中心等地标性文化设施建设顺利推进，黄岩图书馆新馆、玉环图书馆新馆、路桥博物馆新馆先后建成开馆。台州府城文化旅游区成功晋级国家5A级旅游景区。“台州1号公路”入选省交通和文旅融合发展试点名单。全市共有 2936 个行政村建有农村文化礼堂，实现农村文化礼堂应建村全覆盖。全市共有和合书吧 138 家。

医疗卫生资源总量稳步增长，医疗卫生体系日趋完善，医疗卫生服务向基层不断倾斜。年末全市有各类医疗卫生机构 3896 家，其中，社区卫生服务机构 273 家。大力推进社会办医，共有民营医院 95 家。医疗卫生机构床位 33674 张，各类卫生技术人员 52455 人，其中，执业医生和执业助理医生 21483 人，注册护士 22653 人。全年总诊疗 7773.34 万人次。甲、乙类传染病发病率为 130.37/10 万。五岁以下儿童死亡率 2.57‰，其中，婴儿死亡率 1.69‰，户籍孕产妇死亡率 3.67/10 万。全年有 50785 人次参加无偿献血。农村自来水普及率 99.99%，卫生户厕普及率 100%。

坚持科学精准高效的疫情防控策略，全面落实国务院优化疫情防控政策，动态优化调整疫情防控措施，提高疫情防控科学化精准化水平，打赢天台 4.28 等疫情遭遇战、阻击战，最大程度保障了群众就医用药，实现有序转段、平稳渡峰。

体育事业蓬勃发展。组织台州市代表团近 1300 名运动员参加浙江省第十七届运动会，参赛项目及参赛人数均创历史新高。成功承办 2022 年浙江省青少年田径锦标赛。成功举办 2022 年台州市新年登高活动、新春网络全民健身大联欢、台州市第二十七个全民健身月、浙江省暨台州市全民健身日活动（玉环主会场）、第三届台州市农村文化礼堂运动会、台州市首届青少年智力运动会等活动共 50 多场，参与人数达 3 万人次。

全市运动员参加国际各项赛事共夺得金牌 4 枚、银牌 2 枚；共夺得全国、全省锦标赛金牌 268 枚、银牌 221 枚、铜牌 234 枚。

全市共建有市、县级体育社团 276 个。全年销售各类体育彩票 18.41 亿元。

十一、能耗、环境保护和安全生产

全市万元生产总值综合能耗预计比上年下降 0.1%左右。[4]全市省控以上 32 个断面中Ⅰ-Ⅲ水质断面占比 93.8%，地表水满足水环境功能区达标率为 100%。市本级城市生活污水处理率为 98.02%，城镇生活垃圾无害化处理率为 100%。

台州城市空气质量综合指数 2.80，同比下降 4.8%，在全国 168 个重点城市中排名第 14；PM2.5 平均浓度 21 微克/立方米，同比下降 8.7%；市区环境空气质量达到二级标准以上的天数有 350 天，占全年总天数的 95.9%。

全市共发生各类生产经营性安全事故 58 起，死亡 48 人，分别比上年平均下降 37.6%和 39.2%。

十二、人口、就业、社会保障和人民生活

根据 5‰人口变动抽样调查推算，2022 年末全市常住人口 667.8 万人，比上年末增加 1.7 万人。全市城镇化率为 63.9%。

截至 2022 年 11 月 30 日，全市户籍总人口 604.95 万人，其中，男性人口 308.22 万人，女性人口 296.73 万人，男女性别比为 103.9∶100。全年共出生 3.28 万人，死亡 4.09 万人，人口出生率为 5.42‰，死亡率为 6.76‰，人口自然增长率-1.34‰。市区户籍人口 164.48 万人。

全市就业局势基本稳定，全年城镇新增就业 8.15 万人；帮扶 1.90 万名城镇失业人员实现再就业。年末城镇登记失业率为 4.8%。

稳步推进社会保险参保扩面，年末全市职工基本养老保险（含机关事业）、基本医疗保险、工伤保险、生育保险和失业保险参保人数分别达到 293.18 万人、212.54 万人、239.12 万人、177.06 万人和 128.04 万人。全市参加城乡居民基本养老保险和医疗保险人数分别为 163.55 万人和 366.90 万人。

增强困难群众托底保障，年度门诊救助限额从 400 元提升到 2 万元，低保和低边困难群众住院救助比例分别提高到 80%和 70%，全年共支出医疗救助资金 1.53 亿元，医疗救助 160.82 万人次。困难群众大病保险支付比例 85%，居全省第一。全市共资助困难群众参保 9.24 万人，资助参保资金 5175.46 万元。扩大生育保险

覆盖范围，43.29 万灵活就业人员纳入生育保险保障范围。

构建多层次医疗保障体系，发展惠民型商业补充医疗保险。2022 年“浙里惠民保•台州利民保”投保人数 267.09 万，累计受益 12.28 万人、54.7 万人次，受益人群覆盖率 4.61%；赔付金额 2.41 亿元，资金赔付率为 90.2%。

全市城乡居民最低生活保障人数为 6.18 万人，全年共投入低保资金 5.94 亿元。共有各类养老机构 237 个，床位 26125 张，年末在院老人 11503 人。有城乡社区居家养老服务照料中心 3233 家。全年发行各类福利彩票 12.15 亿元。

全市全体居民人均可支配收入 58040 元，比上年增长 4.6%，扣除价格因素实际增长 3.0%。城镇常住居民人均可支配收入 70737 元，增长 3.9%，扣除价格因素实际增长 2.3%；农村常住居民人均可支配收入 37700 元，增长 6.4%，扣除价格因素实际增长 4.7%。城乡居民收入差距倍数为 1.88。全体居民人均生活消费支出 38330 元，比上年增长 5.8%。城镇常住居民和农村常住居民人均生活消费支出分别为 44180 和 28958 元，增长 5.0% 和 7.9%，扣除价格因素，实际增长 3.3%和 6.2%。

年末城镇常住居民和农村常住居民人均现有住房建筑面积分别为 52.0 平方米和 60.1 平方米。城乡居民每百户家庭家用汽车等高档耐用消费品拥有量继续增加。

表 3　2022 年末台州市城乡居民每百户家庭主要耐用消费品拥有量

指　标	单位	城镇常住居民	农村常住居民
洗衣机	台	104	94
电冰箱（柜）	台	109	107
空调	台	221	149
摩托车	辆	9	14
家用汽车	辆	73	55
彩色电视机	台	191	179
固定电话	部	22	16
移动电话	部	266	253
计算机	台	94	60

注：

[1] 公报中所列各项数据为年度初步统计数据，最终核实数以《台州统计年鉴—2023》公布的数据为准。部分数据因四舍五入的原因，存在着与分项合计不等的情况。

[2] 公报中生产总值、各产业增加值绝对数按现行价格计算，增长速度按可比价格计算。

[3] 按照我国地区生产总值统一核算和数据发布制度规定，地区生产总值核算包括初步核算和最终核实两个步骤。

[4] 全市万元生产总值综合能耗为初步核定数。

资料来源：

本公报中造林面积、森林覆盖率、自然保护区数据来自市自然资源和规划局；水产品产量等数据来自市港航口岸和渔业管理局；港口货物吞吐量、集装箱吞吐量等数据来自市港航事业发展中心；专业合作社、有机食品、无公害农产品、农业龙头企业、高效节水灌溉面积等数据来自市农业农村局；河道疏浚清淤、水土流失治理面积、农村自来水普及率等数据来自市水利局；货物周转量、旅客周转量等数据来自市交通运输局；民航运输数据来自浙江省台州机场管理有限公司；汽车拥有量、户籍人口等数据来自市公安局；快递业务量等数据来自市邮政管理局；市场主体、商品交易市场交易额、驰名商标、“品字标”认证企业、专利数、检验机构等数据来自市市场监管局；货物进出口、服务贸易进出口、外商直接投资、国外经济合作、网络零售额等数据来自市商务局；旅游等数据来自市文化和广电旅游体育局；农村文化礼堂等数据来自市委宣传部；体育、体育彩票等数据来自市体育事业发展中心；财政数据来自市财政局；货币金融数据来自人行台州市中心支行；不良贷款率、商业保险数据来自台州银保监分局；上市公司、小额贷款公司、证券交易额来自市金融办；企业研究院、高新技术企业、科技型中小企业、众创平台、科技交易额等数据来自市科技局；教育数据来自市教育局；卫生数据来自市卫生健康委；环境监测等数据来自市生态环境局；各类事故发生起数、死亡人数等数据来自市应急管理局；新增城镇就业、失业人员再就业、登记失业率、社会保障等数据来自市人力社保局；医疗保险、生育保险、医疗救助数据来自市医疗保障局；低保、养老机构、福利彩票等数据来自市民政局；城市污水处理、城市生活垃圾处理数据来自市综合行政执法局；城乡居民收支、住房面积、家庭耐用品拥有量、物价等数据来自国家统计局台州调查队；其它数据来自市统计局。

2022年浙江省国民经济和社会发展统计公报

浙江省统计局　国家统计局浙江调查总队

2023年03月16日

2022年，浙江坚持以习近平新时代中国特色社会主义思想为指导，全面贯彻党的十九大、十九届历次全会和二十大精神，认真落实习近平总书记“疫情要防住、经济要稳住、发展要安全”的重要指示，忠实践行“八八战略”，奋力打造“重要窗口”，统筹打好疫情防控、稳进提质组合拳，经受住了超预期的冲击和挑战。全年经济运行总体保持恢复态势，新动能持续成长，市场价格平稳，民生保障有力，高质量发展特征进一步显现，高水平全面建设社会主义现代化、高质量发展建设共同富裕示范区扎实开局。

一、综合[1]

根据国家统一初步核算，2022年全省生产总值[2]为77715亿元，比上年增长3.1%。分产业看，第一、二、三产业增加值分别为2325亿元、33205亿元和42185亿元，比上年分别增长3.2%、3.4%和2.8%，三次产业结构为3.0∶42.7∶54.3。人均地区生产总值为118496元（按年平均汇率折算为17617美元），比上年增长2.2%。

据2022年全省5‰人口变动抽样调查推算，年末全省常住人口6577万人，比上年末增加37万人。其中，男性人口3436万人，女性人口3141万人，分别占总人口的52.2%和47.8%。全年出生人口41.2万人，出生率为6.28‰；死亡人口40.9万人，死亡率为6.24‰；自然增长率为0.04‰。城镇化率为73.4%。

（图1　2011-2022年全省生产总值及增速，略）

（图2　2022年各产业增加值占生产总值比重，略）

全年居民消费价格比上年上涨2.2%，其中，食品类价格上涨2.7%。城市上涨2.2%，农村上涨2.2%；消费品价格上涨3.0%，服务价格上涨1.0%。商品零售价格上涨3.2%。全年工业生产者出厂价格上涨4.0%，工业生产者购进价格上涨6.1%。

（图3　2022年居民消费价格月度涨跌幅度（%），略）

表1　2022年居民消费价格指数情况（上年＝100）

指　　标	全　省	城　市	农　村
居民消费价格指数	102.2	102.2	102.2
其中：食品烟酒	102.6	102.6	102.5
其中：食品	102.7	102.8	102.5
其中：粮食	101.4	101.3	101.6
衣着	100.4	100.2	101.2
居住	100.7	100.6	101.1
生活用品及服务	101.8	101.6	102.2
交通通信	105.1	105.1	105.0
教育文化娱乐	103.1	103.4	101.5
医疗保健	100.3	100.2	100.9
其他用品及服务	101.8	101.8	101.8

年末就业人员 3930 万人[3]，比上年增长 0.8%，占常住人口的 59.8%。全年城镇新增就业 115.6 万人。帮扶困难人员就业 12.8 万人，城镇调查失业率低于 5.5%的控制目标。农民工总量为 1368 万人，增长 2.1%。

新动能持续引领增长。全年以新产业、新业态、新模式为主要特征的“三新”经济增加值占 GDP 的 28.1%。数字经济核心产业增加值 8977 亿元，比上年增长 6.3%。数字经济核心产业制造业增加值增长 10.7%，增速比规模以上工业高 6.5 个百分点，拉动规模以上工业增加值增长 1.7 个百分点。高技术、战略性新兴、装备和高新技术产业增加值分别增长 11.5%、10.0%、6.2%和 5.9%，分别拉动规模以上工业增加值增长 1.9、3.1、2.8 和 3.9 个百分点。在战略性新兴产业中，新能源、生物、新能源汽车、新一代信息技术产业增加值分别增长 24.8%、10.0%、9.4%和 9.3%。

表 2　2022 年规模以上工业分产业增加值及增速

产　业	增加值（亿元）	比上年增长（%）
规模以上工业增加值	21900	4.2
高技术产业	3683	11.5
高新技术产业	14291	5.9
装备制造业	9744	6.2
战略性新兴产业	7331	10.0
数字经济核心产业制造业	3532	10.7
节能环保制造业	2585	4.1
健康产品制造业	1137	6.4
时尚制造业	1682	-1.9
高端装备制造业	6411	5.4
文化制造业	606	-2.2

高质量发展持续推进。全年全员劳动生产率[4]为 19.9 万元/人，比上年提高 2.2%。规模以上工业劳动生产率为 29.6 万元/人，比上年提高 4.2%。一般公共预算收入 8039 亿元，扣除留抵退税因素后增长 5.5%，总量居全国第 3 位，地方政府一般债务收入 1059 亿元，转移性收入 5530 亿元。其中，税收收入 6620 亿元，扣除留抵退税因素后增长 2.0%，占一般公共预算收入的 82.3%，收入质量居全国前列。一般公共预算支出 12018 亿元，增长 9.1%。其中，卫生健康、科学技术、社会保障和就业、文化旅游体育与传媒、教育、农林水等重点支出分别增长 36.1%、17.7%、8.9%、8.0%、7.8%和 4.5%。规模以上工业企业中，有研发费用的企业 4.2 万家，占规上工业企业的比重为 76.6%，比上年提高 4.3 个百分点；研发费用支出增长 14.5%，增速比营业收入高 7.1 个百分点；研发费用相当于营业收入的比例为 2.9%，比上年提高 0.2 个百分点。新产品产值增长 12.3%，对工业总产值增长的贡献率为 67.9%；新产品产值率为 42.2%，比上年提高 1.9 个百分点。

服务业运行稳中有进。全年服务业增加值 42185 亿元，比上年增长 2.8%，拉动全省生产总值增长 1.5 个百分点，对经济增长的贡献率为 50.4%。规模以上服务业[5]企业营业收入 27167 亿元，增长 0.9%。10 个服务业行业门类中，9 个门类两年平均实现增长。其中，租赁和商务服务业，卫生和社会工作，科学研究和技术服务业营业收入分别比上年增长 10.3%、8.3%和 6.6%。规模以上服务业企业户均营业收入 2.1 亿元。年营业收入 10 亿元以上企业合计 315 家，比上年增加 11 家，占规模以上服务业企业数的 2.4%，营业收入占规模以上服务业的 63.5%，对全省规模以上服务业营业收入增长的贡献率为 43.6%，拉动全省服务业营业收入增长 0.4 个百分点。

表3　2022年规模以上服务业企业主要行业营业收入情况

行　业	营业收入（亿元）	比上年增长（%）
总　计	**27167**	**0.9**
交通运输、仓储和邮政业	6432	-2.2
信息传输、软件和信息技术服务业	11611	-1.0
房地产业（除房地产开发经营）	932	-0.3
租赁和商务服务业	4698	10.3
科学研究和技术服务业	2091	6.6
水利、环境和公共设施管理业	289	-8.9
居民服务、修理和其他服务业	269	-3.2
教育	74	-32.1
卫生和社会工作	373	8.3
文化、体育和娱乐业	397	-3.7

民营经济活力增强。全年民营经济增加值占全省生产总值的比重为67%。规模以上工业中民营企业数量突破5万家，占比92.2%；增加值突破1.5万亿，占比70.3%；增长5.2%，增速比规模以上工业高1.0个百分点，对规模以上工业增加值的增长贡献率为83.2%。规模以上服务业民营企业营业收入增长2.0%，增速高出规模以上服务业1.1个百分点。民间投资占固定资产投资总额的56.4%。民营企业进出口增长16.9%，占全省78.3%，比重提升2.5个百分点，拉动全省进出口增长12.8个百分点。在册市场主体943万户，比上年增长8.6%，新设民营企业46万户，占新设企业数的93.5%，私营企业308万户，占企业总量的92.5%。民营经济创造的税收占全省税收收入的71.7%。

二、农业和农村

主要农产品稳产保供。全年粮食播种面积1020千公顷，比上年增长1.4%，总产量621万吨，与上年基本持平；油菜籽播种面积124千公顷，增长3.4%；蔬菜671千公顷，增长1.0%；中药材46.6千公顷，下降1.6%；瓜果类83.7千公顷，下降4.5%。猪牛羊禽肉总产量108万吨，增长4.8%；猪肉产量71.4万吨，增长9.6%；禽蛋产量31.7万吨，增长2.5%；牛奶产量19.6万吨，增长5.7%。水产品总产量648万吨，增长3.6%，其中，海水产品产量501万吨，增长3.6%；淡水产品产量147万吨，增长3.5%。年末生猪存栏644万头，增长0.7%；其中能繁母猪存栏71.1万头，增长2.6%。全年生猪出栏851万头，增长9.9%。

农业现代化效果显现。高标准建设现代农业园区和粮食生产功能区。累计创建省级现代农业园区90个，严格保护好810万亩粮食生产功能区，累计建成万头猪场138家，核定产能748万头。农业“双强”行动持续推进，全省农作物耕种收综合机械化水平76.5%以上，其中，水稻耕种收综合机械化率85.5%以上。新育成省级审（认）定农业新品种83个，推广新品种97个，良种覆盖率98%。实施农业领域“双尖”“双领”重点研发计划项目78项。深化“肥药两制”改革，全年推广配方肥45万吨以上，全省主要农作物测土配方施肥覆盖率90%，推行绿色防控1000万亩次。强化“三品一标”建设，新认定绿色食品537个，有效期内绿色食品2687个；新建国家农产品地理标志保护工程10个，累计40个；新建省级精品绿色农产品基地10个，累计45个。统筹推进百链千亿农业全产业链创建、十万农创客培育和乡村产业“一县一平台”建设。

新时代和美乡村建设率先推进。持续深化“千万工程”，农村生活垃圾分类处理年度任务目标顺利完成，全省农村生活垃圾分类覆盖面达100%，无害化处理率达100%，生活垃圾回收利用率达60%，资源化利用率达100%。全域推进“五美联创”，创建美丽乡村示范县14个、示范乡镇114个、示范带22条、特色精品村 335 个，全省美丽乡村覆盖率达到 93%。全年开展未来乡村、美丽乡村、示范带、历史文化村落等项目 8989 个。健全自治法治德治智治“四治融合”的乡村治理机制，累计建成善治（示范）村 8097 个。

农民农村共富有效提升。实施农民扩中提低行动计划，推进强村惠民，全省村级集体经济收入 30 万元以上且经营性收入 15 万元以上行政村占比达到 85%以上。推进城乡公共服务均等化，农村一、二级幼儿园在园幼儿占比 74.2%，城乡义务教育共同体覆盖所有农村学校；组建县域医共体 162 家，建成规范化村级医疗机构 1249 家；累计建成居家养老服务中心 1456 家、社区照料中心 2.2 万家，实现乡镇（街道）和社区全覆盖；新增村级全民健身广场 110 个。打造 8288 个覆盖全省的“15 分钟品质文化生活圈”。深入实施先富带后富“三同步”行动，深化构建新型帮共体；加强低收入农户帮扶，全省低收入农户年人均可支配收入增长 14.6%，高出全省农民收入增速 8.0 个百分点。开展农村实用人才和高素质农民培训 11.4 万人次。

三、工业和建筑业

全年规模以上工业增加值 21900 亿元，比上年增长 4.2%。分经济类型看，国有及国有控股企业比上年增长 4.2%，外商投资企业增长 2.9%，港澳台商投资企业下降 1.3%。17 个传统制造业增加值增长 2.4%。38 个工业行业大类中，19 个行业增加值比上年增长，8 个行业呈现两位数增长。其中，医药、化学原料、计算机通信电子、汽车等行业分别增长 16.2%、14.7%、14.6%和 13.7%，合计拉动规模以上工业增加值增长 4.1 个百分点。数字经济核心产业制造业增加值 3532 亿元，占比 16.1%，对规模以上工业增加值增长的贡献率为 40.3%。高技术、战略性新兴、装备等产业制造业增加值对规模以上工业增长的贡献率分别为 44.9%、73.1%和 67.6%。规模以上工业企业营业收入 107956 亿元，首次突破 10 万亿元大关，增长 7.4%。

表 4　2022 年主要工业产品产量

产品名称	单位	产量	比上年增长（%）
布	亿米	67.7	-3.0
化纤	万吨	3221.0	-0.8
房间空调器	万台	1792.8	0.9
发电量	亿千瓦时	4115.4	2.1
钢材	万吨	2934.8	-10.1
水泥	万吨	12934.2	-5.2
发电机组	万千瓦	1104.2	18.5
电工仪器仪表	万台	11773.1	19.7
光纤	亿米	1514.7	12.9
光缆	万芯千米	8081.8	16.3
光电子器件	亿只（片、套）	554.9	-13.2
锂离子电池	万只	51079.6	24.6
太阳能电池	万千瓦	8018.7	58.3
集成电路	亿块	194.1	-6.6
电子元件	亿只	1574.6	4.2
微型计算机设备	万台	129.6	-33.2
移动通信手持机（手机）	万台	2616.4	-18.6
其中：智能手机	万台	2405.6	-18.1
汽车	万辆	124.9	7.0
其中：新能源汽车	万辆	45.7	154.2
工业机器人	套	26956.0	1.8
3D 打印设备	台	160.0	-91.7
城市轨道车辆	辆	385.0	-53.3

全年建筑业增加值 4388 亿元，占 GDP 的比重为 5.6 %。

四、固定资产投资和房地产业

全年固定资产投资比上年增长 9.1%。第二产业投资带动作用明显，第三产业投资占比近八成。第二产业投资增长 18.9%，高出全部投资 9.8 个百分点，占比为 23.7%，提高 1.9 个百分点。第三产业投资增长 6.6%，占比为 76.1%。制造业投资增长 17.0%，增速比全部投资高 7.9 个百分点，占全部投资的 20.0%，拉动全部投资增长 3.2 个百分点。基础设施投资增长 7.6%，占全部投资的 22.9%，拉动全部投资增长 1.8 个百分点。其中，电力热力燃气及水的生产和供应业、水利环境和公共设施管理业（除土地管理）投资分别增长 29.7%、16.8%。高新技术产业制造业投资增长 23.9%，计算机通信电子、通用设备、医药、专用设备等高端制造业投资分别增长 35.7%、31.4%、30.5%和 28.1%。

全年房地产开发投资 12940 亿元，比上年增长 4.4%，总体保持平稳增长态势。住宅投资增长 3.2%，拉动房地产开发投资增长 2.3 个百分点；办公楼投资增长 15.9%；商业营业用房投资下降 0.2%。商品房销售面积 6815 万平方米，比上年下降 31.8%。商品房销售额下降 33.6%。

五、国内贸易

全年社会消费品零售总额 30467 亿元，比上年增长 4.3%，规模首次站上 3 万亿元新台阶。按经营所在地分，城镇消费品零售额 25940 亿元，增长 4.5%；乡村消费品零售额 4527 亿元，增长 3.4%。按消费类型分，商品销售 27280 亿元，增长 5.0%，餐饮收入 3187 亿元，下降 1.0%。

在限额以上单位商品零售额中，日用品类、粮油食品类、饮料类、中西药品类等生活类商品消费稳定增长，商品零售额比上年分别增长 4.8%、10.2%、10.3%和 14.2%。升级类商品消费加快增长。化妆品类、智能手机类零售额分别增长 9.0%、8.2%。汽车类零售增长 13.7%，其中新能源汽车增长 1.1 倍；石油及制品类零售增长 10.2%。全省实物商品网上零售额 17307 亿元，比上年增长 9.8%；其中限额以上单位通过公共网络实现的零售额增长 19.8%。

全省各类商品交易市场 2813 家，全年商品成交额达 2.1 万亿元。其中，年成交额超十亿元、超百亿元、超千亿元的商品市场分别有 262 家、41 家和 2 家。中国社会科学院发布的“2022 年中国商品市场综合百强榜单”和“中国商品市场十大数字化领跑者榜单”，浙江分别获 33 席和 6 席，领跑全国。

六、对外经济

全年货物进出口 46837 亿元，其中，出口 34325 亿元，进口 12511 亿元，分别比上年增长 13.1%、14.0%和 10.7%；规模分别居全国第 3、第 3 和第 6 位，占全国份额分别为 11.1%、14.3%和 6.9%，比上年提高 0.5、0.4 和 0.4 个百分点；对全国的增长贡献率分别为 18.0%、18.5%和 16.3%，其中，出口的贡献率居全国首位，进出口、进口贡献率居全国第 2 位。市场布局持续优化，对欧盟、美国进出口分别增长 10.3%和 5.4%，有进出口贸易的国别（地区）达 235 个，对中东、非洲、东盟、拉美进出口分别增长 39.3%、21.2%、19.6%和 14.4%，均保持两位数增长，合计拉动全省外贸增长 9.1 个百分点。对“一带一路”沿线国家、RCEP 其他成员国进出口分别增长 21.3%和 12.5%，拉动全省外贸增长 7.3 和 3.1 个百分点。出口商品结构转型升级，高新技术、机电产品出口分别增长 26.8%和 11.1%，占比分别为 10.1%和 44.7%，高新技术产品出口增速高于全省出口 12.8 个百分点，占比首次超过 10%。

表5　2022年货物进出口主要分类情况

指　　标	金额（亿元）	比上年增长（%）
货物进出口总额	46837	13.1
货物出口额	34325	14.0
其中：一般贸易	26928	13.7
加工贸易	2239	7.2
其中：机电产品	15326	11.1
高新技术产品	3454	26.8
货物进口额	12511	10.7
其中：一般贸易	10055	13.4
加工贸易	955	5.8
其中：机电产品	1892	5.1

表6　2022年对主要市场货物进出口情况

国家和地区	出口额（亿元）	比上年增长（%）	进口额（亿元）	比上年增长（%）
欧盟	6403	11.0	1048	6.5
美国	5717	3.7	811	19.0
东盟（10国）	4352	27.8	2125	5.8
拉丁美洲	3528	18.7	1146	3.1
非洲	2642	17.1	712	39.0
日本	1055	9.4	820	2.8
德国	1258	-2.5	307	-0.2
韩国	900	13.6	704	-11.7
澳大利亚	751	21.6	789	-4.6
印度	1296	24.7	144	-44.5
巴西	863	25.1	438	-15.2
越南	963	21.3	408	18.8
“一带一路”沿线国家	11920	20.3	5341	23.8
RCEP国家	7157	22.1	4526	0.1

中欧（义新欧）班列开行2269列。高质量推动中国（浙江）自由贸易试验区建设，区内新增注册企业31935家，浙江自贸试验区所在10个县市区固定资产投资合计比上年增长11.3%。

全年新设外商投资企业2910家，合同外资434亿美元，比上年增长12.7%，实际使用外资193亿美元，增长5.2%。制造业实际使用外资49.0亿美元，增长9.8%。第三产业外商投资项目2557个，占外商直接投资项目总数的87.9%，合同外资365亿美元，增长29.1%，占合同外资总额的84.0%，实际使用外资135亿美元，增长2.4%，占实际外资总额的69.8%。

全省经备案核准的境外企业和机构共934家，比上年增长16.5%；对外直接投资备案额（中方投资额）130亿美元，增长45.0%。经备案（核准）在“一带一路”沿线国家（含港澳台地区）的境外企业568家，增长30.0%；备案额为79亿美元，增长45.1%，占全省比重为60.2%；在签署RCEP协议国家的境外企业293家，增长32.0%，备案额为63亿美元，增长66.1%。

七、交通运输和邮电业

全年交通运输、仓储和邮政业增加值 2375 亿元，比上年下降 1.1%。

年末全省公路总里程 12.29 万公里，其中，高速公路 5289 公里。共有民航机场 7 个，全年旅客吞吐量 3471 万人，其中发送量 1786 万人。铁路、公路和水运货物周转量 13544 亿吨公里，比上年提高 4.7%；旅客周转量 491 亿人公里，下降 31.2%。全省港口[6]货物吞吐量 19.2 亿吨，下降 0.4% ，其中，沿海港口 15.4 亿吨，增长 3.4%。宁波舟山港货物吞吐量 12.6 亿吨，连续 14 年居全球第一，集装箱吞吐量 3335 万标箱，连续 5 年全球第三，仅次于上海港、新加坡港。

表 7　2022 年交通客货运输量

指　　标	单位	绝对数	比上年增长（%）
货物周转量	亿吨公里	13544	4.7
其中：铁路	亿吨公里	285	5.8
公路	亿吨公里	2650	0.5
水运	亿吨公里	10608	5.8
旅客周转量	亿人公里	491	-31.2
其中：铁路	亿人公里	348	-34.6
公路	亿人公里	139	-21.3
水运	亿人公里	4	-28.5
民航旅客吞吐量	万人	3471	-33.0

年末全省小型载客汽车保有量 1852 万辆，其中私家车（个人小型、微型载客汽车）保有量 1710 万辆。

邮电业总量继续稳居全国前列。全年邮政业务总量[7]2187 亿元，稳居全国第二，比上年下降 2.0%。快递业务量 229 亿件，比上年增长 0.5%，占全国比重 20.7%。全年电信业务总量[8]1122 亿元，居全国第三，增长 19.5%。移动电话用户 9024 万户，比上年增加 164 万户，普及率达 138.0 部/百人，居全国第三，比上年末提高 0.8 部/百人，其中，5G 移动电话用户达到 3263 万户，占移动电话用户的 36.2%，比上年末提高 23.9 个百分点。5G 基站总数[9]达到 17.1 万个，每万人拥有 5G 基站数达 26.2 个，除北京、上海、天津三个直辖市外，居全国省（区）第一。固定互联网宽带接入用户 3400 万户，比上年增加 283 万户，普及率达 52.0%，居全国第二。

八、金融、证券和保险

年末全部金融机构本外币各项存款余额 196340 亿元，比上年末增长 14.9%，其中人民币存款余额增长 15.5%。住户本外币存款余额 82242 亿元，增长 21.9%。全部金融机构本外币各项贷款余额 189808 亿元，增长 14.5%，其中人民币贷款余额增长 14.7%。年末主要农村金融机构（农村信用社、农村合作银行、农村商业银行）人民币贷款余额 28991 亿元，比年初增加 4674 亿元。

表 8　2022 年金融机构本外币存贷款情况

指　　标	年末数（亿元）	比上年末增长（%）
各项存款余额	196340	14.9
其中：住户存款	82242	21.9
非金融企业存款	72326	15.6
各项贷款余额	189808	14.5
其中：住户贷款	75678	8.0
企（事）业单位贷款	113239	19.3

年末境内上市公司 657 家，累计融资 17887 亿元。其中，主板 444 家，占全国主板总数的 13.9%，位居全国第二；创业板 156 家，占全国创业板总数的 12.7%，位居全国第三；科创板 43 家，占全国科创板总数的 8.6%，位居全国第五；北交所 14 家，占全国北交所上市公司总数的 8.6%，位居全国第四。新三板挂牌企业 608 家，占全国新三板挂牌企业总数的 9.2%，位居全国第四。

全年保险业保费收入 3129 亿元，比上年增长 9.4%。其中，财产险保费收入 1010 亿元，增长 9.7%；人身险保费收入 2119 亿元，增长 9.3%。各类赔款及给付 1076 亿元，增长 4.5%。其中，财产险赔付 637 亿元，人身险赔付 438 亿元。

九、人民生活和社会保障

根据城乡一体化住户调查，全体及城乡居民人均可支配收入分别为 60302 元、71268 元和 37565 元，比上年增长 4.8%、4.1%和 6.6%；扣除价格因素实际增长 2.5%、1.9%和 4.3%。城乡收入比 1.90，比上年缩小 0.04。全省低收入农户人均可支配收入 18899 元，其中，山区 26 县低收入农户人均可支配收入 17329 元，比上年增长 15.8%，增速比全省低收入农户平均水平高 1.2 个百分点。

表 9　2022 年居民人均收支主要指标

指　标	全省居民		城镇常住居民		农村常住居民	
	绝对数（元）	比上年增长（%）	绝对数（元）	比上年增长（%）	绝对数（元）	比上年增长（%）
人均可支配收入	60302	4.8	71268	4.1	37565	6.6
工资性收入	34177	4.1	39718	3.4	22687	5.8
经营净收入	9880	6.3	10233	5.8	9149	7.3
财产净收入	7397	7.1	10397	6.5	1177	8.8
转移净收入	8848	3.8	10919	2.6	4552	8.3
人均生活消费支出	38971	6.3	44511	5.5	27483	8.1

全年居民人均生活消费支出 38971 元，比上年增长 6.3%，扣除价格因素增长 4.0%。按常住地分，城镇居民人均生活消费支出为 44511 元，增长 5.5%，农村居民人均生活消费支出 27483 元，增长 8.1%，扣除价格因素分别增长 3.2%和 5.8%。

年末全省参加基本养老保险人数 4520 万人，参加基本医疗保险人数 5577 万人，参加失业保险、工伤保险、生育保险人数分别为 1851 万人、2767 万人和 2186 万人。城乡居民养老保险基础养老金最低标准提高到 190 元/月。

年末在册低保对象 56.4 万人（不含五保），其中，城镇 5.68 万人，农村 50.7 万人。全年低保资金（含各类补贴）支出 61.4 亿元，比上年减少 13.2%；城乡低保同标，平均每人每月 1083 元。

全年发行各类福利彩票 124.4 亿元，比上年增加 8.1 亿元，筹集公益金 37.5 亿元。

十、教育和科学技术

年末全省共有幼儿园 7709 所，在园幼儿 197.3 万人，比上年减少 1.8%。共有小学 3204 所，招生 66.2 万人；在校生 393.1 万人，增长 2.5%，小学学龄儿童入学率为 99.99%。小学生均校舍建筑面积 10.8 平方米、生均图书 35 册、体育运动场（馆）面积达标的学校比例为 99.4%。共有初中 1782 所，招生 57.6 万人；在校生 169.3 万人，比去年增加 2.92 万人，初中入学率为 99.99%。初中生均校舍建筑面积 24 平方米、生均图书 92 册、体育运动场（馆）面积达标的学校比例为 99.6%。全省各类中等职业教育学校 355 所（含技工学校），招生 23.8 万人，在校生 73.0 万人；普通高中 641 所，招生 30 万人，在校生 86.44 万人，毕业生 26.9 万人。

全省共有普通高校 109 所（含独立学院）。研究生（含非全日制）、本科、专科招生比例为 1：4：3.8；高等教育毛入学率为 66.3%。全年研究生（含非全日制）招生 51477 人，其中，博士生 5667 人，硕士生 45810 人。幼儿园专任教师 15.6 万人，比上年增加 0.38 万人；幼儿教师学历合格率为 99.99%。义务教育中小学专任教师 36.9 万人，增长 1.3%。中等职业教育（不含技工学校）专任教师 3.9 万人，生师比 13.7：1；专任教师学历合格率为 98.4%。双师型教师占专任教师和专业（技能）教师的比例分别为 44.9%和 87.2%。普通高等学校专任教师中副高及以上职称教师比例为 43.1%；具有硕士及以上学位教师比例为 89.2%。

全年研究与试验发展（R&D）经费支出 2350 亿元，与生产总值之比为 3.02%，比上年提高 0.11 个百分点[10]。全省有国家认定的企业技术中心 137 家（含分中心）。新建省实验室 4 家、累计 10 家，新建省技术创新中心 4 家、累计 10 家。新认定高新技术企业 8174 家，累计有效高新技术企业 35418 家。新培育科技型中小企业 20252 家，累计 98744 家。全年专利授权量 44.4 万件，其中发明专利授权量 6.1 万件，比上年增长 7.9%。科技进步贡献率预计为 68%。新增“浙江制造”标准 421 个，累计 3029 个。

十一、卫生和文化体育

年末全省卫生机构 3.6 万个（含村卫生室），其中，医院 1520 个，卫生院 1046 个，社区卫生服务中心（站）4382 个，诊所（卫生室、医务室）14059 个，村卫生室 11388 个，疾病预防控制中心 102 个，卫生监督所（中心）100 个。卫生技术人员 61.5 万人，比上年末增长 6.3%，其中，执业（助理）医师 24.8 万人，注册护士 26.8 万人，分别增长 6.5%和 7.1%。医疗卫生机构床位数 38.2 万张，增长 3.2%，其中，医院 33.9 万张，卫生院 1.9 万张。医院全年总诊疗 3.11 亿人次，比上年增长 4.1%。

年末全省县级以上公共图书馆 102 个，文化馆 102 个，文化站 1360 个，博物馆 432 个，世界遗产 4 个，县级文化馆和图书馆覆盖率均达 100%，乡镇文化站和行政村文化活动室覆盖率均达 100%，公共图书馆虚拟网络基本全覆盖。广播人口覆盖率为 99.81%，电视人口覆盖率为 99.88%。全年制作完成影片 55 部，获得公映许可证影片 11 部，电影票房收入 22.5 亿元。图书出版社 15 家，公开发行报纸 66 种，出版期刊 236 种。

浙江运动员全年共获取全国一类比赛冠军 30 个。经常参加体育锻炼[11]（不含学生）人数占总人口的 31.0%，城乡居民国民体质合格率保持在 94.2%以上。截至年底，省级全民健身中心 46 个、中心村全民健身广场（体育休闲公园）1018 个、社区多功能运动场 1537 个。国家级体育后备人才基地 18 个，2021-2024 周期省级体育后备人才基地 64 个。国家级体育传统项目学校 17 个。2019-2022 周期省级体育传统项目学校阳光后备人才基地 172 所。国家体育产业示范基地（运动休闲示范区）38 个、体育旅游示范基地 3 个。省级运动休闲基地 31 个、运动休闲旅游示范基地 30 个。

全年销售体育彩票 217.9 亿元，比上年增长 28.8%。

十二、资源、环境保护和社会安全

全省全年降水量 1556 毫米，比上年减少 21.9%，比多年平均降水量减少 4.1%。全省水资源量 908 亿立方米。

全年完成造林更新面积 47.5 万亩，其中人工更新 8.6 万亩。建设战略储备林和美丽生态廊道 90.3 万亩，其中战略储备林 56.1 万亩，美丽生态廊道 34.2 万亩。根据 2022 年浙江省森林资源年度监测结果，全省森林覆盖率为 61.24%（含灌木林）。完成水土流失治理面积为 420.6 平方公里。

年末有新一代天气雷达站 15 个，气象卫星接收站 15 个，地面自动气象观测站 5203 个。全年霾平均日数 27 天。11 个设区城市环境空气 PM2.5 年平均浓度为 24 微克/立方米，与上年持平；日空气质量优良天数比例为 77.8%~97.8%，平均为 89.3%。66 个县级以上城市日空气质量优良天数比例为 77.8%~100% ，平均为 94.2%。

296 个省控断面中，III类及以上水质断面占 97.6%，比上年提高 2.4 个百分点；满足水环境功能区目标水质要求断面占 99.0%，提高 0.4 个百分点。按达标水量和个数统计，11 个设区城市的主要集中式饮用水水源以及县级以上城市集中式饮用水水源水质达标率为 100%。143 个跨行政区域河流交接断面满足水环境功能区目标水质占 99.3%，与上年持平。近岸海域共发现赤潮 17 次，累计影响面积 1552 平方千米，其中有害赤潮 1 次，累计面积 20 平方千米，未造成直接经济损失。与上年相比，全年赤潮发现次数减少 5 次，累计影响面积减少 5531.6 平方千米。

全年城市（县城）污水排放量 45.3 亿立方米，污水处理量 44 亿立方米，污水处理率为 97.2%，与上年基本持平；城市（县城）生活垃圾无害化处理率 100%；用水普及率 100%；燃气普及率 100%。

累计建成国家生态文明建设示范区 42 个，国家“绿水青山就是金山银山”实践创新基地 12 个，省级生态文明建设示范市 8 个，省级生态文明建设示范县（市、区）81 个。

全省规模以上工业能耗总量比上年增长 11.9%，单位增加值能耗上升 7.4%。其中，千吨以上和重点监测用能企业能源消费量分别增长 10.1%和 11.8%，单位增加值能耗分别上升 5.4%和 5.7%。

全年发生各类生产安全事故（包括工矿商贸、道路运输、水上运输、渔业船舶、铁路运输事故）861 起、死亡 707 人，比上年分别下降 31.2%、30%，其中，道路运输共发生事故 584 起、死亡 439 人，比上年分别下降 36.9%、34.1%。

注释：

[1]本公报所列各项数据均为年度初步统计数据，最终核实数以中国统计出版社出版的《浙江统计年鉴—2023》公布的数据为准。部分数据因四舍五入原因，存在与分项合计不等的情况。

[2]地区生产总值、三次产业及相关行业增加值、人均地区生产总值绝对数按现价计算，增长速度按不变价格计算。

[3]就业人员为预计数。

[4]全员劳动生产率为地区生产总值（现价）与全部就业人员年平均人数的比率。

[5]辖区内年营业收入 2000 万元及以上服务业法人单位。包括：交通运输、仓储和邮政业，信息传输、软件和信息技术服务业，水利、环境和公共设施管理业三个门类和卫生行业大类。辖区内年营业收入 1000 万元及以上服务业法人单位。包括：租赁和商务服务业，科学研究和技术服务业，教育三个门类，以及物业管理、房地产中介服务、房地产租赁经营和其他房地产业四个行业小类。辖区内年营业收入 500 万元及以上服务业法人单位。包括：居民服务、修理和其他服务业，文化、体育和娱乐业两个门类，以及社会工作行业大类。

[6]统计范围是全部港口。

[7]邮政业务总量按 2020 年不变价计算。

[8]电信业务总量按 2021 年不变价计算。

[9]5G 基站总数为建设部门口径数据。

[10]2022 年研究与试验发展（R&D）经费支出为预计数；根据国家统计局对 2021 年 GDP 最终核实结果，2021 年浙江省 R&D 经费与 GDP 之比相应修订为 2.91%。

[11]经常参加体育锻炼的人指每周参加 3 次及以上，每次锻炼时间 30 分钟以上、锻炼强度达到中等及以上的人。

资料来源：

本公报中财政数据来自省财政厅；城镇新增就业、基本养老保险等数据来自省人力社保厅；水产品产量、粮食生产功能区、现代农业园区、农作物耕种收综合机械化水平、良种覆盖率、农作物测土配方施肥覆盖率、“三品一标”建设、示范性农业全产业链、农村生活垃圾处理、美丽乡村建设、村级集体经济收入、城乡公共服务均等化、农民素质提升工程培训、农村公厕等数据来自省农业农村厅；商品交易实体市场和交易额、“浙江制造”标准、专利等数据来自省市场监管局（知识产权局）；货物进出口等数据来自杭州海关；外商直接投资、对外投资、国外经济合作、对外承包工程、外派劳务等数据来自省商务厅；公路里程、民航运输、货物周转量、旅客周转量、港口货物吞吐量、集装箱吞吐量等数据来自省交通运输厅；汽车拥有量等数据来自省公安厅；邮政业务、快递业务量等数据来自省邮政管理局；电信业务总量、电话用户、互联网用户等数据来自省通信管理局；公共图书馆、文化馆、博物馆、旅游等数据来自省文化和旅游厅；货币金融数据来自人民银行杭州中心支行；上市公司数据来自浙江证监局；保险业数据来自浙江银保监局；教育数据来自省教育厅；企业技术中心、高新技术企业、科技型中小企业、科技进步贡献率等数据来自省科技厅；卫生、诊疗数据来自省卫生健康委；广播电视数据来自省广电局；电影、出版数据来自省委宣传部；体育、体育彩票等数据来自省体育局；低保、社会服务、福利彩票等数据来自省民政厅；水资源、水土流失治理面积等数据来自省水利厅；森林资源数据来自省林业局；气象数据来自省气象局；生态建设、环境监测等数据来自省生态环境厅；城市污水处理、城市生活垃圾处理、用水和燃气普及率等数据来自省建设厅；各类事故发生起数、死亡人数等数据来自省应急管理厅；医疗保险等数据来自省医保局；价格、粮食产量、生猪存出栏、城乡居民收支、家庭耐用品拥有量等数据来自国家统计局浙江调查总队；其它数据均来自于省统计局。

中华人民共和国2022年国民经济和社会发展统计公报[1]

国家统计局

2023年2月28日

2022年是党和国家历史上极为重要的一年。党的二十大胜利召开，擘画了全面建设社会主义现代化国家、以中国式现代化全面推进中华民族伟大复兴的宏伟蓝图。面对风高浪急的国际环境和艰巨繁重的国内改革发展稳定任务，在以习近平同志为核心的党中央坚强领导下，各地区各部门坚持以习近平新时代中国特色社会主义思想为指导，按照党中央、国务院决策部署，统筹国内国际两个大局，统筹疫情防控和经济社会发展，统筹发展和安全，坚持稳中求进工作总基调，完整、准确、全面贯彻新发展理念，加快构建新发展格局，着力推动高质量发展，加大宏观调控力度，应对超预期因素冲击，经济保持增长，发展质量稳步提升，创新驱动深入推进，改革开放蹄疾步稳，就业物价总体平稳，粮食安全、能源安全和人民生活得到有效保障，经济社会大局保持稳定，全面建设社会主义现代化国家新征程迈出坚实步伐。

一、综合

初步核算，全年国内生产总值[2]1210207亿元，比上年增长3.0%。其中，第一产业增加值88345亿元，比上年增长4.1%；第二产业增加值483164亿元，增长3.8%；第三产业增加值638698亿元，增长2.3%。第一产业增加值占国内生产总值比重为7.3%，第二产业增加值比重为39.9%，第三产业增加值比重为52.8%。全年最终消费支出拉动国内生产总值增长1.0个百分点，资本形成总额拉动国内生产总值增长1.5个百分点，货物和服务净出口拉动国内生产总值增长0.5个百分点。全年人均国内生产总值85698元，比上年增长3.0%。国民总收入[3]1197215亿元，比上年增长2.8%。全员劳动生产率[4]为152977元/人，比上年提高4.2%。

（图1　2018-2022年国内生产总值及其增长速度，略）

（图2　2018-2022年三次产业增加值占国内生产总值比重，略）

（图3　2018-2022年全员劳动生产率，略）[5]

年末全国人口[6]141175万人，比上年末减少85万人，其中城镇常住人口92071万人。全年出生人口956万人，出生率为6.77‰；死亡人口1041万人，死亡率为7.37‰；自然增长率为-0.60‰。

表1　2022年年末人口数及其构成

指　　标	年末数（万人）	比重（%）
全国人口	141175	100.0
其中：城镇	92071	65.2
乡村	49104	34.8
其中：男性	72206	51.1
女性	68969	48.9
其中：0-15岁（含不满16周岁）[7]	25615	18.1
16-59岁（含不满60周岁）	87556	62.0
60周岁及以上	28004	19.8
其中：65周岁及以上	20978	14.9

年末全国就业人员73351万人，其中城镇就业人员45931万人，占全国就业人员比重为62.6%。全年城镇新增就业1206万人，比上年少增63万人。全年全国城镇调查失业率平均值为5.6%。年末全国城镇调查失业率为5.5%。全国农民工[8]总量29562万人，比上年增长1.1%。其中，外出农民工17190万人，增长0.1%；本地农民工12372万人，增长2.4%。

（图4　2018-2022年城镇新增就业人数，略）

全年居民消费价格比上年上涨 2.0%。工业生产者出厂价格上涨 4.1%。工业生产者购进价格上涨6.1%。农产品生产者价格[9]上涨0.4%。12月份，70个大中城市中，新建商品住宅销售价格同比上涨的城市个数为16个，持平的为1个，下降的为53个；二手住宅销售价格同比上涨的城市个数为6个，下降的为64个。

（图5　2022年居民消费价格月度涨跌幅度，略）

表2　2022年居民消费价格比上年涨跌幅度

单位：%

指　　标	全国	城市	农村
居民消费价格	2.0	2.0	2.0
其中：食品烟酒	2.4	2.6	2.1
衣　着	0.5	0.6	0.3
居　住[10]	0.7	0.5	1.3
生活用品及服务	1.2	1.2	1.0
交通通信	5.2	5.2	5.0
教育文化娱乐	1.8	1.9	1.7
医疗保健	0.6	0.6	0.8
其他用品及服务	1.6	1.5	2.0

年末国家外汇储备31277亿美元，比上年末减少1225亿美元。全年人民币平均汇率为1美元兑6.7261元人民币，比上年贬值4.1%。

（图6　2018-2022年年末国家外汇储备，略）

新产业新业态新模式较快成长。全年规模以上工业中，高技术制造业[11]增加值比上年增长7.4%，占规模以上工业增加值的比重为15.5%；装备制造业[12]增加值增长5.6%，占规模以上工业增加值的比重为31.8%。全年规模以上服务业[13]中，战略性新兴服务业[14]企业营业收入比上年增长 4.8%。全年高技术产业投资[15]比上年增长18.9%。全年新能源汽车产量700.3万辆，比上年增长90.5%；太阳能电池（光伏电池）产量3.4亿千瓦，增长46.8%。全年电子商务交易额[16]438299亿元，按可比口径计算，比上年增长3.5%。全年网上零售额[17]137853亿元，按可比口径计算，比上年增长4.0%。全年新登记市场主体2908万户，日均新登记企业2.4万户，年末市场主体总数近1.7亿户。

城乡区域协调发展稳步推进。年末全国常住人口城镇化率为65.22%，比上年末提高0.50个百分点。分区域看[18]，全年东部地区生产总值622018亿元，比上年增长2.5%；中部地区生产总值266513亿元，增长4.0%；西部地区生产总值256985亿元，增长3.2%；东北地区生产总值57946亿元，增长1.3%。全年京津冀地区生产总值100293亿元，比上年增长2.0%；长江经济带地区生产总值559766亿元，增长3.0%；长江三角洲地区生产总值290289亿元，增长2.5%。粤港澳大湾区建设、黄河流域生态保护和高质量发展等区域重大战略扎实推进。

（图7　2018-2022年年末常住人口城镇化率，略）

绿色转型发展迈出新步伐。全年全国万元国内生产总值能耗[19]比上年下降0.1%。全年水电、核电、风电、太阳能发电等清洁能源发电量29599亿千瓦时，比上年增长8.5%。在监测的339个地级及以上城市中，全年空气质量达标的城市占62.8%，未达标的城市占37.2%；细颗粒物（PM2.5）年平均浓度29微克/立方米，比上年下降3.3%。3641个国家地表水考核断面中，全年水质优良（Ⅰ～Ⅲ类）断面比例为87.9%，Ⅳ类断面比例为9.7%，Ⅴ类断面比例为1.7%，劣Ⅴ类断面比例为0.7%。

二、农业

全年粮食种植面积11833万公顷，比上年增加70万公顷。其中，稻谷种植面积2945万公顷，减少47万公顷；小麦种植面积2352万公顷，减少5万公顷；玉米种植面积4307万公顷，减少25万公顷；大豆种植面积1024万公顷，增加183万公顷。棉花种植面积300万公顷，减少3万公顷。油料种植面积1314万公顷，增加4万公顷。糖料种植面积147万公顷，增加1万公顷。

全年粮食产量68653万吨，比上年增加368万吨，增产0.5%。其中，夏粮产量14740万吨，增产1.0%；早稻产量2812万吨，增产0.4%；秋粮产量51100万吨，增产0.4%。全年谷物产量63324万吨，比上年增产0.1%。其中，稻谷产量20849万吨，减产2.0%；小麦产量13772万吨，增产0.6%；玉米产量27720万吨，增产1.7%。大豆产量2028万吨，增产23.7%。

（图8　2018-2022年粮食产量，略）

全年棉花产量598万吨，比上年增产4.3%。油料产量3653万吨，增产1.1%。糖料产量11444万吨，减产0.1%。茶叶产量335万吨，增产5.7%。

全年猪牛羊禽肉产量9227万吨，比上年增长3.8%。其中，猪肉产量5541万吨，增长4.6%；牛肉产量718万吨，增长3.0%；羊肉产量525万吨，增长2.0%；禽肉产量2443万吨，增长2.6%。禽蛋产量3456万吨，增长1.4%。牛奶产量3932万吨，增长6.8%。年末生猪存栏45256万头，比上年末增长0.7%；全年生猪出栏69995万头，比上年增长4.3%。

全年水产品产量6869万吨，比上年增长2.7%。其中，养殖水产品产量5568万吨，增长3.2%；捕捞水产品产量1301万吨，增长0.4%。

全年木材产量10693万立方米，比上年下降7.7%。

全年新增耕地灌溉面积78万公顷，新增高效节水灌溉面积161万公顷。

三、工业和建筑业

全年全部工业增加值401644亿元，比上年增长3.4%。规模以上工业增加值增长3.6%。在规模以上工业中，分经济类型看，国有控股企业增加值增长3.3%；股份制企业增长4.8%，外商及港澳台商投资企业下降1.0%；私营企业增长2.9%。分门类看，采矿业增长7.3%，制造业增长3.0%，电力、热力、燃气及水生产和供应业增长5.0%。

（图9　2018-2022年全部工业增加值及其增长速度，略）

全年规模以上工业中，农副食品加工业增加值比上年增长0.7%，纺织业下降2.7%，化学原料和化学制品制造业增长6.6%，非金属矿物制品业下降1.5%，黑色金属冶炼和压延加工业增长1.2%，通用设备制造业下降1.2%，专用设备制造业增长3.6%，汽车制造业增长6.3%，电气机械和器材制造业增长11.9%，计算机、通信和其他电子设备制造业增长7.6%，电力、热力生产和供应业增长5.1%。

年末全国发电装机容量256405万千瓦，比上年末增长7.8%。其中[23]，火电装机容量133239万千瓦，增长2.7%；水电装机容量41350万千瓦，增长5.8%；核电装机容量5553万千瓦，增长4.3%；并网风电装机容量36544万千瓦，增长11.2%；并网太阳能发电装机容量39261万千瓦，增长28.1%。

表 3　2022 年主要工业产品产量及其增长速度[20]

产品名称	单位	产量	比上年增长（%）
纱	万吨	2719.1	-5.4
布	亿米	467.5	-6.9
化学纤维	万吨	6697.8	-0.2
成品糖	万吨	1486.8	2.6
卷烟	亿支	24321.5	0.6
彩色电视机	万台	19578.3	5.8
家用电冰箱	万台	8664.4	-3.6
房间空气调节器	万台	22247.3	1.9
一次能源生产总量	亿吨标准煤	46.6	9.2
原煤	亿吨	45.6	10.5
原油	万吨	20472.2	2.9
天然气	亿立方米	2201.1	6.0
发电量	亿千瓦时	88487.1	3.7
其中：火电[21]	亿千瓦时	58887.9	1.4
水电	亿千瓦时	13522.0	1.0
核电	亿千瓦时	4177.8	2.5
风电	亿千瓦时	7626.7	16.2
太阳能发电	亿千瓦时	4272.7	31.2
粗钢	万吨	101795.9	-1.7
钢材[22]	万吨	134033.5	0.3
十种有色金属	万吨	6793.6	4.9
其中：精炼铜（电解铜）	万吨	1106.3	5.5
原铝（电解铝）	万吨	4021.4	4.4
水泥	亿吨	21.3	-10.5
硫酸（折 100%）	万吨	9504.6	1.3
烧碱（折 100%）	万吨	3980.5	2.3
乙烯	万吨	2897.5	2.5
化肥（折 100%）	万吨	5573.3	0.5
发电机组（发电设备）	万千瓦	18376.1	15.0
汽车	万辆	2718.0	3.5
其中：新能源汽车	万辆	700.3	90.5
大中型拖拉机	万台	40.0	-2.8
集成电路	亿块	3241.9	-9.8
程控交换机	万线	883.8	26.3
移动通信手持机	万台	156080.0	-6.1
微型计算机设备	万台	43418.2	-7.0
工业机器人	万套	44.3	21.0
太阳能电池（光伏电池）	万千瓦	34364.2	46.8
充电桩	万个	191.5	80.3

全年建筑业增加值 83383 亿元，比上年增长 5.5%。全国具有资质等级的总承包和专业承包建筑业企业利润 8369 亿元，比上年下降 1.2%，其中国有控股企业 3922 亿元，增长 8.4%。

（图 10　2018-2022 年建筑业增加值及其增长速度，略）

四、服务业

全年批发和零售业增加值 114518 亿元，比上年增长 0.9%；交通运输、仓储和邮政业增加值 49674 亿元，下降 0.8%；住宿和餐饮业增加值 17855 亿元，下降 2.3%；金融业增加值 96811 亿元，增长 5.6%；房地产业增加值 73821 亿元，下降 5.1%；信息传输、软件和信息技术服务业增加值 47934 亿元，增长 9.1%；租赁和商务服务业增加值 39153 亿元，增长 3.4%。全年规模以上服务业企业营业收入比上年增长 2.7%，利润总额增长 8.5%。

（图 11　2018-2022 年服务业增加值及其增长速度，略）

全年货物运输总量[26]506 亿吨，货物运输周转量 226122 亿吨公里。全年港口完成货物吞吐量 157 亿吨，比上年增长 0.9%，其中外贸货物吞吐量 46 亿吨，下降 1.9%。港口集装箱吞吐量 29587 万标准箱，增长 4.7%。

表 4　2022 年各种运输方式完成货物运输量及其增长速度

指　　标	单位	绝对数	比上年增长（%）
货物运输总量	亿吨	514.7	-3.0
铁路	亿吨	49.3	4.5
公路	亿吨	371.2	-5.5
水路	亿吨	85.5	3.8
民航	万吨	607.6	-17.0
管道	亿吨	8.6	3.1
货物运输周转量	亿吨公里	231743.5	3.4
铁路	亿吨公里	35906.5	8.2
公路	亿吨公里	68958.0	-1.2
水路	亿吨公里	121003.1	4.7
民航	亿吨公里	254.1	-8.7
管道	亿吨公里	5621.8	3.7

全年旅客运输总量 56 亿人次，比上年下降 32.7%。旅客运输周转量 12921 亿人公里，下降 34.6%。

表 5　2022 年各种运输方式完成旅客运输量及其增长速度

指　　标	单位	绝对数	比上年增长（%）
旅客运输总量	亿人次	55.9	-32.7
铁路	亿人次	16.7	-35.9
公路	亿人次	35.5	-30.3
水路	亿人次	1.2	-28.8
民航	亿人次	2.5	-42.9
旅客运输周转量	亿人公里	12921.4	-34.6
铁路	亿人公里	6577.5	-31.3
公路	亿人公里	2407.5	-33.7
水路	亿人公里	22.6	-31.7
民航	亿人公里	3913.7	-40.1

年末全国民用汽车保有量31903万辆（包括三轮汽车和低速货车719万辆），比上年末增加1752万辆，其中私人汽车保有量27873万辆，增加1627万辆。民用轿车保有量17740万辆，增加1003万辆，其中私人轿车保有量16685万辆，增加954万辆。

全年完成邮政行业业务总量[27]14317亿元，比上年增长4.5%。邮政业全年完成邮政函件业务9.4亿件，包裹业务0.2亿件，快递业务量1105.8亿件，快递业务收入10567亿元。全年完成电信业务总量[28]17498亿元，比上年增长21.3%。年末移动电话基站数[29]1083万个，其中4G基站603万个，5G基站231万个。全国电话用户总数186286万户，其中移动电话用户168344万户。移动电话普及率为119.2部/百人。固定互联网宽带接入用户[30]58965万户，比上年末增加5386万户，其中100M速率及以上的宽带接入用户[31]55380万户，增加5513万户。蜂窝物联网终端用户[32]18.45亿户，增加4.47亿户。互联网上网人数10.67亿人，其中手机上网人数[33]10.65亿人。互联网普及率为75.6%，其中农村地区互联网普及率为61.9%。全年移动互联网用户接入流量2618亿GB，比上年增长18.1%。全年软件和信息技术服务业[34]完成软件业务收入108126亿元，按可比口径计算，比上年增长11.2%。

（图12　2018-2022年快递业务量及其增长速度，略）

（图13　2018-2022年年末固定互联网宽带接入用户数，略）

五、国内贸易

全年社会消费品零售总额439733亿元，比上年下降0.2%。按经营地统计，城镇消费品零售额380448亿元，下降0.3%；乡村消费品零售额59285亿元，与上年基本持平。按消费类型统计，商品零售额395792亿元，增长0.5%；餐饮收入额43941亿元，下降6.3%。

（图14　2018-2022年社会消费品零售总额及其增长速度，略）

全年限额以上单位商品零售额中，粮油、食品类零售额比上年增长8.7%，饮料类增长5.3%，烟酒类增长2.3%，服装、鞋帽、针纺织品类下降6.5%，化妆品类下降4.5%，金银珠宝类下降1.1%，日用品类下降0.7%，家用电器和音像器材类下降3.9%，中西药品类增长12.4%，文化办公用品类增长4.4%，家具类下降7.5%，通讯器材类下降3.4%，石油及制品类增长9.7%，汽车类增长0.7%，建筑及装潢材料类下降6.2%。

全年实物商品网上零售额119642亿元，按可比口径计算，比上年增长6.2%，占社会消费品零售总额的比重为27.2%。

六、固定资产投资

全年全社会固定资产投资579556亿元，比上年增长4.9%。固定资产投资（不含农户）572138亿元，增长5.1%。在固定资产投资（不含农户）中，分区域看[35]，东部地区投资增长3.6%，中部地区投资增长8.9%，西部地区投资增长4.7%，东北地区投资增长1.2%。

表6　2022年分行业固定资产投资（不含农户）增长速度

行　　业	比上年增长（%）	行　　业	比上年增长（%）
总　　计	**5.1**	金融业	10.5
农、林、牧、渔业	4.2	房地产业[39]	-8.4
采矿业	4.5	租赁和商务服务业	14.5
制造业	9.1	科学研究和技术服务业	21.0
电力、热力、燃气及水生产和供应业	19.3	水利、环境和公共设施管理业	10.3
建筑业	2.0	居民服务、修理和其他服务业	21.8
批发和零售业	5.3	教育	5.4
交通运输、仓储和邮政业	9.1	卫生和社会工作	26.1
住宿和餐饮业	7.5	文化、体育和娱乐业	3.5
信息传输、软件和信息技术服务业	21.8	公共管理、社会保障和社会组织	42.1

在固定资产投资（不含农户）中，第一产业投资 14293 亿元，比上年增长 0.2%；第二产业投资 184004 亿元，增长 10.3%；第三产业投资 373842 亿元，增长 3.0%。民间固定资产投资[36]310145 亿元，增长 0.9%。基础设施投资[37]增长 9.4%。社会领域投资[38]增长 10.9%。

（图 15　2022 年三次产业投资占固定资产投资（不含农户）比重，略）

表 7　2022 年固定资产投资新增主要生产与运营能力

指　　标	单位	绝对数
新增 220 千伏及以上变电设备	万千伏安	25839
新建铁路投产里程	公里	4100
其中：高速铁路	公里	2082
增、新建铁路复线投产里程	公里	2658
电气化铁路投产里程	公里	3452
新改建高速公路里程	公里	8771
港口万吨级及以上码头泊位新增通过能力	万吨/年	25561
新增民用运输机场	个	6
新增光缆线路长度	万公里	477

全年房地产开发投资 132895 亿元，比上年下降 10.0%。其中住宅投资 100646 亿元，下降 9.5%；办公楼投资 5291 亿元，下降 11.4%；商业营业用房投资 10647 亿元，下降 14.4%。年末商品房待售面积 56366 万平方米，比上年末增加 5343 万平方米，其中商品住宅待售面积 26947 万平方米，增加 4186 万平方米。

全年全国各类棚户区改造开工 134 万套，基本建成 181 万套；全国保障性租赁住房开工建设和筹集 265 万套（间）。全年全国新开工改造城镇老旧小区 5.25 万个，涉及居民 876 万户。

表 8　2022 年房地产开发和销售主要指标及其增长速度

指　　标	单位	绝对数	比上年增长（%）
投资额	亿元	132895	-10.0
其中：住宅	亿元	100646	-9.5
房屋施工面积	万平方米	904999	-7.2
其中：住宅	万平方米	639696	-7.3
房屋新开工面积	万平方米	120587	-39.4
其中：住宅	万平方米	88135	-39.8
房屋竣工面积	万平方米	86222	-15.0
其中：住宅	万平方米	62539	-14.3
商品房销售面积	万平方米	135837	-24.3
其中：住宅	万平方米	114631	-26.8
本年到位资金	亿元	148979	-25.9
其中：国内贷款	亿元	17388	-25.4
个人按揭贷款	亿元	23815	-26.5

七、对外经济

全年货物进出口总额 420678 亿元，比上年增长 7.7%。其中，出口 239654 亿元，增长 10.5%；进口

181024 亿元，增长 4.3%。货物进出口顺差 58630 亿元，比上年增加 15330 亿元。对“一带一路”[40]沿线国家进出口总额 138339 亿元，比上年增长 19.4%。其中，出口 78877 亿元，增长 20.0%；进口 59461 亿元，增长 18.7%。对《区域全面经济伙伴关系协定》（RCEP）其他成员国[41]进出口额 129499 亿元，比上年增长 7.5%。

（图 16　2018-2022 年货物进出口总额，略）

表 9　2022 年货物进出口总额及其增长速度

指　　标	金额（亿元）	比上年增长（%）
货物进出口总额	420678	7.7
货物出口额	239654	10.5
其中：一般贸易	152468	15.4
加工贸易	53952	1.1
其中：机电产品	136973	7.0
高新技术产品	63391	0.3
货物进口额	181024	4.3
其中：一般贸易	115624	6.7
加工贸易	30574	-3.2
其中：机电产品	69661	-5.4
高新技术产品	50864	-6.0
货物进出口顺差	58630	35.4

表 10　2022 年主要商品出口数量、金额及其增长速度

商品名称	单位	数量	比上年增长（%）	金额（亿元）	比上年增长（%）
钢材	万吨	6732	0.9	6427	22.3
纺织纱线、织物及制品	—	—	—	9836	4.9
服装及衣着附件	—	—	—	11713	6.7
鞋靴	万双	929318	6.6	3844	24.4
家具及其零件	—	—	—	4639	-2.5
箱包及类似容器	万吨	297	22.2	2378	32.6
玩具	—	—	—	3229	9.1
塑料制品	—	—	—	7188	12.7
集成电路	亿个	2734	-12.0	10254	3.5
自动数据处理设备及其零部件	—	—	—	15701	-4.7
手机	万台	82224	-13.8	9527	0.9
集装箱	万个	321	-33.7	967	-36.1
液晶平板显示模组	万个	164560	—	1807	—
汽车（包括底盘）	万辆	332	56.8	4054	82.2

表 11　2022 年主要商品进口数量、金额及其增长速度

商品名称	单位	数量	比上年增长（%）	金额（亿元）	比上年增长（%）
大豆	万吨	9108	-5.6	4085	18.1
食用植物油	万吨	648	-37.6	606	-14.1
铁矿砂及其精矿	万吨	110686	-1.5	8498	-27.9
煤及褐煤	万吨	29320	-9.2	2855	22.2
原油	万吨	50828	-0.9	24350	45.9
成品油	万吨	2645	-2.5	1309	21.2
天然气	万吨	10925	-9.9	4683	30.3
初级形状的塑料	万吨	3058	-10.0	3734	-5.5
纸浆	万吨	2916	-1.8	1492	15.1
钢材	万吨	1057	-25.9	1136	-6.1
未锻轧铜及铜材	万吨	587	6.2	3610	6.5
集成电路	亿个	5384	-15.3	27663	-0.9
汽车（包括底盘）	万辆	88	-6.5	3529	1.2

表 12　2022 年对主要国家和地区货物进出口金额、增长速度及其比重

国家和地区	出口额（亿元）	比上年增长（%）	占全部出口比重（%）	进口额（亿元）	比上年增长（%）	占全部进口比重（%）
东　　盟	37907	21.7	15.8	27247	6.8	15.1
欧　　盟	37434	11.9	15.6	19034	-4.9	10.5
美　　国	38706	4.2	16.2	11834	1.9	6.5
韩　　国	10843	13.0	4.5	13278	-3.7	7.3
日　　本	11537	7.7	4.8	12295	-7.5	6.8
中国台湾	5423	7.2	2.3	15840	-1.8	8.8
中国香港	19883	-12.0	8.3	527	-16.0	0.3
俄 罗 斯	5123	17.5	2.1	7638	48.6	4.2
巴　　西	4128	19.3	1.7	7294	2.6	4.0
印　　度	7896	25.5	3.3	1160	-36.2	0.6
南　　非	1615	18.6	0.7	2173	2.0	1.2

全年服务进出口总额 59802 亿元，比上年增长 12.9%。其中，服务出口 28522 亿元，增长 12.1%；服务进口 31279 亿元，增长 13.5%。服务进出口逆差 2757 亿元。

全年外商直接投资[42]新设立企业 38497 家，比上年下降 19.2%。实际使用外商直接投资金额 12327 亿元，增长 6.3%，折 1891 亿美元，增长 8.0%。其中“一带一路”沿线国家对华直接投资（含通过部分自由港对华投资）新设立企业 4519 家，下降 15.3%；对华直接投资金额 891 亿元，增长 17.2%，折 137 亿美元，增长 18.6%。全年高技术产业实际使用外资 4449 亿元，增长 28.3%，折 683 亿美元，增长 30.9%。

表 13　2022 年外商直接投资及其增长速度

行　业	企业数（家）	比上年增长（%）	实际使用金额（亿元）	比上年增长（%）
总　计	**38497**	**-19.2**	**12327**	**6.3**
其中：农、林、牧、渔业	420	-14.5	80	44.6
制造业	3570	-19.9	3237	46.1
电力、热力、燃气及水生产和供应业	523	12.5	276	10.8
交通运输、仓储和邮政业	602	-13.1	347	-1.1
信息传输、软件和信息技术服务业	3059	-24.5	1548	15.1
批发和零售业	10894	-18.6	961	-12.5
房地产业	581	-48.4	914	-41.8
租赁和商务服务业	7473	-19.6	2148	-2.1
居民服务、修理和其他服务业	411	-21.3	19	-38.6

全年对外非金融类直接投资额 7859 亿元，比上年增长 7.2%，折 1169 亿美元，增长 2.8%。其中，对“一带一路”沿线国家非金融类直接投资额 1410 亿元，增长 7.7%，折 210 亿美元，增长 3.3%。

表 14　2022 年对外非金融类直接投资额及其增长速度

行　业	金额（亿美元）	比上年增长（%）
总　计	**1168.5**	**2.8**
其中：农、林、牧、渔业	8.3	-26.5
采矿业	50.1	0.6
制造业	216.0	17.4
电力、热力、燃气及水生产和供应业	35.2	-28.0
建筑业	64.0	14.9
批发和零售业	211.0	19.5
交通运输、仓储和邮政业	45.6	-10.6
信息传输、软件和信息技术服务业	54.9	-27.1
房地产业	24.2	-2.8
租赁和商务服务业	387.6	5.8

全年对外承包工程完成营业额 10425 亿元，比上年增长 4.3%，折 1550 亿美元，与上年基本持平。其中，对“一带一路”沿线国家完成营业额 849 亿美元，下降 5.3%，占对外承包工程完成营业额比重为 54.8%。对外劳务合作派出各类劳务人员 26 万人。

八、财政金融

全年全国一般公共预算收入 203703 亿元，比上年增长 0.6%；其中税收收入 166614 亿元，下降 3.5%。全国一般公共预算支出 260609 亿元，比上年增长 6.1%。全年新增减税降费及退税缓税缓费超 4.2 万亿元，其中累计退到纳税人账户的增值税留抵退税款 2.46 万亿元，新增减税降费超 1 万亿元，办理缓税缓费超 7500 亿元。

（图 17　2018-2022 年全国一般公共预算收入，略）

年末广义货币供应量（M2）余额 266.4 万亿元，比上年末增长 11.8%；狭义货币供应量（M1）余额 67.2 万亿元，增长 3.7%；流通中货币（M0）余额 10.5 万亿元，增长 15.3%。

全年社会融资规模增量[43]32.0 万亿元，按可比口径计算，比上年多 0.7 万亿元。年末社会融资规模存量[44]344.2 万亿元，按可比口径计算，比上年末增长 9.6%，其中对实体经济发放的人民币贷款余额 212.4 万亿元，增长 10.9%。年末全部金融机构本外币各项存款余额 264.4 万亿元，比年初增加 25.9 万亿元，其中人民币各项存款余额 258.5 万亿元，增加 26.3 万亿元。全部金融机构本外币各项贷款余额 219.1 万亿元，增加 20.6 万亿元，其中人民币各项贷款余额 214.0 万亿元，增加 21.3 万亿元。人民币普惠金融贷款[45]余额 32.1 万亿元，增加 5.6 万亿元。

表 15　2022 年年末全部金融机构本外币存贷款余额及其增长速度

指　　标	年末数（亿元）	比上年末增长（%）
各项存款	2644472	10.8
其中：境内住户存款	1212110	17.3
其中：人民币	1203387	17.4
境内非金融企业存款	779398	6.8
各项贷款	2191029	10.4
其中：境内短期贷款	560304	7.7
境内中长期贷款	1427739	10.6

年末主要农村金融机构（农村信用社、农村合作银行、农村商业银行）人民币贷款余额 267195 亿元，比年初增加 24702 亿元。全部金融机构人民币消费贷款余额 560361 亿元，增加 11522 亿元。其中，住户短期消费贷款余额 93473 亿元，减少 90 亿元；住户中长期消费贷款余额 466888 亿元，增加 11613 亿元。

全年沪深交易所 A 股累计筹资[46]15109 亿元，比上年减少 1634 亿元。沪深交易所首次公开发行上市 A 股 341 只，筹资 5704 亿元，比上年增加 353 亿元，其中科创板股票 123 只，筹资 2520 亿元；沪深交易所 A 股再融资（包括公开增发、定向增发、配股、优先股、可转债转股）9405 亿元，减少 1986 亿元。北京证券交易所公开发行股票 83 只，筹资[47]164 亿元。全年各类主体通过沪深北交易所发行债券（包括公司债券、资产支持证券、国债、地方政府债券和政策性银行债券）筹资 64494 亿元，其中沪深交易所共发行上市基础设施领域不动产投资信托基金（REITs）13 只，募集资金 419 亿元。全国中小企业股份转让系统[48]挂牌公司 6580 家，全年挂牌公司累计股票筹资 232 亿元。

全年发行公司信用类债券[49]13.7 万亿元，比上年减少 1.0 万亿元。

全年保险公司原保险保费收入[50]46957 亿元，按可比口径计算，比上年增长 4.6%。其中，寿险业务原保险保费收入 24519 亿元，健康险和意外伤害险业务原保险保费收入 9726 亿元，财产险业务原保险保费收入 12712 亿元。支付各类赔款及给付 15485 亿元。其中，寿险业务给付 3791 亿元，健康险和意外伤害险业务赔款及给付 3937 亿元，财产险业务赔款 7757 亿元。

九、居民收入消费和社会保障

全年全国居民人均可支配收入 36883 元，比上年增长 5.0%，扣除价格因素，实际增长 2.9%。全国居民人均可支配收入中位数[51]31370 元，增长 4.7%。按常住地分，城镇居民人均可支配收入 49283 元，比上年增长 3.9%，扣除价格因素，实际增长 1.9%。城镇居民人均可支配收入中位数 45123 元，增长 3.7%。农村居民人均可支配收入 20133 元，比上年增长 6.3%，扣除价格因素，实际增长 4.2%。农村居民人均可支配收入中位数 17734 元，增长 4.9%。城乡居民人均可支配收入比值为 2.45，比上年缩小 0.05。按全国居民五等份收入分组[52]，低收入组人均可支配收入 8601 元，中间偏下收入组人均可支配收入 19303 元，中间收入组人均可支配收入30598元，中间偏上收入组人均可支配收入47397元，高收入组人均可支配收入90116元。全国农民工人均月收入4615元，比上年增长4.1%。全年脱贫县[53]农村居民人均可支配收入15111元，比上年增长7.5%，扣除价格因素，实际增长5.4%。

全年全国居民人均消费支出24538元，比上年增长1.8%，扣除价格因素，实际下降0.2%。其中，人均服务性消费支出[54]10590元，比上年下降0.5%，占居民人均消费支出的比重为43.2%。按常住地分，城镇居民人均消费支出30391元，增长0.3%，扣除价格因素，实际下降1.7%；农村居民人均消费支出16632元，增长4.5%，扣除价格因素，实际增长2.5%。全国居民恩格尔系数为30.5%，其中城镇为29.5%，农村为33.0%。

（图18　2018-2022年全国居民人均可支配收入及其增长速度，略）

（图19　2018-2022年全国居民人均消费支出及其构成，略）

年末全国参加城镇职工基本养老保险人数50349万人，比上年末增加2275万人。参加城乡居民基本养老保险人数54952万人，增加155万人。参加基本医疗保险人数[55]134570万人，其中参加职工基本医疗保险人数36242万人，参加城乡居民基本医疗保险人数98328万人。参加失业保险人数23807万人，增加849万人。年末全国领取失业保险金人数297万人。参加工伤保险人数29111万人，增加825万人，其中参加工伤保险的农民工9127万人，增加41万人。参加生育保险人数24608万人，增加856万人。年末全国共有683万人享受城市最低生活保障，3349万人享受农村最低生活保障，435万人享受农村特困人员[56]救助供养，全年临时救助[57]1083万人次。全年领取国家定期抚恤金、定期生活补助金的退役军人和其他优抚对象827万人。

年末全国共有各类提供住宿的民政服务机构4.3万个，其中养老机构4.0万个，儿童福利和救助保护机构899个。民政服务床位[58]849.1万张，其中养老服务床位822.3万张，儿童福利和救助保护机构床位10.0万张。年末共有社区服务中心2.9万个，社区服务站50.9万个。

十、科学技术和教育

全年研究与试验发展（R&D）经费支出30870亿元，比上年增长10.4%，与国内生产总值之比为2.55%，其中基础研究经费1951亿元。国家自然科学基金共资助5.19万个项目。截至年末，正在运行的国家重点实验室533个，纳入新序列管理的国家工程研究中心191个，国家企业技术中心1601家，大众创业万众创新示范基地212家。国家科技成果转化引导基金累计设立36支子基金，资金总规模624亿元。国家级科技企业孵化器[59]1425家，国家备案众创空间[60]2441家。全年授予专利权432.3万件，比上年下降6.0%；PCT专利申请受理量[61]7.4万件。截至年末，有效专利1787.9万件，其中境内有效发明专利328.0万件。每万人口高价值发明专利拥有量[62]9.4件。全年商标注册617.7万件，比上年下降20.2%。全年共签订技术合同77万项，技术合同成交金额47791亿元，比上年增长28.2%。我国公民具备科学素质[63]的比例达到12.93%。

（图20　2018-2022年研究与实验发展（R&D）经费支出及其增长速度，略）

表16　2022年专利授权和有效专利情况

指　　标	专利数（万件）	比上年增长（%）
专利授权数	432.3	-6.0
其中：境内专利授权	418.7	-5.9
其中：发明专利授权	79.8	14.7
其中：境内发明专利授权	68.9	19.2
年末有效专利数	1787.9	15.9
其中：境内有效专利	1671.9	17.0
其中：有效发明专利	421.2	17.1
其中：境内有效发明专利	328.0	21.3

全年成功完成 62 次宇航发射。问天实验舱、梦天实验舱发射成功，神舟十四号、十五号等任务相继实施，中国空间站全面建成。嫦娥五号发现月球新矿物“嫦娥石”。句芒号陆地生态系统碳监测卫星、大气环境监测卫星成功发射运行。长征八号运载火箭实现一箭 22 星发射。第三艘航空母舰福建舰下水。国产 C919 大型客机获得型号合格证并交付首架。投入商业运行的华龙一号自主三代核电机组保持安全稳定运行。

年末全国共有国家质检中心 869 家。全国现有产品质量、体系和服务认证机构 1128 个，累计完成对 94 万家企业的认证。全年制定、修订国家标准 2266 项，其中新制定 1382 项。全年制造业产品质量合格率[64]为 93.29%。

全年研究生教育招生 124.2 万人，在学研究生 365.4 万人，毕业生 86.2 万人。普通、职业本专科[65]招生 1014.5 万人，在校生 3659.4 万人，毕业生 967.3 万人。中等职业教育[66]招生 650.7 万人，在校生 1784.7 万人，毕业生 519.2 万人。普通高中招生 947.5 万人，在校生 2713.9 万人，毕业生 824.1 万人。初中招生 1731.4 万人，在校生 5120.6 万人，毕业生 1623.9 万人。普通小学招生 1701.4 万人，在校生 10732.0 万人，毕业生 1740.6 万人。特殊教育招生 14.6 万人，在校生 91.9 万人，毕业生 15.9 万人。学前教育在园幼儿 4627.5 万人。九年义务教育巩固率为 95.5%，高中阶段毛入学率为 91.6%。

（图 21　2018-2022 年本专科、中等职业教育及普通高中招生人数，略）

十一、文化旅游、卫生健康和体育

年末全国文化和旅游系统共有艺术表演团体 2023 个。全国共有公共图书馆 3303 个，总流通[67]72375 万人次；文化馆 3503 个。有线电视实际用户 1.99 亿户，其中有线数字电视实际用户 1.90 亿户。年末广播节目综合人口覆盖率为 99.6%，电视节目综合人口覆盖率为 99.8%。全年生产电视剧 160 部 5283 集，电视动画片 89094 分钟。全年生产故事影片 380 部，科教、纪录、动画和特种影片[68]105 部。出版各类报纸 266 亿份，各类期刊 20 亿册，图书 114 亿册（张），人均图书拥有量[69]8.09 册（张）。年末全国共有档案馆 4136 个，已开放各类档案 20886 万卷（件）。全年全国规模以上文化及相关产业企业营业收入 121805 亿元，按可比口径计算，比上年增长 0.9%。

全年国内游客 25.3 亿人次，比上年下降 22.1%。其中，城镇居民游客 19.3 亿人次，下降 17.7%；农村居民游客 6.0 亿人次，下降 33.5%。国内旅游收入 20444 亿元，下降 30.0%。其中，城镇居民游客花费 16881 亿元，下降 28.6%；农村居民游客花费 3563 亿元，下降 35.8%。

（图 22　2018-2022 年国内游客人次及其增长速度，略）

年末全国共有医疗卫生机构 103.3 万个，其中医院 3.7 万个，在医院中有公立医院 1.2 万个，民营医院 2.5 万个；基层医疗卫生机构 98.0 万个，其中乡镇卫生院 3.4 万个，社区卫生服务中心（站）3.6 万个，门诊部（所）32.1 万个，村卫生室 58.8 万个；专业公共卫生机构 1.3 万个，其中疾病预防控制中心 3385 个，卫生监督所（中心）2796 个。年末卫生技术人员 1155 万人，其中执业医师和执业助理医师 440 万人，注册护士 520 万人。医疗卫生机构床位 975 万张，其中医院 766 万张，乡镇卫生院 145 万张。全年总诊疗人次[70]84.0 亿人次，出院人数[71]2.5 亿人。

（图 23　2018-2022 年末卫生技术人员人数，略）

年末全国共有体育场地[72]422.7 万个，体育场地面积[73]37.0 亿平方米，人均体育场地面积 2.62 平方米。全年我国运动员在 15 个运动大项中获得 93 个世界冠军，共创 11 项世界纪录。在北京第 24 届冬奥会上，我国运动员共获得 9 枚金牌，奖牌总数 15 枚。全年我国残疾人运动员在 5 项国际赛事中获得 41 个世界冠军。在北京第 13 届冬残奥会上，我国运动员共获得 18 枚金牌，奖牌总数 61 枚，位列冬残奥会金牌榜和奖牌榜双第一位。

十二、资源、环境和应急管理

全年全国国有建设用地供应总量[74]76.6万公顷，比上年增长10.9%。其中，工矿仓储用地19.8万公顷，增长13.2%；房地产用地[75]11.0万公顷，下降19.4%；基础设施用地45.8万公顷，增长20.7%。

全年水资源总量26634亿立方米。全年总用水量5997亿立方米，比上年增长1.3%。其中，生活用水下降0.5%，工业用水下降7.7%，农业用水增长3.7%，人工生态环境补水增长8.3%。万元国内生产总值用水量[76]53立方米，下降1.6%。万元工业增加值用水量27立方米，下降10.8%。人均用水量425立方米，增长1.3%。

全年完成造林面积383万公顷，其中人工造林面积120万公顷，占全部造林面积的31.4%。种草改良面积[77]321万公顷。截至年末，国家公园5个。新增水土流失治理面积6.3万平方公里。

初步核算，全年能源消费总量54.1亿吨标准煤，比上年增长2.9%。煤炭消费量增长4.3%，原油消费量下降3.1%，天然气消费量下降1.2%，电力消费量增长3.6%。煤炭消费量占能源消费总量的56.2%，比上年上升0.3个百分点；天然气、水电、核电、风电、太阳能发电等清洁能源消费量占能源消费总量的25.9%，上升0.4个百分点。重点耗能工业企业单位电石综合能耗下降1.6%，单位合成氨综合能耗下降0.8%，吨钢综合能耗上升1.7%，单位电解铝综合能耗下降0.4%，每千瓦时火力发电标准煤耗下降0.2%。全国万元国内生产总值二氧化碳排放[78]下降0.8%。

（图24　2018-2022年清洁能源消费量占能源消费总量的比重，略）

全年近岸海域海水水质[79]达到国家一、二类海水水质标准的面积占81.9%，三类海水占4.1%，四类、劣四类海水占14.0%。

在开展城市区域声环境监测的320个城市中，全年昼间声环境质量好的城市占5.0%，较好的占66.3%，一般的占27.2%，较差的占1.2%，差的占0.3%。

全年平均气温为10.51℃，比上年下降0.02℃。共有4个台风登陆。

全年农作物受灾面积1207万公顷，其中绝收135万公顷。全年因洪涝和地质灾害造成直接经济损失1303亿元，因干旱灾害造成直接经济损失513亿元，因低温冷冻和雪灾造成直接经济损失125亿元，因海洋灾害造成直接经济损失24亿元。全年大陆地区共发生5.0级以上地震27次，造成直接经济损失224亿元。全年共发生森林火灾709起，受害森林面积约0.5万公顷。

全年各类生产安全事故共死亡20963人。工矿商贸企业就业人员10万人生产安全事故死亡人数1.097人，比上年下降20.2%；煤矿百万吨死亡人数0.054人，上升22.7%。道路交通事故万车死亡人数1.46人，下降7.0%。

注释：

[1]本公报中数据均为初步统计数。各项统计数据均未包括香港特别行政区、澳门特别行政区和台湾省。部分数据因四舍五入的原因，存在总计与分项合计不等的情况。

[2]国内生产总值、三次产业及相关行业增加值、地区生产总值、人均国内生产总值和国民总收入绝对数按现价计算，增长速度按不变价格计算。

[3]国民总收入，原称国民生产总值，是指一个国家或地区所有常住单位在一定时期内所获得的初次分配收入总额，等于国内生产总值加上来自国外的初次分配收入净额。

[4]全员劳动生产率为国内生产总值（按2020年价格计算）与全部就业人员的比率。

[5]见注释[4]。

[6]全国人口是指我国大陆31个省、自治区、直辖市和现役军人的人口，不包括居住在31个省、自治区、直辖市的港澳台居民和外籍人员。

[7]2022年年末，0-14岁（含不满15周岁）人口为23908万人，15-59岁（含不满60周岁）人口为89263万人。

[8]年度农民工数量包括年内在本乡镇以外从业6个月及以上的外出农民工和在本乡镇内从事非农产业6个月及以上的本地农民工。

[9]农产品生产者价格是指农产品生产者直接出售其产品时的价格。

[10]居住类价格包括租赁房房租、住房保养维修及管理、水电燃料、自有住房服务价格。

[11]高技术制造业包括医药制造业，航空、航天器及设备制造业，电子及通信设备制造业，计算机及办公设备制造业，医疗仪器设备及仪器仪表制造业，信息化学品制造业。

[12]装备制造业包括金属制品业，通用设备制造业，专用设备制造业，汽车制造业，铁路、船舶、航空航天和其他运输设备制造业，电气机械和器材制造业，计算机、通信和其他电子设备制造业，仪器仪表制造业。

[13]规模以上服务业统计范围包括：年营业收入2000万元及以上的交通运输、仓储和邮政业，信息传输、软件和信息技术服务业，水利、环境和公共设施管理业，卫生行业法人单位；年营业收入1000万元及以上的房地产业（不含房地产开发经营），租赁和商务服务业，科学研究和技术服务业，教育行业法人单位；以及年营业收入500万元及以上的居民服务、修理和其他服务业，文化、体育和娱乐业，社会工作行业法人单位。

[14]战略性新兴服务业包括新一代信息技术产业、高端装备制造产业、新材料产业、生物产业、新能源汽车产业、新能源产业、节能环保产业和数字创意产业等八大产业中的服务业相关行业，以及新技术与创新创业等相关服务业。2022年战略性新兴服务业企业营业收入增速按可比口径计算。

[15]高技术产业投资包括医药制造、航空航天器及设备制造等六大类高技术制造业投资和信息服务、电子商务服务等九大类高技术服务业投资。

[16]电子商务交易额是指通过电子商务交易平台（包括企业自建平台和第三方平台）实现的商品和服务交易额，包括对单位和对个人交易额。

[17]网上零售额是指通过公共网络交易平台（主要从事实物商品交易的网上平台，包括自建网站和第三方平台）实现的商品和服务零售额。

[18]东部地区是指北京、天津、河北、上海、江苏、浙江、福建、山东、广东和海南10省（市）；中部地区是指山西、安徽、江西、河南、湖北和湖南6省；西部地区是指内蒙古、广西、重庆、四川、贵州、云南、西藏、陕西、甘肃、青海、宁夏和新疆12省（区、市）；东北地区是指辽宁、吉林和黑龙江3省。

[19]万元国内生产总值能耗按2020年价格计算。

[20]2021年部分产品产量数据进行了核实调整，2022年产量增速按可比口径计算。

[21]火电包括燃煤发电量，燃油发电量，燃气发电量，余热、余压、余气发电量，垃圾焚烧发电量，生物质发电量。

[22]钢材产量数据中含企业之间重复加工钢材。

[23]少量发电装机容量（如地热等）公报中未列出。

[24]由于统计调查制度规定的调查范围变动、统计执法、剔除重复数据等因素，2022年规模以上工业企业财务指标增速及变化按可比口径计算。

[25]产能利用率是指实际产出与生产能力（均以价值量计量）的比率。企业的实际产出是指企业报告期内的工业总产值；企业的生产能力是指报告期内，在劳动力、原材料、燃料、运输等保证供给的情况下，生产设备（机械）保持正常运行，企业可实现并能长期维持的产品产出。

[26]货物运输总量及周转量包括铁路、公路、水路、民航和管道五种运输方式完成量，2022年增速按可比口径计算。

[27]邮政行业业务总量按2020年价格计算。

[28]电信业务总量按上年价格计算。

[29]移动电话基站数是指报告期末为小区服务的无线收发信设备，处理基站与移动台之间的无线通信，在移动交换机与移动台之间起中继作用，监视无线传输质量的全套设备数。

[30]固定互联网宽带接入用户是指报告期末在电信企业登记注册，通过xDSL、FTTx+LAN、FTTH/O以及其他宽带接入方式和普通专线接入公众互联网的用户。

[31]100M速率及以上的宽带接入用户是指报告期末下行速率大于或等于100Mbit/s的宽带接入用户。

[32]蜂窝物联网终端用户是指报告期末接入移动通信网络并开通物联网业务的用户。物联网终端即连接传感网络层和传输网络层，实现远程采集数据及向网络层发送数据的物联网设备。

[33]手机上网人数是指过去半年通过手机接入并使用互联网的人数。

[34]软件和信息技术服务业包括软件开发、集成电路设计、信息系统集成和物联网技术服务、运行维护服务、信息处理和存储支持服务、信息技术咨询服务、数字内容服务和其他信息技术服务等行业。

[35]见注释[18]。

[36]民间固定资产投资是指具有集体、私营、个人性质的内资企事业单位以及由其控股（包括绝对控股和相对控股）的企业单位建造或购置固定资产的投资。

[37]基础设施投资包括铁路运输业、道路运输业、水上运输业、航空运输业、管道运输业、多式联运和运输代理业、装卸搬运业、邮政业、电信广播电视和卫星传输服务业、互联网和相关服务业、水利管理业、生态保护和环境治理业、公共设

施管理业投资。

[38]社会领域投资包括教育，卫生和社会工作，文化、体育和娱乐业投资。

[39]房地产业投资除房地产开发投资外，还包括建设单位自建房屋以及物业管理、中介服务和其他房地产投资。

[40]“一带一路”是指“丝绸之路经济带”和“21世纪海上丝绸之路”。

[41]《区域全面经济伙伴关系协定》(RCEP)其他成员国包括印度尼西亚、马来西亚、菲律宾、泰国、新加坡、文莱、柬埔寨、老挝、缅甸、越南、日本、韩国、澳大利亚、新西兰。

[42]2022年外商投资统计调查制度进行修订，外商直接投资新设立企业数量、实际使用外商直接投资金额为包含银行、证券、保险领域的全口径数据，增速按可比口径计算。

[43]社会融资规模增量是指一定时期内实体经济从金融体系获得的资金总额。

[44]社会融资规模存量是指一定时期末（月末、季末或年末）实体经济从金融体系获得的资金余额。

[45]普惠金融贷款包括单户授信小于1000万元的小微型企业贷款、个体工商户经营性贷款、小微企业主经营性贷款、农户生产经营贷款、建档立卡贫困人口消费贷款、创业担保贷款和助学贷款。

[46]沪深交易所股票筹资额按上市日统计，筹资额包括了可转债实际转股金额，2021年、2022年可转债实际转股金额分别为1342亿元、934亿元。

[47]北京证券交易所股票筹资额按上市日统计。

[48]全国中小企业股份转让系统是2012年经国务院批准的全国性证券交易场所。全年全国中小企业股份转让系统挂牌公司累计筹资不含优先股，股票筹资按新增股份挂牌日统计。

[49]公司信用类债券包括非金融企业债务融资工具、企业债券以及公司债、可转债等。

[50]原保险保费收入是指保险企业确认的原保险合同保费收入。

[51]人均可支配收入中位数是指将所有调查户按人均收入水平从低到高（或从高到低）顺序排列，处于最中间位置调查户的人均可支配收入。

[52]全国居民五等份收入分组是指将所有调查户按人均收入水平从低到高顺序排列，平均分为五个等份，处于最低20%的收入家庭为低收入组，依此类推依次为中间偏下收入组、中间收入组、中间偏上收入组、高收入组。

[53]脱贫县包括原832个国家扶贫开发工作重点县和集中连片特困地区县，以及新疆阿克苏地区7个市县。

[54]服务性消费支出是指住户用于各种生活服务的消费支出，包括餐饮服务、衣着鞋类加工服务、居住服务、家庭服务、交通通信服务、教育文化娱乐服务、医疗服务和其他服务。

[55]2022年，基本医疗保险参保人数统计口径发生变化，剔除部分重复参保人数。

[56]农村特困人员是指无劳动能力，无生活来源，无法定赡养、抚养、扶养义务人或者其法定义务人无履行义务能力的农村老年人、残疾人以及未满16周岁的未成年人。

[57]临时救助是指国家对遭遇突发事件、意外伤害、重大疾病或其他特殊原因导致基本生活陷入困境，其他社会救助制度暂时无法覆盖或救助之后基本生活暂时仍有严重困难的家庭或个人给予的应急性、过渡性的救助。

[58]民政服务床位除收养性机构外，还包括救助类机构、社区类机构的床位。

[59]国家级科技企业孵化器是指符合《科技企业孵化器管理办法》规定的，以促进科技成果转化、培育科技企业和企业家精神为宗旨，提供物理空间、共享设施和专业化服务的科技创业服务机构，且经过科学技术部批准确定的科技企业孵化器。

[60]国家备案众创空间是指符合《发展众创空间工作指引》规定的新型创新创业服务平台，且按照《国家众创空间备案暂行规定》经科学技术部审核备案的众创空间。

[61]PCT专利申请受理量是指国家知识产权局作为PCT专利申请受理局受理的PCT专利申请数量。PCT(Patent Cooperation Treaty)即专利合作条约，是专利领域的一项国际合作条约。

[62]每万人口高价值发明专利拥有量是指每万人口本国居民拥有的经国家知识产权局授权的符合下列任一条件的有效发明专利数量：战略性新兴产业的发明专利；在海外有同族专利权的发明专利；维持年限超过10年的发明专利；实现较高质押融资金额的发明专利；获得国家科学技术奖、中国专利奖的发明专利。

[63]公民具备科学素质是指崇尚科学精神，树立科学思想，掌握基本科学方法，了解必要科技知识，并具有应用其分析判断事物和解决实际问题的能力。公民具备科学素质比例数据是面向18-69岁公民开展抽样调查获得。

[64]制造业产品质量合格率是指以产品质量检验为手段，按照规定的方法、程序和标准实施质量抽样检测，判定为质量合格的样品数占全部抽样样品数的百分比，统计调查样本覆盖制造业的29个行业。

[65]普通、职业本专科包括普通本科、职业本科、高职（专科）。

[66]中等职业教育包括普通中专、成人中专、职业高中和技工学校。

[67]总流通人次是指本年度内到图书馆场馆接受图书馆服务的总人次，包括借阅书刊、咨询问题以及参加各类读者活动等。

[68]特种影片是指采用与常规影院放映在技术、设备、节目方面不同的电影展示方式，如巨幕电影、立体电影、立体特

效（4D）电影、动感电影、球幕电影等。

[69]人均图书拥有量是指在一年内全国平均每人能拥有的当年出版图书册数。

[70]总诊疗人次是指所有诊疗工作的总人次数，包括门诊、急诊、出诊、预约诊疗、单项健康检查、健康咨询指导（不含健康讲座、核酸检测）人次。

[71]出院人数是指报告期内所有住院后出院的人数，包括医嘱离院、医嘱转其他医疗机构、非医嘱离院、死亡及其他人数，不含家庭病床撤床人数。

[72]体育场地调查对象不包括军队、铁路系统所属体育场地。

[73]体育场地面积是指体育训练、比赛、健身场地的有效面积。

[74]国有建设用地供应总量是指报告期内市、县人民政府根据年度土地供应计划依法以出让、划拨、租赁等方式与用地单位或个人签订出让合同或签发划拨决定书、完成交易的国有建设用地总量。

[75]房地产用地是指商服用地和住宅用地的总和。

[76]万元国内生产总值用水量、万元工业增加值用水量按 2020 年价格计算。

[77]种草改良面积是指通过实施播种、栽种等措施增加牧草数量的面积以及通过压盐压碱压沙、土壤改良、围栏封育等措施使草原原生植被、生态得到改善的面积之和。

[78]万元国内生产总值二氧化碳排放按 2020 年价格计算。

[79]近岸海域海水水质采用面积法进行评价。

资料来源：

本公报中城镇新增就业、养老保险、失业保险、工伤保险、技工学校数据来自人力资源和社会保障部；外汇储备、汇率数据来自国家外汇管理局；市场主体、质量检验、国家标准制定修订、制造业产品质量合格率数据来自国家市场监督管理总局；环境监测等数据来自生态环境部；水产品产量、新增高效节水灌溉面积数据来自农业农村部；木材产量、造林面积、种草改良面积、国家公园数据来自国家林业和草原局；新增耕地灌溉面积、水资源总量、用水量、新增水土流失治理面积数据来自水利部；发电装机容量、新增 220 千伏及以上变电设备、电力消费量数据来自中国电力企业联合会；港口货物吞吐量、港口集装箱吞吐量、公路运输、水路运输、新改建高速公路里程、港口万吨级及以上码头泊位新增通过能力数据来自交通运输部；铁路运输、新建铁路投产里程、增新建铁路复线投产里程、电气化铁路投产里程数据来自中国国家铁路集团有限公司；民航运输、新增民用运输机场数据来自中国民用航空局；管道运输数据来自中国石油天然气集团有限公司、中国石油化工集团有限公司、中国海洋石油集团有限公司、国家石油天然气管网集团有限公司；民用汽车保有量、道路交通事故数据来自公安部；邮政业务数据来自国家邮政局；通信业、软件业务收入、新增光缆线路长度等数据来自工业和信息化部；互联网上网人数、互联网普及率数据来自中国互联网络信息中心；棚户区改造、保障性租赁住房、城镇老旧小区改造数据来自住房和城乡建设部；货物进出口数据来自海关总署；服务进出口、外商直接投资、对外直接投资、对外承包工程、对外劳务合作等数据来自商务部；财政数据来自财政部；新增减税降费及退税缓税缓费数据来自国家税务总局；货币金融、公司信用类债券数据来自中国人民银行；境内交易场所筹资数据来自中国证券监督管理委员会；保险业数据来自中国银行保险监督管理委员会；医疗保险、生育保险数据来自国家医疗保障局；城乡低保、农村特困人员救助供养、临时救助、民政服务数据来自民政部；优抚对象数据来自退役军人事务部；国家自然科学基金资助项目数据来自国家自然科学基金委员会；国家重点实验室、国家科技成果转化引导基金、国家级科技企业孵化器、国家备案众创空间、技术合同等数据来自科学技术部；国家工程研究中心、国家企业技术中心、大众创业万众创新示范基地等数据来自国家发展和改革委员会；专利、商标数据来自国家知识产权局；公民具备科学素质比例数据来自中国科协；宇航发射数据来自国家国防科技工业局；教育数据来自教育部；艺术表演团体、公共图书馆、文化馆、旅游数据来自文化和旅游部；电视、广播数据来自国家广播电视总局；电影数据来自国家电影局；报纸、期刊、图书数据来自国家新闻出版署；档案数据来自国家档案局；医疗卫生数据来自国家卫生健康委员会；体育数据来自国家体育总局；残疾人运动员数据来自中国残疾人联合会；国有建设用地供应、海洋灾害造成直接经济损失数据来自自然资源部；平均气温、台风登陆数据来自中国气象局；农作物受灾面积、洪涝和地质灾害造成直接经济损失、干旱灾害造成直接经济损失、低温冷冻和雪灾造成直接经济损失、地震次数、地震灾害造成直接经济损失、森林火灾、受害森林面积、生产安全事故数据来自应急管理部；其他数据均来自国家统计局。